문화와
역사를
담 다
ㅇ 6 8

천
진
기 千鎭基 Cheon Jingi

1961년 경북 안동 출생.
안동대학교 민속학과 졸업, 영남대학교 대학원 문화인류학과 석사(민속학 전공), 중앙대학교 대학원
국어국문학과 박사(고전문학 전공).
국립중앙박물관, 국립문화재연구소, 국립민속박물관장, 국립전주박물관장 등을 거쳐 현재 국가유산
청 무형유산위원회 위원장, 문화유산위원회 민속유산분과위원회 위원, (사)울릉우산국문화재단 이
사장, (사)경상북도박물관협의회장, 영천역사박물관장, (재)동학농민혁명기념재단 이사, 충남역사
문화재연구원 이사, 경북문화재단 이사 등으로 활동 중이다.

- 저서
『동물민속학자가 들려주는 열두 띠 이야기』, 리젬, 2013.
『운명을 읽는 코드 열두 동물』, 서울대학교출판문화원, 2008.
『한국동물민속론』, 민속원, 2003.
『한국의 말(馬) 민속론』(공저), 집문당, 1998.
『한국의 중요무형문화재』시리즈(공저) ① 제와장 ② 평택농악 ③ 전통장 ⑥ 강릉농악 ⑧ 경주교동법주
⑬ 윤도장 등.

역사와 문화를 읽는 또 하나의 코드

문화와 역사를
담다 068

인간·동물
민속지

人間·動物民俗誌

천진기

민속원

출전

- 「신라토우에 나타난 신라속(新羅俗) 연구」, 『민속학연구』 제5호, 국립민속박물관, 1998.
- 「동물민속(動物民俗) 연구 시론(試論)」, 『東아시아 古代學』 第5輯, 東아시아 古代學會, 2002.
- 「바위그림의 동물상징 해석을 위한 시론」, 『전통문화논총』 창간호, 한국전통문화학교, 2003.
- 「신라 나무인형사자 고찰」, 『이사부와 동해』 창간호, 이사부학회, 2010.
- 「지역상징동물연구」, 『우리文學研究』 제32집, 우리문학회, 2011.
- 「한국 호랑이 석상(石像) 현장 연구」, 『박물관학보』 6, 한국박물관학회, 2014.
- 「나무의 문화문법과 박물관 활용방안 시론」, 『박물관학보33호』. 한국박물관학회, 2017.
- 「김교각 스님과 동행한 "흰 개"의 상징고찰」, 『해양실크로드, 신라차와 글로벌 국제교류』, 경상북도환동해지역본부, 대구한의대학교 지역개발센터, 2020.
- 「경북동해권의 미역인문학」, 『동해인문학』. 경상북도, 2020.
- 「견훤설화의 색(色) 동물(動物) 화소(話素) 연구」, 『후백제왕도광주』, 광주광역시, 국립순천대학교문화유산연구소, 도서출판 이안, 2023.

들어가는 말

선사 시대부터 사람들은 당시의 생활 문화 종교, 관념 등을 표현하기 위해 동물 상징象徵을 많이 사용해 왔다. 건국·시조 신화의 중요한 모티프 중 하나도 바로 '동물'이다. 단군의 어머니로 나타나는 곰, 개구리의 형상을 한 금와왕金蛙王, 백마白馬의 혁거세, 금 돼지의 아들 최치원崔致遠, 지렁이의 아들 견훤甄萱, 호랑이의 도움으로 살아난 고려 태조 왕건의 6대조 호경 장군, 해동海東 육룡六龍 조선의 〈용비어천가龍飛御天歌〉 등에서 동물이 갖는 의미와 상징은 한국의 동물민속을 연구하는 데 아주 중요한 첫자리를 차지하고 있다.

실제로 우리는 바위그림을 비롯해 동굴 벽화, 고분 벽화, 토우土偶·토기 등에서 수많은 동물을 발견하게 된다. 이들 동물 상징은 그 당시 사람들의 의식세계(의미와 관념)를 반영하고 있으며 생활상의 일부분을 표현하고 있다. 따라서 고대 유물과 유적, 민속에서 나타나는 많은 동물의 모습은 현재적 사고만으로는 그 온전한 의미를 파악할 수 없다. 우리 조상들 역시 동물의 외형이나 행태 등에 상징성·암시성을 부여했다. 때문에 한국 문화에 등장하는 동물들의 상징을 올바르게 이해하기 위해서는 그 당시의 문화적·사상적 배경을 이해하고 그 맥락에서 연구해야 한다.

이 책은 한국민속학의 여러 미개척 분야 중 하나인 '동물민속'에 관한 연구이다. 동물민속 연구는 다른 분야의 민속 연구와 달리 고고 출토품 및 미술

자료 등 구체적인 동물 표현물表現物과 그 기본 속성에 대한 이해가 매우 중요하다. 따라서 민속학적 연구 성과뿐 아니라, 고고학적 발굴과 성과물, 동물이 묘사된 미술사적 유적과 유물, 동물 자체에 대한 동물학動物學 등을 아우르는 접근과 방법론을 찾아야 한다.

그동안의 동물민속 연구는 대부분 단편적이고 부분적으로 이루어져 왔다. 일반적으로 동물과 관련된 문화 현상에 접근할 때 과학적(생태학적) 연구 개념은 배제하고, 그 동물과 관련된 역사 · 문화적 측면만 연구 대상으로 삼는 경향이 있었다. 이 책은 이러한 한계에서 벗어나 동물 자체에 대한 과학적 연구와 함께 동물의 어떤 과학적 특성이 일련의 민속체계民俗體系(folk system)를 만들어냈는가를 밝혀내고자 한다.

이 책은 그간 여러 학술지에 발표했던 인간 · 동물 문화 연구의 논문들을 모아 재정리한 것이다. 필자는 인간동물문화연구회에 참여하였다. 동물 자체에 대한 자연과학적 연구 기반 없이 인문학적 방법으로만 진행되는 동물민속 연구에 한계를 느끼고 있을 즈음 인연을 맺게 된 곳이다. 인간동물문화연구회는 고고학 · 역사학 · 수의학 · 생물학 · 생태학 · 철학 · 문학 · 민속학 · 사회학 등 전문가들이 참여해 인간과 동물의 관계를 바탕으로 다양한 주제를 탐구하는 융합연구조직이다. 이 연구회는 융합적 방법으로 다양한 해석과 질문들을 도출하며 활발히 인간 · 동물 문화 연구를 진행해 오고 있다. 이 책에 수록된 글들은 그 결과물 중 하나라고 할 수 있다. 나무의 문화문법과 박물관 활용방안 시론과 경북 동해안 미역인문학은 동물민속학의 연장선상에서 식물민속학으로 확장해 본 연구시론이다.

나는 참 복이 많은 사람이다. 이 책이 나오기까지 많은 분의 조언과 격려와 도움을 받았다. 나는 학부, 석사, 박사 과정을 모두 다른 학교에서 공부했다. 민속학에서 출발해서 인류학, 고전문학을 넘나들었다. 국립민속박물관, 국립중앙박물관, 국립문화재연구소에서 일하면서 고고학, 미술사, 건축사, 보존과학 등을 서당개처럼 취풍월吹風月할 수 있었다. 어찌 보면 이것은 내게 단점이 될 수도 있었지만, 한국학을 보다 깊이 이해하는 데는 오히려 큰 장점으로 작용했다. 이 책에 쓰인 많은 자료는 국립중앙박물관, 국립민속박물관, 국립고궁박물관, 가회박물관, 온양민속박물관, 통도사성보박물관, 삼성출판박물관, 마사박물관 등에서 소장하고 있는 유물들이다. 필자가 근무했고, 근무하고 있고, 자주 드나드는 이들 박물관이 있어 참 행복하고 감사하다.

끝으로 인문학의 발전과 인문 정신 고양을 위해 그 수고로움을 아끼지 않으시는 민속원 홍종화 사장님과 편집을 해주신 박선주 선생님의 무궁한 전진을 기대한다.

천진기 삼가 씀

차
례

제1부 **한국 문화에
등장하는 동물상**

인간 · 동물 민속지

한국 문화에 등장하는 동물상

세계의 신화 속에는 다양한 동물이 등장한다. 사슴 · 말 · 곰 등 묻짐승뿐 아니라 비둘기 · 까치 등의 날짐승, 물고기 · 거북이 등의 물짐승들이 각기 주어진 맥락 안에서 다양한 역할을 한다.[1] 그리스 신화 속에 나오는 사람의 머리, 사자의 몸통, 새의 날개를 가진 스핑크스나 9개의 머리를 가진 독뱀 히드라 등이 대표적인 예에 해당한다.

별주부전 국립중앙도서관

오랜 옛날부터 동물과 밀접한 관계를 맺어온
우리 민속에도 많은 동물이 등장한다. 토끼와 거북이가 나오는 『별주부전』이나, 까치와 뱀이 나오는 『은혜 갚은 까치』 등 언제 누가 지었는지 알 수 없는 수많은 동물 이야기가 전해 내려온다. 기서는 선사 시대부터 지금까지 한국

---

1   김열규, 「韓國神話의 動物論」, 『韓國의 神話』, 一潮閣, 28~40쪽.

문화, 그중에서도 특히 유형 문화 속에 나타나
는 동물상動物相을 간략하게 살펴보고자 한다.

토끼와 거북이 남원 광한루

　인류는 선사 시대부터 삶을 지키기 위한 원
초적 본능으로 신앙 미술을 창조했다. 신앙 미
술은 곧 여러 가지 의미가 부여된 동물 상징으
로 발전해 생활 문화와 사상, 관념, 종교 등을
표현하기에 이른다. 바위그림²은 신앙 미술의 초기 단계에 해당하는데, 한반
도에서도 이를 찾아볼 수 있다. 울산 울주군 대곡리 반구대 바위그림에는 고
기잡이와 사냥 장면뿐 아니라, 고래 · 바다거북 · 토끼 · 사슴 · 소 · 족제비
· 멧돼지 · 호랑이 · 새 등이 묘사돼 있다. 이 바위그림은 고기잡이와 사냥이
당시 사람들의 중요한 생산 활동이었다는 사실과 함께 그 시대 한반도에 서
식했던 동물의 종류를 엿볼 수 있게 한다.

　고구려 고분벽화³에서도 여러 동물이 발견된다. 이 시기에 좌左 청룡靑龍,
우右 백호白虎, 남南 주작朱雀, 북北 현무玄武의 사신四神이 제 모습을 갖추게
된다. 상상의 동물인 '사령수四靈獸'의 모습도 나타난다. 사령수는 고대 중국
에서 동물들의 우두머리로 간주되었던 특별한 네 마리 영수靈獸, 즉 용 · 봉황

2　　졸고, 「울산암각화를 통해서 본 동물숭배, 생식숭배, 민속의례와 세계관」, 『울산 암각화 발견 30주
　　년 기념 암각화국제학술대회 논문집』, 예술의 전당, 2000; 황수영 · 문명대, 『반구대-울주암벽조
　　각』, 동국대출판부, 1984; 황용훈, 『동북아시아의 암각화』, 민음사, 1987; 국민대박물관, 『한국의
　　선사시대 암각화』, 개관 20주년 기념 특별기획전시도록, 1993; 이하우 · 한형철, 『칠포마을 바위
　　그림』, 포철고문화연구회, 1994; 장석호, 『몽골의 바위그림』, 혜안, 1995; 정동찬, 『살아있는 신화
　　바위그림』, 혜안, 1996; 한국역사민속학회(전호태 · 한형철 · 이상길 · 장명수 · 임세권 · 송화섭
　　· 이형구), 『한국의 암각화』, 한길사, 1996; 김정배 · 임세권 · 최광식 · 송화섭 · 이하우 · 장석호
　　· 이상길 · 체벤도르지, 『몽골의 岩刻畵』, 悅話堂, 1998; 임세권, 『한국의 암각화』, 대원사, 1999;
　　예술의전당 · 울산광역시, 『울산 암각화 발견 30주년 기념 암각화국제학술대회 논문집』, 예술의
　　전당, 2000.
3　　김원룡, 『벽화』(한국미술전집 4), 동화출판공사, 1974; 김원룡, 『韓國壁畵古墳』, 一志社, 1980; 최
　　무장 · 임연철, 『고구려 벽화고분』, 신서원, 1990; 신형식 외, 『아! 고구려』, 조선일보사, 1993; 조
　　선일보사, 『집안 고구려 고분벽화』, 1993; 전호태, 『고분벽화로 본 고구려 이야기』, 풀빛, 1999; 전
　　호태, 『고구려 고분벽화 연구』, 사계절, 2000; 사회과학원, 『고구려문화사』, 논장, 1988.

바위그림의 동물들 반구대

농경문 청동기
국립중앙박물관, 청동기 시대

다양한 동물 문양
청동기 시대

고분벽화의 동물들 강서대묘, 무용총, 각저총, 고구려

· 기린 · 거북이를 말한다. 또한 고구려의 경우 북방에 위치한 까닭에 물짐승보다는 날짐승과 뭍짐승이 많이 발견된다. 구체적으로 닭 · 꿩 · 학 · 공작 · 부엉이 등의 날짐승, 토끼 · 사슴 · 여우 · 멧돼지 · 곰 · 호랑이 등의 산짐승, 개 · 소 · 말 등의 집짐승들을 볼 수 있다.

백제 금동대향로[4]에서도 여러 동물을 볼 수 있다. 뚜껑에는 용 · 봉황 등 상상 속의 동물과 원숭이 · 사슴 · 사자 · 호랑이 · 코끼리 등 현실 세계에 실재하는 동물 42마리가 표현돼 있다. 그리고 연꽃 모양의 몸체에는 물가에 사는 동물과 물고기 등 27마리의 동물이 새겨져 있으며, 받침에는 한쪽 다리를 생동감 있게 치켜들고 있는 용이 묘사돼 있다.

---

4 국립부여박물관 · 부여군, 『陵寺』(夫餘陵山里寺址發掘調査進展報告書), 本文, 2000(圖面 · 圖版); 국립중앙박물관, 『백제금동용봉봉래산향로특별전』, 1994.

인간 · 동물 민속지

▲ 다양한 동물 토우 국립중앙박물관, 신라
◀ 금동대향로 국립부여박물관, 백제

신라 시대 동물상은 '토우'라 불리는 흙 인형과 십이지상像에서 찾아볼 수 있다.[5] 토우에서는 물고기 · 게 · 개구리 · 거북 · 뱀 · 닭 · 토끼 · 양 · 개 · 돼지 · 소 · 사슴 · 말 · 원숭이 · 호랑이 · 용 등 다양한 동물이 발견된다.

십이지 상[6]은 쥐 · 소 · 호랑이 · 토끼 · 용 · 뱀 · 말 · 양 · 원숭이 · 닭 · 개 · 돼지를 형상화한 것으로 통일신라시대부터 근대까지 이어져 온 우리 민

---

5   졸고, 「신라토우의 민속학적 연구」, 『신라토우』, 국립경주박물관, 1997; 졸고, 「신라토우에 나타난 신라속(新羅俗) 연구」, 『민속학연구』 5, 국립민속박물관, 1998; 이난영, 『신라의 토우』 교양국서총서 22, 세종대왕기념사업회; 국립경주박물관, 『新羅의 土俑』, 통천문화사, 1989; 국립경주박물관, 『신라토우』, 통천문화사, 1997; 이은창, 「新羅土偶에 나타난 民俗」, 『新羅民俗의 新研究』(新羅文化祭學術發表會論 第四輯), 신라문화선양회 · 경주시, 1983; 김동욱, 「慶州 龍江洞 古墳 出土 陶俑의 服飾史的 意味」, 『新羅社會의 新研究』(新羅文化祭學術發表會論文集 第八輯), 신라문화선양회 · 경주시, 1987.
6   강우방, 「新羅 十二支像의 分析과 解釋」, 『圓融과 調和』, 悅話堂, 1990(「統一新羅 十二支像의 分析과 解釋」, 『佛敎美術』 1, 東國大學校); 강우방, 「統一新羅 十二支像의 樣式的 考察」, 『圓融과 調和』, 悅話堂, 1990(「統一新羅 十二支像의 樣式的 考察」, 『考古美術』 154 · 155, 韓國美術史學會, 1982); 박영신, 「新羅十二支像에 관한 研究」, 弘益大學院 論文, 1973; 장남식, 「石製十二支像의 新例」, 『考古美術』 5권 5호; 高裕燮, 「藥師信仰과 新羅美術」, 『春秋』, 1941; 손경수, 「韓國十二支生肖의 研究」, 『梨大史苑』 第4輯, 梨大史學會, 1962; 有光敎一, 「十二支生肖의 石彫를 두른 新羅의 墳墓」, 『靑丘學叢』 25, 1936; 齊藤 忠, 「新羅墳墓의 封土表飾에 對하여」, 『考古學論叢』 5, 1937.

화장묘 출토 십이지 소조
통일신라, 국립경주박물관

족의 신앙과 사상의 산물이다. 통일신라의 십이지상은 중국의 십이지 용에서 비롯되었지만, 이후 우리만의 독자적인 양식과 형식으로 전개되었다.

고려 시대에는 무덤의 호석護石, 현실玄室 벽화, 석관石棺 등에서 북방의 사신四神과 십이지를 발견할 수 있다. 사신과 십이지가 신라 시대보다 폭넓게 활용되었다.

조선 시대 민화民畵에도 여러 동물이 등장한다. 민화는 민속적인 관습에 따라 제작된 실용화實用畵를 일컫는다. 늙지 않고 오래도록 장수하고자 하는 염원이 담긴 십장생도十長生圖에는 거북, 학, 사슴 등의 동물이 그려졌다.

이렇게 바위에 그림을 그리던 선사 시대부터 "옛날 옛적에 호랑이가 담배 피우던 시절에"로 시작되는 민담民譚 시대를 넘어 오늘날에 이르기까지 우리 문화 속에는 다양한 동물이 살아왔다. 한국 문화 속에 등장하는 동물, 그 동물에 대한 한국인의 관념과 태도를 밝히는 작업은 인간 중심의 문화 접근에서 사람과 동물, 더 나아가 동물 자체를 통해 문화를 이해하는 새로운 시도가 될 것이다.

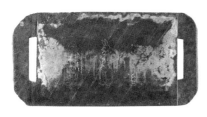
고려 십이지
최윤인 석관, 국립중앙박물관

인간 · 동물 민속지

십장생도 국립중앙박물관, 조선

군학도 창덕궁, 조선

봉황도 창덕궁, 조선

옛날옛날옛적에 호랑이 담배피우고 토끼가 담뱃불 붙여 주던 시절에 <이묘봉인도>, 수원 팔달사 벽화

인간 · 동물 민속지

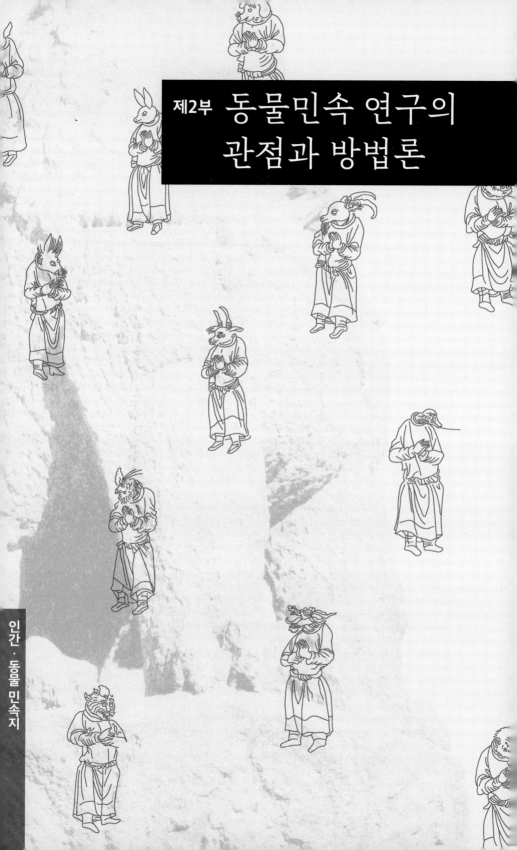

제2부 동물민속 연구의 관점과 방법론

01

동물민속動物民俗 연구
시론試論

1. 한국문화에 등장하는 동물상動物相

신화에서 동물이 심심찮게 등장하며 각기 주어진 맥락 속에서 중요한 구실을 다하고 있다. 신화에는 제법 많은 종류의 동물들이 등장하여 각기 신화의 주인공다운 구실을 다하고 있다. 곰·용·말·사슴 등 뭍짐승 외에 비둘기·까치·닭 등의 날짐승, 거북·개구리·물고기 등 물짐승들이 보이고 있다.[1]

민속에서는 워낙 많은 동물들이 등장한다. 한국문화 속에 등장하는 동물들은 신성神聖이나 주력呪力의 현시顯示로서, 인간과 신·이승과 저승·자아와 우주를 연결한 영매靈媒로서 역할을 다하고 있다. 신화적 세계관의 구성원리에서 보면 신과 인간, 하늘과 땅을 연결하는 반신반인半神半人적 존재가 있다. 해모수·동명·유리의 관계에서 해모수는 하늘, 유리는 땅이고, 동명은 하늘의 신과 땅의 사람을 잇는 중간자로서의 존재이다.[2] 같은 구조로 특히

---

1   金烈圭, 「韓國神話의 動物論」, 『韓國의 神話』, 一潮閣, 28~40쪽.
2   김경수, 「東明王篇에 대하여」, 『고전산문연구』 2(국어국문학회편), 태학사, 1998, 55~84쪽.

동물민속 범주에서는 한 세계와 다른 세계를 이어주는 중간자적인 역할을 동물이 수행하는 경우가 많다.

"옛날 옛적에 호랑이 담배 피우던 시절에" 시작되는 민담시대民譚時代에서부터 88서울올림픽 마스코트 호돌이에 이르기까지 한국문화 속에 등장하는 동물, 그 동물에 대한 한국인의 관념과 태도를 밝히는 작업은 인간 중심의 문화접근에서 사람과 동물, 더 나아가 동물 자체를 통한 문화이해의 새로운 시도가 될 것이다.

인류는 선사시대부터 삶을 지키기 위한 원초적 본능으로 신앙미술을 창조했다. 바위그림 등이 그 초보적인 신앙미술이다. 신앙미술은 곧, 여러 가지 의미가 부여된 동물상징으로 발전함으로써 생활문화와 사상, 관념, 종교 등을 표현하기에 이른다. 그리고 동물들은 선사시대 이래 인간에게 때로는 공포의 대상이 되는가 하면 먹거리이기도 했다. 그 힘은 노동력으로도 이용되어 인간과 불가분의 관계를 맺었다.

한반도에서도 바위그림[3]을 비롯해 토우 · 토기 · 고분벽화 등에서 수많은 종류의 동물들이 등장한다. 이 동물들에도 제각기 나타내고자 하는 의미와 상징이 숨겨져 있는 것은 물론이다.

청동기시대의 반구대 바위그림에는 고기잡이를 하는 어부들의 모습과 사냥 장면, 사슴 · 호랑이 · 멧돼지 · 소 · 토끼 · 족제비 · 도마뱀 · 고래 · 물개 · 바다거북 · 새 등이 묘사되어 있다. 이 바위그림은 당시 사람들의 가장 중

3 　졸고, 「울산암각화를 통해서 본 동물숭배, 생식숭배, 민속의례와 세계관」, 『울산암각화발견 30주년기념 암각화국제학술대회논문집』, 예술의 전당, 2000, 43~61쪽; 황수영 · 문명대, 『반구대 - 울주암벽조각』, 동국대출판부, 1984; 황용훈, 『동북아시아의 암각화』, 민음사, 1987; 국민대박물관, 『한국의 선사시대 암각화』, 개관20주년기념특별기획전시도록, 1993; 이하우 · 한형철, 『칠포마을 바위그림』, 포철고문화연구회, 1994; 장석호, 『몽골의 바위그림』, 혜안, 1995; 정동찬, 『살아있는 신화 바위그림』, 혜안, 1996; 한국역사민속학회(전호태 · 한형철 · 이상길 · 장명수 · 임세권 · 송화섭 · 이형구), 『한국의 암각화』, 한길사, 1996; 김정배 · 임세권 · 최광식 · 송화섭 · 이하우 · 장석호 · 이상길 · 체벤도르지, 『몽골의 岩刻畵』, 悅話堂, 1998; 임세권, 『한국의 암각화』, 대원사, 1999; 예술의 전당 · 울산광역시, 『울산암각화발견30주년기념암각화국제학술대회논문집』, 예술의전당, 2000.

요한 생산활동인 고기잡이와 사냥, 그리고 그 대상이 된 동물들을 표현했다.

고구려 고분벽화[4]에도 동물과 새 그림이 선사시대 바위그림 못지않게 자주 나타난다. 이 시기에 좌左 청룡靑龍, 우右 백호白虎, 남南 주작朱雀, 북北 현무玄武의 사신四神이 제 모습을 갖추게 된다. 또한 상상의 동물인 봉황 · 기린 · 거북의 사령수四靈獸 모습도 나타나기 시작한다. 고구려는 북방에 위치한 까닭에 물짐승보다 날짐승과 뭍짐승이 많이 보인다. 새는 학 · 꿩 · 공작 · 갈매기 · 부엉이 · 봉황 · 닭 등으로 현실의 새도 있고 상상 속의 새도 등장한다. 동물로는 호랑이와 사슴, 멧돼지 · 토끼 · 여우 · 곰 등 산짐승과 소 · 말 · 개 등 집짐승들이 그려져 있다.

신라의 동물상징은 주로 토우土偶라 불리는 흙 인형에서 나타난다.[5] 얼핏 살펴보아도 개 · 말 · 소 · 물소 · 돼지 · 양 · 사슴 · 원숭이 · 토끼 · 호랑이 · 거북 · 용 · 닭 · 물고기 · 게 · 뱀 · 개구리 등이 눈에 뛴다. 12지상十二支像은 통일신라 이래 근대까지 연면히 이어 온 우리 민족의 끈질긴 신앙과 사상의 산물이다. 중국의 영향을 받는 한편 불교조각과 교섭을 가지면서, 강력한 호국護國의 방위신方位神으로 채택되어 우리나라의 왕과 귀족의 능묘陵墓에 조각 장식된 십이지상은 세계에서 독보적 존재로, 다른 어느 나라에서도 볼 수 없는 독자적인 양식과 형식을 전개하여 왔다.

백제 금동대향로[6]에는 용과 봉황을 비롯하여 상상의 날짐승과 길짐승, 현

---

4   金元龍, 『壁畵(韓國美術全集4)』, 同和出版公社, 1974; 金元龍, 『韓國壁畵古墳』, 一志社, 1980; 최무장 · 임연철, 『고구려 벽화고분』, 신서원, 1990; 申澄植 외, 『아! 고구려』, 조선일보사, 1993; 朝鮮日報社, 『집안 고구려 고분벽화』, 1993; 전호태, 『고분벽화로 본 고구려이야기』, 풀빛, 1999; 전호태, 『고구려 고분벽화 연구』, 사계절, 2000; 사회과학원, 『고구려문화사』, 논장, 1988.

5   졸고, 「신라토우의 민속학적 연구」, 『신라토우』, 국립경주박물관, 1997, 146~158쪽; 졸고, 「신라토우에 나타난 신라속(新羅俗) 연구」, 『민속학연구』 제5호, 국립민속박물관, 1998, 43~70쪽; 이난영, 『신라의 토우』 교양국서총서 22, 세종대왕기념사업회; 國立慶州博物館, 『新羅의 土偶』, 통천문화사, 1989; 국립경주박물관, 『신라토우』, 통천문화사, 1997; 李殷昌, 「新羅土偶에 나타난 民俗」, 『新羅民俗의 新研究』(新羅文化祭學術發表會論 第四輯) 新羅文化宣揚會 · 慶州市, 1983, 191~281쪽; 金東旭, 「慶州 龍江洞 古墳 出土 陶俑의 服飾史的 意味」, 『新羅社會의 新研究』(新羅文化祭學術發表會論文集 第八輯), 新羅文化宣揚會 · 慶州市, 1987, 175~194쪽.

22   제2부 동물민속 연구의 관점과 방법론

실 세계에 실재하는 호랑이, 사슴, 코끼리, 원숭이 등 39마리의 동물상이 표현되어 있다. 또 연꽃 사이에는 두 신선과 수중 생물인 듯한 26마리의 동물이 보인다. 이 대향로에 등장하는 다양한 동물 가운데 특히 백제와 관련이 많은 곰, 남방계 동물인 원숭이와 코끼리, 백제 미술품에서 처음 나타나는 기마상, 영매靈媒로서 영생永生과 재생再生의 상징인 사슴 등에 주목할 만하다.

고려시대에는 북방의 사신四神과 중국의 십이지十二支가 무덤의 호석護石, 현실벽화玄室壁畵, 석관石棺 등에 각각 배치되어 신라 때 보다 매우 다양하게 사용되고 있다.

조선시대는 민화民畵에서 많은 동물을 만날 수 있다. 민화는 일상적인 생활과 밀착되어 세시풍속과 같은 행사용으로 제작하거나[歲畵], 집안 곳곳의 문·벽장·병풍, 벽 등을 장식하거나[치레그림], 또는 여러 가지 나쁜 귀신을 막는 주술적인 성격의 액막이 그림[門排]으로서 그려졌다. 민화의 소재로는 새, 동물, 물고기 등이 있다. 특히 늙지 않고 오래도록 장수하고자 하는 염원을 담은 십장생도十長生圖에도 거북, 사슴, 학 등의 동물이 들어있다.

이처럼 우리가 한국문화 속에서 가시적으로 만날 수 있는 동물은 바위그림, 고구려 벽화고분, 백제 금동대향로, 신라토우, 통일신라의 십이지상像, 조선의 민화 십장생 등에 가장 많이 등장한다.

2. 동물민속론動物民俗論의 기본 관점

> 치악현에서 8천여 마리나 됨직한 쥐 떼가 이동하는 이변이 있고 그 해 눈이
> 내리지 않는다.[7]

---

6   國立夫餘博物館·夫餘郡, 『陵寺』(夫餘陵山里寺址發掘調査進展報告書), 本文, 圖面·圖版 2000; 국립중앙박물관, 『백제금동용봉봉래산향로특별전』, 1994.04.

오리는 하늘을 날고 땅을 걸으며 물을 가른다 하여 천지수天地水 삼계三界를 내왕하는 영물로 우러름을 받아왔다. 천상의 신명과 통신하는 안테나 - 솟대 위에 얹는 새가 오리인 것도 그 때문이다. 재앙을 진정시키는 굿판에도 이 오리 솟대가 세워지게 마련인데, 오리가 심한 물결을 가로지르듯 재앙을 무사히 타고 넘길 기원해서이다. [8]

뱀은 온도에 매우 민감하다. 북아메리카 방울뱀은 1000분의 1도의 온도 변화도 감지한다. 바퀴벌레는 진동에 민감해서 수소원자 크기 정도의 진동도 느낄 수 있다. 한편 메기는 1km 떨어진 곳에서 1.5V 전류 흐름까지 알아낼 만큼 영특하다. 인간이 만든 수많은 기술도 아직은 동물의 직감에 못 미치고 있다. 20여 년 전, 유럽의 한 국가에 허리케인이 강타했다. 6천만 그루의 나무가 쓰러지고 41명이 사망했다. 하지만 20만ha 내 야생동물의 피해는 거의 없었다. 태풍이 강타하기 18시간 전, 동물들이 이리저리 뛰는 모습이 목격됐다. 폭풍이 발생하면 구름이 수백km까지 전자기파를 만드는데, 야생동물들은 이를 감지할 수 있는 초능력을 가진 것으로 과학자들은 믿고 있다. [9]

우리는 같은 동물이라도 보는 시간과 장소에 따라 그 동물을 바라보는 길흉의 관점이 완전히 다르다. 예컨대 거미는 보는 시간에 따라 복과 근심으로 이해된다. "아침 거미는 복福거미이고, 저녁 거미는 근심거미이다" 아침에 거미를 보면 복이라고 해서 살려 보내지만, 저녁에는 거미를 보는 족족 죽인다. "목가지가 길어서 슬픈 짐승이여"라고 표현되는 사슴(노루)도 장사하는 사람들에게는 재수 없는 동물이라고 해서 꿈에서도 꺼린다. 이처럼 동물은

---

7   『三國史記』, 新羅本紀 卷第九 惠恭王 條 "五年冬十一月 雉岳縣鼠八千許向平壤 無雪"
8   이규태, 「오리발」, 『조선일보』, 1999.08.21.
9   「날씨이야기」, 『조선일보』, 1999.08.28.

같은 문화권文化圈 내에서도 보는 장소와 시간, 보는 이의 관점에 따라 다양하다.

최근 각 종교·문화권별로 나타나는 동물관動物觀의 차이에 따르는 문화 간의 마찰이 있었다.

2000년 1월, 화학조미료 3대 소비국가인 인도네시아에서 일본 회사가 조미료에 돼지고기를 썼다해서 전국에 회수령回收令이 내리고 회사 간부들을 모조리 체포하는 돼지고기 파동이 있었다. 돼지고기 먹는 것을 계율로 금하고 있는 이슬람 신도가 대부분인 나라이기에 촉매제로 돼지고기에서 추출한 효소를 쓴 것으로도 이처럼 과민 반응을 일으켰던 것이다. 이슬람 교도가 적지 않은 중국에서 이들과 갈등이 생기면 산 돼지를 그 집안에 몰아넣는다고 한다. 이것이 얼마나 큰 모욕인지 대를 물려 복수를 하는 것이 돼지거부 문화권이다.

이슬람 문화권에서 돼지에 민감했듯이 힌두 문화권에서는 소기름을 쓴 포테이토 칩 때문에 맥도널드 체인점들이 습격을 받았고 드디어는 소기름 사용을 시인·사과했다는 보도가 있었다. 영국이 지배하면서 식자층에 쇠고기 먹는 풍조가 일었던 적이 있었다. 인도의 국부國父 간디도 청년 적에 쇠고기 한 번 먹었다고 고백했는데 이것이 회한의 씨앗이 되어 우유 한 모금 마시지 않는 채식주의로 일생을 마쳤다.[10]

잇따른 돼지고기·쇠고기 파동은 좁아지는 지구촌에서의 횡적인 지역문명과 종적인 글로벌리즘과의 갈등 표출로 앞으로 우리나라에서도 자주 발생할 수 있는 동물에 대한 관념의 차이로 인한 문명 충격이 아닐 수 없다.

동물을 어떻게 보고 어떤 인식과 관념을 가지게 되었는가는 다음의 몇 가지 기본 관점에서 찾아볼 수 있다. 동물을 신성한 것으로 보고 이에 종교적

---

10   이규태, 「쇠기름 튀김 사건」, 『조선일보』, 2001.05.29.

의미를 부여하여 숭상하는 관념과 이에 따른 신앙 행위, 동물이 지니는 속성, 이를테면 빠른 동작이라든가 강한 힘, 그 형태의 아름다움이나 거대함 등이 범상하지 않은 위력을 느끼게 하여 경이의 대상이 되는 것, 동물이 주는 재해나 위험 등에 대하여 공포감을 느끼는 것 등이 동물숭배의 심리적 동기 가운데 하나가 된다. 또한 동물에 대한 친밀감이나 식료食料 내지 노동력으로서 갖는 효용성 등 그 은혜에 대한 감사를 바탕으로 해서 동물숭배가 이루어질 수 있다. 그리고 동물이 제의나 주술적 목적으로 사용되어서 이에 신성성이 부여되는 경우도 있다. 또한, 동물이 변형과 재생의 신비적 속성을 가지고 있어서 다산과 풍요를 촉진하는 능력이 있는 것으로 보거나, 보다 높은 신령들과 결부되어 그 신령의 상징으로 관념 되는 경우도 있다. 바로 그 동물들이 가지고 있는 속성, 즉 외형·행태·능력 등이 인간 이상의 힘을 발휘하기 때문이다. 다음은 동물의 어떤 생태적 특징이 문화적 상징으로 관념화될 수 있는가를 정리해 보았다.

① 동물이 가진 강한 힘과 거대함은 그 동물이 주는 재해나 위험 등에 대하여 공포감과 범상하지 않는 경외심을 느끼게 한다. 이러한 심리적 동기가 '무서운 존재에서 숭배의 대상으로 또는 지킴이의 동물신'으로까지 인식하게 된다.

호랑이[11]는 민속신앙에서 대표적인 동물신이다. 호랑이는 사람보다 강한 힘과 용맹을 지녔다. 그 힘과 용맹성으로 인해 호랑이는 두려움과 존경의 이중적인 관념이 복합된 신성한 존재로, 신神으로서 숭배의 대상이 되었다.

예전에는 호랑이를 곧 산신山神이라고 생각하여 호랑이에 대한 제를 지내기도 하였다. 즉, 동예東濊에서는 '祭虎以爲神(호랑이를 제사하고 신으로 삼았다;

---

11   졸고, 「한국문화에 나타난 범의 상징성 연구」, 『호랑이의 생태와 관련민속』, 국립민속박물관 제33회 학술발표회, 1997.12.22.

호랑이를 신으로 모시고 제사를 지낸다)'이라 하였다. 깊은 산에 사는 호랑이에 대한 숭배와 신앙은 비단 동예 지역에 국한된 것이 아니고, 한반도 전체의 보편적인 신앙이다. 호랑이는 큰산이 있는 곳에서 산악숭배를 구상화하여 받들어지기 시작하다가, 점차 각 마을의 수호신으로 동제당洞祭堂에 모시는 민중화된 산신으로 발전하였다. 그리고 민간신앙화 된 산신은 불교와 습합하여 사찰 내에 산신을 모시는 전각이 들어서게 되었다. 산신도는 깊은 산 그윽한 골짜기를 배경으로 소나무 아래 기암괴석 위에 앉은 도인 모습의 산신을 형상화하는데, 산신 옆에는 반드시 호랑이를 배치하고 있다. 호랑이는 산신 옆에 사납지 않으면서 위엄이 있고 또 정감있는 모습으로 엎드린 자세를 취하고 있다.

② 동물은 재생再生과 변형變形의 신비적인 능력과 미래를 미리 예견豫見하는 능력을 가졌다.

곰과 뱀, 개구리 등은 겨울잠이라는 죽음에서 새봄의 재생으로 이어진다. 기러기 등의 철새는 한 계절 어디론가[옛날 사람들은 천계天界, 신선계神仙界로] 사라졌다가 다시 나타난다. 동물들의 이러한 능력은 죽음에서 살아나는 재생, 신의神意의 전달자 혹은 중계자로서 보다 높은 신령神靈의 상징으로 인식되었다. 또한 곰(단군신화), 뱀, 여우 등 여러 동물들은 변신담變身譚에서 보듯이 변신을 하여 사람을 현혹시키거나, 인간이 해치면 보복을 하고 은혜를 입히면 보은한다. 대부분 동물들의 감각은 사람을 초월한다. 사람의 능력으로 인식하지 못하는 미래의 일나 자연현상을 미리 알아서 예조豫兆를 보인다. 나라의 흥망·기후의 변화·현군賢君과 성현聖賢의 생몰生沒·국가대사大事의 성패 등을 미리 알려주는 동물 사례는 역사기록에서 엄청나게 많이 찾아볼 수 있다. 동물들의 이러한 초자연적 능력에 대한 관념은 동물숭배로 나타난다.

③ 공포감을 느끼는 심리적 동기 못지않게 동물에 대한 친밀감이나 식료食料제공, 노동력으로서 갖는 효용성 등 그 은혜에 대한 감사를 바탕으로 해서

동물숭배가 이루질 수도 있다.

소[12]의 경우 우리나라의 농경 생활과 아주 밀접한 관계를 가지며 단순한 가축의 의미를 뛰어넘어 마치 한 식구처럼 생각되어 왔다. 소는 없어서는 안 될 소중한 노동력일 뿐 아니라 운송의 역할도 담당하였고, 급한 일이 생겼을 때 목돈을 마련할 수 있는 비상금고의 역할까지 하였다. 사람에게 사람 이외에는 소가 가장 친숙했던 동물이었다. 소는 우직하나 성실하고 온순하고 끈질기며 힘이 세나 사납지 않고 순종한다. 이러한 소의 속성이 한국인의 정서 속에 녹아들어 여러 가지 관념과 풍속을 만들어 냈다. 그래서 우리 조상들은 "소가 말이 없어도 열두 가지 덕이 있다"라고 했다. 농경을 본으로 삼아 온 한민족에게 오랜 옛적부터 전해 오는 소의 심상心像은 우직 · 희생 · 성실의 표본이었다. 소는 다른 어떤 동물보다 현실적인 이용도가 높은 동물임에도 불구하고 넉넉하고 군자다운 성품으로 인해 특별한 상징성과 신성한 위치를 확보하고 있음을 알 수 있다.

④ 동물은 제의나 주술적 목적으로 사용되어서 신성성이 부여된다. 소, 돼지,[13] 양[14]은 대표적인 희생물로 각종 제의에 등장한다.

돼지는 제전祭典의 희생犧牲으로 바쳐진다. 『삼국사기』와 『삼국유사』에서 돼지는 신통력神通力을 지닌 동물로 신성시하였다. 돼지는 신에게 바쳐지는 제물祭物임과 동시에 국도國都를 정해주는 신통력을 지닌 동물로 전해진다. 즉, 예언자 · 길잡이 구실을 하여 성지聖地를 점지해주거나, 왕의 후사를 이어줄 왕비를 알려주었고, 왕을 위기에서 모면하게 해주었다. 돼지는 일찍

---

12 졸고, 「한국문화에 나타난 소의 상징성 연구」, 『소의 생태와 관련민속』, 국립민속박물관 제30회 학술발표회, 1996.12.23.

13 졸고, 「한국문화에 나타난 돼지의 상징성 연구」, 『돼지의 생태와 관련민속』, 국립민속박물관 제27회 학술발표회, 1994.12.16.

14 졸고, 「양에 관한 한국인의 관념과 태도」, 『박물관신문 235호』, 국립중앙박물관, 1993.01.01.; 「양에 대한 한국인의 관념과 태도」, 『양의 생태와 관련민속』, 국립민속박물관 제18회 학술발표회, 1990.12.27.

제2부 동물민속 연구의 관점과 방법론

부터 제전의 희생으로 바쳐졌다. 고구려의 교시郊豕, 삼월삼일 하늘과 산천의 제사, 12월 납일의 제사, 동제와 각종 굿거리, 고사의 제물로 의례껏 돼지머리가 가장 중요한 '제물'로 모셔진다. 하늘과 땅에 제사지낼 때 쓰는 희생물로 돼지는 매우 신성한 존재였을 뿐만 아니라 신이한 예언적 행위를 한 것으로 나타난다.

⑤ 동물의 다산多産은 풍요와 풍년을 촉진하는 능력이 있는 것으로 보아 풍요의 신, 재물신 등을 상징한다. 쥐[15]와 뱀[16]이 이러한 상징으로 민간에서 숭배된다.

쥐는 생물학적으로 왕성한 번식력을 가지고 있으며 그로 인해 사람들에게 다산과 풍요의 상징으로 여겨졌다. 상자일上子日 풍속이나 쥐불놀이, 쥐와 관련된 주문이나 풍속에서 풍요기원 대상으로, 재물財物과 부富의 상징으로 인식되었다.

뱀은 알을 낳는 종류와 새끼를 낳는 두 종류가 있다. 뱀은 1년에 한 번 알을 낳은 데 한 번에 백 여 마리를 부화하는 다산성이다. 뱀은 독을 지닌 무서운 존재, 겨울잠에서 다시 깨어나는 재생, 다산성 등의 특징을 가졌다. 그래서 뱀은 새로운 생명의 탄생, 새 생명으로 다시 태어나기를 바라면서 무덤의 수호신守護神, 지신地神으로 의미화 된다. 또 풍요와 재물을 지키는 업業신, 마을의 수호신인 제주도의 당신堂神 등으로 받들어진다.

⑥ 하늘을 날고, 땅을 걷고, 물에서 헤엄치는 이른바 각 동물상징의 생태적 다양성과 이중성으로 속계와 영계를 드나드는 영매靈媒 또는 신의 사자使者로 인식된다.

영혼을 운반할 수 있는 동물은 각 공간을 서로 넘나들 수 있는 능력이 있는

---

15 졸고, 「한국문화에 나타난 쥐의 상징성 연구」, 『쥐의 생태와 관련민속』, 국립민속박물관 제29회 학술발표회, 1995.12.20.

16 졸고, 「뱀에 관한 민속학적 고찰」, 『뱀에 관한 한국인의 관념』, 국립민속박물관 제13회 학술발표회, 1989.02.17.; 「민속에 나타난 뱀에 대하여」, 『박물관신문 209호』, 국립중앙박물관, 1989.01.01.

존재이어야만 한다. 새는 땅과 하늘을 자유롭게 날아다니고, 뱀과 개구리는 수중과 땅 위에서 동시에 활동하고, 거북이는 바다·땅·산 위를 자유롭게 다니고, 게는 바다와 바닷가(육지)에서 동시에 살 수 있다. 사람은 오직 한 공간, 땅에서만 살 수 있는데 이들 동물들은 몇 개의 공간을 자유롭게 드나들 수 있다. 이러한 능력으로 인해 타계他界로 가는 영혼을 실어 나르고 안내하는 동물로 선정된 것이다.

이처럼 동물에게 영력靈力을 인정하고, 이를 통하여 자연과 인간의 관계를 비롯, 인간생활의 여러 가지 측면에 대한 이해와 해석을 표현하고 있다. 이들 동물상징의 유물은 고대인의 의식세계를 반영한 것이며 생활상의 일부분이다. 동물민속의 연구는 여기서 시작된다.

3. 동물민속 연구의 세 가지 방법론

한국민속학의 여러 미개척분야 가운데 동물민속은 그 연구가 많이 이루어졌다고 생각되나, 실상은 몇몇 학자들의 부분적이고 단편적인 일부 동물연구만 집중적으로 다루어졌다. 지금까지의 동물민속 연구는 민속종교, 민속문학, 민속연희 등에서 주로 호랑이, 용 등의 몇몇 동물 중심으로, 그 접근방법도 설화 중심의 다분히 문학적인 경향을 띠었다.

지금까지 검토한 동물에 대한 연구는 단편적이고 구체적인 방법론의 제시가 없이 다른 연구의 부분 이해를 위한 것이었다. 기존 동물 연구군研究群은 다음과 같은 몇 가지 한계를 가지고 있다.

첫째, 동물을 연구하면서 의식적으로 '동물생태에 대한 이해'를 의식적으로 피해갔다. 각 동물이 자연생태계에 존재하는 생물개체로서의 사람과 그의 문화와 접촉이 없을 때는 생물학적 접근만으로도 이해가 가능하다. 그러나 이미 동물이 사람의 마음과 눈 속으로, 즉 문화 속에서 들어왔을 때는 생태학적 이해는 필수적이다. 동물 자체, 문화 속으로 투영된 동물 모습, 동물과 관계없이 사람이 만들어 동물관념 등에 대한 구체적이고 체계적인 접근이 가능하다.

둘째, 동물에 대한 연구는 부분적이고 단편적이다. 설화 연구를 위한 문학적 접근이었고, 문학적 접근 가운데서 한 장르만의 연구가 주류를 이루었다. 또한 그 분석도구인 구체적인 방법론이 마련되지 않은 체제각각으로 이루어졌다. 사실 동물민속에 대한 접근은 어느 한 분과 학문의 몫이 아니라 통합적이고 학제적인 연구가 필요하다. 동물민속은 동물학, 고고학, 미술사, 민속학, 고전문학 전반을 동원한 총체적 접근이 필요하다. 그래야만 각 동물에 대한 일련의 문화체계를 소상히 밝힐 수 있을 것이다.

세번째는 연구의 편중성이다. 다양한 자료를 찾을 수 있는 호랑이, 용, 등 몇몇 동물 중심으로 이루어져 한국문화 속에 동물민속의 전체적인 양상을 파악하기 힘든다. 한국문화에 등장하는 동물들을 통합된 방법론으로 분석이 이루어진다면 온전한 동물민속 연구로 이어질 것이다.

한국 고대의 풍속이나 생활상을 전하는 문헌 자료나 회화 자료 없이 다만 출토 유물만 가지고 그 생활 관습을 민속학적으로 해석한다는 것은 그리 쉬운 일 아니다. 민속학의 입장에서 유물만으로는 그 민속체계民俗體系(folk system)를 알 수 없다. 이를테면 식생활 용구로써는 당시 식생활에 어떠한 기구를 사용하였는지는 알 수 있어도, 어떠한 음식물을 어떻게 조리하였는지 알 길이 없다. 의생활에 있어서도 어떠한 복식 유물이 있었는지는 알 수 있어도, 그 복식법과 제작법이 어떠했는지 또한 어떻게 사용하고 장식하였는지는 자세히 알 길이 없다. 더구나 오락, 제사, 신앙 등에 있어서는 그 유형적인 오락 기구, 제사 용구, 신앙물 보다는 무형적인 오락 행위, 제사 의식, 신앙 의례 등이 더욱 민속학적인 가치가 있다. 동물민속에 대한 접근도 동물자체에 대한 연구와 함께 그 동물과 관련된 민속체계에 대한 해명이 이루어져야한다.

이처럼 동물에 대한 연구와 접근방식은 각 분과학문에 따라 다양하게 이루어졌다. 과연 이런 다양한 관점과 접근방식 등을 아우를 총체론적이고 체계적인 동물민속 연구방법론은 어떤 것일까?

사실 한국인, 한국사회와 문화를 연구하는 이른바 '한국학韓國學으로서의 민속학' 연구자들은 고고학, 미술사, 고전문학, 사학, 민속학, 인류학에 대한 기본적이고 체계적인 이해가 있어야 한다고 평소에 생각해 왔다. 특히, 동물민속에 대한 접근은 어느 한쪽 시각으로는 체계적인 정리와 총체적인 연구가 이루어질 수 없다. 그래서 민속학적 연구성과 뿐만 아니라, 고고학적 발굴과 성과물, 동물이 묘사된 미술사적 유적과 유물, 동물 자체에 대한 동물학 등을 아우르는 접근과 그 방법론을 찾아야 한다.

동물민속 접근 방식은 통시적·공시적 접근·과 민속모형·과학모형 동물을 통한 공간적 세계구조空間的 世界構造를 이해하려는 접근방식 등 세 가지가 있다. 이 기본 방법론 등을 근간으로 한국 문화에 나타난 동물의 상징성을 구명해 보고자 한다.

첫째, 오늘날의 민속은 한민족의 일상 생활문화가 역사적으로 누적되고, 사회적으로 중층 되면서 형성되었다. 그래서 동물의 민속소民俗素를 분석하는 데는 고고 유물과 유적, 벽화, 문헌기록 등을 통한 통시적 접근으로 그것과 관련된 민속의 유래와 변천이 밝혀질 것이고, 공시적 접근으로는 현재의 생활 속에서 동물이 가지는 기능과 의미가 온전하게 연구될 수 있을 것이다.

어떤 동물들은 부정적인 의식 때문에 꿈에서라도 나타나면 재수 없다고 여겨진다. 반면에 일상생활에서 귀엽지도 않고 이롭지도 않은 동물이 숭배의 대상으로 격상된다. 이러한 의식은 그 동물의 외모나 실제 일상생활에 있어서 해롭거나 이로운 점을 떠나서 각 민족의 문화적 맥락 속에서 형성된다. 일상에서 가장 친근하고 충성스러운 개가 꿈에 나타나면, '개꿈'으로 치부한다. 그런가 하면 외형으로 보아 전혀 흉물스럽지 않은 노루를 특히 장사하는 집에서는 불길한 동물로 인식한다. 바로 이러한 인식의 배경을 규명하기 위해서는 과거에서부터 현재에 이르는 통시적이면서 공시적인 접근이 필요하다.

시간(Time) 축

●민속소

공간(Space) 축

통시적 · 공시적 접근

돼지는 민속체계에서 복福을 부르는 동물상징을 갖는다. 역사적으로 볼 때 고구려에 봄 · 가을로 중요한 제사를 지낼 때 특별한 희생으로 교시郊豕를 바쳤고, 그 교시 덕택에 비옥한 수도를 얻었다. 고려 작제건은 돼지의 도움으로 송악 남쪽에 터를 마련하게 되고 후삼국을 통일할 손자 왕건이 태어났다. 10월 상달의 고사나 굿에는 반드시 돼지머리를 올렸고 복을 빌었다. 얼마 전까지만 해도 개업식 때 선물 가운데 하나가 큰어미 돼지가 누워있고, 작은 새끼돼지 십수 마리가 젖을 빨고 있는 돼지 가족들의 그림액자였다. 이 액자는 행운과 돈을 가져다 주는 부적이다. 이러한 관념은 최근까지도 전승된다. 1999년 조선일보 경제면에 "복권 당첨에 역시 돼지꿈"이라는 기사가 있었다. 1억원 이상 복권에 당첨된 사람들 61명에게 설문조사를 했더니 돼지꿈을 꾸고 복권을 샀다는 사람이 가장 많았다고 한다.[17] 그래서 예나 지금이나 돼지는 행운의 상징이다.

17 「복권당첨엔 역시 돼지꿈」,『조선일보』, 1999.01.27.

현재 일상적으로 말을 실제로 보기에는 힘이 든다. 그렇지만 역사적으로, 문화적으로 형성된 말에 대한 관념 현재 우리 생활에 큰 영향을 미치고 있다. 말과 관련된 상품이 그것이다. 말의 건각健脚의 이미지를 살린 고무신, 양말, 구두약의 상표에서 말을 만난다. 말의 야생적 이미지를 살린 남성화장품 선전에도 그 이미지가 동원된 적도 있다. 가장 짧은 시간에 가장 강력한 이미지를 전달해야하는 광고방송에서 바로 각 동물의 문화상징이 적극적으로 이용되고 있다는 사실이다.

　통시적 · 공시적 접근이란 바로 이런 것이다. 고고 · 미술자료, 문헌자료 등을 통한 각 동물상징의 형성배경과 역사적 변화과정을 추적하고, 현재적 입장에서 어떻게 수용되고 변화되는가를 살펴보는 것이다.

　물론 이러한 접근방법은 구체적으로 본문에 명확하게 나타나지 않지만 서술과정 상에서 역사 순의 배열을 통해 통시적 접근이 이루어질 것이며, 현재의 민속과 사회적 현상들을 통해 공시적 접근이 이루어질 것이다.

　두 번째로는 민속모형 · 과학모형으로의 접근이다. 과학모형은 동물의 생물학적 특징으로 어느 민족이나 문화 속에 존재하는 불변의 자연 과학적 분석체계analytical system라면, 민속모형은 하나의 사실fact(과학모형) 즉, 동물의 특성을 각 사회나 민족마다 그 사회의 문화적 맥락, 문화문법에 따라 다르게 이해하고 해석하는 것이다.

　뱀의 혀는 가늘고 두 가닥으로 갈라져 있으며, 미각의 감각 기관은 없고 후각세포만 있다. 즉, 뱀이 혀를 날름거림은 먹이를 찾으려는 본능적인 활동이다. 이러한 생물학적 특징과 습성이 과학모형이라고 할 수 있다. 이 과학모형은 지역과 시대를 막론하고 언제나 똑같다. 그러나 각 민족의 문화나 관념 체계에 따라서 불변의 과학모형은 각기 다른 민속모형으로 나타난다. 즉 뱀은 유혹, 사탄, 여자, 이간질 등의 민속모형으로 인식되었다. 과학모형이 어느 민족이나 문화 속에서 변함 없는 자연 과학적 분석 체계analytical system라면, 민속모형은 하나의 사실fact(과학모형)을 각 사회마다 민족마다 그 사회

문화적 맥락에 따라 다양하게 이해되고 해석되는 것이다.

"문화의 창"

과학모형		민속모형
(생물학적 특성 : 시대·지역에 관계없는 불변의 사실들) 자연현상, Facts	⇨ ⇨	(상징성 : 문화에 따라 다양한 의미를 가짐) 문화적 상징성, Symbols

과학모형과 민속모형

뱀의 과학모형과 민속모형

과학모형(科學模型)		민속모형(民俗模型)
1. 형상(形狀) ① 몸이 가늘고 길다 ② 비늘로 싸여 있다. ③ 몸의 이동은 네다리가 없기 때문에 몸을 구부려 곡선의 정점에 힘을 주어 끌어 당겨 구불구불하게 진행한다.	문화의 창	① 상사일에 긴 물건(실, 머리카락, 밧줄, 새끼)을 만지지 않는다. ② 상사일에 '巳不遠行' : 멀리 가지 않는다(蛇足). ③ 정월 보름 뱀과 비슷한 형상(썩은 새끼, 진대)을 만들어 뱀치기, 배지지, 진대끌기 등을 한다. ④ 징그럽다. 생각만 해도 소름끼친다. 사악하다.
2. 눈·혀·귀·코 ① 눈까풀이 없고 가까운 것을 잘 본다. ② 혀가 가늘고 두 가닥으로 갈라져 있다. 미각은 없다. 혀를 날름거리는 것은 냄새로서 먹이를 탐지하려는 것이다. ③ 귀는 퇴화되어 겉귀가 전혀 없으며 가운데 귀도 1개의 뼈만 있어 들을 수 없다. 그러나 지면을 통한 진동에는 매우 민감하다. ④ 후각이 발달함.	문화의 창	① 날카롭다·차갑다·매섭다. ② 유혹·여자·말조심 ③ 지혜롭고 상황판단을 잘하는 동물로 인식
3. 독(毒)·식성(食性) ① 독니(毒牙)가 있다(신경에 작용하는 것, 혈액이나 국부 조직을 파괴하는 것, 복합적인 것) ② 곤충이나 척추동물을 먹는다(이빨, 독, 목으로 감아서).	문화의 창	① 날카롭다. ② 무섭다·두렵다. ③ 뱀에 손가락 짓거나 맨발로 밟으면 썩는다.
4. 허물 ① 뱀의 몸은 비늘로 싸여 있지만 이들 비늘은 1개씩 떨어지지 않는 연결된 피부로 되어 있다. ② 표피의 바깥 층이 오래되면 눈의 부분까지 포함하여 표피 전부를 뒤집어 허물 갈이를 한다.	문화의 창	① 변신(뱀서방 이야기, 인간의 원혼이 뱀으로 변신) ② 민간 의료의 약재[巳脫皮] ③ 자기 혁신의 본보기[뱀허물 벗기]

| 5. 동면
① 추울 때 동면하고 따뜻할 때 활동한다.
② 겨울 동안 땅 속에서 겨울잠을 자고 봄에 다시 살아난다. | 문화의 창 | ① 재생(무덤 속의 벽화, 토우로 넣음)
② 지신(地神)
③ 사자(死者)의 영혼
④ 끈질긴 생명력(일시적이거나 부정적으로 죽였을 때 다시 살아나 반드시 복수한다)
⑤ 악업(惡業) |
| 6. 다산성
① 난생·난태생으로 한 번에 300여 마리씩 부화한다.
② 수컷은 주머니 모양의 생식기가 2개 있다. | 문화의 창 | ① 양기[陽氣:지구력과 정기]
② 생산신[多産神 → 재신[財神:업신]
③ 민간의료[생식, 탕, 술] |

셋째, 동물을 통한 공간적 세계구조空間的 世界構造를 이해하려는 접근방식이다. 고대인들은 동물의 형태론적 측면에서 뿐만 아니라, 의미론적 측면에서도 조화를 이루면서 문화적 표상表象들을 만들어 냈다. 이들 동물은 세계世界에 대한 표상을 표현하기 위한 기호記號이면서 동물 형상의 형태론적 속성을 통해 내용內容도 반영하고 있다.

유라시아 스텝의 유목민을 포함하는 고대의 민족들은 우주를 수직으로 위치하는 3개의 세계 - 상계上界(하늘), 중계中界(사람들이 사는 땅), 하계下界(지하) - 로 구성된 것으로 이해하였다. 이 고대인들의 공간적 세계구조는 동물코드를 근간으로 하고 있다. 상계는 새, 중계는 굽동물, 하계는 물고기 및 파충류와 각각 연관시킨다. 스키타이 동물양식에는 새, 굽동물, 맹수의 세 그룹 표현물이 주를 이루고 있다. 각 그룹의 동물상들은 다른 세계를 의미한다. 스키타이 동물양식 중에서도 여러 영역을 연결하는 중개자로 멧돼지가 등장한다. 이는 멧돼지가 굽동물이자, 다른 한편으로는 맹수와 친족인 육식성 동물이기 때문에 하계와 중계의 중개자 역할을 부여한 것이다.[18]

신라토우[19]에 등장하는 각 동물들은 바로 신라인의 세계관을 표현하고 있

---

18 E.V. 뻬레보드치꼬바, 정석배 역, 『스키다이동물양식』, 학연문화사, 1999, 27~29쪽.
19 졸고, 「신라토우에 나타난 신라속(新羅俗)연구」, 『민속학연구 제5호』, 국립민속박물관, 1997, 43~70쪽; 「신라토우의 민속학적 연구」, 『신라토우』, 국립경주박물관, 1997, 146~158쪽.

는 것이다. 다양한 각 동물토우는 각 동물의 활동영역을 나타내는 문화기호이다. 또한 동물은 각 세계관을 연결하는 영매靈媒이며, 하나의 세계관가 다른 세계관과 연결할 수 있는, 신과 인간이 통할 수 있는 중개자仲介者 역할에 적합하다.

용의 활동 영역은 바다↔땅↔하늘 등 세계관 전체를 자유롭게 드나든다. 용[20]은 바다와 하천 등 물이 있는 곳을 발생지로 하여 승천하여 하늘에서 활약하는 동물로 상징된다. 일차적으로는 물의 세계를 대표하는 상상의 동물이다. 처음에는 물에 살지만 비상飛翔하는 동물로 변한다. 물에 사는 동물이 육지에 나오는 일은 자라, 거북이, 게 등 몇 종류가 있지만 하늘로 비상하는 용은 신적인 존재로 전환하는 것이다.

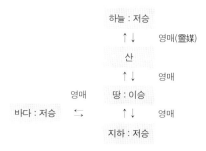

신라인의 세계관(世界觀)

그러나 때로는 물고기로 변하고, 때로는 인간으로 변하여 인간과 결혼도 한다. 용은 모습을 마음대로 바꿀 수 있는 능력을 가지고 있고, 자유 자재로 모습을 보이기도 하고 숨기기도 한다. 용은 뭇 동물이 가진 최상의 무기를 갖추고 있으며, 구름과 비를 만들고, 땅과 하늘에서 자유로이 활동할 수 있는

20 　졸고, 「한국문화에 나타난 용의 상징성 연구」, 『한국인의 용에 대한 문화적 표현들』, 국립민속박물관 제36회 학술발표회, 1999.12.20.

능력을 지닌 존재로 믿어 왔다.

새·닭·말은 땅↔산↔하늘의 공간이동이 가능하여 영혼을 천계로 운반하고, 안내할 수 있는 능력이 있다. 고대에는 하늘과 땅 사이를 자유롭게 날아 오르는 새를 영물靈物로 여겨, 천상의 안내자·하늘의 사자로 여겨졌다. 『삼국지三國志』 위서 동이전 변진조에 보면, '변진에서는 사람이 죽으면 장례를 큰 새의 깃털로 꾸미는데, 이는 죽은 이가 하늘로 날아 오르기를 바라는 뜻이다'라고 하였다. 고대인들의 고향은 하늘이므로 땅에 내려와 살다가 죽으면 다시 하늘나라로 돌아간다고 생각했다. 이때 새는 육신과 영혼을 하늘로 인도하는 안내자를 상징한다.

오리는 하늘을 날고 땅을 걸으며 물을 가른다 하여 천·지·수天·地·水 삼계三界를 내왕하는 영물로 우러름을 받아왔다. 천상의 신명과 통신하는 안테나 - 솟대 위에 얹는 새가 오리인 것도 그 때문이다. 재앙을 진정시키는 굿판에도 이 오리 솟대가 세워지게 마련인데, 오리가 심한 물결을 가로지르듯 재앙을 무사히 타고 넘길 기원해서이다.

닭이 본격적으로 한국 문화의 상징적 존재로서 나타나게 된 것은 『삼국유사』에서 혁거세와 김알지의 신라 건국 신화에서이다. 『삼국유사』에 의하면 알영이나 김알지 같은 나라 임금이나 왕후가 나타날 때 서조瑞兆를 미리 보여주는 길조吉鳥로 표현이 되었다. 닭은 울음으로써 새벽을 알리는, 빛의 도래를 예고하는 존재이다. 닭은 여명·빛의 도래를 예고하기에 태양의 새이다. 닭의 울음은 때를 알려주는 시보의 역할을 하면서, 앞으로 다가올 일을 미리 알려주는 예지의 능력이 있기도 하다. 장닭이 홰를 길게 세 번 이상 치고 꼬리를 흔들면 산에서 내려왔던 맹수들이 되돌아가고, 잡귀들이 모습을 감춘다고 믿어 왔다. 문헌 기록뿐만 아니라 천마총의 달걀 껍질이나 지산동고분의 닭뼈, 백제 고배 속의 달걀 껍질에서 알 수 있듯이 닭은 일찍부터 중요한 제물이 되었다. 천마총을 발굴했을 때, 단지 안에 수십 개의 계란이 들어 있었고 또 신라의 여러 고분에서 닭뼈가 발견된다. 고분 속에 계란과 닭뼈가 들어 있었던 것은 저 세상에 가서 먹으라는 부장 식량일 수도 있고, 알속에서 새로운 생명이 탄생하듯이 재생, 부활의 종교적인 의미로 해석해 볼 수 있다.

신라의 세계관과 토우 동물들의 의미영역

	바다(수중)	땅	산	하늘	의미 분석
용	←			→	바다, ·산·하늘을 하나의 세계로 묶어 주는 역할. 변신력, 우주 전체에서 활동
거북이	←		→		바다와 육지를 왕래하는 동물[영매]. 산 정상에 있을 때 신비감을 얻음.
새(닭)		←		→	땅과 하늘을 연결하는 동물. 이승과 저승의 매개체, 신의 使者
말		←		→	하늘과 땅을 연결하는 동물. 영혼의 승용 동물
토끼			←	→	산에서 활동. 달나라의 동물
호랑이			←→		산신의 상징
사슴	←		→		무당의 영혼이 지하세계로 여행할 때의 승용동물, 재생력
개, 소, 양, 돼지		←→			일상적 동물. 12지신의 하나.
뱀, 개구리	←	→			수중과 육지를 왕래하는 동물 재생력, 다산성
게	←	→			해상과 육지를 왕래하는 동물
물고기	←→				해상의 동물. 용으로 변할 수 있음.

땅과 하늘을 연결하는 것으로 말[21]이 나타난다. 신라, 가야에는 말 그림 ·

21　졸고, 「말에 대한 한국인의 관념과 태도」, 『말의 생태와 관련민속』, 국립민속박물관 제16회 학술발표회, 1990.01.22.

말 모양의 고분 출토 유물이 발견되고 고구려 고분 벽화에도 각종 말 그림이 등장한다. 여기서 말은 이승과 저승을 잇는 영매자로서 피장자의 영혼이 타고 저 세상으로 가는 동물로 이해된다. 말이 그려진 토기, 토우, 벽화는 그 표현 방법에 있어서는 다를지 몰라도 그것이 지니고 있는 의장意匠과 사상은 다 같은 것이다. 즉 피장자의 영혼이 말을 타고 저 세상으로 가도록 드리는 공헌적 부장供獻的 副葬의 뜻을 가지고 있다. 구비 설화나 문헌 설화에서 말은 신성한 동물·하늘의 사신·중요 인물의 탄생을 알리고 알아 볼 줄 아는 영물 또는 신모神母이며, 미래에 대한 예언자적 구실을 한다. 특히 『삼국사기』, 『삼국유사』의 기록에 의하면 말은 모두 신령스러운 동물로 되어 있다. 금와왕, 혁거세, 주몽 등 국조國祖가 태어날 때 서상瑞祥을 나타내 주는 것이라든지, 백제가 망할 때 말이 나타나 흉조를 예시해 준다든지 모두 신이한 존재로 등장하고 있다.

고대인들은 동물의 형태론적 측면에서 뿐만 아니라, 의미론적 측면에서도 조화를 이루면서 문화적 표상表象들을 만들어 냈다. 이들 동물은 세계世界에 대한 표상을 표현하기 위한 기호記號이면서 동물 형상의 형태론적 속성을 통해 내용內容도 반영하고 있다. 고대로 올라갈수록 동물은 일정한 이데올로기적 표상을 반영하고 있다. 즉 동물은 일정한 의미를 지닌 문화코드이다. 시대별로 나타나는 동물의 문화적 표상들은 나름대로의 언어이며, 그 언어로 구성된 텍스트이다. 이데올로기적 표상을 반영하는 동물의 형상이 이데아의 표현수단인 기호 역할을 한다. 또한 동물의 형상은 세계에 대한 표상表象을 표현하기 위한 동물기호動物記號인 것이다. 각 동물들은 하늘 지상, 지하 등 한 개 이상의 영역으로 이동할 수 능력을 갖추고 있다. 이런 능력에서 신의 사자使者 역할을 수행하는 문화적 임무가 부과되고, 타 영역으로 이동할 때 길잡이 역할의 문화코드가 만들어지는 것이다. 이러한 접근방식은 동물을 통한 공간적 세계구조空間的 世界構造를 이해하는 지름길이 될 것이다.

4. 문화의 비밀을 푸는 또 하나의 열쇠, 동물상징

선사시대부터 사람들은 그 당시의 여러 가지 생활문화나 종교, 관념 등을
표현하기 위해 어떠한 의미를 띠고 있는 동물상징動物象徵을 많이 사용했다.
건국·시조신화의 중요한 모티프의 하나가 동물이다. 단군의 어머니로 나
타나는 곰, 개구리의 형상을 한 금와왕金蛙王, 백마白馬의 혁거세, 금돼지의
아들 최치원, 지렁이의 아들 견훤甄萱, 호랑이의 도움으로 살아난 고려 태조
왕건의 6대조 호경장군, 해동 육룡 조선의 〈용비어천가〉 등에서 동물이 갖
는 의미와 상징은 한국의 동물민속을 연구하는데 아주 중요한 첫 자리를 차
지하고 있다. 바위그림이나 동굴 벽화를 비롯하여 토우와 토기, 고분 벽화
등에서 수많은 동물들이 각기 다양한 모습으로 등장한다. 이들 동물상징은
그 당시 사람들의 의식세계[意味와 觀念]를 반영하고 있으며, 생활상의 일부분
을 표현하고 있다.

우리 조상들은 동물의 외형이나 행태行態 등에서 상징성, 암시성을 부여하
였다. 이들 고대 유물과 유적, 민속에서 나타나는 많은 동물의 모습은 현재적
사고만으로는 그 온전한 의미를 파악할 수 없는 것들이 대부분이다. 한국문
화에 등장하는 동물들의 상징을 올바르게 이해하기 위해서는 그 당시의 문화
적, 사상적 배경을 이해하고 그 맥락에서 연구되어야 할 것이다.

동물민속은 동물에게 영력靈力을 인정하고, 이를 통하여 자연과 인간의 관
계를 비롯, 인간생활의 여러 가지 측면에 대한 이해와 해석을 표현하고 있다.
이들 동물상징의 유물은 고대인의 의식세계를 반영한 것이며 생활상의 일부
분이다. 동물민속의 연구의 시작은 바로 여기서 시작된다.

한국문화 속에 동물이 어떻게 투영되어 동물민속으로 나타나는가를 규명
하는 일은 곧 한국 문화체계 속에서 한국인의 의식구조를 동물을 통해서 밝
힐 수 있을 것이다.

동물민속 연구는 다른 분야의 민속연구와는 달리 고고 출토품과 미술자료

등 구체적인 동물 표현물과 그 기본 속성에 대해 주목할 필요가 있다. 언어는 정보를 전달하기 위한 기호체계로 구성되어 있다. 한국문화 속에 등장하는 다양한 동물들은 여러 문화적 관계 속에서 속성屬性, 기호記號의 상징체계로서 전시대全時代와 전영역全領域에 걸친 문화정보를 전달하고 있다. 동물상징은 문화의 비밀을 푸는 또 하나의 암호이며, 열쇠이다.

02

동물민속 연구의
관점과 방법론

1. 동물민속 연구의 관점

같은 동물이라도 보는 시간과 장소, 보는 이의 관점에 따라 전혀 다른 동물
로 이해되는 경우가 있다. 예컨대 거미는 보는 시간에 따라 '복福'과 '근심'으
로 달리 이해된다. 즉 아침 거미는 복 거미로, 저녁 거미는 근심 거미로 말이
다. 그래서 아침에 거미를 보면 복 거미라고 해서 살려 보내지만, 저녁에는
눈에 띄는 족족 죽인다.

나라별로도 선호하는 동물이 다르다. 중국에서는 물고기가 재물을 상징
하기 때문에 신년 연하장에 많이 쓰인다. 일본에서는 고양이가 복을 부른다
고 생각해 가정과 직장에 손을 들어 복을 부르는 고양이 장식품을 하나씩 놓
아둔다.

종교별로도 동물에 대한 인식이 다르다. 이슬람교를 믿는 무슬림들은 돼
지를 불결한 동물로 여겨 돼지고기를 먹지 않는다. 이슬람 경전 코란Koran에
는 돼지고기가 금지 음식으로 명시돼 있다. 반면에 힌두교에서는 소를 신성
한 동물로 여겨 소고기를 먹지 않는다. 그래서 인도에 있는 맥도날드에서는

소고기 대신 닭고기나 양고기를 사용한다.

오랜 옛날부터 인간은 동물을 동물 자체로 보지 않고, 동물에 특별한 의미를 부여하며 숭배해 왔다. 왜 그랬을까?

첫째, 동물이 지닌 독특한 속성이 주는 '공포감'과 '경외감' 때문이다. 인간은 동물의 빠른 동작과 강한 힘에 공포감을 느끼는 동시에 경외감을 갖는다. 이러한 심리가 인간으로 하여금 동물을 무서운 존재이자 숭배의 대상, 나아가 인간을 지켜주는 신으로까지 인식하게 한 것이다. 대표적인 예가 호랑이[1]다. 호랑이는 사람보다 몇 배나 강한 힘을 지녔다. 그 힘에 대한 두려움과 존경의 이중적인 관념이 호랑이를 숭배의 대상으로 만들었다. 『삼국지三國志』 「위서동이전魏書東夷傳」에는 동예東濊에서 제호이위신祭虎以爲神했다는 기록이 있다. 호랑이를 신으로 모시고 제사를 지냈다는 것이다. 이는 비단 동예 지역뿐 아니라, 한반도 전역에 보편적으로 퍼져 있던 신앙이었다. 산을 숭배

아침 거미 복거미, 저녁 거미 근심거미

복을 부르는 고양이 마네키네코(招き猫), 일본

길거리의 소
종교의 영향으로 소고기를 먹지 않는다. 인도

하는 사상, 즉 '산악 숭배 사상'이 산속에 사는 숭배의 대상인 호랑이와 연계되어 '산신'이 곧 '호랑이'로 표현된 것이다. 호랑이는 큰 산이 있는 곳에서 숭배

---

1   졸고, 「한국문화에 나타난 범의 상징성 연구」, 『호랑이의 생태와 관련 민속』, 국립민속박물관 33회 학술발표회, 1997.

산신도 속 호랑이
조선, 국립민속박물관

의 대상으로 받들어지기 시작하다 가, 점차 각 마을의 수호신으로 동제당洞祭堂에 모시는 민중화된 산신으로 발전했다. 그래서 산신도를 보면, 산신 옆에 항상 호랑이가 있다. 호랑이는 위엄 있으면서도 정감 있는 모습으로 그려져 있다.

둘째, 노동력으로서 갖는 효용성 등이 감사한 마음으로 이어져 동물 숭배가 이루어지기도 한다. 대표적인 예가 소[2]다. 농경을 본으로 삼아 온 우리 민족에게 소는 단순한 가축의 의미를 넘어 한 식구나 다름없는 존재였다. 소는 가계에 없어서는 안 되는 소중한 노동력이자 훌륭한 운송 도구였으며, 급한 일이 생겼을 때 목돈을 마련할 수 있는 비상 금고 역할까지 했다. 때문에 예로부터 우리 민족에게 소는 친밀하고 고마운 동물로 여겨져 왔다.

셋째, 동물이 지닌 특별한 속성과 뛰어난 감각이 신비한 능력으로 인식되었기 때문이다. 일부 동물들은 계절에 따라 재생·변형하는 속성을 지니고 있다. 이러한 동물들은 다산과 풍요를 촉진하는 능력이 있는 존재로 여겨지거나, 나아가 신령神靈들과 결부되어 그 상징으로 관념화되곤 했다. 대표적인 예로 개구리, 뱀, 곰 등은 겨울에는 잠을 자고 봄이 되면 다시 깨어난다.

---

[2]　졸고, 「한국문화에 나타난 소의 상징성 연구」, 『소의 생태와 관련 민속』, 국립민속박물관 30회 학술발표회, 1996.

노동력으로 이용된 소 국립민속박물관

▲ 세계보건기구의 뱀
◀ 군의관 휘장 속 뱀

즉, 겨울에는 잠을 통해 '죽음'에 빠졌다가 봄에 '재탄생'하는 재생의 속성을
지니고 있는 것이다.

또한 동물들은 사람보다 뛰어난 감각을 지니고 있다. 사람은 인식하지 못
하는 자연현상 등을 미리 감지해 예조豫兆를 보인다. 동물들의 뛰어난 감각
이 신비한 능력으로 인식되어 숭배로 이어지기도 했다. 역사 기록에 나라의
흥망, 기후의 변화, 현군賢君과 성현聖賢의 생몰生沒, 국가 대사大事의 성패 등
을 미리 알려주는 동물 이야기가 자주 등장하는 것은 바로 이러한 이유 때문
이다.

넷째, 동물의 생태적 다양성과 이중성 때문이다. 사람은 오직 한 공간, 즉
땅 위에서만 살 수 있지만, 몇몇 동물은 몇 개의 공간을 자유롭게 넘나들 수
있다. 새는 땅과 하늘, 뱀·개구리는 땅과 물에서 서식한다. 거북이는 바다와

길상으로 여겨진 닭 국립민속박물관, 경기대박물관

공간을 넘나드는 거북이 별주부전, 통도사벽화

땅과 산 위, 게는 바다와 바닷가[육지]에서 모두 살 수 있다. 이러한 능력을 지닌 동물들은 속계俗界와 영계靈界를 넘나드는 영매 또는 신의 사자使者로 인식되었다.

다섯째, 제의나 주술적 목적으로 사용됨에 따라 부여된 신성성 때문이다. 소, 돼지,[3] 양[4] 등이 대표적인 예다. 돼지는 일찍부터 제전祭典의 희생犠牲으

---

3   졸고,「한국문화에 나타난 돼지의 상징성 연구」,『돼지의 생태와 관련 민속』, 국립민속박물관 27회 학술발표회, 1994.

▲ 희생 제물 돼지
▸ 풍년을 비는 쥐불놀이 국립민속박물관, 황헌만사진

로 바쳐졌다. 고구려의 교시交豕, 3월 3일 하늘과 산천의 제사, 12월 납일臘日
의 제사, 동제洞祭와 각종 굿거리, 고사의 제물로 으레 돼지머리가 드려졌다.
이러한 동물들은 희생 제물로서 매우 신성한 존재로 여겨졌다.

　여섯째, 동물이 지닌 다산多産의 능력 때문이다. 쥐⁵와 뱀⁶이 대표적인 예
다. 이 동물들은 왕성한 번식력을 자랑한다. 집쥐의 경우, 한 살 때는 1회 6~9
마리를 1년에 6, 7회 출산한다. 뱀은 크게 알을 낳는 종류와 새끼를 낳는 종류
로 나눌 수 있다. 전자의 경우 1년에 한 번 알을 낳는데, 한 번에 100여 개나
낳는다. 이러한 다산의 이미지가 재물과 곡식으로 이어져 풍요의 신, 재물의

4　　졸고, 「양에 관한 한국인의 관념과 태도」, 『박물관신문 235호』, 국립중앙박물관, 1993; 「양에 대한
　　　한국인의 관념과 태도」, 『양의 생태와 관련 민속』, 국립민속박물관, 18회 학술발표회, 1990.
5　　졸고, 「한국문화에 나타난 쥐의 상징성 연구」, 『쥐의 생태와 관련 민속』, 국립민속박물관 29회 학술
　　　발표회, 1995.
6　　졸고, 「뱀에 관한 민속학적 고찰」, 『뱀에 관한 한국인의 관념』, 국립민속박물관 13회 학술발표회,
　　　1989; 「민속에 나타난 뱀에 대하여」, 『박물관신문 209호』, 국립중앙박물관, 1989.

신으로 숭배된 것이다.

지금까지 인간이 동물을 숭배하게 된 이유에 대해 살펴보았다. 이는 곧 동물의 어떤 생태적 특징이 문화적 상징으로 관념화되었는지에 대한 탐구이다. 인간은 동물이 지닌 영력靈力을 인정하고, 이를 통해 자연과 인간의 관계를 비롯해 인간 생활의 여러 가지 측면을 이해하고 해석해 왔다. 이렇게 만들어진 동물의 문화적 상징은 당시의 의식세계를 반영한 것이며, 그들 생활상의 일부분이다.

동물민속 연구는 바로 여기서 시작된다. 즉 동물의 상징성을 추적해 들어가다 보면 당시의 세계와 자연히 닿게 되고, 그렇게 되면 그 당시 사람들의 삶의 모습과 정신세계를 이해할 수 있게 되기 때문이다. 이런 점에서 동물민속 연구는 '역사와 문화를 읽는 또 하나의 중요한 코드'이다.

2. 기존 연구의 한계점

지금까지 진행된 동물민속에 대한 접근과 연구들은 다음과 같은 몇 가지 한계점을 지닌다.

첫째, 동물을 연구하면서 의식적으로 '동물 생태에 대한 이해'를 피해갔다. 각 동물이 자연생태계에 존재하는 생물 개체의 하나인 사람과 그 문화와 접촉이 없을 때는 생물학적 접근만으로도 이해가 가능하다. 그러나 동물이 사람의 마음과 눈 속으로, 즉 문화 속에 들어왔을 때는 과학적(생태학적) 이해가 필수적이다. 동물 자체, 문화 속으로 투영된 동물의 모습, 동물과 관계없이 사람이 만들어낸 동물 관념 등에 대한 구체적이고 체계적인 접근이 이루어져야 한다.

둘째, 동물에 대한 연구가 대체로 부분적이고 단편적이다. 대부분의 연구가 설화 연구를 위한 문학적 접근이었고, 그것도 한 장르에 집중되는 경향을 보였다. 또한 그 분석 도구인 구체적인 방법론이 마련되지 않은 채 제각각 이루어졌다. 동물민속 연구는 어느 한 사람과 어느 한 학문의 몫이 아니다. 통합적이고 학제적學際的인 연구가 필요하다. 즉 동물민속은 동물학, 고고학, 미술사, 민속학, 고전문학 전반을 동원한 총체적 접근이 필요하다. 그래야만 각 동물에 대한 일련의 문화체계를 소상히 밝힐 수 있기 때문이다.

셋째, 연구의 편중성이다. 지금까지의 연구는 자료 찾기가 비교적 용이한 몇몇 동물 중심으로 이루어져 한국 문화 속에 동물민속의 전체적인 양상을 파악하기가 어렵다. 한국 문화에 등장하는 동물들을 통합된 방법론으로 분석한다면 보다 온전한 동물민속 연구로 이어질 수 있을 것이다.

3. 동물민속 연구의 방법론

동물민속 연구의 접근 방법은 크게 통시적 · 공시적 접근通時的 · 共時的, 과학모형 · 민속모형科學模型 · 民俗模型으로의 접근, 동물을 통해 공간적 세계구조空間的 世界構造를 이해하는 접근이 있다. 이 세 가지 접근 방법을 구체적으로 살펴보면 다음과 같다.

통시적 · 공시적 접근 방법

제2부 동물민속 연구의 관점과 방법론

복을 부르는 돼지 가족 국립민속박물관, 현대

첫째, 한국 민속은 한민족의 일상생활 문화가 역사·사회적으로 누적됨에 따라 형성되었다. 따라서 동물의 민속소民俗素(어떤 현상이나 사물에 따르는 민속적 상징 요소)를 분석하기 위해서는 통시적 접근과 공시적 접근이 모두 필요하다. 통시적 접근으로는 그 동물과 관련된 민속의 유래와 변천을, 공시적 접근으로는 현재 시점에서의 기능과 의미를 밝힐 수 있다.

우리 민속체계에서 돼지는 복을 부르는 동물 상징을 갖는다. 우리 조상들은 대대로 고사를 지낼 때 돼지머리를 올리고 복을 빌었다. 식당 등에서 자주 볼 수 있는 돼지 가족 그림은 돈이 많이 들어오길 바라는 염원을 담고 있다. 또 우리는 돼지꿈을 꾸면 자연히 복권을 산다. 이렇게 돼지는 예나 지금이나 우리의 일상생활 속에서 행운의 상징으로 여겨지고 있다.

한편 오늘날 말은 동물원, 경마장, 제주도 등에 가야만 만날 수 있는 동물이다. 이렇게 말의 실체는 우리 주변에서 사라졌지만, 역사·문화적으로 형성된 말에 대한 관념은 우리에게 여전히 많은 영향을 미치고 있다. 예로 우리가 매일 신는 양말은 말의 건각健脚 이미지를 본떠 만들어진 것이다. 또한 우리가 쓰는 물건의 상표나 대학 상징에 말의 이미지가 동원되기도 한다.

통시적·공시적 접근이란 바로 이런 것이다. 고고·미술 자료, 문헌 자료 등을 통해 각 동물 상징의 형성 배경과 역사적 변화 과정을 추적하고, 오늘날의 관점에서 그것이 어떻게 수용되고 변화되었는지를 살펴보는 것이다. 이

◄ 구두약 상표 속 말
► 체육대학교
　상징 동물이 된 말

　책은 이러한 접근 방법을 구체적으로 드러내지는 않지만, 서술 과정에서 시대 순으로 배열해 통시적으로 접근할 것이며 현재의 민속과 사회적 현상들을 통해 공시적으로도 접근할 것이다.

　둘째, 과학모형·민속모형으로의 접근이다. 과학 모형은 동물의 생물학적 특징으로 모든 민족과 문화 속에 존재하는 불변의 자연 과학적 분석체계 analytical system를 뜻한다. 민속 모형은 하나의 사실fact(과학 모형), 즉 동물의 특성을 각 민족과 사회가 가진 문화적 맥락, 문화 문법에 따라 다르게 이해하고 해석하는 것이다.

과학모형과 민속모형

　뱀은 시력이 좋지 않은 대신 입 속에 냄새를 맡는 야콥슨 기관이 있다. 끝이 두 갈래로 갈라진 혀를 입 밖으로 내밀어 혀끝에 묻은 냄새로 대상을 파악한다. 즉, 뱀이 혀를 날름거림은 먹이를 찾기 위한 본능적인 활동이다. 이러한 생물학적 특징과 습성을 과학 모형이라 한다. 이것은 지역과 시대를 막론하

◀ **과학 모형의 뱀** 뱀의 짝짓기
▼ **민속 모형의 뱀**
고구려 교사도, 복희여와도, 유엔
세계보건기구

고 항상 같다. 그런데 이러한 과학 모형은 민족과 문화에 따라 각기 다른 민속 모형으로 나타난다. 즉, 동물의 생태는 '문화의 창'을 통해 민속 모형을 생산해 내고 문화적 맥락에 따라 저마다 다르게 인식되는 것이다. 뱀은 사탄, 여자, 유혹, 이간질 등 다양한 민속 모형으로 인식돼 왔다.

셋째, 동물을 통해 공간적 세계구조를 이해하는 접근 방법이다. 고대인들은 동물의 형태론과 의미론적 측면에서 조화를 이루며 문화적 표상들을 만들어냈다. 유라시아 스텝steppe(草原)의 유목민을 포함하는 고대인들은 우주가 수직으로 위치하는 3개의 세계—상계上界[하늘], 중계中界[사람들이 사는 땅], 하계下界[지하]—로 구성된 것으로 이해했다. 이들의 공간적 세계구조는 동물 코드를 근간으로 한다. 상계는 새, 중계는 굽 동물, 하계는 물고기 및 파충류와 연관시킨다. 스키타이Scythian 동물 양식에는 새, 굽 동물, 맹수의 세 그룹 표현물이 주를 이루고 있다. 각 그룹의 동물들은 각기 다른 세계를 의미한다. 스키타이 동물 양식에서는 여러 영역을 연결하는 중개자로 멧돼지가 등장한다. 멧돼지가 굽 동물이자, 맹수와 친족인 육식성 동물이기 때문에 중계와

중개자로서의 멧돼지
신라토우, 국립중앙박물관

하계의 중개자 역할을 부여한 것이다.[7]

신라토우[8]에 등장하는 동물들도 신라인의 세계관世界觀을 나타낸다. 다양한 동물 토우는 각 동물의 활동 영역을 나타내는 문화 기호이다. 신라인들은 동물들을 각 세계관을 연결하는 영매로 인식했다. 즉 하나의 세계관과 다른 세계관을 연결할 수 있는, 신과 인간을 통하게 할 수 있는 중개자로 인식한 것이다.

이 책은 이상과 같은 세 가지 접근 방법을 근간으로 하여 동물민속과 한국 문화 속에 등장하는 인간·동물 문화의 상징체계를 궁구하고자 한다.

7   E.V. 뻬레보드치꼬바 저(정석배 역), 『스키다이동물양식』, 학연문화사, 1999, 27~29쪽.
8   졸고, 「신라토우에 나타난 신라속(新羅俗) 연구」, 『민속학연구』 5, 국립민속박물관, 1997, 43~70
     쪽; 「신라토우의 민속학적 연구」, 『신라토우』, 국립경주박물관, 1997, 146~158쪽.

4. 운명을 읽는 코드 열두 동물 : 띠와 팔자

1) 한국인에게 띠는 어떤 의미인가?

매일 아침 배달되는 일간신문에서 현대인들이 빠짐없이 읽는 것이 아마 '오늘의 운세'일 것이다. 하루의 운세를 미리 엿보려는 것이다. 그런데 한국인들은 한해의 해운年運이나, 평생의 운명은 아마 열두 띠 동물로 예견해 왔다. 한 해 또는 평생의 수호동물이라 할 수 있는 띠동물의 성정性情과 덕성을 따져 새해의 운수와 평생의 팔자를 미리 점쳤던 것이다.

혈액형을 가지고 사람의 성격을 판단하는 일이 유행처럼 번졌다. 물론 과학적으로는 근거가 없다고 한다. 한국인에게는 혈액형에 의한 성격 판단보다 더 중요한 문화적 요소가 '띠'이다. 한국인들은 자기의 띠동물의 생태와 특징들을 자신의 운명과 팔자와 동일시한다. "쥐띠가 밤에 태어나면 식복이 많다. 잔나비띠는 손재주가 뛰어나다" 등 띠와 관련된 속신어가 많다. 아마 평생 자기의 수호신인 띠동물의 덕성과 장점을 배우고 닮으려는 마음이 이런 민속을 만들어 냈을 것이다.

한국의 띠문화는 한국인의 경험과 지혜가 어우러진 민民들의 종합적 사고 형태이며 생활철학의 관념체계를 표출하고 있다. 십이지는 한국 문화 속에서 다양한 형태로 등장한다. 천문 · 역법에서는 방위와 시간의 개념으로 풍수 · 점복 · 해명解名 · 택일 · 사주 · 궁합 등에서는 길흉을 예지하는 비결로, 능묘의 호석 · 사찰의 불화 · 민화 등에서는 제액초복의 수호신 또는 길상을 상징하는 도상 형태로, 생활용구나 각종 장식물에서는 문양의 형태로 나타나고 있다. 사람들은 각자 자기의 띠를 가지고 있다. 한 해의 수호동물, 사람의 운명을 결정짓는 띠동물을 통해 한 해의 해운年運과 사람의 성격, 운명, 재능 등을 유감주술적으로 이해했다.

우리 상말에 "병신 육갑하네"라는 말이 있다. 정작 나는 육갑六甲도 짚을 줄 모르면서 열두 띠동물 공부를 한다고 난 체 하니, 바로 내게 딱 맞는 말이다. 여기서 또다시 육갑할려고 한다. 어머니께서 항상 저를 보고 "소띠가 4월 아침에 태어났으니 그 일복을 다 어찌하노!"라고 걱정하신다. 실속없이 동분서주하는 내 꼴은 한참 일철을 앞둔 농소와 똑같이 닮았다.

2) 두 띠동물은 어떤 순서로 구성되었는가?

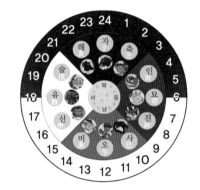

십이지의 열두 띠동물을 각 시간과 그 방위에 배열하게 된 관련 설화가 여럿 있는데, 동물의 발가락 수와 그때 그 시간에 나와서 활동하는 동물을 들어 표시했다는 것이 그 중 설득력이 있다.

십이지 동물 중 맨 처음에 오는 쥐는 앞뒤 발가락 수가 다른데, 앞발은 홀수, 뒷발은 짝수로 특수하다고 해서 맨 먼저 자리를 잡았고, 그 뒤로 소(4), 호랑이(5), 토끼(2), 용(5), 뱀(0), 말(1), 양(4), 원숭이(5), 닭(4), 개(5), 돼지(4)의 순이다. 이 순서는 발가락의 숫자가 홀수와 짝수로 서로 교차하여 배열되었음을 알 수 있다.

또한 고대 중국인들은 시간을 표시할 때 그때그때 나와서 활동하는 동물을 하나 들어 그 시간을 나타냈는데, 십이지 동물은 바로 여기서 비롯되었다는 것이다.

> 자시(23~01시) : 쥐가 제일 열심히 뛰어 다닌 때.
> 축시(01~03시) : 밤새 풀을 먹은 소가 한참 반추를 하며 아침 밭갈이 준비를
>   하는 때.
> 인시(03~05시) : 하루 중 호랑이가 제일 흉악한 때.

제2부 동물민속 연구의 관점과 방법론

묘시(05~07시) : 해뜨기 직전 달이 아직 중천에 걸려 있어 그 속에 옥토끼가
　　　　　　　보이는 때.

진시(07~09시) : 용들이 날면서 강우 준비를 하는 때.

사시(09~11시) : 이 시간에 뱀은 자고 있어 사람을 해치는 일이 없는 때.

오시(11~13시) : 이 시간에는 고조에 달했던 '양기'가 점점 기세를 죽이며 '음기'
　　　　　　　가 머리를 들기 시작하는데, 말은 땅에서 달리고 말을 '음기'의
　　　　　　　동물로 보고 이 시각을 말과 연계시킨다.

미시(13~15시) : 양이 이때 풀을 뜯어 먹어야 풀이 재생하는 데 해가 없다.

신시(15~17시) : 이 시간에 원숭이가 울음소리를 제일 많이 낸다.

유시(17~19시) : 하루 종일 모이를 쫓던 닭들이 둥지에 들어가는 때.

술시(19~21시) : 날이 어두워지니 개들이 집을 지키기 시작하는 때.

해시(21~23시) : 이 시간에 돼지가 가장 단잠을 자고 있는 시간이다.

　쥐가 십이지의 첫자리가 된다. 그렇게 된 사연을 말해 주는 설화가 몇 가지
있다.

　옛날, 하늘의 대왕이 동물들에게 지위를 주고자 했다. 이에, 그 선발 기준
을 어떻게 할까 고민하다가 정월 초하루에 제일 먼저 천상의 문에 도달한 짐
승으로부터 그 지위를 주겠다고 했다. 이 소식을 들은 각 짐승들은 기뻐하며
저마다 빨리 도착하기 위한 훈련을 했다. 그 중에서도 소가 가장 열심히 수련
을 했는데, 각 동물들의 이런 행위를 지켜보던 쥐가 도저히 작고 미약한 자기
로서는 먼저 도달함이 불가능하다고 생각하여, 그 중 제일 열심인 소에게 붙
어 있었다. 정월 초하루가 되어 동물들이 앞다투어 달려왔는데, 소가 가장
부지런하여 제일 먼저 도착하였으나, 도착한 바로 그 순간에 소에게 붙어 있
던 쥐가 뛰어내리면서 가장 먼저 문을 통과하였다. 소는 분했지만, 두 번째가
될 수밖에 없었다.

　쥐가 십이지의 첫머리로 자리잡을 수 있었던 것은 자신의 미약한 힘을 일

찍 파악하고, 약삭빠르게 꾀를 쓴 것이다.

3) 운명을 읽는 코드, 열두 띠동물

12지의 띠동물은 매년 바뀐다. 사람들은 각기 자기의 띠를 가지고 있다.
한 해의 수호동물, 사람의 운명을 결정짓는 띠동물을 통해 한 해의 해운年運
과 사람의 성격, 운명, 재능 등 유감주술有感呪術적으로 이해했다. 토끼띠인
사람은 토끼의 형상, 기질, 행태 등을 그대로 물려 받는다고 생각했다. 또한
인생에서 중요한 결혼 상대자를 구하는데도 바로 이 띠동물의 상관관계를
통해서 결정했다.

쥐에 대한 관념이 '부정적이다' 혹은 '긍정적이다'라는 이분법적 결론을 도
출해 내기는 힘들 것 같다. 다만 한국문화 속에 쥐에 대한 관념은 상황에 따

식복 · 정보 · 다산의 쥐 「草蟲圖(쥐)」, 심사임당筆

근면 · 우직 · 유유자적의 소 「牧童歸家」, 김홍도筆

라, 시대에 따라 달리되어 왔다. 쥐는 신성한 동물로 인식되어 왔지만 한편으로는 부정한 동물로 배척 당하기도 했다. 쥐에 관한 상징적 의미는 신성성神聖性과 예지성豫知性, 다산성多産性, 근면함勤勉과 재물財物 · 부富의 상징, 지혜의 정보체와 현명함 등의 긍정적 의미를 가지면서도 부정함, 작고 왜소하고 하찮음, 도둑 · 탐욕, 야행성 · 재앙, 정적 등의 부정적 의미를 동시에 가지고 있다.

쥐는 부지런하다. 그래서 쥐띠 해에 태어난 사람은 비록 큰 부자는 못되어도 평생 굶주리지 않는다고 한다. 쥐들은 굉장히 빠른 속도로 증식하여 대집단을 이루고 산다. 그래서 쥐는 번식력과 생명력을 상징한다.

농경을 본으로 삼아 온 한민족에게 오랜 옛적부터 전해 오는 소의 심상心像은 우직 · 희생 · 성실의 표본이었다. 일생을 농경에 힘쓰다가 끝내 고기마저 바치는 희생정신, 본성은 유순하나 때로는 경발하는 기개, '소걸음은 느리나 능히 천리 간다'라는 말이 내려오듯 든든한 걸음씨와 지구력 등으로 삶의 귀감이 되어 왔다. 또한 소는 다른 어떤 동물보다 현실적인 이용도가 높은 동물임과 동시에 넉넉하고 군자다운 성품으로 인해 특별한 상징성과 신성한 위치를 확보하고 있음을 알 수 있다. 선비들은 소를 통해 그들이 추구하는 이상적인 삶을 음미하고자 소에게 인간적인 해석을 시도하거나 특별한 의미를 부여하였다.

소의 중요성은 고대로부터 현대에 이르기까지 변화해 왔다. 특히 고대에는 제물과 희생용으로 중시되었으며, 농경생활이 시작된 이후에는 농경의 조력자로서의 중요성이 증대되었다. 오늘에 와서는 고기와 유제품 등으로 중요성이 옮겨지고 있다. 이처럼 시대에 따라 소의 중요성과 의미는 변화해 왔지만, 우리 민족과 꾸준히 좋은 동반자적 관계를 유지해 왔다. 한국 문화에 나타난 소의 모습은 고집 세고 어리석은 측면도 있지만, 풍요, 부, 길조, 의로움, 자애, 여유 등으로 축약된다.

신단수 아래서 곰과 함께 사람이 되고자 굴로 들어갔던 호랑이에서부터 맹수로서의 포악함, 산신으로서의 신령함과 위엄, 십이지신과 사신의 수호신 및 벽사의 주재자로서 믿음직한 모습, 각종 민화, 설화, 공예품에서 만나는 때로 의롭고, 때로 친근하며 어수룩한 모습에 이르기까지 호랑이는 오랜 세월에 걸쳐 우리 민족과 함께 하면서 많은 문화를 일군 상서로운 동물임에 틀림없다.

한국 문화 속에 등장하는 호랑이의 상징적 의미는 산신령 · 산신의 사자, 기우제의 희생물, 수호신의 상

산신령 · 어리석음의 범
「까치호랑이」, 김홍도

징 · 벽사와 호신護身의 상징, 용맹 · 명예 · 권세 · 관직 · 군대 · 승리, 효와 보은영웅의 보호자 · 양육자, 창업(국조)의 조력자의 상징, 포악 · 사나움 · 어리석음의 대명사 등으로 요약될 수 있다.

우리 문화 속에서 토끼는 눈이 밝고 날래며 수컷이 없이 입으로 새끼를 낳고, 불로장생의 간을 지녔다고 생각한다. 동쪽의 방위를 맡은 방위신이면서 음과 양의 기운을 모두 가지고 있는 동물로서 꾀가 많고 지혜로우며 속임수의 명수라 불리기도 한다.

설화에 나타난 토끼는 지혜의 상징으로 불릴 만큼 재치 있고 위기모면을 잘하는 동물이다. 지혜의 대결은 강자와의 대결로 생물학적으로 천적인 호랑이를 대상으로 한 이야기가 많다. 더 힘센 상대와의 대결을 통해 토끼가 더 지혜롭다는 것을 돋보이게 한다. 불교에서 토보살은 자신의 몸을 희생하는 희생정신을 보여줌으로써 토끼의 신앙적인 면을 엿볼 수 있다.

상묘일에 나타난 토끼는 수명장수의 상징이며, 재앙을 물리치는 기능을 한다. 섣달의 납향의 토끼는 오랜 옛날부터 큰 제사에서 희생犧牲으로 사용

문화영웅적 속임수의 명수 토끼
「青磁透刻七寶香爐」, 고려

변화 · 수호 · 최고태몽의 용
「숙종산릉의궤도감」, 조선

된 깨끗하고 신성한 동물이었다. 또한 노래에 나타난 토끼는 상묘일에서의 장수와 재앙을 막는 의미, 달 속에서의 꿈과 이상을 그리고 있다.

토끼는 지혜롭고 순해서 위기를 극복하는 동물로 자주 묘사되는 반면 경망한 짐승으로 표현되기도 한다. 토끼와 거북이의 경주에서 나타나듯이 인내력과 끈기가 모자라는 동물로 받아들여진다. 특히 급할 때는 위로만 올라갈 줄 알지 되돌아서지 못해 몰이꾼들의 희생물이 되기도 한다. 지혜와 슬기로움에 대한 찬사와 함께 자신의 얕은 꾀에 스스로 넘어 가기도 하며, 성급히 결정을 내리는 경망함으로 빈축을 사기도 한다.

용은 상상의 동물로 각 시대와 사회환경에 따라 사람들이 그들 나름대로 그 모습을 상상하고, 용이 발휘하는 조화능력을 신앙해 왔다. 따라서 시대와 사회환경에 따라 용의 모습이나 조화능력은 조금씩 달리 묘사되고 인식되어 왔다. 여러 동물의 특징적인 무기와 기능을 골고루 갖춘 것으로 믿어온 우리

문화에서 용은 웅비와 비상 그리고 희망의 상징 동물인 동시에, 지상 최대의
권위를 상징하는 동물로 숭배되어 왔다. 운행운우運行雲雨를 자유롭게 하는
물의 신으로서, 불교의 호교자로서, 그리고 왕권을 수호하는 호국용으로서
기능을 발휘하면서 갖가지 용신 신앙을 발생시켰고, 많은 설화의 중요한 화
소話素가 되었다. 용이 갈구하는 최후의 목표와 희망은 구름을 박차고 승천
하는 일이다. 그러기에 우리 민족이 상상해 온 용의 승천은 곧 민족의 포부요
희망으로 표상되고 있다.

옛 이야기에서 용은 역동적인 권능의 상서로운 존재이며, 용꿈 또한 길상
의 조짐으로 인식했다. 특히 고소설에서 용꿈은 대부분 초인간적인 주인공
의 태몽胎夢과 가장 신비로운 탄생의 상징적 동물로서 또는 그 주인공이 위기
상황에 봉착했을 때, 그것을 극복할 수 있는 방법으로 용꿈의 예시성이 동원
되는 강력한 신적 동물로서 믿어졌다.

뱀은 아주 깨끗하고 끈질긴 생명력을 지닌 지혜로운 동물이기도 한 반면
에 징그럽고 사악한 동물로 가능한 한 멀리하고 꺼리는 존재이다. 우리 민속

▲ 영혼과 수호신의 승용동물 말 「騎馬人物型土器」, 신라
▶ 불사 · 재생의 뱀 「복희여와도」

평화와 순종의 양 「양모양청자 백제」

재주꾼 · 흉내꾼의 원숭이 「경복궁 근정전」

에서 뱀에 대한 인식은 양면성을 가지고 있다. 하나는 뱀을 수용하고 숭배하는 자세이고, 다른 하나는 징그러운 요물로서 직접 대결하여 그것을 퇴치하고 배척하는 거부의 자세이다.

전자는 독을 지닌 무서운 존재, 겨울잠에서 다시 깨어나는 재생, 다산성 등의 특성을 보면서 만들어진 것이다. 뱀꿈과 관련된 생명의 탄생, 새로운 재생再生을 바라면서 무덤의 벽화와 토우에 표현된 수호신, 지신인 뱀신, 풍요와 재신으로서 업, 제주도의 당신 등이 이런 인식을 바탕으로 하고 있다. 후자는 뱀의 외형, 독, 식성, 혀의 날름거림 등의 행태에 바탕을 둔다. 뱀은 부정적이고 흉물스러운 징그러운 대상이 된다. 이와 같은 뱀의 이미지는 공포 · 저주 · 처벌 · 복수 · 음흉 등 해악害惡한 것들이다. 그래서 회피하고 적대시하는 흉화凶禍의 이미지로 집약된다.

말에 대한 표현방식은 시대에 따라서 문헌 · 유물 · 설화 · 신앙 · 놀이 등에서 다양하게 나타나지만 말에 대해서 느끼는 관념은 어느 정도 변화 없이 오늘날까지 이어오고 있는 것 같다. 말에 대한 한국인의 관념은 신성한 동물 · 상서로운 동물의 상징으로 수렴되어, 신성한 동물, 하늘의 사신, 중요인물의 탄생을 알리고, 알아볼 줄 아는 영물 · 예언자적 구실·영혼과 마을 수호신이 타는 동물·장수, 신랑, 선구자 등이 타는 동물로 인식되어 왔다.

12지의 미未에 해당하는 양은 한국에 본시 없었던 가축으로 다른 띠동물에 비해 관련자료가 잘 나타나지 않는다. 양은 옛날부터 재산의 척도, 제단에 비치는 희생물, 유순하고 인내심 강한 상서로운 정직한 동물로 통한다.

우리 조상들은 이러한 양의 습성과 특징에서 착하고, 의롭고, 아름다움을 상징하는 동물로 인식했다. 즉, 양에 대한 한국인의 이미지는 순하고, 착하고, 어질고, 참을성이 많은 동물, 무릎을 꿇고 젖을 먹는 은혜를 아는 동물로 수렴된다.

원숭이는 음흉하고 심술궂고 성질이 괄괄하고, 집념이 강하고 호전적이며 이기적이다. 그러다가도 정반대로 싹싹하고 친절하며 돌봐주는 사람에게는 담뿍 정을 주는 변덕스러운 데도 있다. 여러 가지 우스꽝스러운 표정을 지어 사람의 관심을 끄는가 하면 사교적이고 용감하며, 동료 간의 연대감이나 새끼에 대한 애정도 있다. 무리 내의 어리고 약한 자를 편들어 돕는 정의감 같은 것도 있다.

원숭이에 대한 관념과 태도는 민족과 지방에 따라 다양하다. 아프리카에서는 악마로 보고 아마존의 인디오 역시 악마의 사자라고 하여 두려워한다. 애굽에서는 개코원숭이를 신성시해왔고, 인도사람들도 원숭이를 숭배하여 신전을 세우고 경의를 표한다. 원숭이의 자식사랑과 부부사랑은 사람을 뺨칠 정도라고 한다. 갓난이가 손발에 힘이 붙기까지는 결코 어미의 품속에서 떼어놓는 일이 없고 가슴에 안거나 등에 업는다. 원숭이해에 태어난 사람은 원숭이처럼 천부적인 재질과 지혜, 재주를 지니게 된다고 믿고 있다. 그러나 자기의 재주를 너무 믿어 방심하므로 스스로 제 발등을 찍는 일면도 많다고 한다. 그래서 재주꾼인 원숭이하면 잔꾀를 연상하게 된다.

닭은 흔히 다섯 가지 덕을 지녔다고 칭송된다. 이는 옛 중국의 전요田饒라는 이가 노나라 임금 애공哀公에게 이야기하는 가운데 임금이 갖추어야 할

덕을 비유한 것에서 비롯되었다. 즉 닭의 벼슬冠은 문文을, 발톱은 무武를 나
타내며, 적을 앞에 두고 용감히 싸우는 것은 용勇이며, 먹이를 보고 꼭꼭거려
무리를 부르는 것은 인仁, 때를 맞추어 울어서 새벽을 알림은 신信이라 했다.

　구년舊年을 보내고 새해를 맞이하면서 지난해의 불행은 다 사라지고 행복
만 가득하라는 말 가운데 "닭이 우니 새해의 복이 오고 개가 짖으니 지난해의
재앙이 사라진다"라는 덕담이 있다. 닭은 보양자保養子하고 가족의 보호와
생활권을 위해서 용감하게 투쟁하고 시간의 흐름, 세상의 변화를 판단하는
서조瑞鳥이다. 그래서 우리 조상들은 닭을 영물靈物로 여기고, 설날 첫 아침
식사, 백년가약百年佳約 혼인의례婚姻儀禮의 증인證人으로, 그리고 귀한 손님
이 왔을 때에 닭을 등장시켰던 것이다. 새벽을 알리는 우렁찬 닭의 울음소리!

여명 · 축귀의 닭 「닭그림」, 변상벽筆

충북 · 비천의 개 義犬祭 임실 오수 원동산　　여명 · 축귀의 닭 12지 닭 전 민애왕릉출토, 통일신라

그것은 한 시대의 시작을 상징하는 서곡序曲으로 받아들여졌다.

우리 주위에서 볼 수 있는 동물 가운데 가장 흔히 접할 수 있고, 인간과 친밀하고 밀접한 관계를 가지는 동물이 개이다. 개는 야생 동물들 가운데 가장 먼저 가축화하여 길러졌으며, 그 성질이 온순하고 영리하여 사람을 잘 따른다. 개는 후각과 청각이 예민하고 경계심이 강하다. 또 자기의 세력 범위 안에서는 대단한 용맹성을 보인다. 특히 주인에게는 충성심을 가지며, 그 밖의 낯선 사람에게는 적대심, 경계심을 갖는다.

개는 인간의 역사와 함께 늘 인간의 주위에서 존재해 왔다. 때로는 구박과 멸시와 버림을 받고, 자신의 몸을 희생하기도 한다. 인간이 개를 버려도 개는 사람을 배신하지 않는다. 인간의 주위를 맴돌면서 더러는 사랑도 받으며 살아왔다. 그래서 개는 우리의 일상생활 문화에서 인간의 주위를 구성하는 풍경風景처럼 존재한다. 우리 조상들은 옛날이야기나 속담, 신앙, 미술 등에서 개의 이러한 행태들을 잘 묘사하고 있다. 한국 문화에 나타난 개는 충성과 의리의 충복, 심부름꾼, 안내자, 지킴이, 조상의 환생, 인간의 동반자 등의 상징적 의미와 함께 비천함의 대표격으로 등장한다.

석기시대 동물상, 조개더미, 토우, 토기 등 고고 출토유물에서 돼지의 조상격인 멧돼지가 많이 출토되고 있고, 표현된 것으로 보아 가축으로 길들여지기 이전에 야생의 멧돼지가 한반도 전역에 자생하고 있었던 것으로 추정된다. 돼지사육은 고고자료와 『삼국지』 위지동이전 등의 기록으로 보아 약 2천 년 전에 시작된 것으로 짐작된다.

『삼국사기』와 『삼국유사』에서 돼지는 신통력神通力을 지닌 동물로 신성시하였다. 돼지는 신에게 바쳐지는 제물임과 동시에 국도國都를 정해주는 신통력을 지닌 동물로 전해진다. 즉, 예언자, 길잡이 구실을 하여 성지聖地를 점지해주거나, 왕의 후사를 이어줄 왕비를 알려주었고, 왕을 위기에서 모면하게 해주었다.

돼지는 일찍부터 제전祭典의 희생犧牲으로 바쳐졌다. 고구려의 교시郊豕,

길몽 · 재물의 돼지 「蠟石製돼지」, 통일신라

3월 3일 하늘과 산천의 제사, 12월 납일의 제사, 동제와 각종 굿거리, 고사의 제물로 의례껏 돼지머리가 가장 중요한 '제물'로 모셔진다. 하늘과 땅에 제사지낼 때 쓰는 희생물로 돼지는 매우 신성한 존재였을 뿐만 아니라 신이한 예언적 행위를 한 것으로 나타난다.

돼지는 지신과 풍요의 기원, 돼지꿈, 돼지그림, 업돼지 등에서 길상으로 재산財産이나 복福의 근원, 집안의 재신財神을 상징한다. 그런가 하면 돼지는 속담에서 대부분 탐욕스럽고, 더럽고, 게으르며, 우둔한 동물로 묘사되고 있다. 즉, 돼지는 상서로움과 탐욕스러움의 서로 반대되는 속성을 갖춘, 이른바 모순적 등가성矛盾的 等價性을 지니고 있는 십이지의 마지막 띠동물이다.

한국문화에 나타난 띠동물의 상징체계

구분	긍정적 이미지	부정적 이미지	비 고
쥐(子)	– 신성성(神聖性) – 예지성(豫知性) – 다산성(多産性) – 근면성 · 재물 · 부의 상징 – 지혜의 정보체 – 현명함	– 부정함 – 작고, 왜소하고 하찮음 – 도둑 · 탐욕 – 야행성 – 정적(靜寂)	
소(丑)	– 농사신 – 부 · 풍요 · 힘의 상징 – 희생 · 제물 · 축귀의 상징 – 순박 · 근면 · 우직 · 충직 – 유유자적의 여유 – 한가함과 평화로움	– 고집 – 아둔함 – 어리석음	
범(寅)	– 산신령 · 산신의 사자(使者) – 수호신의 상징 – 벽사와 수호의 상징 – 영웅의 보호자, 양육자	– 사나움 – 포악함 – 어리석음	

	– 국조·개국의 조력자 – 효와 보은 – 기우제의 희생 – 용맹·명예·권세·군대·승리	
토끼(卯)	– 문화영웅적 속임수의 명수 – 꾀쟁이(智者) – 달·여성의 상징 – 불로장생 – 재빠름	– 약자의 대표자 – 방정맞음 – 소심함
용(辰)	– 수호신(호국·호법의 신) – 변화의 신(천지조화·풍운조화) – 물과 불을 다스리는 신 – 풍농·풍어의 풍요신 – 제왕·왕권의 상징, 건국시조의 어버이 – 미래의 예시자	– 변화무상
뱀(巳)	– 불사·재생·영생의 존재 – 풍요와 다산의 상징(가신, 동신) – 생명탄생과 치유의 신 – 지혜와 예언의 능력	– 끈질긴 생명력 – 짝사랑의 화신 – 교활·음흉·공포 – 냉혈한 – 이간자·수다쟁이·간사함
말(午)	– 신성하고 상서로운 동물 – 하늘의 사신 – 중요인물의 탄생을 알리는 존재 – 예언자적 존재 – 영혼과 수호신의 승용동물 – 신랑·장수·선구자	– 말띠에 대한 금기 – 말고기에 대한 금기
양(未)	– 평화와 순종 – 신에 대한 희생 – 정직과 정의의 상징 – 길상의 동물	– 외고집 – 마음이 급하고, 좁다
원숭이 (申)	– 장수·불로장생 – 자손번창·자애, – 불교의 지지자 – 재주꾼·흉내꾼	– 잔꾀 – 비애·불운·슬픔
닭(酉)	– 계명성의 시보(時報) – 여명과 축귀의 상징 – 미래를 예지하는 서조(瑞鳥) – 입신출세·부귀공명·자손번창 – 정성과 사랑의 씨암탉	– 잘못된 닭울음소리 (암탉, 초저녁 닭울음 등)
개(戌)	– 벽사와 상서 – 충성·충복·의리 – 이승과 저승의 안내자, 심부름꾼	– 비천함의 대명사

	– 조상의 환생 – 지킴이 – 예지능력 – 인간의 동반자		
돼지(亥)	– 신화적 신통력을 지닌 동물 – 제전의 희생 – 길상·복·집안의 재물신 – 풍요의 신 – 길몽(돼지꿈)	– 탐욕과 애욕 – 더러움 – 게으름 – 우둔함 – 지저분함	

4) 열두 띠동물의 어울림相生과 회피相剋관계

(1) '띠'에 대한 한국인의 관념

십이지는 통일신라 이래 근대까지 연면히 이어 온 우리 민족의 끈질긴 신앙과 사상의 산물이다. 중국의 영향을 받으며, 한편 불교조각과 교섭을 가지면서 강력한 호국護國의 방위신方位神으로 채택되었다. 우리나라의 왕과 귀족의 능묘陵墓에 조각장식된 십이지상十二支像은 세계에서 독보적 존재로, 다른 어느 나라에서도 볼 수 없는 독자적인 양식과 형식을 전개하여 왔다. 우리나라에서 십이지는 통일신라 이래 조선왕조에 이르기까지 능묘陵墓에는 물론 불교건조물이나 회화, 공예품, 그 밖의 일상적인 생활도구에 이르기까지 확대 성행하여 십이지의 조형造形과 사상은 한국에서 가장 큰 강세를 보이고 있다.

한국의 십이지상은 중국적 내용에 불교적 표현을 빌어서 불교건축물이 아닌 능묘에서 나타나다가 불교적 건축물로 이행하여 갔다. 시대적으로도 일시적인 유행사조로 그친 것이 아니라 최근세에 이르기까지 일종의 신앙의 대상이 되고, 현재는 띠동물로서 자리매김이 되어 있다.

십이지 사상의 연원은 상당히 오래고, 그 표현양식이 시대의 사조에 따라 달랐으나 현재 우리 일상생활에서도 유·무형으로 전승되고 있다. 현재 개인의 운세와 관련된 띠 관념이 주로 강하게 남아 있다.

한국의 띠문화는 12지 사상의 일단一
端으로서 음양오행설 등 다양한 시대 사
조와 결합되면서 형성된 문화이다. 사람
이 태어난 해의 12지 동물 이름을 붙여서
"띠"란 말이 있다. 이 띠는 중국에서는 생
초生肖, 속屬, 속상屬相 등으로 부른다. 이
생초의 의미는 "옛날에 열두 동물을 12지
에 분배하여 사람의 태어난 해를 기록하
는데 사용했다"는 기록[9]으로 보아 한국
의 '띠문화'와 중국의 '생초문화'는 같은
근원에서 출발했음을 짐작할 수 있다.

「十二支構成圖」 온양민속박물관 소장

한국인 각자마다 '띠'를 가지고 있다. 각자의 심성에 투영된 띠동물의 이미
지는 오랜 세월 동안 잠재의식潛在意識 속에 머물러 자아의 내면세계를 형성
하고 대변하고 있다.

열두 띠의 동물 속성에 빗댄 영월 단종제의 띠놀이[10]에 나오는 띠동물 간의
대화는 각 띠에 대한 한국인의 관념과 태도를 한눈에 엿볼 수 있다.

> 단종은 신유생辛酉生 닭띠였다. 닭띠인 한 사람이 말하기를 "닭띠의 운명이
> 그렇게 기구하다는 말을 들어본 적이 없는데 이상하다"고 하면서 계유오덕鷄有五
> 德을 설파說破하고 닭띠자랑을 늘어놓는다. "정기의관예지덕야正其衣冠禮之德也
> (의관을 단정히 한 것은 예의 덕이요), 무위시보신지덕야無違時報信之德也(어김
> 없이 때를 알리는 것은 믿음의 덕이요), 상호취식인지덕야相呼取食仁之德也(음식

---

9   『大漢文辭典』三, 商務印書館(北京), 1979, 2096頁. "生肖-舊時用十二種動物配十二地支來記入
    人的生年"
10 朴泳國, 『영월을 찾아서』, 경성문화사, 1983; 金善豊, 『韓國口碑文學大系』(寧越郡篇), 韓國精神文
    化研究院, 1985, 256~257쪽.

을 서로 나누어먹는 것은 어진 덕이요), 상계방위지지덕야相戒防衛智之德也(함께 경계하고 방위함은 지혜의 덕이요), 임전불퇴의지덕야臨戰不退義之德也(싸움에서 물러서지 않음은 의의 덕이요)"라고 하면, 자리에 있던 사람들은 그 말을 긍정하며 단종의 운명을 동정한다. 그러자 신이 나서 닭띠자랑을 계속한다. 그 말이 지나치게 장황하고 듣기에 역겨웠던지 소띠인 사람이 "띠는 소띠가 제일이지. 우리는 먹어야 살고, 먹자니 농사를 지어야 하고, 농사짓자니 소의 노력없이는 할 수 없지. 그 뿐인가. 소는 우리에게 고기를 먹게 하니 그렇게 고마울 데가 어디 있겠는가."한다. 이때 개띠인 사람이 분연히 말을 받는다. "개는 집을 지켜주는 것은 물론이요 주인에게 충성을 다하기는 개를 따를 동물이 없다. 만약 개의 충성심을 본받는다면 단종도 저렇게 되지는 않았을 것이다. 인간은 마땅히 개를 본받아야 한다."고 주장하고 나선다. 말띠인 자도 그냥 있지 않는다. "주인을 알아보기야 말이 제일이지. 말은 어떠한 경우도 사람을 밟지 않는 의리가 있다. 뿐만 아니라 전쟁터에서 나라를 지키는 말의 공을 생각하면 어찌 다른 동물과 비교할 수 있겠는가."한다. 그러자 범띠인 사람이 우습다는 듯이 말참견한다. "그야 동물의 왕자는 호랑이지. 쥐·닭·소·말 따위가 큰소리를 할 수 있느냐."고 큰소리를 한다. 이때 용띠인 자가 점잖게 말한다. "하늘에 있어서 우매하고 의리없는 인간들의 눈에 뜨이지 아니하며, 비를 내려주고 바람을 일으키는 풍운조화風雲造化를 이루는 용이 제일이 아니냐?"

오덕五德을 지닌 닭, 농사일에는 소, 충성스러운 개, 주인 알아보는 말, 동물의 왕자 호랑이, 풍운조화의 용 등의 대화에서 각 띠동물에 대해 민중들이 어떻게 생각하고 있는가를 완벽하게 표현하고 있다.

한국문화 속에서 띠동물에 대한 담론談論은 보통 세 가지 경우에 집중된다. 첫째는 연말연시에 새해를 새로 맞이하면서 그 해의 수호동물인 12지의 동물을 통해 한 해의 운수를 점친다. 두 번째는 아이가 태어났을 때, 그 아이의 운명은 띠동물과 연관시켜 미래를 예지하려고 했다. 세 번째는 그 아이가 자라나서 결혼을 앞두고 결혼 상대의 띠와 궁합을 맞추면서 띠가 거론된다.

모든 새해의 연운年運은 그 해 수호동물이라 할 수 있는 12지 동물의 성격과 행태와 많이 닮았다고 생각된다. 양띠해는 양을 닮아 평화롭고, 말띠해는 말을 닮아 활기차다고 한다. 또한 한국인은 태어나면서 선천적으로 '띠'를 가지고 태어난다. 성장하면서 우리는 어른들로부터 각자의 띠와 그 띠동물의 좋은 덕성과 의미를 들으면서 자라났다. 예컨대, '쥐띠는 식복이 많다', '잔나비띠는 손재주가 있다', '소띠는 부지런하다', '범띠는 용감하다' 등등을 들으면서 자연히 자신의 띠동물과 자신을 동일시하게 된다. 그래서 각자 띠동물의 덕성을 자기의 특성으로 삼아 행동하려 했고, 본받으려고 했다. 과학적으로 사람들이 자기의 띠동물 특성을 얼마나 닮았는지는 증명할 수 없지만 심리적으로는 굉장히 많은 영향을 주었을 것이다.

띠동물의 생태모형으로서 사람의 성격과 운명을 판단하는 속신어들이 민간층에서 많이 전승되고 있다. 모든 사람은 띠동물의 생래적生來的 형상과 습성을 닮는다고 생각했다.

한국의 띠문화는 중국의 생초문화에 기반을 두고 있지만 한국에 전래된 이후에 자연적, 역사적, 사회적 환경에 대처하고 적응하는 과정에서 한국인의 경험과 지혜가 어울어진 "민의 종합적 사고형태이며 생활철학의 관념체계"를 표출하고 있다.

12지는 한국문화 속에서 다양한 형태로 등장한다. 천문 · 역법에서는 방위와 시간의 개념으로, 풍수 · 점복 · 해명解名 · 택일 · 사주 · 궁합 등에서는 길흉을 예지하는 비결秘訣로, 능묘의 호석 · 사찰의 불화 · 민화 등에서는 제액초복의 수호신 또는 길상을 상징하는 도상 형태로, 생활용구나 각종 장식물에서는 장식용 문양의 형태로 나타나고 있다.

오늘날 전승되는 띠문화의 핵심은 개인의 운명 · 심성을 파악하는 잣대이며, 개인과 개인 상호간의 융화관계 또는 상충관계를 밝히는 체계이다.

제2부 동물민속 연구의 관점과 방법론

(2) 띠동물의 속신어俗信語와 운명론[11]

『주역周易』에는 '쥐가 밤이면 빛을 내는 야행성 동물로서 매우 민첩하고 영리하고 귀여운 물상'이라고 적고 있다. 특히 쥐띠 해에 태어난 사람은 쥐의 특성을 닮게 된다고 생각하고 그 사람의 성격과 운명을 예견하려고 했다. 그래서 쥐띠는 쥐를 닮아서 다음과 같은 품성을 지닌다고 여겨져 왔다. 띠뿐만 아니라 이름이나 생일날이 쥐子와 관련이 있다면 다음과 같은 행동을 하거나 또한 그러한 사람이 된다고 생각했다.

- 쥐가 부지런히 밤낮으로 활동하듯, 부단한 노력가이며 독립심도 왕성한 편이다. (쥐띠생은 적극적이고 매우 근면한 성격이기 때문에 누가 게으름을 피운다든지 낭비하는 모습을 보면 크게 화낸다)
- 쥐가 부지런히 계속하여 먹이를 가져다가 모으듯, 돈버는 재주가 있어서 재물을 축척하고 불어나게 한다(쥐띠생들은 남들이 입을 딱 벌릴 정도로 아끼는 구두쇠 기질의 소유자다).
- 꾀와 재치가 있고 두뇌가 좋으며 재주꾼으로 예능에 소질이 있는 사람이 있다.
- 뛰어난 학문과 해박한 식견으로 국가장래의 먼 훗날을 바로 꿰뚫어 보고 바른 길을 제시하는 훌륭한 인물일 수 있다. (늘 경계의 기세로 빈틈없이 행동할 뿐만 아니라 예리한 직관과 선견, 그리고 혜안을 가지고 움직인다)
- 쥐띠생은 자기보존을 제일 우선으로 하기 때문에 거의 항상 위험이 가장 적은 길을 택하여 움직인다. 또한 위험을 감지하는 타고난 능력을 갖고 있다.
- 쥐구멍에 볕 들 날이 있듯이 소박하고 낙관주의적인 사람이 많다.

---

[11] 이 절에서 인용하는 자료는 마의천, 『육갑』, 도서출판동반이, 1991; 안중선, 『천기누설』, 고려문화원, 1987; 안중선, 『운명의 시계는 지금 몇 시인가? - 쥐띠편』, 도서출판 밝은세상, 1990; 정다운, 『인생십이진법』, 밀알출판사, 1985 등이다. 이들 출전은 비록 학문적인 근거로서는 불충분하나, 현재 민간에서 회자되는 다양한 띠에 대한 관념들이 집약되어 있다. 여기에는 이들 자료 가운데, 일상에서 관찰 가능한 동물생태를 띠의 성격과 운명으로 관념화된 부분만 인용하여 분석하였다.

- 남녀가 색정이 강한 경향이 있다. (강한 번식력)
- 낮말은 새가 듣고 밤말은 쥐가 듣는 것처럼, 비밀을 지키지 못하는 경향이 있다. (쥐띠생은 자기 비밀을 잘 지킨다)
- 쥐가 늘 고양이와 사람의 눈치를 보면서 음식물을 훔쳐먹듯이, 안목이 없고 조급하며 매우 날쌘 경향이 있다.

소에게 흠이 있다면 고집이 너무 세다는 것이다. "천천히 걸어도 황소걸음"이라는 속담처럼 끈기 있게 꾸준히 노력하여 결국 성공을 만드는 사람 중에 소띠 태생이 많다. 바로 소띠들의 공통점이 근면과 성실이다. 사교적인 것 같으면서도 고독한 것이 소띠들이고 일을 위해 태어나 일을 하다 죽는 것도 소띠다. 그러나 '겨울 소띠는 팔자가 편하다', '그늘에 누운 여름 소 팔자다'라는 말처럼 시절만 잘 타고나면 일하지 않고 편하다는 말도 있다. 이것은 일복이 많은 소에 대한 역설적인 표현이다. 또한 소는 둔한 것 같으면서도 신나는 일에는 '쇠뿔도 단김에 빼듯' 침식을 잊고 해내지 않으면 몸살을 앓는 것도 소띠들의 공통점이다. 한번 마음먹었다 하면 하늘이 두 쪽이 나도 해내는 사람 역시 소띠이다.[12]

열두 띠 가운데 말띠, 범띠로 태어난 여성은 말과 범의 생태가 이른바 우리 고유의 여성상징과 맞지 않아서 그런지 꺼리는 경향이 있다. 어째서 범띠 여성은 팔자가 센 것인가? 결론적으로 말하자면 호랑이의 기질은 여성에게 맞지 않다고 생각했다. 서두에 언급한 것처럼 자신의 띠에 따라서 사람의 운명이나 성품이 달라진다고 여겨왔기 때문이다.[13]

12   이종환, 『누구나 주어진 띠 열두 동물 이야기』, 신양사, 1990, 103쪽.
13   류상채, 『신들린 사주풀이』, 도서출판 녹진, 1993; 데오도라 로우(홍종도 옮김), 『운명을 푸는 방정식』, 형성사, 1993.

- 범띠가 있는 집안은 짐승이 안된다.
- 호랑이 띠끼리 만난 부부는 금실이 좋지 않다.
- 호랑이띠 남자는 밤중에 낳는 것이 좋다. (여자는 그 반대)
- 호랑이띠 남자가 12월이나 1월생이면 바람기가 있거나 소실을 둔다.

범띠의 인성은 호랑이의 성정性情과 무척 닮아있다고 한다.[14] 호랑이는 동물의 왕으로 모든 동물에게 위협의 대상이 된다. 이러한 점이 남의 밑에 들기를 싫어하며 지기도 싫어하는 패기만만한 성격과 통솔력이 강한 성격으로 나타난다. 자신만만한 호랑이의 성격은 다른 사람을 포용할 수 있는 여유를 주기도 하지만, 때로는 자신이 쫓던 먹이를 놓치는 호랑이처럼 능력을 과신하여 실패를 부르기도 한다. 범띠생의 사람이 어려운 처지에 있을 때 그를 도와주면 두 배로 보답할 것이라는 풀이는 설화 속에서 은혜갚는 호랑이 이야기와 같은 유형이다.

토끼는 새해를 맞이하기 이전까지는 언제나 자신이 만든 행로로 다니는 외길 인생이다. 그래서 겨울이 지나가고 새싹이 돋아나는 봄이 오면 새로운 길을 개척하고 다른 동물로부터 방어하기 위하여 명석한 두뇌로 수학적인 통행로를 생각하고 가장 빠른 길, 가장 안전한 길을 자기의 안식처와 연결해 놓을 줄 아는 치밀하고 명석한 동물 중의 하나이다. 그래서 토끼띠의 사주를 가진 사람은 인간사에도 치밀하고 명석한 두뇌를 자랑하여 주로 학자나 교직자로서의 임무를 맡는 외길 인생을 사는 것이다.

용의 해에 출생한 용띠 사람들은 건강하고 정력적이며 정직하고 용감하다. 그리고 감수성이 예민하며 신뢰감이 두터운 성격을 갖고 있다고 한다. 또한 돈을 꿈꾼다던가 아첨하는 것을 싫어하는 것으로 전해진다. 반면에 용

---

14   안중선, 『천기누설』, 고려문화사, 1991, 32~34쪽.

띠태생은 화를 잘 내고 흥분을 잘하며, 고집이 세고 좋고 싫음이 분명하며 다소 괴팍한 성미를 갖고 있다고 한다.

- 대의적이고 공상적인 사람으로 통이 크고 현실에 집착하지 않는다.
- 남자는 두령격이고, 여자는 돈과 유혹에 약하고 사치스러우며 입이 크다.
- 신앙심이 두터우면서도 이율배반적이고 통이 크다.
- 주위 사람들의 안목을 대수롭지 않게 여기는 행동을 서슴지 않는다.
- 공상과 함께 예지력도 겸비하고 있다.
- 큰 꿈이 실현되나 못했을 때는 각종 질병에 시달린다.

용띠의 성격은 용을 닮는다. 용과 관련된 사주四柱는 자신의 분수에 맞는 꿈을 꼭 실현해야 하며, 반대로 자신과 걸맞지 않는 큰 꿈은 실현될 수 없음을 감안하여 처신해야 한다. 우주의 공간을 자유자재로 날아다니는 용의 속성처럼 생각과 상상의 나래를 펴 많은 꿈을 꾸게 된다. 하늘을 향하여 승천하기를 학수고대하는 기질과 같이 큰 대의적 포부를 가지며, 모든 것을 아래로 보는 경향이 있다.

뱀은 사랑을 맺기가 매우 어렵다고 한다. 그러나 한번 맺어지기만 하면 오랫동안 지속된다고 한다. 뱀띠생은 두뇌명석, 이별, 방황, 유혹, 허영, 음란한 품성을 갖는다. 권태가 빠르고 사회적응에 문제가 있다고 한다. 뱀의 두뇌적인 인식범위는 날카로우며 단조롭다. 뱀띠생 인물의 생김새는 잘났건 못났건 섹시sexy하여 주위의 이목을 끌게 된다. 이러한 인식 때문에 뱀띠생의 성격과 운명에 관련된 속신은 다음과 같이 축약된다.

- 인물이 잘생겼거나 못 생겼거나 섹시하게 보인다.
- 숨은 제주가 많고 두뇌가 명석하다.
- 사람을 사귀면 이별을 잘하고 방황하는 성격이다.

- 유혹도 천부적으로 타고 났으며 허영심이 많다.
- 지적인 것과 헌신적인 면이 있으니 이것을 개발하면 성공한다.

말은 인간과 역사를 같이 하며 수많은 전쟁사를 통하여 인간을 보조하기도 하고 발의 역할인 교통수단으로 무진장한 공훈을 세운 인류사의 공로자이다. 이러한 말을 잘 다루는 사람만이 세상의 세파와 융합하여 운運에 활기를 띠는 것이다. 말은 전쟁 속에서 날쌔고 활발하여 주인을 지켜주는 충성도를 보이지만 말의 게으름은 예나 지금이나 질타의 대상이 된다. 말은 풀을 뜯으며 한가로운 시간을 보내면서도 언제나 생각은 험하고 거친 대지를 달리고 싶어 하며 거국적이고 실질 숭상이 뚜렷하다고 한다.

- 거국적이고 실질을 숭상하며 실리적인 측면으로 생활하게 된다.
- 공상과 환상에만 치우쳐 게으름으로 패가망신하는 경향도 강하다.
- 자연 순리법칙에 가장 잘 순응한다.
- 게으르면 장질환이 생기나 활동할 때는 괜찮다.

특히 말띠는 다른 띠와 달리 거국적인 나라사랑이 강하고, 정의에 누구보다도 앞장서는 등 불의에 대항하는 남성의 대표적인 성격을 상징한다. 상업적인 기질도 풍부하여 팔도를 주름잡아 상행로商行路를 개설하고, 달리는 사업에는 특이한 재질에 힘입어, 교역, 무역가 등에 말띠를 가진 사람이 많다고 한다.

양은 순하다. 위기의식을 느낄 때에는 뿔로 받는 척할 뿐이다. 누굴 괴롭히지도 않는다. 양은 신의 제물로 희생된다. 사주四柱에 양을 가진 사람의 성격은 온순하고 침착하고 욕심이 없는 것으로 생각한다. 양의 먹성은 다채롭다. 특히 초식동물로 먹을 것이 끝없이 펼쳐져 있다. 그래서 양띠는 집안 사정이 가난하여도 개의치 않고 학문에 전념한다. 특히 양 중에서도 가파른 산악지대에서 살고 있는 양은 산악 환경에 적응하는 삶에 지배받음으로써 성격이 괴팍하고 극과 극을 달리는 습성이 있다. 양띠도 심한 자존심과 자만심을 내세우며 대인관계에 담을 쌓거나 싫어하며 고독을 씹는 외톨이 인생이 되기도 한다. 양띠의 직업은 대부분 교수직, 교사, 언론인, 문예계 등에 알맞으나, 상업, 사업, 정치, 보통 기술직에는 잘 맞지 않는다.

- 거만스럽고 자존심이 무척 강하다.
- 학구적인 사색을 즐기며 간섭받기를 싫어한다.
- 동서양 통틀어 학자는 양띠가 제일 많다.
- 너그럽고 욕심을 부리지 않는다.
- 아무리 못된 시어머니도 양띠해 손녀를 낳아도 며느리를 타박하지 않는다.

지혜와 잔재주를 겸한 원숭이는 버릇이 없고 자기 자신이 생각한대로 밀고 나간다. 원숭이의 성격은 바람의 생리를 닮았다. 쾌청한 날에는 신바람을 내고, 우중충한 날에는 청승을 떨어댄다. 원숭이는 연극의 시조始祖이다. 아픈 척, 슬픈 척, 죽은 척 등등 필요에 따라 임기응변적인 연기가 뛰어나다. 원숭이를 사주 내에 가진 사람은 부모 의지형으로 자라나서 부모 곁을 떠나게 되면 제멋대로의 삶을 영위한다고 한다. 방황과 멈춤에서 새로운 생활권과 부딪히게 되면 그런대로 적응을 잘해 나간다. 원숭이띠는 천부적인 재질과 지혜, 잔재주를 가진다고 생각했다.

- 숫자에 밝아 과학, 공학 등의 계통에 적합하다.
- 자기 재주를 너무 믿어 방심하므로 스스로 발등을 찍는 일면이 있다.
- 자유롭게 반복되는 행위와 언어, 지식 속에서 놀라운 재주를 익히게 되어 약삭 빠른 인격이 형성된다.

제2부 동물민속 연구의 관점과 방법론

장닭이 홰를 길게 세 번 이상 치고 꼬리를 흔들면 귀신과 호랑이도 민가에서 물러간다고 한다. 닭은 하늘나라 지옥문의 사자로서 파수꾼 역할을 담당한 천국의 봉황이다. 하늘나라의 법칙을 어긴 닭은 지상으로 쫓겨 내려와 봉이 되어 시간을 정확히 알 수 없었던 옛날에 시계역할을 하였고, 집안의 안녕을 위하여 잡귀를 몰아내 주었다. 이렇게 신령스러운 동물이기에 닭은 하늘을 향하여 목을 길게 빼어 목청을 돋구었다. 사주에 닭을 가진 사람은 조상의 업보를 지상에서 봉사하여 죄를 사한다고 한다. 또한 수탉처럼 목젖이 나온 사람은 자신의 명예를 세우고, 울음소리도 드높아 이름을 떨치게 된다고 한다.

- 신과의 교접이 가능하여 유명한 무당엔 닭띠가 많다.
- 새벽잠이 없다.
- 인정이 많으며 조상이 돌본다고 한다.

개와 인간의 관계는 역사이전으로 거슬러 간다. 인간이 먹다 버린 찌꺼기를 먹고 살면서 주위의 위험신호와 경호를 해 온 짐승이다. 개의 용도는 다양하다. 교통, 통신, 파수, 경호, 전쟁, 경기, 목축업, 사냥, 경찰, 군용, 정찰, 인명구조, 실험 등 쓰이지 않는 곳이 없을 정도이다. 개의 귀는 영귀靈鬼의 바스락거림도 놓치지 않고, 후각은 무표정한 태양의 그림자에서도 냄새를 찾아낸다. 개의 시각은 직관적이고 예민하여 척하면 다 알게 된다. 이처럼 개의 그 예리한 직관으로 인간에게 알려주는 경종을 우리는 단순히 개소리로 몰아부치고 있지는 않은가.

- 임기응변에 능하여 말하기를 좋아한다.
- 대개 개띠 여자는 팔자가 세며 첩운기가 작용한다.
- 말싸움은 타의 추종을 불허하고 음량이 풍부하여 목소리를 사용하는 직업이 적합하다.

돼지는 근성이 강한 동물이다. 삶, 욕심, 지구력 등에선 타의추종을 불허한다. 돼지는 천성이 착하다. 얻어먹는 것보다 그 이상으로 보답을 한다. 돼지는 십이지 짐승의 강점과 약점을 함께 가지고 있다.

- 돼지우리를 청결하게 해주어야 구정물을 먹고도 살찌는 것이 특색이며, 주위는 더럽더라도 자기의 몸은 깨끗이 한다.
- 무엇이든지 가리지 않고 잘 먹는 식성이 있어 사람에게도 식성과 재복이 따른다.
- 열두 가지 목과 열두 가지의 재주가 있어 다재다능하다.

혈액형을 물어 사람의 성격을 짐작하듯, 띠를 물어서 역시 성격을 말한다. 실제 어떤 띠의 해에 태어났느냐가 그 사람의 성격을 선천적으로 결정하지 못한다. 그렇다고 띠와 사람의 성격이 전혀 무관하다고 보기도 어렵다.[15] 일단의 성격은 사회화Socialization와 문화화Enculturization하는 과정에 형성되기 때문이다. 너는 무슨 띠여서 어떻다는 말을 자주 듣게 되면, 또 그런 사실을 늘 생각하게 되고 자신도 모르는 사이에 그 띠동물의 행태와 속성을 자기의 성격과 운명과 동일시하게 되고 내면화되어 자기화自己化될 수도 있다.

이러한 각 띠의 성격과 운명은 그야말로 띠동물의 행동이나 생태학적 모형生態學的 模型을 보고 그것과 연관지어 만들어 내거나 지어낸 풍속과 속신들, 즉 민속모형民俗模型이다. 인간의 성격이나 운명은 각 띠동물의 생태와 속성과 동일하다고 믿는 것이다. 각 띠동물의 인성과 운명과 관련된 속신어는 동물적 본능과 인간적 본능과의 조화를 표현한 것이다. 이는 띠동물의 동물적인 본능을 인간에 내재하고 있는 본능적인 성격과 상호 보완적이고 조화로운 일치를 통해 삶의 완성을 찾으려는 노력으로 해석될 수 있다.

---

15   나경수, 「양의 민속과 상징」『민속학적으로 본 열두띠이야기』, 집문당, 1995, 259쪽.

(3) 동물생태에서 유추된 띠동물의 삼합三合과 원진元嗔관계

앞 절에서 동물의 생태적 특징을 사람의 성격과 운명과 결부하여 풀이하는 한국인의 독특한 띠문화를 살펴보았다. 이는 동물과 사람의 연계성이 유감주술적 관념을 배경으로 이루어진 민간속신民間俗信이다. 그런데 한국의 띠문화에서 간과해서는 안 되는 또 하나의 민속현상으로 궁합[16]이 있다. 각 띠동물 끼리의 어울림과 회피관계를 사람과 사람 사이의 관계로 반영하여 극명하게 설명하고 있는 궁합은 현재 전승되고 있는 동물 관념과 상징을 구체적이고 체계적으로 이해할 수 있게 한다.

궁합은 겉궁합과 속궁합이 있으며 겉궁합은 띠만 가지고 보는 것이고, 속궁합은 원진, 합, 오행으로 풀어보는 것이다. 즉, 겉궁합은 신랑 쪽의 띠와 신부 쪽의 띠만 가지고 삼합三合인가, 원진元嗔인가를 가려 좋고 나쁨을 따지는 것이다. 삼합은 서로 만날 때 서로 돕고 좋은 성격이 드러나고 나쁜 성격이 눌러지며 하나의 노력으로 둘을 얻을 수 있는 좋은 조건의 만남이 된다. 원진[17]은 삼합과 반대로 사주四柱내에서 만나거나 서로 원진이 되는 사람끼리 만나면 나쁜 성격, 포악한 성격이 표출되어 남의 미움을 사기 때문에 둘이 노력을 해야 하나를 얻는 어려운 조건의 만남이다. 그런데 이런 관념의 저변에는 바로 자연생태계에서의 각 동물들끼리의 관계양상을 그대로 반영하고 있다.

이 논문에서는 바로 사람과 사람 사이의 관계를 따지는 궁합의 근거가 되는 자연생태계에서의 각 동물의 어울림과 회피관계를 살펴보고자 한다.

---

16 우리는 오랜 관습에 의해서 혼인할 때는 사주궁합(四柱宮合)을 보아 왔는데 사주는 사람의 운명을 점치고 궁합은 두 사람의 운세가 맞는가를 점치는 방법으로 삼았다. 여기서 사람이 태어난 태세(太歲)인 띠를 가지고 겉궁합을 보았고 개인의 운세의 개황을 점치기고 하였다(任東權,『韓國民俗文化論』, 集文堂, 1983, 479쪽).

17 李能和는『朝鮮女俗考』(東洋書院, 1927, 65~66쪽)에서 원진관계를 자세히 설명하고 있다. "我俗婚嫁에忌元辰ᄒ니元辰은卽星相凶煞之名이니其法이以男女生地支合而看之ᄒ나니卽如子與未, 寅與酉, 辰與亥, 丑與午, 卯與申, 巳與戌, 相與元辰이라 犯此煞者ㅣ相婚則夫婦之間에 平生不和ᄒ야 若不生離ᄒ면 卽有死別이라ᄒ나니 有訣曰 鼠忌羊頭角 牛嗔馬不耕 虎嫌鷄嘴短 兎恨猴不平 龍憎猪面黑 巳驚犬吠聲"

쥐子는 양未의 배설물을 가장 싫어한다. 양의 배설물이 조금만 몸에 묻어도 몸이 썩어 들어가며 털이 다 빠져버린다고 한다. 쥐는 원숭이의 재빠른 몸집과 용의 두뇌를 형상하였다고 한다. 그래서 쥐띠와 양띠는 서로 피하는 회피관계이고, 쥐띠와 원숭이띠, 용띠는 서로 도와 어울리는 관계이다.

소띠와 어울리는 띠로는 뱀띠와 닭띠가 있다. 소는 뱀의 독을 무서워하지 않으며 어린 뱀의 독은 오히려 소의 혈청을 왕성하게 해준다. 소는 닭의 울음소리를 좋아하고, 여물을 먹은 후 반추위로 되새김을 하면서 "꼬끼오"하고 우는 닭의 울음소리에 맞추어 반추위 운동과 쉼을 한다고 한다. 민가에서 닭둥우리를 소마구간과 같이 하는 경우도 많다. 소띠와 닭띠와는 잘 맞는다는 말은 순전히 소와 닭의 생태에 따라서 해석한 것이다. 그래서 소띠는 뱀띠와 닭띠와 어울리는 사유축 삼합巳酉丑 三合이라 한다. 그러나 말띠와는 어울리지 않는 원진관계이다. 소는 말을 제일 싫어한다. 이것은 소 자신은 무척 부지런하게 일을 열심히 하는데 비해 평상시의 말은 가만히 서서 음식만 먹고 게으르기 때문이라고 한다. 실제 생태계 내에서도 마구간과 외양간을 이웃해서 지어 주면 서로 잘 자라지 못한다고 한다. 서로 눈꼴이 세어서 체질적인 거부반응이 일어나게 되기 때문이다. 또한 음양오행으로 보더라도 소丑는 음토陰土, 말午은 양화陽火로 양과 음이 서로 부딪친다.[18]

호랑이의 원진은 닭이고, 삼합은 개와 말이다. 호랑이는 닭 우는 소리를 무척 싫어한다. 닭酉은 서방西方이고 서쪽은 흰색白이므로 호랑이는 흰색을 또한 두려워한다고 한다. 호랑이는 장닭이 홰를 길게 세 번 이상 치고 꼬리를 흔들면 활동을 중지한다. 그래서 범띠寅와 닭띠酉는 원진관계가 된다. 호랑이의 포효와 개의 쇳소리, 그리고 말의 울음소리를 서로 화합하여 신령스러운 인간의 육음을 예시하는 곡성을 전장戰場에서 말이 울게 된다. 그래서 호

18 安重宣, 『天氣漏泄』, 고려문화사, 1987, 31~32쪽.

랑이, 말, 개는 서로 화합이 되는 삼합三合관계이다.

　토끼는 원숭이의 궁둥이를 싫어한다. 자신의 눈 색깔과 같기 때문이다. 이 것이 묘신원진이 된 이유이다. 자고로 세계 어느 곳을 가보아도 원숭이가 사는 곳에 토끼가 같이 사는 법이 없다고 한다. 참으로 자연의 이치가 묘한 것이라 생각한다. 그런가 하면 토끼는 돼지의 분비물 냄새와 힘을 부러워하고, 양의 초연한 청승스러움을 태연하게 받아들이는 자세를 취하여 해묘미 삼합 亥卯未 三合이 되는 것이다. 돼지코와 양의 코를 반반씩 닮은 것이 토끼의 코이기도 하다. 성격면에서도 돼지의 우묵함과 양 뿔의 건방진 자존심을 가지고 있다.[19]

　모든 띠들 중에서도 용띠는 원숭이띠에 가장 끌린다. 마찬가지로 원숭이 띠는 용띠의 장엄함에 끌려 그들은 싸우지 않는 팀을 이룬다. 용띠와 쥐띠의 결합은 용이 강한 반면 쥐는 기술이 좋아 역시 성공적인 짝이 될 수 있다. 그들은 힘을 합쳐 위대한 일을 할 수 있다. 즉 용띠와 삼합三合을 이루는 띠는 쥐띠 와 잔나비띠이다. 용은 쥐가 영리한 두뇌와 원숭이의 재빠른 몸집을 형상화 하였다고 한다. 그런가 하면 용띠와 돼지띠는 원진관계이다. 용은 돼지 면상의 코를 싫어한다(용혐저흑면龍嫌猪黑面). 용은 열두 동물의 형태를 모두 형상화 한 동물인데, 다 잘 생긴 모습 중에 돼지의 코를 형상화한 것이 용의 코이다. 용은 돼지만 보면 자기 코를 생각하고 못 견뎌한다. 즉, 자기의 코가 돼지의 코를 닮아서 잘생긴 용모에 오점을 남겼으므로 돼지를 미워한다. 그래서 민간에서 결혼 궁합을 볼 때 용띠와 돼지띠는 서로 꺼린다.

　'뱀은 허물을 벗다가 개짖는 소리를 들으면 죽는다'하여, 궁합에서 뱀띠와 개띠는 서로 맞지 않다. 뱀은 겉귀도 가운데 귀도 없다. 그러나 속귀는 매우 발달되어 있어 지면을 통해 전해지는 진동에 대해서는 매우 예민하다. 그러

19　안중선, 앞의 책(1991), 34~36쪽.

① 어울림常生의 관계

①쥐(子) = 용(辰) = 잔나비(申)　　쥐가 용의 두뇌와 원숭이의 재빠른 몸집을 형상화 하였다.

② 소(丑) = 뱀(巳) = 닭(酉)　　소는 뱀의 독을 무서워하지 않으며 어린 뱀의 독은 오히려 소의 혈청을 왕성
하게 해주고 닭의 울음소리를 좋아한다고 한다. 여물을 먹은 후 반추위로
되새김을 하면서 '꼬끼오'하고 우는 닭의 울음소리에 맞추어 반추위 운동과
쉼을 하고 있다.

③ 범(寅) = 말(午) = 개(戌)   호랑이의 포효와 개의 쇳소리, 그리고 말의 울음소리는 서로 화합한다.

④ 토끼(卯) = 양(未) = 돼지(亥)   토끼는 돼지의 분비물 냄새와 힘을 부러워하고, 양의 초연한 청승스러움을
태연하게 받아 들이는 자세를 취한다. 토끼의 코는 양의 코와 돼지의 코를
반반씩 닮았다.성격면에서도 돼지의 우묵함과 양 뿔의 건방진 자존심을 가
지고 있다.

② 회피관계

① 쥐(子) ↔ 양(未)

② 소(丑) ↔ 말(午)

쥐는 양의 배설물을 꺼린다(서기양두각;鼠忌洋頭覺).
양의 배설물이 조금만 몸에 묻어도 몸이 썩어 들어가며 다빠져버려 꼴이 말이 아니게 된다.
소는 말의 게으름을 싫어한다(우진마불경;牛嗔馬不耕). 소 자신은 무척 부지런히 일을 열심히 하는데 비해 평상시의 말은 가만히 서서 음식을 먹고 게으르기 때문에 싫어한다. 실제로 마굿간과 외양간을 이웃해서 지어주면 서로 잘 자라지 못하는 생태적 특성이 있다.

③ 범(寅) ↔ 닭(酉)

④ 토끼(卯) ↔ 잔나비(申)

범은 닭의 울음소리를 싫어한다(호증계취단;虎憎鷄嘴短). 닭은 서백(西白)이므로 호랑이는 흰빛을 두려워한다. 장닭이 훼를 길게 세 번 이상 치고 꼬리를 흔들면 귀신과 호랑이도 민가에서 물러간다고 한다.
토끼는 원숭이의 궁둥이를 싫어한다(토원후불평;兎怨猴不平).자신의 눈 색깔과 같기 때문이다. 자고로 세계 어느 곳을 가보아도 원숭이가 사는 곳에 토끼가 같이 사는 법이 없다고 한다.

제2부 동물민속 연구의 관점과 방법론

⑤ 용(辰) ↔돼지(亥)　용은 돼지 면상의 코를 싫어한다(용혐저흑면:龍嫌猪黑面). 용은 열 두 동물의 형태를 모두
　　　　　　　　　　형상화한 동물인데, 다 잘 생긴 모습 중에 돼지의 코를 형상화한 것이 용의 코이다. 용은
　　　　　　　　　　돼지만 보면 자기 코를 생각하고 못 견더한다. 즉, 자기의 코가 돼지의 코를 닮아서 잘생긴
　　　　　　　　　　용모에 오점을 남겼으므로 돼지를 미워한다.

⑥ 뱀(巳) ↔개(戌)　뱀은 금속성의 개짖는 소리를 들으면 허물을 벗다 죽는다(사경견폐성;巳驚犬吠聲). 뱀은
　　　　　　　　　　개짖는 소리에 기절초풍을 하게 된다. 발정기 때의 개짖는 소리는 산천초목을 울먹거리게
　　　　　　　　　　한다. 그만큼 강한 쇳소리가 울려 퍼진다. 고막이 없는 뱀의 귀에 까지 울먹거리는 쇳소리에
　　　　　　　　　　놀라 뱀의 심장은 열에 부풀어 오르게 된다. 그리곤 허물을 미처 다벗어 버리지 못하고
　　　　　　　　　　죽어버리고 만다.

나 공기를 통해 전해지는 진동에 대해서는 전혀 반응을 하지 않기 때문에 뱀
은 귀머거리라고 할 수 있다. 그런데 뱀은 금속성의 개짖는 소리를 들으면
허물을 벗다 죽는다巳驚犬吠聲는 것이다. 뱀은 개짖는 소리에 기절초풍을 하
게 된다. 발정기 때의 개짖는 소리는 산천초목을 울먹거리게 한다. 그만큼
강한 쇳소리가 울려 퍼진다. 고막이 없는 뱀의 귀에까지 울먹거리는 쇳소리
에 놀라 뱀의 심장은 열에 부풀어 오르게 된다. 그리곤 허물을 미처 다벗어
버리지 못하고 죽어버리고 만다. 뱀이 사람을 물 때 개띠를 많이 물고, 닭띠와
소띠는 거의 물지 않는다는 속설俗說도 이런 관계에 근거한 것이다.

　지금까지 살펴본 것과 같이 궁합에서 각 띠동물이 어울리고 회피하는 것
은 각 동물의 생태적 특징에서 나타나는 현상들을 유추하여 인간관계의 결합

양상으로 연결시킨 것이다.

5. 현대인들은 매일 말을 타거나 신고 다닌다

인류는 선사시대부터 생존을 위한 원초적 본능에서 동굴이나 바위에 그림을 그리는 일종의 신앙 미술을 창조했다. 그리고 그 신앙 미술은 동물에게 여러 의미를 부여한 동물 상징으로 발전해왔다. 사람들은 공포의 대상이자 먹을거리며 노동력의 원천인 동물을 자신들의 기원이 담긴 새로운 존재로 만들어냈다. 그리고 그 동물에 대한 믿음과 상징은 현재까지도 이어지고 있다. 1억 원 이상 복권 당첨자의 23%가 돼지꿈을 꿨다거나 황금돼지해에 태어난 아이는 만복을 타고난다는 속신 때문에 결혼과 출산이 줄을 잇고, 대통령 선거 보도에서 "두 돼지가 나타나 두 뱀을 잡아먹는다"는 식으로 후보들의 띠를 통해 선거 결과를 예측하기도 했다. 이렇게 동물 상징은 우리 시대에도 여전히 유효한 관념으로 남아 있다.

하지만 동물에게 부여한 여러 상징은 하나로 정의할 수가 없고 서로 상반된 의미를 가지는 경우도 많았다. 그것은 똑같은 상황과 사건을 전혀 다르게 평가하는 인간 사고의 다양성과 동물이 가진 여러 생태적 특성 때문이다. 예를 들면, 남의 곳간을 털어서 먹고 사는 쥐의 습성은 '도둑', '수탈자' 이미지를 강하게 심어주었다. 하지만 반대로 모두가 잠든 밤에 이리저리 집안을 헤집고 다니며 먹을 것을 걷어 들이고 그것을 하나로 모으는 모습은 근면함이나 저축, 부자의 이미지로 비춰지기도 했다. 또한 조그마한 몸으로 쏜살같이 달려가는 쥐의 모습에서 약삭빠른 얌체의 이미지를 떠올리기도 하는 반면, 빠른 몸놀림으로 집안을 돌아다녀서 세상모르는 게 없는 지혜의 상징으로도 여겼다.

또한 동물의 상징적 의미는 시대나 나라에 따라 변하고 새로운 역사성을 담기도 했다. 예를 들면, 뱀은 다산의 상징이자 불사의 존재이기도 했지만 사악하고 차가운 간사한 동물로 여기기도 했다. 하지만 그리스에서 뱀은 지혜의 신이자 아테네의 상징물이었고 논리학의 상징이었다. 그리고 과거에 용의 승천이라고 생각했던 것이 용오름 현상일 가능성이 높고, 용은 상상의 동물일 뿐이라는 현대의 과학적 사고는 지금의 용에 대한 믿음을 약화시키고 있다.

동물의 상징적 의미가 이렇게 다양하게 변하는 것은 문화가 살아 움직이기 때문이다. 문화는 인류의 지식, 신념, 행위의 총체로서, 동물 상징 또한 그에 속한다. 문화는 항상 현재 진행형으로, 현재의 생활이 바로 문화이며 이것은 미래의 전통문화로 전이된다. 과거, 현재, 미래가 따로 떨어진 게 아니라 뫼비우스의 띠처럼 연결되어 있다는 의미다. 이것은 다시 말하면 그 속에 포함된 동물 상징 또한 거미줄처럼 얽히고설켜 형성된 것으로, 그 시대의 관념과 종교, 사회정치적 상황에 따라 상징적 의미가 달라질 수밖에 없다는 말이다. 그래서 재수 없는 동물이던 사슴과 노루가 한 편의 시로 '모가지가 긴' 고고한 동물로 바뀌었고, 원숭이가 느꼈던 단장의 슬픔은 한국전쟁의 슬픔이 담긴 '단장의 미아리 고개'로 역사성을 담게 되었다.

또한 관념, 종교, 사회정치적 상황에 따라 상징적 의미가 달라진다는 것은 동물 상징 속에 그러한 것들이 고스란히 녹아 있다는 의미다. 이것은 결국 동물의 상징적 의미를 풀면, 과거와 현재의 문화 체계와 당시 사람들의 의식 구조, 생활상 등을 역추적할 수 있다는 말이자, 우리의 거대한 문화 속으로 들어간다는 의미가 된다. 즉, 동물 상징이 문화를 푸는 또 하나의 열쇠이자 암호가 되는 것이다. 그리고 동물 상징을 통해 인류의 총체인 문화의 실타래를 푸는 것은 우리는 어떤 존재인가라는 정체성에 대한 답을 하는 과정이기도 하다. 서울에서 가장 번잡한 서소문동에 65년 고가도로가 생기면서 마차의 통행이 금지되었고 차차 서울거리 곳곳이 우마차동행금지구역으로 정해지면서 마차가 사라지기 시작했다. 이제 살아있는 말을 보려면 경마장이나 동물원에 가야한다. 일상적으로 말을 실제로 보기에는 힘이 든다. 그렇지만 역사적으로, 문화적으로 형성된 말에 대한 관념은 현재 우리 생활에 큰 영향을 미치고 있다.

말馬에 대해 강의하는 경우가 종종 있다. 그때마다 "혹시 오늘 말 타고 오신 분 없으신가요?"하고 질문하면 모두들 픽 웃는다. 옛날도 아니고 차가 생생 다니는 오늘날 말 탈 이유가 없다는 표정이다. 그러나 "포니, 갤로퍼, 에쿠스'의 승용차를 타고 오신 분?" 혹은 "얼마 전 여행갈 때 천마관광, 은마관광, 백마관광의 버스를 타시지 않으셨습니까? 라고 하면 그래도 몇몇만 고개를 끄덕인다. 대부분은 말이란 동물은 경마장이나 동물원에 있는 동물이지 현대 생활하고는 멀어도 한참 멀다고 생각하는 표정이다. 그러나 "오늘 아침에 출근하면서 말표 구두약으로 구두를 닦으신 분?"하고 질문한다. 더나가 "어릴 때 말표 고무신, 말표 운동화를 신지 않으셨나요?"하면 그제야 대부분 박수를 치며 동의한다. 말은 뛰는데 적합한 구조를 가지고 있다. 말의 이미지는 건각健脚, 즉 튼튼한 다리다. 그래서 말은 다리와 관계되는 신발, 교통 · 통신과 관계되는 자동차 이름으로 단골로 등장한다. 포니는 예쁘고 귀여운 작은 말이란 뜻이고, 갤로퍼는 질주하는 말이고, 에쿠스는 말의 학명學名 가운데 하나이다. 외국 자동차 페라리FERRARI는 '앞발을 든 말'이 그 상징이다.

지금은 디지털 시대이지만 얼마 전까지만 해도 음악은 턴테이블과 스피커를 통해 들었다. 그때 한 스피커 상품광고에서 '한 떼의 말들의 경쾌하게 말발굽 소리'를 스피커를 통해 들려주면서 원음 그대로 재생하는 자랑을 했다. 필자가 처음 남성화장품을 쓰게 되는 때, 그 화장품의 CF에는 우람한 근육질, 칼퀴 휘날리며 달리는 말이 등장한다. 이 때 말의 상징은 남성중에 남성이다. 이 화장품을 쓰는 남성은 바로 말의 남성성을 가지는 것이다. 건각健脚과 활력活力의 이미지를 활용한 말 관계 상표가 현대에서 말을 재생 시키고 있다. 1,000m를 60초에 주파하는 말의 엄청난 스피드를 이미지화 한 '포니', '갤로퍼', '에쿠스' 등 승용차를 비롯, 동양고속, 천마관광, 은마관광 등 유통업체에서 말을 심벌마크로 사용한다. 말의 건각健脚의 이미지를 살린 고무신, 양말, 구두약의 상표에서 말을 만난다. 말의 야생적 이미지를 살린 남성화장품 선전에도 말 이미지가 동원된다.

말은 싱싱한 생동감, 뛰어난 순발력, 탄력 있는 근육, 미끈하고 탄탄한 체형, 기름진 모발, 각질의 말굽과 거친 숨소리를 가지고 있어 강인한 인상을 준다. 바로 박력과 생동감의 이미지는 실제로는 말을 볼 수 없지만, 가장 짧은 시간에 가장 빨리 인상을 심어야 하는 상품의 이름으로, 상품의 광고로, 심지어는 스포츠 구단의 상징으로 현대인의 일상생활 속에 생생하게 살아있다.

형편없이 잘못 쓴 글씨를 '쇠발개발'이라고 한다. 눈 위에 찍혀 있는 소나 개 발자국이 얼마나 아름다운지 아는 나로서는 수긍하기 어렵다. 미련한 사람을 곰같다 하고 머리가 나쁜 사람을 새대가리라고 하며 교활한 사람을 여우같다고 하고 건망증이 심한 사람은 까마귀 고기를 먹었나? 한다. 더구나 개를 빗대어 하는 욕설은 이루 말할 수 없이 많다. 개의 충직성을 잘 아는 인간들이 할 말이 아니다. 만약 사람들이 동물들의 이야기를 들을 수 있다면 어떤 기분일까. 혹 동물세계에서 가장 못된 동물을 "인간같은 놈!"이라고 하진 않을까. 나는 동물들의 언어를 알아듣지 못하는 게 천만 다행이다.

한국의 띠문화는 중국의 생초문화에 기반을 두고 있지만 한국에 전래된 이후에 자연적, 역사적, 사회적 환경에 대처하고 적응하는 과정에서 한국인의 경험과 지혜가 어울려진 "민의 종합적 사고형태이며 생활철학의 관념체계"를 표출하고 있다.

12지는 한국문화 속에서 다양한 형태로 등장한다. 천문 · 역법에서는 방위와 시간의 개념으로, 풍수 · 점복 · 해명解名 · 택일 · 사주 · 궁합 등에서는 길흉을 예지하는 비결秘訣로, 능묘의 호석 · 사찰의 불화 · 민화 등에서는 제액초복의 수호신 또는 길상을 상징하는 도상 형태로, 생활용구나 각종 장식물에서는 장식용 문양의 형태로 나타나고 있다. 오늘날 전승되는 띠문화의 핵심은 개인의 운명 · 심성을 파악하는 잣대이며, 개인과 개인 상호간의 융화관계 또는 상충관계를 밝히는 체계였음을 밝혔다.

언어는 정보를 전달하기 위한 기호체계로 구성되어 있다. 한국문화 속에 등장하는 다양한 동물들은 여러 문화적 관계 속에서 속성屬性, 기호記號의 상징체계로서 전 시대全時代와 전 영역全領域에 걸친 문화정보를 전달하고 있다. 동물상징은 문화의 비밀을 푸는 또 하나의 암호이며, 열쇠다.

한국 문화 속에, 한국인의 심성 속에 자리 잡고 있는 동물들은 굉장히 많다. 12지 동물 이외의 동물에 대한 하나하나의 분석·정리는 한국인과 생활문화를 이해할 수 있는 새로운 연구분야 임에는 틀림없다.

제3부 **인간·동물
민속 연구**

인간·동물 민속지

신라 토우에 나타난
신라속新羅俗 연구*

1. 서론

　다호리 유적과 신창동 유적, 고구려 벽화 고분, 신라의 토우 등 생활 문화상
을 보여주는 일련의 고고학적 성과와 각종 풍속 그림은 그 당시의 풍속이나
생활상에 관한 많은 정보를 제공해 주고 있다는 점에서 민속학을 공부하는
필자에게는 큰 관심사가 되어 왔다.

　신라토우土偶에는 다양한 모습의 인물상人物像, 여러 종류의 동물상動物
像, 갖가지 생활 용구의 기물器物이 표현되어 있어 학계의 관심과 연구가 상
당히 진행되었다. 그 동안 토기로서의 고고학적인 연구와 토우로서의 미술

---

*　이 글은 필자가 신라토우를 통해서 신라의 민속을 규명하고자 발표했던 두 논문[「新羅土偶에 나타
난 新羅俗의 硏究」(『제2회 亞細亞 民俗國際學術大會』 1997년 11월 21일 강릉, 94~101쪽), 「신라
토우의 민속학적 연구」(『新羅土偶, 新羅人의 삶, 그 永遠한 現在』, 국립경주박물관, 1997, 통천문화
사, 146~158쪽]을 하나로 엮은 것이다. 여기에 사용한 사진 자료는 전적으로 국립경주박물관의 것
을 사용했다. 토대를 마련해 주신 아시아민속국제학술대회 조직위원장인 김선풍 교수님과 국립경
주박물관 강우방 관장님께 감사드린다.

사학적인 연구[1]가 있었고, 다른 한편으로 신라토우가 지니고 있는 고유 신앙과 원시종교의 측면에서 사상사적인 연구에도 약간의 성과를 얻었다.[2] 그러나 아직까지 각 분과 학문들의 종합적이고 총체적인 접근은 미진하고, 특히 토우에 대한 민속학적 접근은 아직 초보적인 단계에 불과하다.

한국 고대의 풍속이나 생활상을 전하는 문헌 자료나 회화 자료 없이 다만 출토 유물만 가지고 그 생활 관습을 민속학적으로 해석한다는 것은 그리 쉬운 일 아니다. 민속학의 입장에서 유물만으로는 그 민속체계民俗體系(folk system)를 알 수 없다. 이를테면 식생활 용구로써는 당시 식생활에 어떠한 기구를 사용하였는지는 알 수 있어도, 어떠한 음식물을 어떻게 조리하였는지 알 길이 없다. 의생활에 있어서도 어떠한 복식 유물이 있었는지는 알 수 있어도, 그 복식법과 제작법이 어떠했는지 또한 어떻게 사용하고 장식하였는지는 자세히 알 길이 없다. 더구나 오락, 제사, 신앙 등에 있어서는 그 유형적인 오락 기구, 제사 용구, 신앙물 보다는 무형적인 오락 행위, 제사 의식, 신앙 의례 등이 더욱 민속학적인 가치가 있다.[3]

---

[1] 지금까지 논의된 신라 토우의 고고학 미술사의 연구 성과는 다음과 같이 정리해 볼 수 있다.
    秦弘燮, 「異形土器二例」, 『考古美術』 2-11, 考古美術同人會, 1961; 金載元, 「새로 發見된 土器數種」, 『美術資料』 第6號, 國立博物館, 1962, 1~4쪽; 金元龍, 「三國時代 動物形 土器 試考」, 『美術資料』 第6號, 國立博物館, 1962, 5~10쪽; 秦弘燮, 「鴨形土器二例」, 『考古美術』 第4卷 第6號, 考古美術同人會, 1963; 金元龍, 「新羅家形土器考」, 『金載元博士回甲記念論叢』, 乙酉文化社, 1969, 847~864쪽; 金元龍, 「新羅鳥形土器小見」, 『考古美術』 第106 · 107合輯, 考古美術史學會, 1970, 5~7쪽; 이난영, 『신라의 토우』, 교양국서총서 22, 세종대왕기념사업회, 1976; 李殷昌, 「皇南洞古墳出土 神龜形土器와 角杯 및 角杯받침」, 『考古美術』 132號 韓國美術史學會, 1976, 1~12쪽; 金元龍, 「新羅伽倻動物形土器小考」, 『韓國學報』 第13輯, 一志社, 1978, 2~16쪽; 李殷昌, 「馬刻文土器와 馬形土器」, 『考古美術』 138 · 139合輯, 韓國美術史學, 1978, 242~257쪽; 李殷昌, 「新羅馬刻文土製品과 伽倻 鎧馬武人像土器」, 『新羅伽倻文化』 第11輯, 嶺南大學校 新羅伽倻文化研究所, 1980, 59~120쪽; 國立慶州博物館, 『新羅의 土偶』, 1989, 통전문화사.
    이외에도 단편적으로 토우를 소개하고 분석한 일련의 글들은 많이 있다.
[2] 李殷昌, 「新羅土偶에 나타난 民俗」, 『新羅民俗의 新研究』(新羅文化祭學術發表會論 第四輯) 新羅文化宣揚會 · 慶州市, 1983, 191~281쪽; 金東旭, 「慶州 龍江洞 古墳 出土 陶俑의 服飾史的 意味」, 『新羅社會의 新研究』(新羅文化祭學術發表會論文集 第八輯), 新羅文化宣揚會 · 慶州市, 1987, 175~194쪽.
[3] 金宅圭, 「民俗學的 考察」, 『雁鴨池 發掘調査報告書』, 문화재관리국, 1978, 391쪽.

신라토우는 고구려 벽화 고분 못지않게 신라의 풍속을 디오라마처럼 보여 주고 있다. 그러나 불행하게도 몇몇 경우를 제외하고는 발굴 당시 항아리나 고배高杯의 어깨, 목 또는 뚜껑에 붙어 있었던 작은 토우를 하나하나 뜯어서 보관했기 때문에 전체적인 모습이나 배열 양상, 맥락 등을 파악하기가 힘들었다. 하지만 토우는 신라 사회의 모습 그대로를 도공들의 손에 의하여 가시적으로 표현하고 있다는 점에서 그 당시 풍속이나 관념 등 신라인들의 생활 문화를 이해하는데 많은 정보를 제공하고 있다.

필자의 신라토우에 대한 접근은 각기 독립적으로 의미 없이 따로 떨어진 토우를 신라의 문화 문법으로 다시 배열하여 그 맥락과 의미를 이해하고 더나아가 신라인의 생활 모습, 신앙과 의례, 세계관 등을 밝혀 보고자 한다. 그방법으로 신라 풍속에 대한 삼국사기와 삼국유사 등의 기록 내용과 경주 미추왕릉 지구 계림로 30호분[4]과 경주 노동동 11호분[5]에서 출토된 토우 장식항아리 등 온전한 형태의 토우들을 토대로 신라토우의 전체적인 모습을 재구성하여 거기에 담긴 신라인들의 생활과 문화, 특히 음악, 무용, 각종 놀이, 성풍속, 동물 상징을 규명해 보고자 한다.

고구려 벽화 고분에 표현된 각종 자료는 구체적이고 실제적으로 고구려의 생활 모습이나 장례 의식, 사후 세계에 대한 관념을 그리고 있다. 신라토우도 입체적이고 가시적인 모습의 신라의 풍속을 묘사하고 있지만 맥락에서 떨어져 나와 개별적으로 존재하기 때문에 온전한 모습을 찾을 수 없었다. 그런데 무덤의 같은 부장품과 공양물로서 고구려 벽화 고분의 구성과 원리를 이해하는 방법으로 개별적 신라토우를 통합적으로 재배치한다면 신라인들이 생활과 풍속이 디오라마처럼 스스로 드러날 것이다.

4   국립경주박물관, 『국립경주박물관 도록』, 통천문화사, 1989, 108~109쪽.
5   국립경주박물관, 앞의 책(1989), 110~111쪽.

신라토우의 이해 : 대표적인 토우들

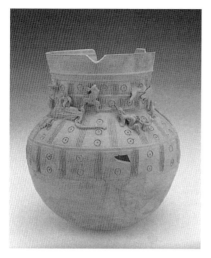

◂ **토우장식 항아리(土偶裝飾長頸壺)** 경주 계림로 30호분, 신라, 높이 34.0cm(국보 195호), 국립경주박물
관(출전 :『新羅土偶, 新羅人의 삶, 그 永遠한 現在』, 국립경주박물관, 1997, 통천문화사, 5쪽)

▸ **토우장식 항아리(土偶裝飾長頸壺)** 경주 노서동 11호분, 신라, 높이 40.1cm(국보 195호), 국립경주박물
관(출전 : 국립경주박물관, 앞의 책(1997), 8쪽)

토우장식 굽다리접시(土偶裝飾高杯)
동원 기증품, 신라, 높이 20.3cm, 국립중앙박물관
(출전 : 국립경주박물관, 앞의 책(1997), 16쪽)

03 신라 토우에 나타난 신라속(新羅俗) 연구

토우장식 뚜껑(土偶裝飾高杯蓋) 경주 황남동, 신라, 높이 9cm, 국립중앙박물관
(출전 : 국립경주박물관, 앞의 책(1997), 33쪽)

◂ **인물토우장식 뚜껑(人物土偶裝飾高杯蓋)** 신라, 높이 8.4cm, 이화여자대학교박물관
  (출전 : 국립경주박물관, 앞의 책(1997), 42쪽)
▸ **인물토우장식 뚜껑(人物土偶裝飾高杯蓋)** 신라, 높이 10.6cm, 이화여자대학교박물관
  (출전 : 국립경주박물관, 앞의 책(1997), 44쪽)

토우장식 뚜껑(각종 동물) 경주 황남동, 신라, 높이 7.0cm, 국립중앙박물관
(출전 : 국립경주박물관, 앞의 책(1997), 86쪽)

제3부 인간 · 동물민속 연구

2. 가무歌舞 · 주악奏樂 · 잡기雜技의 신라 종합제전綜合祭典

신라토우는 전통적이고 토속적인 신라의 음악, 무용, 가면, 잡기 등 다양한 기예技藝를 표현하고 있다. 노래 부르고 춤추고 음악을 연주하며 재주 부리는 신라토우들은 각각 단독적으로 의미나 상징을 담고 있는 것이 아니라 어떤 의례와 의식을 행할 때의 종합적인 연희장면演戲場面이나 장송의례葬送儀禮를 묘사하는 것이 아닌가 생각한다.

신라토우는 일반적으로 고배 뚜껑이나 목이 긴 항아리의 어깨에 부착되어 군상群像을 이루는 가운데 종합적으로 표현되어 장관이었을 것이다. 그런데 토우가 각기 개별적으로 출토되고, 토기에 장식된 토우도 모두 떨어져서 부분적인 것들이 많아서 그 개개의 실상뿐만 아니라 전체적이고 종합적인 실상을 상세히 파악하기 힘들다.

고구려 고분벽화에는 여러 가지 악기를 연주하는 장면과 노래 부르는 장면, 다양한 춤을 추는 장면, 기예를 하는 모습이 무용도, 행렬도 등 구체적인 줄거리가 표현되어 있어 당시 고구려의 실제 유물뿐만 아니라 무형적인 생활문화에 대한 체계적인 이해가 가능하다. 같은 맥락에서 무덤의 부장품으로 토우는 도공들의 단순한 손놀림이 아니라 무덤을 조성한 그 시대 사람들의 신앙과 의례, 종교와 사상, 각종 풍속 등과 깊이 얽혀 있다.

삼국 시대의 매장 시설물인 고분은 그 동안 당시의 문화 · 사회상 등의 파악을 위하여 주로 고고학적 측면에서 연구가 이루어졌다. 그리하여 고분의 구조형식, 부장 유물의 성격, 장법葬法 등의 구명과 함께 커다란 성과를 거두었다. 그러나 당시의 종교관, 세계관에 의거하여 거행되었으리라고 믿어지는 장송의례와 그에 따른 공양의식 등의 실상은 알 수가 없었다.

신라토우에는 여러 가지 악기를 연주하는 모습과 노래 부르는 모습, 다양한 춤을 추는 모습, 기예를 하는 모습들이 많이 묘사되어 있다. 이들 각 모습들을 이해하기 위해서는 신라의 각종 가무 · 주악 · 잡기歌舞 · 奏樂 · 雜技의 각종 연희宴會와 장송의례葬送 儀禮에 대한 종합적인 이해가 선행되어야 한다.

고대 동아시아 장송葬送에 가무歌舞의 풍속[6]이 있었음을 알 수 있다. 고구려의 장송葬送에 있어 북을 치고 춤을 추면서 이를 보낸다는 기록이 있고,[7] 고분벽화에서 이러한 장면을 구체적으로 볼 수 있다. 신라에서도 예외가 아니었음을 관련 문헌과 무덤의 부장품인 가무주악歌舞奏樂하는 모습의 토우를 통해서도 짐작할 수 있다. 신라의 장송 관련 문헌은 다음과 같이 찾아 볼 수 있다.

- 김유신이 죽었을 때 '왕이 군악 악공 1백 명을 주었으며 금산 둔덕에 장사했다.[8]
- 해론이 전사했을 때 '당시 사람들이 모두 그의 죽음을 슬퍼하고 긴 노래를 지어 그를 조상하였다.[9]
- 김흠운의 전사에도 '당시 사람들이 이 소문을 듣고 양산가陽山歌를 지어 그들을 애도하였다.[10]
- 화랑 관창이 죽었을 때도 '신라 사람이 애도하고 그의 형상을 만들어 가면으로 삼고 칼 모양으로 춤을 추었다'.[11]
- 『日本書紀』 윤공기允恭記에 윤공제允恭帝가 죽었을 때, '신라 왕이 악인 80명을 보내어 고취가무鼓吹歌舞하였다'.[12]

6　『後漢書』烏桓 '至葬則歌舞相送', 『後漢書』濊北 '等類就歌舞爲樂', 『三國志』魏志 東夷傳 倭人 條 '喪主哭泣 他人就歌舞飮酒' 등의 기록으로 보아 장송(葬送)에 있어 가무(歌舞) 행해졌음을 알 수 있다(김기웅, 앞의 글(1984), 269~270쪽).

7　『隋書』卷八十一, 列傳 第四十六 東夷 高麗 傳 '初終哭泣 葬則鼓舞作樂以送之'

8　『三國史記』卷四十三 列傳 第三 金庾信 下 '給軍樂鼓吹一百人 出葬于金山原'

9　『三國史記』卷 四十七 列傳 第七 奚論 '時人無不哀悼 爲作長歌弔之'

10　『三國史記』卷 四十七 列傳 第七 金歆運 '時人聞之 位陽山歌以傷之'

11　李杜鉉, 『韓國의 假面劇』, 一志社, 1980, 48쪽. 『東京雜記』卷一 風俗條 '…羅時哀之 像其容爲假面 作舞劍之狀 至今傳之'

12　김동욱, 「新羅의 祭典」, 『新羅民俗의 新研究』(新羅文化祭學術發表論集 第四輯), 新羅文化宣揚會 · 慶州市, 1983, 23쪽.

이상과 같이 신라의 장송 관련 기록을 통해 보면 '가무작악歌舞作樂'함은 고인의 공덕을 찬양하고, 그 혼을 위로한 진혼의례鎭魂儀禮의 한 예로 볼 수 있다.[13] 상장례喪葬禮 때 이처럼 악樂을 연주하는 것은 조선조를 걸쳐 오늘의 민속[14]에까지 전승되고 있다.

고대인은 죽음에 대하여 육체는 비록 죽었으나 영혼은 계속 살아서 활동하고, 또 사후의 세계는 본질적으로 현세와 다름이 없다는 영혼 불멸의 세계관을 지니고 있었다. 이러한 생각은 시신의 보존 장소이며 안식처인 분묘의 축조를 중요시했고, 또한 많은 부장품을 함께 묻었다.[15] 신라 고분의 여러 부장품 중에서 우리의 주목을 끄는 것이 고구려 고분벽화처럼 회화적繪畵的인 것으로 사자死者에게 공헌供獻함이 아니라, 입체적立體的인 상상像을 가지고 공헌하려 했던 것이 토우이다.

악기를 연주하는 토우(奏樂土偶)
출전 : 국립경주박물관, 앞의 책(1997),
46쪽

---

13   李杜鉉,「韓國古代の葬送儀禮」,『日本古代史講座9』, 東京 : 學生社, 1980, 129쪽(김기웅, 앞의 글
      (1984) 270쪽 재인용).
14   문화재관리국 문화재연구소,『장례놀이』, 계문사, 1994.
15   金基雄,「고분에서 엿볼 수 있는 新羅의 葬送儀禮」,『新羅宗教의 新研究』(新羅文化祭學術發表會
      論文集 第五輯), 新羅文化宣揚會 · 慶州市, 1984, 71~272쪽.

신라시대 가무·주악·잡기의 양상은 가배嘉俳[16]와 팔관회[17]의 가무백희歌舞百戲의 기록과『삼국사기』권32 잡지 제1 악樂 조에 전하는 기사 내용 이외에는 관계되는 실물 자료가 없어 그 실상을 잘 알 수가 없었다. 다만 신라토우의 노래를 부르고 춤을 추는 듯한 여러 동작과 모습을 한 토우와 가야금·비파·피리 등 악기를 연주하는 악사의 모습에서 당시의 상황을 짐작할 수 있다.

토우 중에는 두 손을 위 아래로 크게 흔들며, 벌린 입과 활짝 뜬 두 눈을 하고 있는 것, 두 손을 쭉 뻗어 높이 치켜든 모습이나 옆으로 활짝 벌린 모습 등 노래 부르고 춤추는 모습의 상이 많이 있다.

춤추는 토우는 한 사람은 노래 부르고 한 사람은 춤을 추는 경우, 노래를 부르며 춤을 추는 경우, 복건을 쓴 남자의 모습 등이 있으며 가면이나 학탈을 쓰고 춤을 추는 모습 등이 있다.

신라 무용에 대해서는『삼국사기』권32 잡지 제1 악樂 조에 여러 가지 신라 무용이 기록되어 있으나 이들 춤추는 방법과 내용은 알 수 없다. 다만 이들 무용이 가창歌唱과 주악奏樂에 따라 이루어졌음을 알 수 있다.[18] 따라서 이러한 신라토우를 통해 춤은 노래와 음악 연주가 함께 이루어졌음을 추론할 수 있다.

신라토우들 가운데 가면[19]을 사용한 흔적을 뚜렷이 알 수 있는 모습이 있다.[20] 배모양토기[舟形土器]에서 배를 젓는 인물이 가면을 쓴 모습이고, 그 밖

---

16 『三國史記』卷 第一 新羅本紀 第一 儒理尼師今.
17 『文獻備考』에 보면 진흥왕 12년(551)에 처음으로 팔관회(八關會)를 설치하였는데, '백희가무를 놀고 복을 빌었다'라고 기록하고 있다.
18 이은창, 앞의 글(1983), 236~240쪽.
19 가면을 쓴 남자상, 가면을 쓴 남자 잡기상, 학탈을 쓴 남자상 등 가면을 쓴 예가 다수 있다(이난영, 앞의 책(1976), 그림 48, 49, 50).
20 신라의 탈춤을 짐작할 수 있는 자료는 신라토우 이외에도 호우총 출토의 칠기가면(『壺杆塚과 銀鈴塚』, 국립박물관 고적조사보고서 제1책, 乙酉文化史, 1946, 도판 45, 46), 처용 설화의 처용탈이 있고, 문헌 기록으로는 삼국사기 검무(劍舞 : 李杜鉉,『韓國의 假面劇』, 一志社, 1980, 48~49쪽.『東

의 작은 토우들 중에도 비슷한 예가 보이고 있다. 두 다리를 벌리고 두 팔을 옆으로 벌려 뒤쪽으로 활짝 젖힌 모습을 하고 있는데, 그로테스크한 얼굴 모습은 아마도 가면을 쓴 것이 아닌가 한다. 주악상 중 춤추는 동작의 남자상 가운데에 두 눈과 두 입을 동그랗게 구멍으로 뚫은 예가 있으나, 이 남자상과 비하면 전혀 다른 느낌을 갖게 하는데, 우선 눈이 얼굴 밖으로까지 벌어져 나왔으며 또 눈동자도 그냥 푹 파버린 모습이 아니고, 눈 속이나 입 속까지도 정성들여 다듬은 흔적이 역력히 보인다. 이러한 얼굴 모습은 한쪽 다리를 앞으로 뻗고 다른 한쪽 다리를 무릎에서 구부려 뒤로 젖힌 채 한 손이 결실되었으나, 왼손을 앞으로 내민 모습은 무슨 잡기雜技라도 해내는 상이다. 아마도 가면을 쓰고 곡예를 하는 모습이라 보여지는데, 가면에는 무용수나 잡기용, 또는 행진용이 것들이 있으므로 신라토우에서도 능히 있을 수 있다고 해석된다. 또 한 가지 주목할 것으로는 학鶴모양의 탈을 쓴 토우가 있다. 두손을 머리 위로 번쩍 치켜들고 두 다리를 벌리고 서 있는 모습은 아주 당당하다.[21]

신라 음악은『삼국사기』권32 잡지 제1의 악樂 조에 전하는 기사 내용 이외에 직접 음악과 관계되는 실물 자료가 없었으나,[22] 최근 광주 신창동 유적에

京雜記』卷一 風俗條 '…羅時哀之 像其容爲假面作舞劍之狀 至今傳之), 오기(五伎) 등을 들 수 있다. 처용가무는 그 기원을 신라에 두고 있으나 고려와 조선조를 통하여 궁중나례(宮中儺禮)와 연례(宴禮)에 처용가면을 쓰고 추는 유일하게 전하는 가면정재무(假面呈才舞)로서 '괴이 호방한 일종의 무극(舞劇)으로 연행(演行)되어 왔다. 처용설화는『三國遺事』卷2 處容郞 望海寺에 실려 있다.
오기(五伎)는 신라의 가무백희(歌舞百戲)의 내용을 가장 구체적으로 보여주는 것으로 최치원의「鄕樂雜詠五首」에서 읊은 다섯 가지 놀이, 즉 금환(金丸), 월전(月顚), 대면(大面), 속독(束毒), 산예(狻猊)를 말하는 것으로 탈춤과 관련이 있다.

21 이난영, 앞의 책(1976), 112쪽.
22 고구려의 악기는 벽화에 그려진 악기가 21종에 달하며 문헌에는 이밖에 15종의 악기가 더 있어 고구려에는 총 36종의 각종 악기가 있었던 것으로 볼 수 있다(사회과학출판사,『고구려 문화사』, 서울 : 논장, 1988, 243~257쪽).
백제의 악기는 금동용봉봉래산향로의 악사와 악기에서 그 대강을 살필 수 있다. 완함(阮咸)과 배소(排簫)를 제외한 다른 악기는 모두 백제의 고유 악기이다. 향로에 나오는 소(簫)와 고(鼓), 다섯 줄의 금(琴)이 백제 악기라는 기록[鼓角 · 箜篌 · 箏 · 竽 · 竹虎 · 笛之樂]을『수서(脩書)』동이전 백제(百濟) 조에서 확인된다. 또 연주자인 악사들은 마한의 처녀들로 추정된다. '마한의 처녀들은 머리를 한 가닥으로 땋아 오른 귀쪽으로 늘어뜨린다[髮盤於首, 後首一道爲飾]'는 주서(周書) 백제조의

서 발굴된 가야금이 신라토우의 가야금과 거의 동일한 모습을 지니고 있어 흥미롭다. 또한 각종 토우 중에 가야금을 켜는 사람,[23] 비파 뜯는 사람,[24] 피리 부는 사람[25] 등 악기를 다루는 악사樂士의 모습이 묘사되어 있어 당시 연주되던 악기의 크기나 구조 및 연주법에 대한 지식을 전해 준다. 특히 가야의 사천·고성식四川·固城式 토기의 뚜껑에 묘사된 비파 뜯는 사람은 가야금과 함께 가야의 음악이 신라와 대동소이함을 보여준다.[26]

고구려 벽화 고분의 행렬도에서 볼 수 있는 말타기 재주, 손재주, 발재주, 칼부림 재주 등과 비롯한 잡기雜技의 모습은 신라토우에서도 발견된다. 토우 모습은 물구나무를 서거나 몸을 기이하게 꾸부린 상, 두 팔을 목뒤로 돌려 잡고 몸은 힘껏 꾸부린 상, 오른발을 번쩍 치켜들어 오른손에 대고 왼손을 아래로 내려 왼쪽 다리에 댄 상, 두 다리를 앞으로 뻗고 있으며 또 손을 어깨 위로 돌려 땅을 짚으면서 전신을 길게 솟구친 상, 팔다리를 잔뜩 꾸부려 몸을 둥글린 후 무엇엔가 오뚝하게 올라앉은 상[27]등으로 이들 잡기상들은 노래와 춤, 음악과 함께 종합적으로 고배 뚜껑이나 장경호의 어깨 부분에 표현되어 장관을 자아냈을 것이다.

우리가 신라토우에서 만날 수 있는 가무·주악·잡기의 모습들은 일단 무덤의 부장품으로서 장송의례와 관계있다. 사랑하고 의지하던 자가 죽었을 때 그 넋을 다시 부르기 위하여, 또는 그 넋을 위로하기 위하여 고인의 모습

내용과 맞아떨어진다. 그런데 이러한 음악은 '백제왕은 하늘과 오제신(五帝神), 시조묘에 제사를 지낸다[其王以四仲之月 祭天及五帝之神 又每歲四祠其始祖仇台之廟]'는 주서의 내용으로 보아 이때 거행된 음악의 모습일 것이다(『한국문화재신문』, 제15호, 1997년 4월 25일 11면)

23 미추왕릉 출토 토우장식항아리의 가야금(『국립경주박물관』(도록), 통천문화사, 1989, 108~109쪽); 국립진주박물관, 『눈으로 보는 고대소리』, 동아인쇄·출판사, 1992, 도판 160, 161 ,162, 163.
24 국립진주박물관, 앞의 책(1992), 도판 164, 165.
25 토기의 뚜껑에 피리의 반주에 따라 두 사람이 춤을 추는 것을 묘사하고 있다(국립진주박물관, 앞의 책(1992), 도판 166, 167).
26 국립진주박물관, 앞의 책(1992), 54쪽.
27 이난영, 앞의 책(1976), 199쪽.

여러가지 인물토우 경주 황남동, 신라(출전 : 국립경주박물관, 앞의 책(1997), 54쪽, 56쪽)

고깔모자를 쓴 인물토우
출전 : 국립경주박물관, 앞의 책
(1997), 55쪽

을 가면으로 본뜨거나, 혹은 고인의 공덕을 노래와 춤, 음악, 잡기로 연출함
으로써 죽은 자와 살아남은 자 서로를 위로하는 의식의 한 장면의 표현일 것
이다. 그러나 이러한 가무 · 주악 · 잡기는 비단 장례 때의 행사뿐만 아니라
즐거울 때나 기쁠 때, 신라 고유 신앙과 종교 의례에 따르는 행사시에 연행되
었던 신라의 노래, 음악, 춤, 놀이 등을 표현한 것이다. 그야말로 신라토우들
은 음악을 연주하고, 춤추고, 노래하고, 재주 부리는 신라의 종합 제전[28]을 구
체적으로 형상화한 것이다.

28 이러한 신라의 종합적인 제전(祭典)은 적마(積麻)행사와 팔관회를 비롯하여 명산대천(名山大川) ·
삼신(三神) 그밖에 성모(聖母) · 신모(神母) 등에 대한 제사, 흥륜사의 탑돌이와 복회(福會) 등을 들
수 있다.

3. 신라인의 성性 풍속

신라토우에서 가장 충격적인 것[29]은 적나라하게, 그것도 과장되게 표현한 성관련 남녀 인물상들이다. 무덤에서 출토된 성관련 남녀 인물상들은 특별한 용도나 어떤 의미나 상징을 내포하고 있다고 생각해 볼 수 있다. 이 문제를 풀기 위해서는 토우가 어떤 자세나 행위를 취하고 있는가 하는 현상적인 모습이 중요한 문제가 아니고, 신라인들이 어떤 생각, 무슨 바램으로 무덤 속에 이러한 성관련 남녀 인물상을 만들어 넣었느냐 하는 것이다.

성은 시대가 거슬러 올라갈수록 생식, 생명체의 탄생, 다산, 풍요의 의미와 연관되어 그 신비감으로 숭배를 받았던 인류 공유의 문화유산이다. 성 숭배는 성행위나 성기에 의해 상징되는 생식 원리를 숭배하는 문화 현상이다. 여성기가 상징하는 생식력, 곧 생명체의 탄생에 대한 신비감과 남성기가 상징하는 끊임없이 재생되는 생동력에 대한 신비감으로 인해 성은 숭배의 대상이 되고, 이러한 성 관념과 풍속은 시대 변화와 더불어 새로운 문화 요소로 결합되면서 변화해 왔다.[30]

함북 청진 농포동과 웅기 서포항에서 흙으로 만든 신석기 시대의 나신裸身상이 출토되었다. 농포동의 입상立像은 허리가 가늘고 가슴과 엉덩이 부분이 크게 표현된 여인상이고, 서포항의 동상胴像도 가슴에 유방 표시가 분명한 돌기가 있고 허리의 곡선이 있는 여인상이다. 이들 상들은 여인상으로 풍요, 생산, 제액 등을 상징하는 종족, 씨족수호신적 존재로 집안에 봉안되거나 분묘에 넣어지거나 혹은 몸에 지니는 패식佩飾으로 쓰여졌다고 생각한다. 여인

---

29 오늘날 '성'은 은밀하고 비속적이고 은어적인 내용을 담고 있는 것으로 받아들여지고 있다. 이러한 왜곡된 인식은 사회문화적인 강요에 의해서이다. 신라 토우가 충격적이라는 말은 현재적인 표현이지 결코 신라 사람들의 생각은 아닐 것이다. 토우에 나타난 성적 표현들은 결코 단순한 흥미거리가 아니라 신라인이 나타내려고 했던 의미나 바람이 들어 있을 것이다.

30 이종철 · 김종대 · 황보명, 『性, 숭배와 금기의 문화』, 대원사, 1997, 251~252쪽.

상 즉 여신상女神像은 근동近東 및 유럽에서 후기 구석기시대부터 청동기시대까지 널리 나타나는 풍요 · 생산신-대지모신[Mother Goddess]적 성격을 띤 것일 수도 있고 모계사회 계급에서는 민족 또는 종족의 시조일 수도 있다.[31]

기원전 300년에서 기원후 100년에 해당하는 울주 반구대 바위그림에는 두 팔을 올려 기도하는 자세로 성기를 노출한 인물상과 교미하는 자세의 동물상이 있다. 성기를 노출한 인물상은 수렵과 어로의 성공과 안전을 기원하는 것이고, 교미하는 자세의 동물상은 수렵과 어로의 대상이 되는 동물의 번식을 기원하는 의례의 한 장면으로 볼 수 있다.

수렵 · 어로 의례의 바위그림에서는 생산과 번식의 대상이 동물이다. 그래서 교미하는 동물상들은 성적 결합을 통한 생식 · 생산 원리의 상징과 관련된 주술 종교적 내용을 담고 있다. 성기를 노출하고 풍요와 안녕을 비는 제사장의 모습은 오늘날의 민속에서도 살필 수 있다. 우리나라의 관동, 관북 지방에는 예로부터 나경裸耕의 풍속이 있었다. 나경은 정월 대보름날 숫총각으로 성기 큰 남자가 실오라기 하나 걸치지 않은 벌거숭이가 되어 목우木牛나 토우土牛를 몰고 밭을 갈며 풍년을 비는 민속이다. 땅은 풍요의 여신이요, 쟁기는 남성 성기를 상징하는 것으로 다산력을 지닌 대지 위에 남자의 성기를 노출시킴으로써 풍성한 수확을 비는 것이다.[32] 현재 일본 내륙지방의 수렵 관습에서 산에 들어갈 때 산을 향하여 성기를 내놓고 수렵의 성공과 안전을 기원하는 의례가 있다. 이처럼 성기를 드러낸 인물상은 그 성기의 신비력, 무한한 주술력을 지닌 점을 착안한 생산과 번식의 상징적 표현으로 이해할 수 있다.[33]

31   金元龍, 「韓國先史時代의 神像에 대하여」, 『歷史學報』 제90 · 95합집, 歷史學會, 1982, 1~18쪽.
32   이규태, 「한국가축문화사(3)」, 『축산진흥』(배도식, 「소에 얽힌 민속」, 『민속학연구 2』, 국립민속박물관, 1995, 231쪽 재인용).
33   이종철 외, 앞의 책(1997), 36쪽.

◀ **성교중인 남녀** 출전 : 국립경주박물관, 앞의 책(1997), 36쪽
▶ **성적 특징이 강조된 인물토우** 출전 : 국립경주박물관, 앞의 책(1997), 40쪽

신라토우는 바위그림과 상황이 다르다. 신라토우는 무덤의 부장품으로써 사자死者가 저승에서 재생再生하여 영생永生하도록 기원하는 장송의례의 한 장면이다. 성적 결합을 통한 재생, 영생의 기원은 동물이 아니라 바로 죽은 그 사람이다. 그래서 토우의 인물상들은 생산력과 재생력을 지닌 성기를 노출하고, 성적 결합을 통해서 고인의 재생再生을 기원하는 것이다. 즉, 신라토우의 각종 성애상性愛像은 성 결합을 통한 새로운 탄생을 기원하고 그러한 과정을 모의적으로 보여주는 것이다.

신라토우에는 남자의 성기[男根]를 노출한 남자상과 여자의 성기[陰戶]를 노출한 여인상, 남녀가 결합 중인 남녀상이 많다. 이들 토우는 각자 나름대로 몸매, 자세, 표정을 짓고 있다.[34]

성기를 노출한 토우 남자상의 공통점은 남근이 신체의 균형에 비해 과장되게 표현되어 있다. 인물상에서 남근을 드러낸 것은 남성 성기의 무한한 재생력, 생산력, 번식력의 상징적 표현이다.[35] 토우 여인상은 흉부에는 유방이

---

34 이난영, 앞의 책(1976), 그림 19~30.
35 오늘날까지 전승되어 오는 남근에 관한 신앙 형태는 선돌형, 미륵형, 남근석형 등이 있다. 남성기와 모양이 비슷하거나 상징하는 암석을 신체로 상징하여, 수태에 대한 관념, 집안의 무사와 자손의 건

제3부 인간·동물민속 연구

달리고 하체에는 음호가 뚫려 있으며, 혹은 임신부의 모습을 보이는 것도 있다. 여성의 성기를 과다하게 노출한 것은 풍요와 다산을 상징한다.

성을 직접적으로 주제로 삼고 있거나 신라인의 사랑을 묘사한 문헌 기록과 출토 유물도 성 관련 토우를 이해하는 데 도움된다.

『삼국유사』에 실린 '선덕왕지기삼사善德王知幾三事'의 여근곡女根谷이야기는 여성 성기에 얽힌 설화이다. 남근의 상징적 표현인 개구리 즉 백제 군사가 여근인 옥문지 또는 여근곡에 들어오면 죽게 된다는 여성 성기에 얽힌 설화이다.[36] 또 『삼국유사』 '지철로왕智哲老王'에서 왕의 음경이 커서 배필을 구하지 못해 고민하였다는 내용이 있다. 특히 음경의 크기를 강조한 것은 그것이 왕권王權이나 신권神權과 관계되는 그 어떤 것을 시사하고 있는 것 같다. 남근만 강조한 신라토우 남자상들은 큰 힘을 지닌 절대자, 조상신, 제사장 등의 모습 추론할 수 있다.

『삼국유사』 등 옛 문헌에는 신라인들의 솔직한 남녀간의 사랑을 전해 주는 기록이 적지 않다. 가령 거문고 갑 속의 궁녀와 요승의 간통 이야기, 김유신의 아버지 서현舒玄 숙홀종의 딸 고명高明과 야합한 혼인 설화, 원효대사와 요석공주의 연애담, 김춘추와 문회의 사랑 이야기, 강수强首와 가난한 대장간집 처녀가 야합한 이야기, 신분이 낮은 처녀와 야합한 최항의 사랑[首揷石枏], 김현감호金現感虎 이야기 등에서 신라인의 남녀관계와 이를 표현하는 방식을 짐작할 수 있다. 신라 사회의 성풍속과 연애 풍속은 고려나 조선과는 좀 달리 윗세대로 올라갈수록 비교적 솔직하고 자유롭게 사랑을 이루었다는

강, 동네 안녕과 농사 풍년, 풍수지리상 마을의 재복 누출을 막기 위한 수구맥이에 대한 관념, 건강과 성욕 증진 그리고 음양의 조화를 통한 여성의 바람기방지 등 이들 남근 대상물에 투영된 의미 체계는 다양하다(이종철, 앞의 책(1997), 154~155쪽). 이들 의미 체계는 불교, 유교, 풍수지리 등 외래사상을 받아들이고 사회가 복잡해짐에 따라 덧붙여지고 변해 왔지만 남근을 과장되게 노출한 남자상을 무덤의 부장품으로 넣은 신라인들의 생각도 이들 의미 체계 가운데서 찾아 볼 수 있을 것이다.

36 토우 중 뱀이 개구리를 잡아먹고 있는 형상이 있다. 이에 대한 상징적 의미를 찾는데 이 이야기가 중요한 단서를 제공하고 있다.

사실을 알 수 있다.[37]

한편 안압지에서는 모두 4점의 남근이 출토되었는데[38] 소나무를 이용하여 사실적으로 만들어 졌는데, 오늘날 강원도에서 전승되는 남근 봉안 의례의 것과 아주 닮아 있다. 이는 삼국 시대이래 통일 신라 시대의 성문화를 밝혀 주는 귀중한 자료이나 신라토우 성 관념과 풍속과는 거리가 있는 것 같다.

이상의 신라의 성풍속은 신라토우의 성을 이해하는 연결 고리와 같은 것으로 미약하나마 단편적으로 전하는 이야기를 통해 신라의 성풍속을 짐작할 수 있다.

오늘날까지 전승되어 오는 성기 신앙[39]의 형태는 신라토우에서 만나는 양상과 비슷하다. 하지만 이것에 대한 의미 체계나 관련 의례는 신라 때와는 상당한 거리가 있다. 이들 의미 체계와 관련 의례는 불교, 유교, 풍수지리 등 외래사상이 유입되고 사회가 복잡해짐에 따라 여러 가지가 덧붙여지고 변해 왔다고는 하지만 현재적 의미 체계 속에서 성기를 과장되게 노출한 남녀상, 결합하고 있는 남녀상을 무덤의 부장품으로 넣은 신라인들의 생각을 헤아려 볼 수도 있을 것이다.

남근에 관한 신앙형태는 선돌형, 미륵형, 남근석형 등이 있다. 남성기와 모양이 비슷하거나 상징하는 암석을 신체로 상정하여, 수태에 대한 관념, 집안의 무사와 자손의 건강, 동네 안녕과 농사 풍년, 풍수지리상 마을의 재복 누출을 막기 위한 수구맥이에 대한 관념, 건강과 성욕 증진 그리고 음양의 조화를 통한 여성의 바람기 방지 등 이들 남근 대상물에 투영된 의미 체계는 다

---

37 金泰俊, 「신라인의 사랑의 미학」, 『新羅社會의 新硏究』(新羅文化祭學術發表會論文集 第八輯), 新羅文化宣揚會 · 慶州市, 1987, 13~33쪽.
38 文化財管理局, 『雁鴨池 發掘調査報告書』, 1978.
39 김태곤은 현재 전승되는 성기숭배의 유형을 남성신 신앙, 여성신 신앙, 성교 모의 신앙, 남근 봉납 신앙 등으로 구분하여 설명하였고(「성기신앙연구」, 『한국 민간신앙연구』, 집문당, 1976), 김명자는 모방 성행위, 모형성기봉납신앙형태, 성기암신앙형태로 나누어 설명하고 있다(「민속에 있어서 성의 의미」, 『정신건강연구』 제3집, 1985).

양하다.[40]

　여근에 대해 우리가 주목해야 하는 것은 여근이 지닌 생산력 관념 즉, 풍요와 다산성이다. 이러한 관념은 현존하는 민속놀이 속에서도 찾을 수 있다. 강강술래, 놋다리밟기, 월월이청청 등 보름달 아래에서 놀아지는 여성 놀이의 원무圓舞는 만삭의 여자 모습이나 보름달, 그리고 여자의 성기를 상징한다고 여겨진다. 이들 놀이에 내재된 의미는 여성의 생산 능력과 결부된 풍요의 주술적 기능과 밀접한 관계를 맺고 있다.[41]

　남녀의 결합인 성행위의 본질은 새로운 생명의 탄생이다. 신라토우에서의 결합된 남녀상을 통해 죽은 이의 새로운 생명의 탄생을 기원하는 것으로 이해할 수 있다. 성은 생산과 풍요를 좌우하는 어떤 힘을 지닌 대상으로 인식했다. 민속 가운데 줄다리기와 과일 나무 시집보내기[稼樹]에서 이러한 의미를 찾을 수 있다. 줄다리기의 암줄 숫줄의 결합은 원시적인 성행위가 변형, 전승된 것으로 모의적인 성행위를 통해 풍성한 결실을 얻고자 기원했던 것이다. 벌어진 과일 나뭇가지 틈에 돌을 끼워 둠으로서 많은 열매가 맺기를 바라는 과일 나무 시집 보내기도 성행위를 상징하여 풍요를 기원하는 농경 의례의 하나이다. 강원도 지방에 집중적으로 나타나는 남근 조형물을 봉납하는 신앙은 성교를 통한 생산과 풍요를 상징하는 것으로, 서낭신의 모의 성교는 작물의 성장이나 부활을 촉진하기 위한 농경 의례의 일환으로, 어촌에서는 풍어와 생명 보전을 염원하는 주술 종교적 행위로 행해지고 있다.[42]

40　이종철, 앞의 책(1997), 154~155쪽.
41　이종철 외, 앞의 책(1997), 220~232쪽.
42　이종철 외, 앞의 책(1997), 164쪽.

4. 동물상징으로 표현된 신라인의 세계관

선사 시대부터 인류는 그 당시의 여러 가지 생활 문화나 종교, 관념 등을 표현하기 위해 어떠한 의미를 띠고 있는 동물 상징動物象徵을 많이 사용했다. 바위 그림이나 동굴 벽화를 비롯하여 동물형 토우와 토기, 고분 벽화, 대향로 등에는 수많은 종류의 동물들이 각기 다양한 모습으로 등장하는데, 여기에는 반드시 그 당시 사람들이 나타내고자 했던 의미와 관념이 숨어 있다.

이들 고대 유물과 유적에서 나타나는 많은 동물들에 대한 이해는 현재적 사고만으로는 온전한 의미를 파악할 수 없는 것이 대부분이다. 한국 문화에 등장하는 동물 상징을 올바로 이해하기 위해서는 당시의 문화적 사상적 배경과 맥락 속에서 연구되어야 할 것이다. 우리 조상들은 각 동물의 외형이나 행태 등을 보고 의미나 상징성을 부여하였다.[43]

청동기시대의 바위그림에는 고기잡이를 하고 있는 여러 명의 사람과 사냥 장면, 멧돼지, 개, 사슴, 호랑이, 곰, 물고기, 거북, 고래 등이 그려져 있다. 이들 바위그림의 기본 내용은 당시 사람들이 자주 행한 고기잡이와 사냥 장면과 그 대상 동물들을 그리고 있다.

고구려 벽화 고분에도 새와 동물 그림이 바위그림 못지않게 많이 등장한다. 새그림으로는 학, 꿩, 공작, 백고, 까치, 부엉이, 봉황, 주작, 닭 등 현실에 있는 새도 있고 상상의 새도 있다. 동물 그림으로는 범, 사슴, 멧돼지, 토끼, 여우, 곰, 뱀 등 산짐승과 소, 말, 개 등 집짐승들이 그려져 있다.[44]

백제금동대향로에는 용과 봉황[45]을 비롯하여 상상의 날짐승과 길짐승, 현

---

43   졸고, 「한국 문화에 나타난 십이지 띠동물의 상징성 연구」, 『한국 민속의 이해』, 국립민속박물관, 1997, 467~493쪽.

44   조선미술가동맹 편, 『조선미술사』(북한연구자료선8), 한마당, 1989, 64쪽.

45   최근 중국의 고고학자 원위청[溫玉成]이 중국문물보(中國文物報)에 실린 '백제금동향로에 대해'라는 글에서 향로의 큰 새는 봉황이 아닌 천계(天鷄)라고 주장하고 있다. 향로 꼭대기의 큰 새인 천계

실 세계에 실재하는 호랑이, 사슴, 코끼리, 원숭이 등 39마리의 동물상이 표현되어 있다. 또 연꽃 사이에는 두 신선과 수중 생물인 듯한 26마리의 동물이 보인다. 이 대향로에 등장하는 다양한 동물 가운데 특히 백제와 관련이 많은 곰, 남방계 동물인 원숭이와 코끼리, 백제 미술품에서 처음 나타나는 기마상, 영매로서 영생과 재생의 상징인 사슴 등에 주목할 만하다.

토우에 보이는 신라의 동물들은 개, 소, 말, 돼지, 양, 사슴, 원숭이, 토끼, 호랑이, 거북[혹은 자라], 용, 새, 닭, 물고기, 게, 뱀, 개구리 등이다.[46] 이들 신라 토우에는 신라인의 정신세계와 세계관을 엿볼 수 있는 다양한 신라의 동물들과 상징이 한꺼번에 쏟아져 붙고 있다.

각 동물에 대한 이해는 신라인의 세계관과 계세사상繼世思想과 연관하여 각 세계를 드나드는 영매靈媒로서의 동물에 대한 의미를 생물학적 특징을 통해 파악해 볼 수 있다.

신라 사람들이 세계를 보는 독특한 견해, 즉 세계와 사람들의 관계짓기 - 질서 짓기를 세계관이라고 말한다. 신라인들이 공간을 어떻게 구분하였을까 하는 것을 직접적으로 설명한 자료는 없다. 신라인의 세계관에는 천상天上 타계관과 해양타계관이 거의 동등하게 표현하고 있다.[47]

신라인들에 있어서 하늘은 지상보다 아주 높고 먼 곳에 있으며 직접 경험하거나 볼 수 있는 세계가 아니고 죽어서 위대한 인물이나 갈 수 있는 곳이라는 관념이 있었던 같다. 그러면서도 하늘은 인간과 밀접한 관계가 있다고 믿었다. 즉 하늘에 이상세계가 있음을 상정하고, 인간은 천상의 세계에서 지상

와 그 아래의 작은 새 5마리를 왕과 백성을 상징하는 것으로 설명하고 있다(『한국문화재신문』 제15호, 1997년 4월 25일 11면)
46 이난영, 앞의 책(1976), 126~160쪽.
47 玄容駿, 「新羅人의 他界觀」, 『新羅宗教의 新研究』(新羅文化祭學術發表會論文集 第5輯,) 新羅文化宣揚會 · 慶州市, 1984, 37~63쪽; 최길성, 「신라인의 세계관」, 『新羅社會의 新研究』(新羅文化祭學術發表會論文集 第8輯), 新羅文化宣揚會 · 慶州市, 1987, 239~258쪽.

의 현실 세계로 내려와 살다가 사후 다시 이 세계로 되돌아간다는 관념을 가지고 있다. 신라인들의 시조 신화나 장례의 습속 등에서 쉽게 읽어 낼 수 있다.[48]

바다의 해양타계관은 천상과 더불어 신라인들에게 두드러진 세계관이다. 신라인들의 바다 위나 바다 아래 저 먼 나라에 이상세계가 있고, 이 세계에서 인간이 왔다가 다시 그 세계로 돌아간다는 관념이다. 바다 멀리 있는 이상세계는 시조의 원향原鄕이요, 성역이요, 낙토樂土인 동시에 사후 인간의 영혼이 돌아가는 세계이다.[49] 뿐만 아니라 강 · 천 · 연못 · 우물 등 물이 있는 곳은 바다와 동일시하고 신성한 공간으로 생각했다.

하늘	: 저승
↑↓	영매(靈媒)
산	
↑↓	영매
땅	: 이승
↑↓	영매
바다	: 저승

신라인의 세계관

또한 신라인들에게는 산이 중요한 의미를 지녔다. 삼국 중 산악 숭배가 가장 강할 뿐만 아니라 체계화되어 있다. 삼산과 오악과 기타 산악 제사의 대상으로 삼고, 대사 · 중사 · 소사의 제전을 국가적 차원에서 행했다.[50] 신라인들은 산신을 천신天神신앙과 등식으로 숭배하였고, 산신의 신격은 천신 · 조상신 · 여성신으로 생각했다. 신라의 지배계급의 조상신은 모두 하늘에서 산신으로 강림했고, 산신의 성은 남성이 아닌 여성으로 숭배하였다.

이처럼 신라인들의 공간 인식, 즉 세계관은 하늘-산-땅-바다로 구분했다. 한편 신라인들은 사람이 죽으면 그 영혼은 명부冥府[저승, 天界]로 가게 되고 그 명부에서 계속 생시生時와 같이 삶을 계속 누리고 산다는 계세사상繼世思想을 믿었다. 이러한 계세사상은 일부 계층에 국한된 것이 아니라 온 신라인

---

48 신라 육촌의 신조 신화, 혁서세신화, 김알지신화, 김유신출생설, 천사옥대(天賜玉帶)전설, 혜공왕 출생전설, 박혁거세의 오릉전설, 김유신의 사후전설, 혁거세의 장법, 진표율사(眞表律師)의 장법 등에서 천상타계관(天上他界觀)을 엿볼 수 있다.
49 해양타계관 관념은 탈해신화, 혁거세 왕비신화, 처용설화, 거타지(居陁知)설화, 수로부인 용궁왕래 설화, 상주표류(箱舟漂流)설화, 문무왕의 수장(水葬) 등의 이야기에 반영되어 있다.
50 文暻鉉,「新羅人의 山岳 崇拜와 山神」,『新羅思想의 再照明』(新羅文化祭學術發表會論文集第12輯), 新羅文化宣揚會 · 慶州市, 1991, 15~36쪽.

들의 사상이고 또한 신앙이었다. 그래서 죽은 영혼을 다시 살리는 재생, 부활을 위한 장송 의례가 필요했고, 부활된 이들 영혼을 운반할 동물과 도구와 저승에서의 안락한 생활을 위한 각종 물품들을 무덤의 부장품으로 넣었다. 각종 인물형 토우들의 춤추고, 노래하고 악기를 연주하는 모습, 각종 성기 노출과 성애 장면은 영혼을 부활, 재생시키기 위한 장송 의례의 한 장면일 것이고, 각종 기물과 동물상은 부활된 영혼을 저승으로 인도하고 운반하며, 이승에서와 같은 생활을 유지할 수 있도록 공헌한 것이다.

영혼을 운반할 수 있는 동물로는 각 공간을 서로 넘나들 수 있는 능력이 있는 존재이여야만 한다. 새는 땅과 하늘을 자유롭게 날아다니고, 뱀과 개구리는 수중과 땅 위에서 동시에 활동하고, 거북이는 바다, 땅, 산 위를 자유롭게 다니고, 게는 바다와 바닷가(육지)에서 동시에 살 수 있다. 사람은 오직 한 공간, 땅에서만 살 수 있는데 이들 동물들은 몇 개의 공간을 자유롭게 드나들 수 있다. 이러한 능력으로 인해 타계他界로 가는 부활한 영혼을 실어 나르고 안내하는 동물로 선정된 것이다.

용의 활동 영역은 바다↔땅↔하늘 등 신라인들의 세계관 전체를 자유롭게 드나든다.

용은 바다와 하천 등 물이 있는 곳을 발생지로 하여 승천하여 하늘에서 활약하는 동물로 상징된다. 일차적으로는 물의 세계를 대표하는 상상의 동물이다. 처음에는 물에 살지만 비상하는 동물로 변한다. 물에 사는 동물이 육지에 나오는 일은 자라, 거북이, 게 등 몇 종류가 있지만 하늘로 비상하는 용은 신적인 존재로 전환하는 것이다. 그러나 때로는 물고기로 변하고,[51] 때로는 인간으로 변하여 인간과 결혼도 한다. 용은 모습을 마음대로 바꿀 수 있는 능력을 가지고 있고, 자유자재로 모습을 보이기도 하고 숨기기도 한다. 용은

---

51   『三國遺事』卷二 元聖大王 條 '왕 즉위 11년에 당나라 사신이 와서 호국용 용 세 마리를 주문하여 작은 물고기로 변하게 하여 데리고 가는 것은 빼앗았다.'

뭇 동물이 가진 최상의 무기를 갖추고 있으며, 구름과 비를 만들고, 땅과 하늘에서 자유로이 활동할 수 있는 능력을 지닌 존재로 믿어져 왔다.

새, 닭, 말은 땅↔산↔하늘의 공간이동이 가능하여 영혼은 천계로 운반하고, 안내할 수 있는 능력이 있다.

고대에는 하늘과 땅 사이를 자유롭게 날아 오르는 새를 영물靈物로 여겨, 천상의 안내자, 하늘의 사자로 여겨졌다. 『삼국지』 위서 동이전 변진조에 보면, '변진에서는 사람이 죽으면 장례를 큰 새의 깃털로 꾸미는데, 이는 죽은 이가 하늘로 날아오르기를 바라는 뜻이다'라고 하였다. 고대인들의 고향은 하늘이므로 땅에 내려와 살다가 죽으면 다시 하늘나라로 돌아간다고 생각했다. 이때 새는 육신과 영혼을 하늘로 인도하는 안내자를 상징한다.

닭이 본격적으로 한국 문화의 상징적 존재로서 나타나게 된 것은 삼국유사에서 혁거세와 김알지의 신라 건국 신화에서이다. 『삼국유사三國遺事』에 의하면 알영이나 김알지 같은 나라 임금이나 왕후가 나타날 때 서조瑞兆를 미리 보여주는 길조吉鳥로 표현이 되었다. 닭은 울음으로써 새벽을 알리는, 빛의 도래를 예고하는 존재이다. 닭은 여명, 빛의 도래를 예고하기에 태양의 새이다. 닭의 울음은 때를 알려주는 시보의 역할을 하면서, 앞으로 다가올 일을 미리 알려주는 예지의 능력이 있기도 하다. 장닭이 홰를 길게 세 번 이상 치고 꼬리를 흔들면 산에서 내려왔던 맹수들이 되돌아가고, 잡귀들의 모습을 감춘다고 믿어 왔다.

문헌 기록뿐만 아니라 천마총의 달걀 껍질이나 지산동고분의 닭뼈, 백제 고배 속의 달걀 껍질에서 알 수 있듯이 닭은 일찍부터 중요한 제물이 되었다. 천마총을 발굴했을 때, 단지 안에 수십 개의 계란이 들어 있었고 또 신라의 여러 고분에서 닭뼈가 발견된다. 고분 속에 계란과 닭뼈가 들어 있었던 것은 저 세상에 가서 먹으라는 부장 식량일 수도 있고, 알속에서 새로운 생명이 탄생하듯이 재생, 부활의 종교적인 의미로 해석해 볼 수 있다.

땅과 하늘을 연결하는 것으로 말이 나타난다. 신라, 가야에는 말 그림, 말

모양의 고분 출토 유물이 발견되고 고구려 고분 벽화에도 각종 말 그림이 등장한다. 여기서 말은 이승과 저승을 잇는 영매자로서 피장자의 영혼이 타고 저 세상으로 가는 동물로 이해된다. 말이 그려진 토기, 토우, 벽화는 그 표현 방법에 있어서는 다를지 몰라도 그것이 지니고 있는 의장意匠과 사상은 다 같은 것이다. 즉 피장자의 영혼이 말을 타고 저 세상으로 가도록 드리는 공헌적 부장供獻的 副葬의 뜻을 가지고 있다.

구비 설화나 문헌 설화에서 말은 신성한 동물, 하늘의 사신, 중요 인물의 탄생을 알리고 알아 볼 줄 아는 영물 또는 신모神母이며, 미래에 대한 예언자적 구실을 한다. 특히 『삼국사기』, 『삼국유사』의 기록에 의하면 말은 모두 신령스러운 동물로 되어 있다. 금와왕, 혁거세, 주몽 등 국조國祖가 태어날 때 서상瑞祥을 나타내 주는 것이라든지, 백제가 망할 때 말이 나타나 흉조를 예시해 준다든지 모두 신이한 존재로 등장하고 있다.[52]

뱀, 개구리는 수중(지하세계) ↔ 땅을 왕래하며 겨울에 사라졌다 봄에 나타나는 생물학적 특성으로 인해 부활력, 재생력을 가진 동물이며, 다산의 동물로 인식되었다. 땅과 물에서 이중생활의 속성, 알 → 올챙이 → 개구리의 변신 과정 등으로 개구리는 재생의 상징으로 인식되었다.[53] 뱀은 겨울잠을 자기 때문에 일시적으로 나타났다가 사라지고 성장할 때 허물을 벗는다. 이것은 죽음으로부터 매번 재생하는 영원한 생명을 누리는 존재, 즉 재생, 영생, 불사의 존재로 인식하게 했다. 많은 알, 또는 새끼를 낳은 뱀은 풍요와 다산을 상징이기도 했다.

거북이(자라)는 바다 ↔ 땅 ↔ 산의 공간을, 게는 바다 ↔ 바닷가(육지)의 공간을 드나들며, 또 하나 세계, 바다 저쪽 멀리에 있는 저승에 인도하는 역할을

---

52 졸고, 「말(馬)에 대한 한국인의 관념과 태도」, 『民俗學論叢』, 螢雪出版社, 1990, 323~353쪽.
53 개구리는 신성과 생산, 예언적 기능, 기우, 용왕 · 용왕의 사자, 창조와 풍요, 평안, 상서, 행운 등을 상징하고 있다.

한다. 거북과 게는 수륙 양생이라는 특성으로 바다와 육지를 왕래하는 동물로서 신성한 동물로 여겨졌다. 거북의 상징 관념은 유교, 불교, 도교의 출현 이전부터 광범위한 주술·종교적 토착 신앙의 형태로 신의 사자, 장수長壽, 신과 인간의 매개자, 우주적 지주 등 다양하게 상징화되어 있다.

토끼와 사슴도 우리 문화 속에서 많은 상징을 내포하고 있다.

토끼는 민첩한 특성 때문에 심부름꾼이나 전령 등의 역할을 자주 맡는다. 민간 설화에서, 옥토끼는 달에 살면서 떡을 찧거나 불사약을 만들고 있는 것으로 전해진다. 그래서 토끼는 도교적으로 장생불사를 표상한다. 뒷다리가 튼튼해 잘 뛰므로 나쁜 기운으로부터 잘 달아 날수 있고, 윗입술이 갈라져 여음女陰을 나타내니 다산을 할 것이고, 털빛이 희니 백옥 같은 선녀의 아름다움이 있다(벽사·다산·아름다움). 불로장생 약을 찧고 있는 토끼와 이를 흐뭇하게 바라보고 있는 두꺼비의 모습을 그린 그림에서 이들은 달의 정령精靈이다.

사슴은 무당의 넋이 지하(땅 밑)세계를 여행할 때의 말 구실을 하거나, 무당의 넋이 아예 사슴으로 변신해서 지하 세계 여행을 하는 것이라고 믿어져 있다. 사슴뿔은 풀 나무처럼 가을에 떨어지고 봄에 재생한다. 동물의 뿔 가운데 드물게 봄을 맞이해서 거듭나는 것이 사슴뿔이다. 그 뿔이 풀 나무처럼 겨울과 봄을 맞이해서 거듭나는 것이라면 사슴은 곧 대지大地의 원리, 대지 자체가 지닌 풍요로운 생명력을 갖춘 짐승이라고 숭상될 수 있다.[54]

산의 상징은 호랑이고, 육지에는 개, 소, 돼지, 양[55]이 있고, 바다에는 물고기가 있다. 각 동물들은 각 영역을 대표하는 동물, 혹은 각 영역을 넘나드는 능력이 있는 존재들이다. 산, 땅, 바다 등 각 영역을 대표하는 동물들은 그 영역의 일부를 가지고 자연적 맥락에서 기호화하여 그 공간을 상징화한 것일 수도 있고 복합적으로 뱀이 개구리를 물고 있는 형상이나, 물고기나 뱀이 용

54 김열규, 『오늘의 북한민속』동질성 회복을 위한 진단, 朝鮮日報社, 1989, 203~204쪽.
55 필자는 그 동안 뱀·말·양·원숭이·닭·개·돼지에 대한 민속학적 검토 작업을 해 왔으며, 국립민속박물관 학술발표회를 통해 '한국 문화에 나타난 12지 띠동물의 상징성에 대한 논지를 펼친 바 있다.

으로 변하여 바다를 의미할 때는 이것은 은유적이고 상징적이다.

신라 토우 동물들의 활동 영역과 의미

	바다(수중)	땅	산	하늘	의미 분석
용	◄──────────────────────►				바다, •산•하늘을 하나의 세계로 묶어 주는 역할. 변신력, 우주 전체에서 활동
거북이	◄────────────►				바다와 육지를 왕래하는 동물[영매]. 산 정상에 있을 때 신비감을 얻음.
새(닭)		◄────────────►			땅과 하늘을 연결하는 동물. 이승과 저승의 매개체, 신의 使者
말		◄────────────►			하늘과 땅을 연결하는 동물. 영혼의 승용 동물
토끼			◄─────►		산에서 활동. 달나라의 동물
호랑이			◄─────►		산신의 상징
사슴		◄────────────►			무당의 영혼이 지하세계로 여행할 때의 승용동물, 재생력
개, 소, 돼지, 양		◄─────►			일상적 동물. 12지신의 하나.
뱀, 개구리	◄────────────►				수중과 육지를 왕래하는 동물 재생력, 다산성
게	◄────────────►				해상과 육지를 왕래하는 동물
물고기	◄─────►				해상의 동물. 용으로 변할 수 있음.

아무리 해도 완벽한 이해를 구할 수 없는 것이 장경호에 장식된 개구리가 뱀에게 잡아먹히거나 쫓기는 모습이다. 다른 동물들도 많은데 왜 하필이면 개구리와 뱀인가? 개구리와 뱀은 어떤 상징성을 지니고 있고, 개구리를 잡아먹는 뱀의 형상은 무슨 의미와 바램이 담겨져 있는가? 이 형상을 지금까지 단지 재생, 풍요, 생산의 상징으로 이해해 왔다.

신라 선덕여왕은 개구리의 울음을 보고 적군의 내침을 알았다. 개구리의 성난[분노] 꼴은 병란 兵亂, 병사兵士의 상징으로 보았다. 적군을 잡기가 쉬울 것이라는 것은 '남근이 여근에 들어가면 반드시 죽는다'는 데서 쉽게 짐작했다고 한다. 여기서 개구리는 성난 병사, 남근을 상징한다. 개구리가 뱀에게 잡아먹히거나 쫓기는 모습을 장식한 토우는 바로 이러한 '男根入於女根 必則死矣'와 연관될 수 있을 것이다. 여기서는 재생, 풍요, 다산을 상징하는 두 동물은 남근[개구리]과 여근[뱀]의 결합으로 상정되고, 그 결합은 '必則死矣'가 아니라 새로운 생산과 재생, 풍요 등을 기원한 것이 아닌가 짐작할 수 있다.[56]

뱀이 거북이를 물고 있는 형상의 그림이 있다.[57] 이 그림은 개구리 대신에 거북이라는 것 이외에는 거의 같다. 중국에서는 거북이가 세계를 떠받치는 버팀목[支柱] 또는 우주적 안정성의 기반으로 인식한 관념이 강하게 형성되어 있다. 여신인 여와가 허물어진 하늘을 떠받치기 위해 거북의 네 다리를 잘랐다는 창세신화나, 발해 동쪽의 신선들이 사는 불로不老의 섬 다섯을 떠내려가지 않게 거북이 떠받치고 있다는 신선설화가 있다. 이처럼 거북이가 우주를 떠받치고 있다. 그런데 땅의 지신地神인 뱀이 이 거북이를 물고 지탱하고 있다. 같은 의미에서 뱀이 비록 거북이 대신 개구리를 물고 있지만 지신[58]으로서 세계를 떠받치는 버팀목으로도 연결할 수 있지 않을까 생각한다. 이 문제를 좀더 심도 깊은 접근이 요구되는 것으로 다음 기회로 미루고자 한다.

56 이집트 신화에 이 세상에 시조로 숭배되는 오드도아드[Ogdoad : 4쌍신]는 뱀[여신]이나 개구리[남신]로 그 모습이 형상화되어 있다(「개구리」, 『한국문화상징사전』, 동아출판사, 1992, 33쪽).
57 「거북」, 『한국문화 상징사전』, 동아출판사, 1992, 40~41쪽.
   중국에서는 거북이 세계를 떠받치는 버팀목[支柱] 또는 우주적 안정성의 기반으로 인식한 관념이 강하게 형성되어 있다. 여신인 여와가 허물어진 하늘을 떠받치기 위해 거북의 네 다리를 잘랐다는 창세신화나, 발해 동쪽의 신선들이 사는 불로(不老)의 섬 다섯을 떠내려가지 않게 거북이 떠받치고 있다는 신선설화가 있다.
58 뱀은 예로부터 초자연적인 힘을 가지고 땅을 맡은 신령으로 믿어 왔다. 특히 고구려 벽화 고분에는 지신으로서 수호신의 역할을 하는 것으로 묘사되어 있다. 천왕지신총 북벽의 인두 사신상(人頭蛇身像), 삼실총의 교사도(交蛇圖) · 장사도(壯士圖) 등에서 뱀은 지신으로서 수호신의 역할을 하고 있다.

거북과 뱀 거북은 세계를 상징하는데, 뱀이 이를 물고 지탱함
(『韓國文化상징사전』, 동아출판사, 1992, 41쪽)

①

②

개 ① 개가 장식된 토기편들(출전 : 국립경주박물관, 앞의 책(1997), 64쪽)
 ② 개(출전 : 국립경주박물관, 앞의 책(1997), 64쪽)

멧돼지
출전 : 국립경주박물관, 앞의 책
(1997), 66쪽

말 ① 말(출전 : 국립경주박물관, 앞의 책(1997), 68쪽)
　② 안장을 걸친 말, 짐을 실은 말(출전 : 국립경주박물관, 앞의 책(1997), 68쪽)

소
출전 : 국립경주박물관, 앞의 책(1997), 70쪽

원숭이
출전 : 국립경주박물관, 앞의 책(1997), 72쪽

토끼
출전 : 국립경주박물관, 앞의 책(1997), 76쪽

호랑이
출전 : 국립경주박물관, 앞의 책(1997), 77쪽

제3부 인간·동물민속 연구

용 출전 : 국립경주박물관, 앞의 책(1997), 79쪽

뱀과 개구리 출전 : 국립경주박물관, 앞의 책(1997), 80쪽

여러 종류의 새 출전 : 국립경주박물관, 앞의 책(1997), 83쪽

03 신라 토우에 나타난 신라속(新羅俗) 연구

각종 어류 경주 황남동, 신라, 국립중앙박물관(출전 : 국립경주박물관, 앞의 책(1997) 86쪽)

거북이, 자라, 게, 맹꽁이 이들은 바다(수중)와 땅 양계(兩界)를 왕래한다(출전 : 국립경주박물관, 앞의 책
(1997), 90쪽, 91쪽, 89쪽, 82쪽)

제3부 인간 · 동물민속 연구

5. 결론

토우에 표현된 가무·주악·잡기의 제전祭典, 성풍속, 동물상징 등의 신라속新羅俗에 대한 논의을 다음과 같이 요약할 수 있다.

신라토우는 전통적이고 토속적인 신라의 음악, 무용, 가면, 잡기 등 다양한 기예技藝를 표현하고 있다. 노래 부르고 춤추고 음악을 연주하며 재주 부리는 신라토우들은 각각 단독적으로 의미나 상징을 담고 있는 것이 아니라 어떤 의례와 의식을 행할 때의 종합적인 연희장면演戲場面이나 장송의례葬送儀禮를 묘사하는 것이다.

신라의 장송 관련 기록을 통해 보면 '가무작악歌舞作樂'함은 고인의 공덕을 찬양하고, 그 혼을 위로한 진혼의례鎭魂儀禮의 한 예로 볼 수 있다. 우리가 신라토우에서 만날 수 있는 가무·주악·잡기의 모습들은 일단 무덤의 부장품으로서 장송의례와 관계 있다. 사랑하고 의지하던 자가 죽었을 때 그 넋을 다시 부르기 위하여, 또는 그 넋을 위로하기 위하여 고인의 모습을 가면으로 본뜨거나, 혹은 고인의 공덕을 노래와 춤, 음악, 잡기로 연출함으로써 죽은 자와 살아남은 자 서로를 위로하는 의식의 한 장면의 표현일 것이다. 그러나 이러한 가무·주악·잡기는 비단 장례 때의 행사뿐만 아니라 즐거울 때나 기쁠 때, 신라 고유 신앙과 종교 의례에 따르는 행사시에 연행되었던 신라의 노래, 음악, 춤, 놀이 등을 표현한 것이다. 그야말로 신라토우들은 음악을 연주하고, 춤추고, 노래하고, 재주 부리는 신라의 종합 제전을 구체적으로 형상화한 것이다.

신라토우에는 남자의 성기[男根]를 노출한 남자상과 여자의 성기[陰戶]를 노출한 여인상, 남녀가 결합 중인 남녀상이 많다. 이들 토우는 각자 나름대로 몸매, 자세, 표정을 짓고 있다. 성기를 노출한 토우 남자상의 공통점은 남근이 신체의 균형에 비해 과장되게 표현되어 있다. 인물상에서 남근을 드러낸 것은 남성 성기의 무한한 재생력, 생산력, 번식력의 상징적 표현이다. 토우 여인상은 흉부에는 유방이 달리고 하체에는 음호가 뚫려 있으며, 혹은 임신부의 모습을 보이는 것도 있다. 남녀의 결합인 성행위의 본질은 새로운 생명의 탄생이다. 신라토우에서의 결합된 남녀상을 통해 죽은 이의 새로운 생명의 탄생을 기원하는 것으로 이해할 수 있다. 성은 생산과 풍요를 좌우하는 어떤 힘을 지닌 대상으로 인식했다.

신라인들의 공간 인식, 즉 세계관은 하늘-산-땅-바다로 구분했다. 한편 신라인들은 사람이 죽으면 그 영혼은 명부冥府[저승, 天界]로 가게 되고 그 명부에서 계속 생시生時와 같이 삶을 계속 누리고 산다는 계세사상繼世思想을 믿었다. 죽은 영혼을 다시 살리는 재생, 부활을 위한 장송 의례가 필요했고, 부활된 이들 영혼을 운반할 동물과 도구와 저승에서의 안락한 생활을 위한 각종 물품들을 무덤의 부장품으로 넣었다. 영혼을 운반할 수 있는 동물로는 각 공간을 서로 넘나들 수 있는 능력을 갖춘 존재이여야만 한다. 새는 땅과 하늘을 자유롭게 날아다니고, 뱀과 개구리는 수중과 땅 위에서 동시에 활동하고, 거북이는 바다, 땅, 산 위를 자유롭게 다니고, 게는 바다와 바닷가(육지)에서 동시에 살 수 있다. 사람은 오직 한 공간, 땅에서만 살 수 있는데 이들 동물들은 몇 개의 공간을 자유롭게 드나들 수 있다. 이러한 능력으로 인해 타계他界로 가는 부활한 영혼을 실어 나르고 안내하는 동물[靈媒]로 선정된 것이다.

각기 독립적으로 의미 없이 따로 떨어진 토우를 신라의 문화문법으로 다시 배열·배치하여 그 맥락과 의미를 이해하고 신라 민속의 디오라마를 꾸며보려던 당초의 의도는 필자의 역량부족으로 사미蛇尾가 되었다. 이글은 단지 신라토우에 접근하려는 필자의 시안試案으로 이해하길 바란다.

04
•

바위그림의
동물상징 해석을 위한 시론

1. 실마리 풀기 : 한국문화 속에 자리 잡은 동물상징들

인류는 선사시대부터 삶을 지키기 위한 원초적 본능으로 신앙미술을 창조했다. 바위그림 등이 그 초보적인 신앙미술이다. 신앙미술은 곧 여러 가지 의미가 부여된 동물상징으로 발전함으로써 생활문화와 사상, 관념, 종교 등을 표현하기에 이른다. 그리고 동물들은 원시시대 이래 인간에게 때로는 공포의 대상이 되는가 하면 먹거리이기도 했다. 그 힘은 노동력으로도 이용되어 인간과 불가분의 관계를 맺었다.

한반도에서도 바위그림이나 동물벽화를 비롯해 토우, 토기, 고분벽화 등에 수많은 종류의 동물들이 등장한다. 이 동물들에도 제각기 나타내고자 하는 의미와 상징이 숨겨져 있는 것은 물론이다.

청동기시대의 반구대 바위그림에는 고기잡이를 하는 어부들의 모습과 사냥 장면, 사슴, 호랑이, 멧돼지, 소, 토끼, 족제비, 도마뱀, 고래, 물개, 바다거북, 새 등이 묘사되어 있다. 이 바위그림은 당시 사람들의 가장 중요한 생산활동인 고기잡이와 사냥, 그리고 그 대상이 된 동물들을 표현했다.

고구려 고분벽화에도 동물과 새그림이 선사시대 바위그림 못지않게 자주 나타난다. 좌左 청룡靑龍, 우右 백호白虎, 남南 주작朱雀, 북北 현무玄武의 사신 四神이 제 모습을 갖추게 된다. 또한 상상의 동물인 봉황, 기린, 거북의 사령수 四靈獸 모습도 나타나기 시작한다. 고구려는 북방에 위치한 까닭에 물짐승보 다 날짐승과 뭍짐승이 많이 보인다. 새는 학, 꿩, 공작, 갈매기, 부엉이, 봉황, 닭 등으로 현실의 새도 있고 상상 속의 새도 등장한다. 동물로는 호랑이와 사 슴, 멧돼지, 토끼, 여우, 곰 등 산짐승과 소, 말, 개 등 집짐승들이 그려져 있다.

신라의 동물상징은 주로 토우土偶라 불리는 흙인형에서 나타난다. 얼핏 살 펴보아도 개, 말, 소, 물소, 돼지, 양, 사슴, 원숭이, 토끼, 호랑이, 거북, 용, 닭, 물고기, 게, 뱀, 개구리 등이 눈에 띈다. 십이지상十二支像은 통일신라 이래 근대까지 연면히 이어 온 우리 민족의 끈질긴 신앙과 사상의 산물이다. 중국 의 영향을 받으며, 한편 불교조각과 교섭을 가지면서, 강력한 호국護國의 방 위신方位神으로 채택되어 우리나라의 왕과 귀족의 능묘陵墓에 조각 장식된 십이지상은 세계에서 독보적 존재로, 다른 어느 나라에서도 볼 수 없는 독자 적인 양식과 형식을 전개하여 왔다.

백제 금동대향로에는 용과 봉황을 비롯하여 상상의 날짐승과 길짐승, 현 실 세계에 실재하는 호랑이, 사슴, 코끼리, 원숭이 등 39마리의 동물상이 표 현되어 있다. 또 연꽃 사이에는 두 신선과 수중 생물인 듯한 26마리의 동물이 보인다. 이 대향로에 등장하는 다양한 동물 가운데 특히 백제와 관련이 많은 곰, 남방계 동물인 원숭이와 코끼리, 백제 미술품에서 처음 나타나는 기마상 騎馬像, 영매靈媒로서 영생과 재생의 상징인 사슴 등에 주목할 만하다.

고려시대에는 북방의 사신四神과 중국의 십이지가 무덤의 호석, 현실벽화 玄室壁畵, 석관石棺 등에 각각 배치되어 신라 때 보다 매우 다양하게 사용되고 있다.

조선시대에는 민화에서 많은 동물을 만날 수 있다. 민화는 일상적인 생활 과 밀착되어 세시풍속과 같은 행사용으로 제작하거나[歲畵], 집안 곳곳의 문,

벽장, 병풍, 벽 등을 장식하거나[치레그림], 또는 여러 가지 나쁜 귀신을 막는 주술적인 성격의 액막이 그림[門排]으로도 그려졌다. 민화民畫의 소재로는 새, 동물, 물고기 등이 있다. 특히 늙지 않고 오래도록 장수하고자 하는 염원을 담은 십장생도十長生圖에도 거북, 사슴, 학 등을 동물이 들어있다.

이처럼 우리가 가시적으로 만날 수 있는 동물상징은 바위그림, 고구려 벽화고분, 백제 금동대향로, 신라토우, 통일신라의 십이지상, 고려의 사신과 십이지, 조선의 민화 십장생 등이다.

동물상징 가운데 이른 시기에 그것도 고스란히 남아있는 바위그림의 동물 상징 분석은 우리 민족의 동물관動物觀을 이해하는데 최우선적으로 분석되어야 할 과제이다.

울산의 바위그림는 지금까지의 어떤 유적이나, 출토유물, 문헌기록보다 훨씬 더 많은 고대인들의 생활풍속을 디오라마처럼 보여주는 생생한 기록화 記錄畫이다. 사실적인 그림이나 상징적인 도형은 신석기 · 청동기시대의 물질문화, 생활 풍속, 사유체계 및 신앙의례 등을 이해할 수 있는 완벽한 자료이다. 따라서 바위그림은 그 당시의 문화를 연구하는 데 있어서 다른 유물이나 유적으로는 밝혀내기 어려운 그 시대의 생활문화를 복원하는데 큰 역할을 하고 있다. 바위그림은 고대 사람들이 자연과 조화로운 삶을 사는 가운데 보고 느낀 자연현상이나 경험들을 바탕으로 신화, 전설, 주술, 종교, 역사, 신앙, 교육 등의 사유체계를 뭉뚱그려 생생하게 표현한 종합언어의 성격을 갖고 있다.[1] 바위그림은 그 당시 살아온 사람들이 그들의 소망을 내걸고 기원하거나 의지를 표현한 것이라는 점에서 당시의 시대상을 가장 잘 나타낸 문화유적이다.

이들 바위그림는 고래 · 사슴 · 멧돼지 · 호랑이 등의 동물그림, 종합축전

---

1   정동찬, 『살아있는 신화 바위그림』, 혜안, 1996, 17~18쪽.

綜合祝典에 참여하는 사람들과 제사장의 여러 모습과 얼굴, 동그라미·방형·삼각형·마름모꼴 등의 기하학적 문양이 다양하게 그려져 있다. 실제 자연환경 속에서 각 짐승의 생태와 습성, 쓰임새 등을 당시 사람들은 어떻게 관찰, 인식하여 그렸는지를 접근하면, 당시의 자연환경과 생활모습, 사유의 한 단면을 구성해낼 수 있다. 기하학적 문양은 고고 출토유물인 토기와 청동기의 문양, 자연현상과의 실제 비교, 비교 문화론적 방법으로 추론 접근한다면 고대인들의 사유와 신앙의례의 체계를 밝힐 수 있는 바탕이 될 것이다.[2]

그 동안 바위그림의 제작기법 및 분류, 형식의 분류와 편년, 신앙·제의 및 예술, 타지역과의 비교를 통해 어느 정도 연구성과와 진전이 이루어졌다.[3] 이 글에서 필자의 관심은 바위그림에 표현된 동물상징을 살펴보고, 그 상징으로 표현된 고대인의 세계관을 밝혀보고, 바위그림에 대한 주술종교적呪術宗教的 성격을 지나치게 강조한 지금까지의 연구와는 달리 일상생활에서 생업기술과 생산을 위한 중요한 지식과 경험을 표현한 생활기록화生活記錄畵라는 사실을 밝히고자 한다. 울산의 바위그림은 당시의 중요한 식량원食糧源이고 생업기술이었던 물짐승과 뭍짐승에 대한 생태와 사냥 방법 등의 기록을

---

2   정동찬, 같은책(1996), 21쪽
3   바위그림 연구에 대한 단행본을 몇 가지를 소개하면 다음과 같다.
     황수영·문명대,『반구대-울주암벽조각, 동국대출판부, 1984.
     황용훈,『동북아시아의 암각화』, 민음사, 1987.
     국민대박물관,『한국의 선사시대 암각화』, 개관20주년기념특별기획전시도록, 1993.
     이하우·한형철,『칠포마을 바위그림』, 포철고문화연구회, 1994.
     장석호,『몽골의 바위그림』, 혜안, 1995.
     정동찬,『살아있는 신화 바위그림』, 혜안, 1996.
     한국역사민속학회(전호태, 한형철, 이상길, 장명수, 임세권, 송화섭, 이형구),『한국의 암각화』, 한길사, 1996.
     김정배, 임세권, 최광식, 송화섭, 이하우, 장석호, 이상길, 체벤도르지,『몽골의 岩刻畵』, 悅話堂, 1998.
     임세권,『한국의 암각화』, 대원사, 1999.
     앞에서 언급되지 않은 바위그림에 대한 논문과 보고서를 쓴 학자는 이은창(1971), 김원룡(1980, 1983), 김열규(1983), 이기길(1986), 임장혁(1991), 이상헌(1994), 조인호(1995), 신대곤(1998) 등이 있다.

우선하고, 여기에 덧붙여 대상동물 번식과 사냥의 풍요를 기원한 것이며, 동물 영혼천도의 신앙형태는 보이지 않는다는 가설假說에서 이 글은 출발한다.

2. 동물상징의 접근모색

우리는 같은 동물이라도 보는 시간과 장소에 따라 그 동물을 바라보는 길흉의 관점이 완전히 다르다. 예컨대 거미는 보는 시간에 따라 복과 근심으로 이해된다. "아침 거미는 복 거미이고, 저녁 거미는 근심거미이다." 아침에 거미를 보면 복이라고 해서 살려 보내지만, 저녁에는 거미를 보는 족족 죽인다. "목가지가 길어서 슬픈 짐승이여"라고 칭송되는 사슴(노루)도 장사하는 사람들에게는 재수 없는 동물이라고 해서 꿈에서도 꺼린다. 이처럼 동물은 같은 문화권 내에서도 보는 장소와 시간, 보는 이의 관점에 따라 다양하다.

선사 시대부터 사람들은 그 당시의 여러 가지 생활문화나 종교, 관념 등을 표현하기 위해 어떠한 의미를 띠고 있는 동물상징動物象徵을 많이 사용했다. 바위그림이나 동굴 벽화를 비롯하여 토우와 토기, 고분 벽화 등에서 수많은 동물들이 각기 다양한 모습으로 등장한다. 이들 동물상징은 그 당시 사람들의 의식(의미와 관념)세계를 반영하고 있으며, 생활상의 일부분을 표현하고 있다.

우리 조상들은 동물의 외형이나 행태行態 등에서 상징성, 암시성을 부여하였다. 따라서 이들 고대 유물과 유적에서 나타나는 많은 동물의 모습은 현재적 사고만으로는 그 온전한 의미를 파악할 수 없는 것들이 대부분이다. 한국문화에 등장하는 동물들의 상징을 올바르게 이해하기 위해서는 그 당시의 문화적, 사상적 배경을 이해하고 그 맥락에서 연구되어야 할 것이다.

필자는 공시적共時的 · 통시적通時的 연구와 민속모형民俗模型 · 과학모형科學模型의 두 가지 방식을 통해서 동물민속에 접근해 왔다.[4]

첫째, 오늘날의 민속은 한민족의 일상생활 문화가 역사적으로 누적되고,

사회적으로 중층 되면서 형성되었다. 그래서 동물의 민속소民俗素를 분석하는데는 고고 유물과 유적, 벽화, 문헌기록 등을 통한 통시적 접근으로 그것과 관련된 민속의 유래와 변천이 밝혀질 것이고, 공시적 접근으로는 현재의 생활 속에서 동물이 가지는 기능과 의미가 온전하게 연구될 수 있을 것이다.

두 번째로는 민속모형 · 과학모형으로의 접근이다. 과학모형은 동물의 생물학적 특징으로 어느 민족이나 문화 속에 존재하는 불변의 자연 과학적 분석체계analytical system라면, 민속모형은 하나의 사실fact(과학모형) 즉, 동물의 특성을 각 사회나 민족마다 그 사회의 문화적 맥락, 문화문법에 따라 다르게 이해하고 해석하는 것이다.

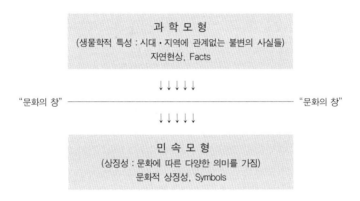

동물을 신성한 것으로 보고 이에 종교적 의미를 부여하여 숭배하는 관념과 신앙행위들이 오래 전부터 전승되어 오고 있다. 고대인들도 현대인과 같은 심리적 특성과 능력을 가지고 있다는 가설에서 각 동물들이 민속신앙에서 현재까지 신격神格으로까지 추앙 받는 데는 그 이유가 있다. 바로 그 동물들

---

4   필자는 1989년부터 1999년 12년 동안 국립민속박물관 학술발표회를 통해 한국 문화에 나타난 12지 띠동물의 상징성 대한 접근을 이 두 가지 방식으로 분석한 바 있다.

이 가지고 있는 속성, 즉 외형, 행태, 능력 등이 인간 이상의 힘을 발휘하기 때문이다.

① 동물이 가진 강한 힘과 거대함은 그 동물이 주는 재해나 위험 등에 대하여 공포감과 범상하지 않는 경외심을 느끼게 한다. 이러는 심리적 동기가 '무서운 존재에서 숭배의 대상으로 또는 지킴이의 동물신'으로까지 인식하게 된다.

호랑이가 민속신앙에서 대표적인 동물신이다. 호랑이는 실상 인간이 생각할 수 없을 정도로 대단한 힘과 용맹을 지녔다. 그 힘과 용맹성으로 인해 호랑이를 두려움과 존경의 이중적인 관념이 복합되어 마침내 호랑이를 신성한 존재로, 신神으로써 숭배의 대상이 되었다.

예전에는 호랑이를 곧 산신이라고 생각하여 호랑이에 대한 제를 지내기도 하였다. 즉, 동예東濊에서는 '祭虎以爲神'이라 하였다. 깊은 산에 사는 호랑이에 대한 숭배와 신앙은 비단 동예 지역에 국한된 것이 아니고, 한반도 전체의 보편적인 신앙이었을 것이다. 호랑이는 큰 산이 있는 곳에서 산악숭배를 구상화하여 받들어지기 시작하다가, 점차 각 마을의 수호신으로 동제당에 모시는 민중화된 산신으로 발전하였다. 그리고 민간신앙화 된 산신은 불교와 습합하여 사찰 내에 산신을 모시는 전각이 들어서게 되었다. 산신도는 깊은 산 그윽한 골짜기를 배경으로 소나무 아래 기암괴석 위에 앉은 도인 모습의 산신을 그리는데, 산신 옆에는 반드시 호랑이를 배치하고 있다. 호랑이는 산신 옆에 사납지 않으면서 위엄이 있고 또 정감있는 모습으로 엎드린 자세를 취하고 있다.

② 동물은 재생再生과 변형變形의 신비적인 능력과 미래를 미리 예견豫見하는 능력을 가졌다.

곰과 뱀, 개구리 등은 겨울잠의 죽음에서 새봄의 재생으로 이어진다. 기러기 등의 철새는 한 계절 어디론가(옛날 사람들은 천계, 신선계로) 사라졌다가 다시 나타난다. 동물들의 이러한 능력은 죽음에서 살아나는 재생, 신의神意의 전달자 혹은 중계자로서 보다 높은 신령神靈의 상징으로 인식되었다. 또한 곰 (단군신화), 뱀, 여우 등 여러 동물들은 변신담變身譚에서 보듯이 변신을 하여 사람을 현혹시키거나, 인간이 해치면 보복을 하고 은혜를 입히면 보은한다. 대부분 동물들의 감각은 사람을 초월한다. 사람의 능력으로 인식하지 못하는 미래의 일나 자연현상을 미리 알아서 예조豫兆를 보인다. 나라의 흥망, 기후의 변화, 현군과 성현의 생몰, 국가대사 성패 등을 미리 알려주는 동물 사례는 역사기록에서 엄청나게 많이 찾아볼 수 있다. 동물들의 이러한 초자연적 능력에 대한 관념은 동물숭배로 나타난다.

③ 공포감을 느끼는 심리적 동기 못지 않게 동물에 대한 친밀감이나 식료食料제공, 노동력으로서 갖는 효용성 등 그 은혜에 대한 감사를 바탕으로 해서 동물숭배가 이루질 수도 있다.

소의 경우 우리나라의 농경 생활과 아주 밀접한 관계를 가지며 단순한 가축의 의미를 뛰어넘어 마치 한 식구처럼 생각되어 왔다. 소는 없어서는 안될 소중한 노동력일 뿐 아니라 운송의 역할도 담당하였고, 급한 일이 생겼을 때 목돈을 마련할 수 있는 비상금고의 역할까지 하였다. 사람들은 사람 이외에는 소가 가장 친숙했던 동물이었다. 소는 우직하나 성실하고 온순하고 끈질기며 힘이 세나 사납지 않고 순종한다. 이러한 소의 속성이 한국인의 정서 속에 녹아들어 여러 가지 관념과 풍속을 만들어 냈다. 그래서 우리 조상들은 "소가 말이 없어도 열두 가지 덕이 있다"라고 했다. 농경을 본으로 삼아 온 한민족에게 오랜 옛적부터 전해 오는 소의 심상心像은 우직 · 희생 · 성실의 표본이었다. 소는 다른 어떤 동물보다 현실적인 이용도가 높은 동물임에도 불구하고 넉넉하고 군자다운 성품으로 인해 특별한 상징성과 신성한 위치를 확보하고 있음을 알 수 있다.

④ 동물이 제의나 주술적 목적으로 사용되어서 신성성이 부여된다.

소, 돼지, 양이 대표적인 희생물로 각종 제의에 등장한다.

돼지는 제전祭典의 희생犧牲으로 바쳐진다. 삼국사기와 삼국유사에서 돼지는 신통력神通力을 지닌 동물로 신성시하였다. 돼지는 신에게 바쳐지는 제물임과 동시에 국도國都를 정해주는 신통력을 지닌 동물로 전해진다. 즉, 예언자, 길잡이 구실을 하여 성지聖地를 점지해주거나, 왕의 후사를 이어줄 왕비를 알려주었고, 왕을 위기에서 모면하게 해주었다. 돼지는 일찍부터 제전祭典의 희생犧牲으로 바쳐졌다. 고구려의 교시郊豕, 삼월삼일 하늘과 산천의 제사, 12월 납일의 제사, 동제와 각종 굿거리, 고사의 제물로 의례껏 돼지머리가 가장 중요한 '제물'로 모셔진다. 하늘과 땅에 제사지낼 때 쓰는 희생물로 돼지는 매우 신성한 존재였을 뿐만 아니라 신이한 예언적 행위를 한 것으로 나타난다.

⑤ **동물의 다산多産은 풍요와 풍년을 촉진하는 능력이 있는 것으로 보아 풍요의 신, 재물신 등으로 상징한다.**

쥐와 뱀이 이러한 상징으로 민간에서 숭배된다.

쥐는 생물학적으로 왕성한 번식력을 가지고 있으며 그로 인해 사람들에게 다산과 풍요의 상징으로 여겨졌다. 상자일 풍속이나 쥐불놀이, 쥐와 관련된 주문이나 풍속에서 풍작 기원 대상으로, 재물財物과 부富이 상징으로 인식되었다.

뱀은 알을 낳는 종류와 새끼를 낳는 두 종류가 있다. 뱀은 1년에 한 번 알을 낳은데 한 번에 백 여 마리를 부화하는 다산성이다. 뱀은 독을 지닌 무서운 존재, 겨울잠에서 다시 깨어나는 재생, 다산성 등의 특징을 가졌다. 그래서 뱀은 새로운 생명의 탄생, 새 생명으로 다시 태어나기를 바라면서 무덤의 수호신守護神, 지신地神으로 의미화 된다. 또 풍요와 재물을 지키는 업業신, 마을의 수호신인 제주도의 당신堂神 등으로 받들어진다.

동물을 신성한 것으로 보고 이에 종교적 의미를 부여하여 숭배하는 관념과 신앙행위들이 오래 전부터 전승되어 오고 있다. 각 동물들이 민속신앙에서 신격神格으로까지 추앙받는데 그 이유가 있다. 바로 그 동물들이 가지고 있는 속성, 즉 외형, 행태, 능력 등이 인간 이상의 힘을 발휘하기 때문이다.

⑥ 하늘을 날고, 땅에 걷고, 물에서 헤엄치는 이른바 각 동물상징의 생태적 다양성과 이중성으로 속계와 영계를 드나드는 영매靈媒 또는 신의 사자使者로 인식된다.

영혼을 운반할 수 있는 동물로는 각 공간을 서로 넘나들 수 있는 능력이 있는 존재이여야만 한다. 새는 땅과 하늘을 자유롭게 날아다니고, 뱀과 개구리는 수중과 땅 위에서 동시에 활동하고, 거북이는 바다, 땅, 산 위를 자유롭게 다니고, 게는 바다와 바닷가(육지)에서 동시에 살 수 있다. 사람은 오직 한 공간, 땅에서만 살 수 있는데 이들 동물들은 몇 개의 공간을 자유롭게 드나들 수 있다. 이러한 능력으로 인해 타계他界로 가는 부활한 영혼을 실어 나르고 안내하는 동물로 선정된 것이다.

한국인의 타계관(他界觀)

용의 활동 영역은 바다↔땅↔하늘 등 신라인들의 세계관 전체를 자유롭게 드나든다.

용은 바다와 하천 등 물이 있는 곳을 발생지로 하여 승천하여 하늘에서 활약하는 동물로 상징된다. 일차적으로는 물의 세계를 대표하는 상상의 동물이다. 처음에는 물에 살지만 비상하는 동물로 변한다. 물에 사는 동물이 육지에 나오는 일은 자라, 거북이, 게 등 몇 종류가 있지만 하늘로 비상하는 용은 신적인 존재로 전환하는 것이다. 그러나 때로는 물고기로 변하고, 때로는 인간으로 변하여 인간과 결혼도 한다. 용은 모습을 마음대로 바꿀 수 있는 능력

제3부 인간·동물민속 연구

을 가지고 있고, 자유자재로 모습을 보이기도 하고 숨기기도 한다. 용은 뭇 동물이 가진 최상의 무기를 갖추고 있으며, 구름과 비를 만들고, 땅과 하늘에서 자유로이 활동할 수 있는 능력을 지닌 존재로 믿어져 왔다.

새, 닭, 말은 땅↔산↔하늘의 공간이동이 가능하여 영혼은 천계로 운반하고, 안내할 수 있는 능력이 있다. 고대에는 하늘과 땅 사이를 자유롭게 날아오르는 새를 영물靈物로 여겨, 천상의 안내자, 하늘의 사자로 여겨졌다. 『삼국지』위서 동이전 변진조에 보면, '변진에서는 사람이 죽으면 장례를 큰 새의 깃털로 꾸미는데, 이는 죽은 이가 하늘로 날아오르기를 바라는 뜻이다'라고 하였다. 고대인들의 고향은 하늘이므로 땅에 내려와 살다가 죽으면 다시 하늘나라로 돌아간다고 생각했다. 이때 새는 육신과 영혼을 하늘로 인도하는 안내자를 상징한다.

오리는 하늘을 날고 땅을 걸으며 물을 가른다 하여 천지수天地水 삼계三界를 내왕하는 영물로 우러름을 받아왔다. 천상의 신명과 통신하는 안테나 - 솟대 위에 얹는 새가 오리인 것도 그 때문이다. 재앙을 진정시키는 굿판에도 이 오리 솟대가 세워지게 마련인데, 오리가 심한 물결을 가로지르듯 재앙을 무사히 타고 넘길 기원해서이다.

닭이 본격적으로 한국 문화의 상징적 존재로서 나타나게 된 것은 삼국유사에서 혁거세와 김알지의 신라 건국 신화에서이다. 『삼국유사三國遺事』에 의하면 알영이나 김알지 같은 나라 임금이나 왕후가 나타날 때 서조瑞兆를 미리 보여주는 길조吉鳥로 표현이 되었다. 닭은 울음으로써 새벽을 알리는, 빛의 도래를 예고하는 존재이다. 닭은 여명, 빛의 도래를 예고하기에 태양의 새이다. 닭의 울음은 때를 알려주는 시보의 역할을 하면서, 앞으로 다가올 일을 미리 알려주는 예지의 능력이 있기도 하다. 장닭이 홰를 길게 세 번 이상 치고 꼬리를 흔들면 산에서 내려왔던 맹수들이 되돌아가고, 잡귀들의 모습을 감춘다고 믿어 왔다. 문헌 기록뿐만 아니라 천마총의 달걀 껍질이나 지산 동고분의 닭뼈, 백제 고배 속의 달걀 껍질에서 알 수 있듯이 닭은 일찍부터 중요한 제물이 되었다. 천마총을 발굴했을 때, 단지 안에 수십 개의 계란이 들어 있었고 또 신라의 여러 고분에서 닭뼈가 발견된다. 고분 속에 계란과 닭뼈가 들어 있었던 것은 저 세상에 가서 먹으라는 부장 식량일 수도 있고, 알 속에서 새로운 생명이 탄생하듯이 재생, 부활의 종교적인 의미로 해석해 볼 수 있다.

땅과 하늘을 연결하는 것으로 말이 나타난다. 신라, 가야에는 말 그림, 말 모양의 고분 출토 유물이 발견되고 고구려 고분 벽화에도 각종 말 그림이 등장한다. 여기서 말은 이승과 저승을 잇는 영매자로서 피장자의 영혼이 타고 저 세상으로 가는 동물로 이해된다. 말이 그려진 토기, 토우, 벽화는 그 표현 방법에 있어서는 다를지 몰라도 그것이 지니고 있는 의장意匠과 사상은 다 같은 것이다. 즉 피장자의 영혼이 말을 타고 저 세상으로 가도록 드리는 공헌적 부장供獻的 副葬의 뜻을 가지고 있다. 구비 설화나 문헌 설화에서 말은 신성한 동물, 하늘의 사신, 중요 인물의 탄생을 알리고 알아 볼 줄 아는 영물 또는 신모神母이며, 미래에 대한 예언자적 구실을 한다. 특히 『삼국사기』, 『삼국유사』의 기록에 의하면 말은 모두 신령스러운 동물로 되어 있다. 금와왕, 혁거세, 주몽 등 국조國祖가 태어날 때 서상瑞祥을 나타내 주는 것이라든지, 백제가 망할 때 말이 나타나 흉조를 예시해 준다든지 모두 신이한 존재로 등장하고 있다.

뱀, 개구리는 수중(지하세계) ↔ 땅을 왕래하며 겨울에 사라졌다 봄에 나타나는 생물학적 특성으로 인해 부활력, 재생력을 가진 동물이며, 다산의 동물로 인식되었다. 땅과 물에서 이중생활의 속성, 알 → 올챙이 → 개구리의 변신 과정 등으로 개구리는 재생의 상징으로 인식되었다.[5] 뱀은 겨울잠을 자기 때문에 일시적으로 나타났다가 사라지고 성장할 때 허물을 벗는다. 이것은 죽

---

5   개구리는 신성과 생산, 예언적 기능, 기우, 용왕 · 용왕의 사자, 창조와 풍요, 평안, 상서, 행운 등을 상징하고 있다.

음으로부터 매번 재생하는 영원한 생명을 누리는 존재, 즉 재생, 영생, 불사의 존재로 인식하게 했다. 많은 알, 또는 새끼를 낳은 뱀은 풍요와 다산을 상징이기도 했다.

거북이(자라)는 바다 ↔ 땅 ↔ 산의 공간을, 게는 바다 ↔ 바닷가(육지)의 공간을 드나들며, 또 하나 세계, 바다 저쪽 멀리에 있는 저승에 인도하는 역할을 한다. 거북과 게는 수륙 양생이라는 특성으로 바다와 육지를 왕래하는 동물로서 신성한 동물로 여겨졌다.

이처럼 동물에게 영력靈力을 인정하고, 이를 통하여 자연과 인간의 관계를 비롯, 인간생활의 여러 가지 측면에 대한 이해와 해석을 표현하고 있다. 이들 동물상징의 유물은 고대인 의식세계의 반영이며 생활상의 일부분이다

3. 울산의 바위그림 동물상징 이해

고대인들은 왜 바위에 그림을 새긴 것일까? 그리고 그들이 이 그림을 통해 이야기하고자 한 것은 무엇일까? 바위그림에 새긴 것이 구체적으로 무엇을 표현한 것이며 어떤 의미를 지니고 있는가를 밝힐 수 있다면 이 유적의 성격이나 기능[6]을 이해할 수 있고, 나아가 고대인들의 생활풍속과 사유방식을 규명[7]할 수 있을 것이다.

---

6   지금까지 논의된 바위그림 유적의 성격과 기능과 관련한 논의를 정리하면 다음과 같다.
     ① 반구대 암벽은 성역이자 제단이다(김원룡)
     ② 제의와 교육의 장(場)(정동찬)
     ③ 동물수호신을 위한 굿의 장소(김열규)
     ④ 재생과 풍요를 위한 봄의 정기적 의례장소(임장혁)
     ⑤ 신성한 존재가 강림하는 성역이자 이를 모시는 제사터(임세권)
7   바위그림에 대한 새긴 것이 구체적으로 무엇을 표현한 것이며, 어떤 의미를 지니고 있는가.
     ① 바닷짐승 및 뭍짐승 사냥집단, 특히 고래사냥 집단의 사냥 대상물의 생태에 대한 과학적인 지식의 표현이자 주술적 의례의 결과물(정동찬)

대곡리 바위그림에는 알아볼 수 있는 그림이 191개가 새겨져 있다. 바닷짐승은 고래, 물개, 거북 등 75개(39%)인데, 그중 고래가 48개로 절대다수를 차지하고 있다. 뭍짐승은 사슴, 호랑이, 멧돼지, 소, 토끼, 족제비 등 87개(46%)인데, 그 중 사슴이 41개로 절대 다수이고, 호랑이 24개, 멧돼지 10개의 순이다. 무슨 짐승인지 알 수 없는 것이 16개가 있고, 그 외 짐승은 몇 예에 지나지 않는다. 그밖에 날짐승이 1개, 사람 9개, 배, 그물, 목책 등 수렵과 어로에 쓰이는 도구가 11개, 기타 불분명한 그림이 8개가 있다.[8]

천전리 바위그림 중 지금 식별할 수 있는 그림은 바위의 왼쪽 윗면과 가운데에 사슴 18개, 물고기 3개, 밝혀지지 않은 동물 2개, 사람 3개, 탈 2개 등이다.[9]

대곡리 반구대의 바위그림은 물짐승, 뭍짐승, 날짐승 모두가 그려져 있다. 이들 각 동물들은 각 영역을 대표하는 동물, 혹은 각 영역을 넘나드는 능력이 있는 존재들이다. 하늘, 산, 땅, 바다 등 각 영역을 대표하는 동물들은 그 영역의 일부를 가지고 자연적 맥락에서 기호화하여 그 공간을 상징화한 것일 수도 있다.

이들 바위그림의 동물상을 앞 장에서 언급한 분석모형을 염두에 두고 고래, 거북이, 물개의 물짐승과 사슴, 호랑이, 멧돼지의 길짐승, 새의 날짐승의 상징성을 일별해 보고자 한다.

1) 물짐승 : 고래

대곡리 반구대 바위그림에서 유난히 많이 새겨진 동물은 고래이다. 바위그림에는 고래의 종류[10] 뿐아니라 생태도 정확히 표현되어 있다.

---

② 사냥 대상물의 계절적 회귀에 대한 경험적 지식의 표현이자 이의 반복을 위한 의례의 결과(임장혁)

8 장명수, 「한국 암각화의 편년」, 『한국의 암각화』, 한길사, 1997, 195쪽.
9 장명수, 앞의 글(1997), 199쪽.

제3부 인간·동물민속 연구

바위그림에 모양과 새기는 방법을 달리하여 고래의 종류를 표현하고 있다.

　고래는 물을 뿜어내는 모습이 종류마다 다르다. 분수처럼 뿜어올리는 것, 곧바로 위로 뿜어 올리는 것 등이 있는데, V자형으로 물을 뿜어내는 것은 긴수염고래다. 독특한 배주름을 가지고 있는 흰긴수염고래는 몸체에 여러 개의 긴 선을 그어 놓았다. 범고래는 반 만 쪼아서 팠다. 입모양을 유난히 강조해서 그려져 있는 귀신고래는 실제 고래 중에 비슷한 입모양을 가지고 있다. 입모양이 뭉툭하게 그려진 향유고래도 있다.[11]

　이처럼 마치 사진을 보고 그렸다고 해도 믿을 정도로 그 모양새가 똑같다. 고래는 회유回遊하는 습성이 있는데 우리나라 동해안으로 회유하는 고래는 10여 종으로 조사되었다. 그런데 그런 고래가 반구대 바위그림에서 거의 다 확인할 수 있다. 고래의 외형과 종류 뿐이나라 생태적 특성도 고대인들은 확실히 파악하고 있었다.

　귀신고래[12]가 새끼고래를 등에 업고 다닌다. 이는 애기고래가 30초 이상 물 속에 있지 못하기 때문에 수면 위에 떠올라 호흡을 할 수 있도록 하기 위함이다. 고래는 얕은 돌 틈 사이나 해조류를 비집고 다니기를 좋아하고, 먹이를 먹을 때

10　고래는 일반적으로 크게 수염고래와 이빨고래로 나뉜다. 수염고래는 바다 물을 입 속으로 들이켜서 빗살같이 생긴 수염으로 걸러서 크릴새우나 작은 물고기를 먹고 사는 종으로 밍크고래, 대형고래를 포함한 10여 종류가 있다. 이빨고래는 이빨을 이용해서 물고기나 오징어 심지어는 물개와 다른 고래까지 잡아먹는 종으로 향유고래, 돌고래, 그리고 킬러고래 등 70여 종이 있다.

11　KBS, 역사스페셜,「3000년 전의 고래사냥 - 울주 암각화의 비밀」편, 1999. 1. 23 방송

12　우리나라 동해에서 많이 발견되었던 귀신고래는 11월경에 오츠크해로부터 남하를 시작하여 동해 남부 해안과 일본 열도를 따라 동 중국해나 남지나해까지 남하하여 겨울을 보낸 뒤 3~4월경 북극으로 되돌아간다. 귀신고래의 크기는 지역에 따라 다소 차이가 있지만 보통 14~15m정도의 중형급 수염고래다. 이동할 때 육지 가까이 접근하여 갯바위와 파도사이를 교묘히 이용하여 눈에 잘 띄지 않게 이동한다. 이는 범고래들로부터 어린 새끼를 보호하기 위한 것으로 추정된다. 때문에 귀신고래들의 피부에는 상처를 입은 흔적이 많이 남아있다.

물을 뿜어낸다. 바닷물을 삼킨 뒤 물을 뿜으며 먹이를 걸러내고 또다시 바닷물을 삼키는 과정을 되풀이한다. 돌고래는 많은 지역에선 물위로 뛰어오르며 노는 고래의 모습을 쉽게 볼 수 있다.[13]

고래의 생태를 표현한 그림도 바위그림에서는 빠지지 않았다. 이처럼 고래의 종류 뿐 아니라 생태까지도 정확히 알고 있었다면 이 그림을 그린 사람들은 고래를 늘 접했던 사람들, 고래잡이를 했던 사람들일 것이다.

　　20명 탄 배와 연결된 큰 고래가 있다. 그리고 배와 고래 사이에 이상한 물건이 하나 더 있다. 이것은 고래잡이를 할 때 쓰는 부구이다.[14]

바위그림에 고래와 배 그리고 부구까지 고래잡이의 모습을 아주 섬세하게 표현하고 있다. 바위그림에는 고래잡는 모습이 과정별로 아주 자세히 그려져 있다. 반구대 바위그림은 3000여 년 전 고래잡이의 모습을 아주 생생하게 재현해 놓은 기록화이다

이 기록화는 고래의 번식이나 또는 고래가 많이 몰려 올라와 주기를 바라는 기원[15]과 함께 고래를 잘 잡혀주기를 바라는 어떤 의식인 고대인의 종합제전을 그리고 있다. 또한 고래잡이에 필요한 고래의 생태와 사냥기술에 대한

13　KBS 역사스페셜(1999).
14　KBS, 역사스페셜(1999).
15　고래의 행동은 종류를 불문하고 떼를 지어 밀물을 따라 해안에 왔다가 썰물을 따라 돌아가지 못하고 죽은 경우가 있다. 밀려오는 고래는 성별, 연령, 주로 사는 깊이나 습성 등과 전혀 관계가 없다. 왜 고래가 이런 행동을 하는지는 아직 밝혀내지 못하고 있다. 어떤 학자는 고래의 초음파 기관에 이상이 생겼거나 머릿속에 있는 나침반이 고장 나 자신의 위치나 행동을 제대로 알지 못하기 때문이라고 추측한다. 사실 자살을 시도하는 일부 고래들에게서 방향감각 기관이 있는 귀 부근에 염증이 있는 것으로 조사되었다. 그러나 아직까지 연례적으로 고래들이 끊이지 않고 자살하는 정확한 이유를 밝히지 못하고 있다.

대곡리 바위그림(물짐승)[16]

교육, 고래잡이 동안에 닥칠지도 모를 위험에 대한 신체적 · 심리적인 교육 및 의식집행, 죽은 고래에 대한 재생을 기원하는 의식용이자 교육용 그림이다.[17]

　일반적으로 청동기시대는 본격적인 정착생활과 농경이 시작하는 시기이다. 물론 부분적으로는 수렵이나 어로 생활도 하지만 그보다는 농사가 중요한 생업수단으로 자리잡는 시기이다. 그런데 반구대 바위그림을 보면 3000여 년 전 이 근처에 살던 사람들은 농사보다는 고래잡이를 중요하게 여겼던 것 같다. 반구대가 있는 울산만은 한반도의 동해안 중 근해에서 고래와 물개를 만날 수 있는 지역 가운데 하나이다.[18]

16　정동찬, 앞의 책(1996), 74쪽.
17　정동찬, 앞의 책(1996), 108쪽.
18　최근 신문보도(조선일보, 2000년 6월 9일)에 의하면 동해는 '고래천국'이라고 한다. 그 전문을 소개하면 다음과 같다.
　　우리나라 동해 연안 전역이 고래 천국인 것으로 확인됐다. 특히 고래는 동해 남부 연안에 많이 몰려 있고, 남해에도 일부 서식하고 있는 것으로 조사됐다.

대곡리 바위그림 인물상[19]

고래 그림과 함께 등장하는 성기를 내밀고 춤추고 있는 남자상과 3마리의 거북은 이 바위그림이 교육용뿐만 아니라 의식용으로 그려졌다는 사실을 말하고 있다.

성은 시대가 거슬러 올라갈수록 생식, 생명체의 탄생, 다산, 풍요의 의미와 연관되어 그 신비감으로 숭배를 받았던 인류 공유의 문화유산이다. 성 숭배는 성행위나 성기에 의해 상징되는 생식 원리를 숭배하는 문화 현상이다. 여성기가 상징하는 생식력, 곧 생명체의 탄생에 대한 신비감과 남성기가 상징하는 끊임없이 재생되는 생동력에 대한 신비감으로 인해 성은 숭배의 대상이 되고, 이러한 성 관념과 풍속은 시대 변화와 더불어 새로운 문화 요소로 결합

국립수산진흥원 연근해자원과 김장근 박사는 "지난 달 9일부터 지난 2일까지 동해와 남해에서 고래자원 조사를 벌인 결과, 밍크고래, 흑범고래, 큰머리돌고래를 비롯해 긴부리 참돌고래와 낫돌고래, 상괭이 등 모두 7종 1600여 마리의 고래를 확인했다"고 8일 밝혔다.
이번 조사에서는 특히 문헌상으로만 한국 연안에 서식하는 것으로 알려진 흑범고래 1개군 17마리가 경북 죽변 동쪽 30마일 해상에서 처음 발견됐다. 흑범고래는 몸길이 5~6m로 이마가 둥글고 몸체가 완전히 검은색으로 이번 발견을 통해 동해 연안이 고래서식지로 점차 안정화돼 가고 있는 것으로 추정되고 있다.
밍크고래는 지난해 조사에서 포항~죽변간의 제한된 수역에 밀집돼 발견됐으나 이번에는 포항 이남 동해 남부 30마일 연안에서도 14마리가 관찰돼 동해 연안에 고루 분포하고 있는 것으로 확인됐다. 조사팀은 또 남해인 욕지도와 여수항 인근에서도 상괭이 4마리를 목격, 동해안만큼은 아니지만 고래가 꽤 서식하고 있는 것으로 추정됐다.
수진원 김 박사는 "이번 조사에서 고래가 동해안 포항 이남 해역에서도 많이 발견되는 등 동해 연안이 고래의 좋은 서식처임을 다시 확인했다"고 말했다.
19   임세권, 앞의 책(1999), 28쪽.

제3부 인간 · 동물민속 연구

성기를 강조한 신라토우 인물상[20]

되면서 변화해 왔다.[21]

　바위그림의 성기를 노출한 남자상의 모습은 신라토우에서도 남근이 신체
의 균형에 비해 과장되게 표현되어 있다. 인물상에서 남근을 드러낸 것은 남
성 성기의 무한한 재생력, 생산력, 번식력의 상징적 표현이다. 『삼국유사』
'지철로왕智哲老王'에서 왕의 음경이 커서 배필을 구하지 못해 고민하였다는
내용이 있다. 특히 음경의 크기를 강조한 것은 그것이 왕권王權이나 신권神權
과 관계되는 그 어떤 것을 시사하고 있는 것 같다. 남근만 강조한 인물상은
큰 힘을 지닌 절대자, 조상신, 제사장 등의 모습 추론할 수 있다.

20　국립경주박물관, 『신라토우』, 통천문화사, 1997, 40쪽.
21　이종철 · 김종대 · 황보명, 『性, 숭배와 금기의 문화』, 대원사, 1997, 251~252쪽.

거북은 그 수명이 매우 길고 땅과 물 양쪽에서 모두 살 수 있다 이른바 수륙양용이라는 생물학적 특성으로 인하여 예로부터 신성한 동물로 인식되었다. 거북(자라)은 바다 ↔ 땅 ↔ 산의 공간의 공간을 드나들 수 있다. 이러한 능력으로 인해 바다에서 살아있는 고래를 뭍으로 안내하고, 다시 그 영혼이 타계他界로 가는 영혼을 실어 나르고 안내하는 동물로 거북이는 안성맞춤이다. 이처럼 거북은 신성 존재의 사자使者로서 인간과 신을 연결하는 매개자로서 기능을 담당하였다. 거북의 상징 관념은 유교, 불교, 도교의 출현 이전부터 광범위한 주술ㆍ종교적 토착 신앙의 형태로 신의 사자, 장수長壽, 신과 인간의 매개자, 우주적 지주 등 다양하게 상징화되어 있다.

성기를 드러낸 남자상과 거북이 바위그림은 고래가 많이 몰려 올라와 주기를 바라는 기원과 함께 고래를 잘 잡혀주기를 바라는 어떤 의식의 제사장과 영매의 모습일 것이다.

같은 시기의 청동기 농경문의 따비질을 하는 인물상도 나신裸身에 성기가 강조되어 있다.[22] 관동, 관북 지방의 풍속에는 예로부터 '나경裸耕'의 습속이 있었다. 나경이라 함은 정월 대보름날 숫총각으로 성기 큰 남자가 실오라기 하나 걸치지 않는 벌거숭이가 되어 목우木牛나 토우土牛를 몰고 밭을 갈며 풍년을 비는 민속이었다. 땅은 풍요의 여신이요, 쟁기는 남자의 성기를 상징하는 것으로 다산력을 지닌 대지 위에 남자의 성기를 노출시킴은 풍성한 수확을 비는 것이다.[23]

이런 유물과 유풍遺風을 통해서 추론할 때 성기를 드러낸 남자상은 풍요기원의 제사장 모습이다.

22 국립중앙박물관,『韓國의 靑銅器文化』, 1992, 汎友社, 91쪽.
23 이규태,〈한국가축문화사(3)〉『축산진흥』(배도식,〈소에 얽힌 민속〉『민속학연구 제2호』, 국립민속박물관, 1995, 231쪽. 재인용)

2) 뭍짐승 : 사슴, 호랑이, 멧돼지

대곡리와 천전리 바위그림의 뭍짐승 가운데 사슴이 압도적으로 많이 나타난다.

사슴은 순하고 쓰임새 많은 짐승으로 선사시대 사람들과 아주 친숙하고 중요한 사냥감이어서 선사유적에서 가장 많이 출토되는 짐승이다. 종교나 생활면에서 청동기시대 이전부터 인간과 사슴이 깊은 관계를 맺고 있었음을 보여 준다.

스칸디나비아 반도를 비롯하여 동북아시아 뿐만 아니라 북반구 전역에 걸쳐 사슴은 하늘과 지상, 지하를 연결하는 신의 심부름꾼 역할을 하는 우주동물로 상징되어 있다. 사슴은 무당의 넋이 지하(땅 밑)세계를 여행할 때의 말 구실을 하거나, 무당의 넋이 아예 사슴으로 변신해서 지하 세계 여행을 하는 것이라고 믿어져 있다. 사슴뿔은 풀 나무처럼 가을에 떨어지고 봄에 재생한다. 동물의 뿔 가운데 드물게 봄을 맞이해서 거듭나는 것이 사슴뿔이다. 그 뿔이 풀 나무처럼 겨울과 봄을 맞이해서 거듭나는 것이라면 사슴은 곧 대지 大地의 원리, 대지 자체가 지닌 풍요로운 생명력을 갖춘 짐승이라고 숭상될 수 있다. 이러한 순환기를 가진 동물은 사슴뿐으로 영생과 재생동물이라는 관념을 낳게 되었다.

유라시아 스텝의 유목민을 포함하는 고대 민족들의 세계관은 상계上界(하늘), 중계中界(땅), 하계下界(지하)로 이해했다. 이러한 고대인들의 공간적 세계구조는 상징적으로 의미하는 다양한 방법이 존재하였다. 그 중 한 방법은 상계는 새, 중계는 굽동물, 하계를 물고기 및 파충류와 각각 연관시킨 동물상징의 코드를 근간으로 했다.[24] 스키타이 동물양식의 굽동물 중에서는 사슴

---

24   E. V. 뻬레보드치꼬바(정석배 역), 『스키다이동물양식』, 학연문화사, 1999, 27~28쪽.

표현물이 가장 흔하다. 사슴은 구석기시대 후기 이래로 시베리아 초원지대 주민들의 주된 식량원인데서 생겨나는 사슴에 대한 경의와 숭앙의 표현일 것이다[25] 이 전통은 바위그림에도 나타나고 삼국시대에는 사슴뿔이 왕권의 의미를 지닌 신라왕관에서도 그 예를 찾을 수 있다.

국립중앙박물관은 지난 1969년부터 1971년까지 발굴조사한 부산 동삼동 패총의 출토유물을 정리하던 중 신석기 시대 동물상을 밝혀 줄 호랑이의 발가락뼈와 앞다리뼈가 확인하였다. 호랑이 뼈는 우리나라 남부지방에서는 최초로 출토된 것으로 학계의 관심을 끌고 있다.

지금까지 알려진 호랑이에 대한 우리나라 최초의 표현은 대곡리, 천전리, 경주 석장동 호랑이와 그 발자국까지도 보이고 있다. [26]

울산 대곡리는 호랑이가 여러 마리 나오는데, 줄무늬 호랑이와 점박이 표범 등이 있다. 이를 통해 당시에 호랑이 많았음 알 수 있고, 그 중 먹이를 노리는 순간을 적절히 묘사한 호랑의 사실적인 그림은 수렵 대상으로서의 호랑이를 그린 것이 아니라 옛날 사람들이 사냥 중에 만나는 많은 호랑이에 대한 두려움과 먹이 사냥에서 뛰어난 능력을 가진 호랑이가 사냥에서의 행운을 주는 신성한 영물로서 표현한 것으로 추측된다.

경주 석장동 금장대 바위그림에서는 호랑이 발자국, 산과 호랑이 그림의 있다. 단순한 선으로 산을 그리고 그 산 속에 어떤 짐승을 표현한 듯한 그림이 보인다. 이는 여러 가지 정황으로 보아 산 속의 호랑이를 그린 것이다. 그 밑 호랑이 발자국과 엎드린 듯한 사람의 모습이 있다. 이는 산과 호랑이, 사람의

---

25 국립중앙박물관,『소련 국립에르미타주박물관 소장 스키타이황금』, 1991; 김정배 외,『몽골의 岩刻畵』, 열화당, 1998.

26 청동기 시대 호랑이 모양의 대구(帶鉤)가 우리나라에서는 낙랑 유적과 경북 영천 어은동에서 출토되고 있다. 혁대의 잠금 고리로 한쪽이 갈고리 모양의 걸쇠로 되어 있고, 뒷면에는 동그란 배꼽이 돌출 되어 띠에 박아 고정하도록 되어 있다. 현재 청동 대구의 형태는 말, 용, 호랑이, 비파형 등이 있는데, 호랑이 청동 대구는 호암미술관과 국립경주박물관에 각각 소장하고 있다.

관계를 상징적으로 표현한 그림이라 여겨진다. 이 그림은 산과 산신에 대한 어떤 의식과 의례를 표현한 그림으로 볼 수 있다.[27]

스키타이 신화에서는 특히 멧돼지가 중재자의 역할을 한다. 멧돼지는 굽 동물이자, 다른 한편으로는 맹수와 친족인 육식성의 동물이기 때문에 고대 인들은 멧돼지에게 하계와 중계의 중재자 역할을 부여했다.[28]

석기시대 동물상, 조개더미, 토우, 토기 등 고고 출토유물에서 돼지의 조상 격인 멧돼지가 많이 출토되고 있고, 표현된 것으로 보아 가축으로 길들여지기 이전에 야생의 멧돼지가 한반도 전역에 자생하고 있었던 것으로 추정된다. 돼지의 사육은 이러한 고고자료와 삼국지위지 동이전 등의 기록으로 보아 약 2천년 전에 돼지를 사육하기 시작한 것으로 짐작된다. 삼국사기와 삼국유사에서 돼지는 신통력神通力을 지닌 동물로 신성시하였다. 돼지는 신에게 바쳐지는 제물임과 동시에 국도國都를 정해주는 신통력을 지닌 동물로 전해진다. 즉, 예언자, 길잡이 구실을 하여 성지聖地를 점지해주거나, 왕의 후사를 이어줄 왕비를 알려주었고, 왕을 위기에서 모면하게 해주었다.

돼지는 일찍부터 제전祭典의 희생犧牲으로 바쳐졌다. 고구려의 교시郊豕, 삼월삼일 하늘과 산천의 제사, 12월 납일의 제사, 동제와 각종 굿거리, 고사의 제물로 의례껏 돼지머리가 가장 중요한 '제물'로 모셔진다. 하늘과 땅에 제사지낼 때 쓰는 희생물로 돼지는 매우 신성한 존재였을 뿐만 아니라 신이한 예언적 행위를 한 것으로 나타난다.

그물과 그 안에 갇힌 동물, 울타리 그림은 고대인의 사냥수단과 방법과 관계가 있다. 울타리를 쳐놓은 것은 뭍짐승을 사냥하거나 가축화하는 과정일 것이다. 함정, 덫, 올가미 등 사냥수단들임에 틀림없다.

27   정동찬, 앞의 책(1996), 282~284쪽.
28   E.V. 뻬레보드치꼬바, 앞의 책(1999), 28, 66, 67쪽.

대곡리 바위그림(뭍짐승)[29]

3) 날짐승 : 새

새는 고대부터 하늘과 땅을 자유롭게 날아오르는 영물로 여겨져 신화에 등장하는 예가 많다. 새모양의 등장은 구석기시대의 청원 두루봉유적, 신석기시대 농포동유적 등에서 보이기 시작하여 삼한, 삼국시대에 이르면 구체적인 오리의 모습으로 나타난다.[30] 오리는 천상과 지상, 수계와 지하계를 넘나드는 새이다. 오리는 일상 생활용구로서의 용도보다는 종교적인 또는 제사적인 용도로 사용한 것으로 생각된다. 이승에서의 소멸과 저승에서의 재생을 바라는 당시 사람들의 영혼관과도 합치되는 것으로 영혼의 운반자의 역할, 신의 사자 역할을 하였던 것으로 보인다.

29   정동찬, 앞의 책(1996), 112쪽.
30   부산광역시립박물관 복천분관, 『삼국시대의 동물원』, 1997, 27쪽.

그런데 반구대 바위그림에는 날짐승이 하나 밖에 그려져 있지 않다. 한국문화에서 영혼의 운반자, 신의 사자 역할에서 가장 기본적인 동물상징이 새 종류인데, 날짐승이 거의 나타나지 않는다는 사실은 어쩌면 바위그림에는 죽은 동물영혼을 위령하거나 천도하려는 바람이 없다고 볼 수 있다.

4. 매듭짓기 : 교육敎育과 종합제전綜合祭典의 기록화

바위그림과 같은 시대의 각종 청동기靑銅器도 동물과 기하학적 문양이 거의 같다. 고래, 거북 등의 짐승은 보이지 않지만 사슴, 호랑이, 말, 새, 개구리 등이 청동기에 새겨져 있다. 특히 동그라미·방형·삼각형·마름모꼴 등의 기하학적 문양도 많이 나타난다. 다만 선사시대의 야외의 교육과 종합제전 장소인 바위그림과 다른 것은 청동기의 출토지가 대부분 땅 속의 무덤이라는 점이다. 지상의 제의공간과 지하의 저승공간에 똑같은 동물과 기하학적 문양은 그 당시의 문화 기호 또는 상징으로 공통의 문화적 의미를 지닌 것이다.

대곡리 바위그림에 등장하는 동물은 물짐승과 뭍짐승으로 나누어진다.
고래를 중심으로 한 물짐승 그림은 배를 타고 고래사냥을 하던 사람들이 암벽에 고래의 종류와 생태, 그에 따른 잡는 방법 등을 표현하여 고래와 고래잡이에 관한 모든 문화생태적 지식을 후손들에게 가르치면서. 성기를 드러낸 제사장이 고래의 풍요로운 회귀, 고래잡이의 안전과 풍요를 기원하는 제전祭典를 행하는 종합적인 모습이다.
사슴을 중심으로 한 뭍짐승 그림도 종류와 생태, 그에 따른 사냥 방법 등을 표현하여 뭍짐승의 사냥에 지식을 전하면서, 대상동물의 많은 번식과 사냥에서의 풍요와 안전 대한 기원을 그린 것이다.[31]

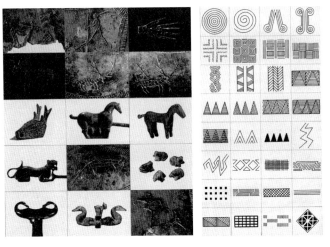

청동기(靑銅器)의
동물문양와
기하문양[32]

　동물에 대한 표현은 선사시대의 바위그림에서, 삼국시대의 벽화나 토기,
토우, 토용으로 표현되어 무덤에 함께 묻혔다. 삼국시대의 동물상징들은 조
형면에서 그다지 뛰어난 기법을 구사한 것은 아니지만 무덤에 함께 묻히는
부장품이라는 의미에서 장송의례, 사자死者의 영혼운반, 인도라고 하는 주
술적인 성격이 부여되고 있고, 인간과 더불어 죽음의 재생, 식량의 풍요, 재
생산을 바라는 모방 주술적 의례를 표현하고 있다 이들 동물벽화, 토기, 토우,
토용 등에 담긴 의미의 해석은 바위그림에 대한 이해에 도움을 줄 수 있는 듯
하다.

31　정동찬, 앞의 책(1996), 149쪽.
32　국립중앙박물관, 앞의 책(1992).

제3부 인간 · 동물민속 연구

신라의
나무인형 사자木偶獅子 고찰

1. 사자와 한반도

'백수의 왕'으로 알려진 사자는 아프리카 유럽 서아시아 인도 등지의 열대 초원지대에 서식하는 무서운 동물이다. 사자는 각 나라의 역사와 문화에 자주 등장하여 그 신성함과 절대적인 힘, 그리고 위엄을 잘 드러내고 있다. 우리나라에는 사자는 서식하지 않으나 역사기록을 통해 삼국시대부터 사자의 존재를 이미 인식하고 있었으며 사자는 불법佛法을 지키기 위한 수호신상 역할을 수행하고 있다. 통일신라 이후는 사자가 무덤을 지키는 수호신으로 나타나며, 탑의 장식품이나 불교공예품, 그리고 기와 및 생활용품 등으로 폭넓게 수용되어 사자의 장엄함과 다양함을 볼 수 있다. 특히 단단한 화강암을 소재로 한 석사자상이 석탑과 석등 등에 많이 나타나고 있는 것은 다른 나라에는 독특한 예이다.[1]

---

1   국립경주박물관, 「특별전을 열며」, 『新羅의 獅子』, 2006.

동물에 대한 이해는 생태적 이해에서 시작해야 한다. 그리고 그 생태적 특징을 각 문화마다 어떻게 의미화하고 상징화되었는지를 살펴보는 과정 즉, 민속모형 · 과학모형으로의 접근이 필요하다. 과학모형은 동물의 생물학적 특징으로 어느 민족이나 문화 속에 존재하는 불변의 자연 과학적 분석체계 analytical system라면, 민속모형은 하나의 사실fact(과학모형) 즉, 동물의 특성을 각 사회나 민족마다 그 사회의 문화적 맥락, 문화문법에 따라 다르게 이해하고 해석하는 것이다. 과학모형이 어느 민족이나 문화 속에서 변함없는 자연 과학적 분석 체계analytical system라면, 민속모형은 하나의 사실fact(과학모형)을 각 사회마다 민족마다 그 사회 문화적 맥락에 따라 다양하게 이해되고 해석되는 것이다.

"문화의 창"

과학모형
(생물학적 특성 : 시대 · 지역에
관계없는 불변의 사실들)
자연현상, Facts

민속모형
(상징성 : 문화에 따른
다양한 의미를 가짐)
문화적 상징성, Symbols

과학모형과 민속모형

동물에 대한 상징적 의미들이 역사적으로 전개되면서 다양한 관념과 사상들과 혼합되었지만, 그 근본에는 생태학적 모형이 바탕임을 알 수 있었다. 다른 민속사상民俗事象들과 달리 동물은 자연생태계에서 관찰가능하며, 갖가지 동물들의 행위와 생태는 "문화의 창"을 통해 민속모형을 생산해 낸다. 그런데 과학모형의 본래적 의미가 민속모형으로 문화화文化化될 때 문화적 맥락에 따라 달리 인식된다. 바로 다르게 인식하는 방식을 이해하면 각 동물에 대한 사유방식思惟方式을 알 수 있는 첩경이 된다.[2]

2 　동물민속의 접근방법으로 통시적 · 공시적접근 민속모형 · 과학모형, 동물을 통한 공간적 세계구조 등을 제한한 바 있다(졸저, 『한국동물민속론』, 민속원, 2003, 27~32쪽).

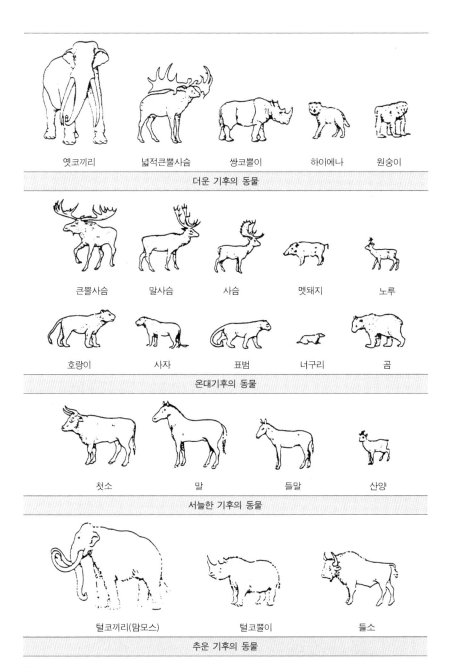

더운 기후의 동물

| 옛코끼리 | 넓적큰뿔사슴 | 쌍코뿔이 | 하이에나 | 원숭이 |

큰뿔사슴 | 말사슴 | 사슴 | 멧돼지 | 노루

호랑이 | 사자 | 표범 | 너구리 | 곰

온대기후의 동물

첫소 | 말 | 들말 | 산양

서늘한 기후의 동물

털코끼리(맘모스) | 털코뿔이 | 들소

추운 기후의 동물

우리나라 구석기시대의 동물과 기후환경

사자와 호랑이가 싸우면 누가 이길까? 정확히 말한다면, 힘센 놈이 이긴다. 또 당일 컨디션이 큰 영향을 미칠 것이다. 흔히 사자와 호랑이는 사는 지역과 서식 환경이 달라 싸울 기회조차 없다고 한다. 이는 사자와 호랑이의 현재 서식지를 기준으로 한 분석이다. 특히 사자의 경우 아프리카 동물로 알고 있지만 아시아 남부 건조지대와 열대 초원지대에 널리 분포했다. 아시아 사자[Panthera leo persica]는 현재 인도 중서부 구자라트주 기르Gir야생동물 보호구역/국립공원에 320여 마리가 남아 있다. 그러나 본래 아시아사자는 서쪽 발칸반도에서 중동의 터키, 시리아, 요르단, 이라크를 거쳐 이란과 아프가니스탄 남부, 파키스탄, 인도 중서부에 걸쳐 긴 띠처럼 분포했다. 그 중 인도 중서부 열대 낙엽수림과 열대초원 지역에서는 호랑이와 분포 지역이 겹쳤다. 따라서 수백 년 전에는 호랑이와 사자가 서로 마주치는 일이 빈번했을 것이며 그 상황에서 드물게 힘겨루기도 있었을 것이다. 그러나 무리생활[사자]과 단독생활[호랑이], 개방된 관목림[사자]과 열대낙엽수림[호랑이] 등 생태적 특성으로 말미암아 목숨을 건 충돌은 없었을 것이다.

만약 인위적 상황을 연출해 일 대 일로 싸움을 붙인다면 어떤 결과가 나올까? 앞서 이야기 했듯이 덩치가 큰 개체가 작은 개체보다 더 유리하다. 프로복싱의 경우 1.81kg~6.8kg의 미세한 차이를 두고 각 각의 체급을 나눈다. 몸무게 차이가 많이 날수록 힘의 격차가 크다. 당연하지만 몸무게가 무거울수록 타격력이 강하고 힘도 세며 충격을 견디는 힘[맷집]도 커진다. 그 만큼 몸으

장천1호분 예불모습 고구려 5세기

　　　　　　　　　　　　　　　제3부 인간·동물민속 연구

장천1호분 예불모습

부처 고구려 5세기, 뚝섬

로 맞부딪치는 원초적 투쟁에서는 몸무게 차이가 승부에 큰 영향을 미친다는 뜻이다. 예를 들어 고양잇과 동물 중 가장 큰 아무르호랑이와 사자가 싸우면 아무르호랑이가 쉽게 이길 것이라 예상할 수 있다. 반면 현재 가장 작은 호랑이인 수마트라호랑이와 사자가 싸운다면 사자의 손을 들어 줄 수밖에 없다.

그러면 과거 인도에서 뱅골 호랑이와 아시아사자[또는 인도사자]가 겹치는 곳에서는 어떤 결과가 나왔을까? 아시아사자는 아프리카사자보다 약간 작다. 따라서 인도의 뱅골 호랑이와 크기가 비슷하거나 좀 더 작다. 그러나 둘은 거의 비슷한 크기라고 보면 된다. 종이 다르고 크기가 비슷한 포식자가 목숨을 걸고 싸우는 경우는 극히 드물다. 힘이 약한 쪽이 도망치거나 공격할 의사를 포기하면 싸움이 끝나는 게 일반적이다. 보통은 기세 싸움으로 곧 우열이 드러난다. 설사 호랑이가 한 마리의 수사자에게 시비를 건다 해도 동료 수사자가 바로 합세하기 때문에 호랑이가 바로 도망칠 것이다. 수사자의 합동 공격을 비겁하게 생각해선 안 된다. 그들은 비겁하다는 게 무슨 뜻인지 모른다. 자신의 무리에 도전 해 오는 대상은 어른 수컷들이 힘을 모아 격퇴시켜야 한다고 유전자에 각인된 대로 행동할 뿐이다. 따라서 옛날 인도에서 호랑이와 아시아사자의 서식지가 겹치는 곳에서도 승부를 가르는 싸움은 일어나지 않았을 것이다.

그러나 인위적으로 둘을 좁은 공간에 가두면 상황이 달라질 수도 있다. 호랑이와 사자가 둘 중 하나의 힘이 두드러질 경우 단 한 번의 급소[목]공격으

부처좌대(사자) 부분

부처좌대(사자) 고구려

로도 당한 쪽이 즉사할 수 있다. 그러나 힘이 비등할 경우 앞발에 의한 타격전으로 서로의 몸은 상처투성이가 되겠지만 승부는 쉽지 않을 것이다. 결국에는 둘 다 지쳐 벌러덩 드러누울 것이다. 사자, 호랑이 둘 다 순발력을 장기로 하는 동물이기 때문에 투견처럼 싸움을 오래 끌지 못한다. 호랑이는 혼자 사냥하고 또 새끼도 혼자 키우며 살고 사자는 무리 생활을 하기 때문에 호랑이가 더 강할 것이라 생각할 수 있다.

그러나 그건 삼림형 포식자와 초원형 포식자가 살아남기 위한 생존방식일 뿐 각 개체의 힘과는 무관하다. 호랑이는 삼림형 동물이다. 먹이는 시야가 가린 숲 속 여기저기에 흩어져 있다. 그런 곳에서는 혼자 살면서 기습적인 사냥술이 유리하다. 또한 숲 속에서 무리 생활을 하기에는 호랑이의 덩치가 너무 크며 음성 신호가 단순해 시각에 의존해 먹이를 쫓는 호랑이에게 무리 사냥은 애초 시도할 수도 없다. 호랑이는 단거리 선수다. 무리를 지으면 먹잇감에게 들키기 쉽고 일단 뛰기 시작한 먹잇감은 금방 숲 속으로 모습을 감춘다. 그렇다고 늑대나 승냥이처럼 냄새로 추격할 능력도, 장거리를 꾸준히 달릴 수 있는 지구력도 없다.

사자 역시 기본 체력은 호랑이와 같다. 호랑이보다 사자의 다리가 길다고는 하나 초원에서는 혼자 사냥하며 살 수 없다. 외톨이 수사자는 이웃 무리가 남긴 먹이를 주워 먹거나 점박이하이에나 또는 표범이나 치타가 잡은 사냥감

제3부 인간 · 동물민속 연구

석사자
고구려 평양성

석사자(수)
명명사지

석사자(암)
고구려

을 뺏어 먹을 뿐 사냥은 하지 못한다. 아니, 사냥은 시도하지만 곱게 잡혀줄 먹잇감이 없는 게 문제다. 따라서 무리를 지어 합동 사냥을 해야 생존할 수 있는 것이다. 암컷의 경우도 마찬가지다. 운동성은 뛰어나지만 단독 사냥시 성공률은 형편없어 떨어진다. 초원은 몸을 숨길 곳이 적고 초원형 초식동물은 시각이 예리하고 모두 최고의 달리기 선수들이기 때문이다. 수사자가 사냥에 참가하지 않은 이유도 마찬가지다. 오지랖 넓은 수사자가 사냥에 끼어들면 대개 실패한다. 수사자는 속도도 느리지만 큰 덩치와 갈기로 인해 너무 쉽게 눈에 띈다. 다만 아프리카 물소와 같은 초대형 사냥감의 경우 완력이 필요하기 때문에 그 때는 기꺼이 합세한다.

사실 호랑이는 사자에 비해 모든 면에서 날렵하고 깔끔하다. 따라서 호랑이가 쉽게 사자를 이길 것 같은 생각이 든다. 그러나 이는 우리가 아프리카 사바나의 뜨거운 낮 동안 게으른 사자 무리에 익숙해진 결과 일 것이다. 암사자에게 볼 수 있는 근육질의 날렵한 몸매와 사냥 실력은 암호랑이와 다를 게 없다. 문제는 수사자인데, 형편없는 사냥 실력에다 둔중한 체구에, 게으르고 느려 터진 걸 보면 호랑이와 겨룬 다는 게 어색할 정도다. 그러나 여기에 수사자의 강점이 숨겨져 있다. 수사자의 역할은 무리 내에서 사냥을 하는 데 있지 않다. 체구에 비해 큰 머리와 뺨과 목 가슴에 걸친 긴 갈기, 암컷보다 훨씬 큰 성적이형의 체구는 뭘 의미하는 걸까? 바로 '투쟁'을 목적으로 진화된 결과라 할 수 있다. 수사자는 무리를 지키고 수컷으로서 번식에 최선을 다하면 된다. 따라서 다른 수컷과 격투를 하기 위해 비대할 만큼 몸을 키우고 머리가 커졌으며, 부상 예방과 과시를 위해 갈기를 발달시켰다.

만약 도망치거나 숨을 곳이 없는 사각의 링에서 몸무게가 비슷한 숫호랑이와 수사자 간의 일대일 싸움이 일어난다면? 역시 힘센 놈이 이길 것이다.

사자는 호랑이, 재규어 등 커다란 고양이과 동물의 공통조상으로부터 진화하였다. 사자는 한반도에서 언제부터 어떤 경로로 들어와 살게 되었을까? 사자가 한반도에 존재하였다는 고고학적 증거들은 있다. 바로 고고학 유적에서 발굴되는 사자뼈이다.[3] 우리나라 구석기시대 동굴유적에 동굴사자, 사자의 뼈가 나온다. 북한지역에서 평양시 력포구역 대현동 유적의 동굴사자 뼈 12점, 평양시 승호구역 만달리 동굴에서 동굴사자 뼈 18점이 나왔다. 충북 청원군 문의면 노현리 두루봉 제9굴 동굴에서 사자 뼈 26종이 나왔는데, 이들은 모두 한 마리의 사자에게서 나온 것으로 가늠되고 있다. 충북 단양군 매포리 도담리 금굴유적, 충북 제천시 송학면 포전 용굴유적 등에서 사자 뼈가 나왔다. 구석기시대에 한반도에서 사자는 존재하였다. 그러나 빙하기와 간빙기의 교차에 따른 기후와 환경의 변화로 멸절되었을 것이다.

그후 신석기 청동기 등을 거치는 동안 사자와 관련된 유적이나 유물은 전혀 발견되지 않는다. 동물 자료들이 많이 등장하는 암각화,[4] 신라토우[5] 등에

---

3 조태섭, 2005,『화석환경학과 한국 구석기시대의 동물화석』, 혜안, 125~212쪽.
4 청동기시대의 바위그림에는 고기잡이를 하고 있는 여러 명의 사람과 사냥 장면, 멧돼지, 개, 사슴, 호랑이, 곰, 물고기, 거북, 고래 등이 그려져 있다. 이들 바위그림의 기본 내용은 당시 사람들이 자주 행한 고기잡이와 사냥 장면과 그 대상 동물들을 그리고 있다. 사자는 없다.
5 토우에 보이는 신라의 동물들은 개, 소, 말, 돼지, 양, 사슴, 원숭이, 토끼, 호랑이, 거북[혹은 자라],

금동대향로 뚜껑 사자

금동대향로 백제

도 사자를 찾아볼 수 없다.

그러다가 삼국시대에 불교 유입과 함께 사자가 우리의 역사와 문화 속에 등장하기 시작한다.[6] 삼국 중에서 불교를 가장 빨리 받아들인 고구려는 불상의 대좌,[7] 고분벽화[8] 궁전과 사찰을 수호하는 성격의 석사자상[9]이 제작된다. 백제

용, 새, 닭, 물고기, 게, 뱀, 개구리 등이다. 사자는 없다.

6 한국에 불교가 전파된 것은 372년(고구려 소수림왕 2) 6월 진(秦)나라의 순도(順道)와 아도(阿道)가 불경과 불상을 가지고 들어와 초문사(肖門寺)·이불란사(伊弗蘭寺) 등을 창건하고 설법을 시작한 것이 그 시초이다. 백제는 384년(침류왕 1) 인도의 승려 마라난타(摩羅難陀)가 동진(東晉)을 경유하여 입국, 왕의 우대를 받고 궁중에 머물다가 이듬해 남한산(南漢山)에 절을 짓고 포교를 시작하였다. 신라는 삼국 중에서 불교가 가장 늦게 전파된 나라로 527년(법흥왕 14) 이차돈(異次頓)의 순교가 있은 후 비로소 공인되었는데 그 후 급속히 발전하여 국가적 종교로 존숭되고 승려와 사원이 국가의 두터운 보호를 받게 되었다. 국가 안태(安泰)와 왕실의 번영을 비는 호국불교로서의 신라불교는 사상·정치·문화·외교·국민생활에까지 지대한 영향을 끼쳤을 뿐만 아니라 건축·공예 방면에도 찬란한 예술의 꽃을 피웠다.

7 고구려의 사자좌 불상은 3점 정도 알려져 있다. 1959년 서울 뚝섬에서 발견된 금동여래좌상은 5세기경의 작품으로 불상 대좌에 사자(獅子座)를 표현했다. 사자좌는 인도에서 시작하여 3세기경 중국에 전해져 널리 유행했다. 사자상은 대좌 좌우 대칭으로 배치되었고 얼굴의 마모가 심하나 이빨을 크게 드러내어 익살스런 모습이다. 그 외 청원 비중리 부처와 보살, 조선중앙력사박물관 소장 부처 대좌 등이 있다(국립경주박물관, 앞의 책(2006), 9~15쪽).

8 고구려 벽화 고분에도 새와 동물 그림이 바위그림 못지않게 많이 등장한다. 새그림으로는 학, 꿩, 공작, 백고, 까치, 부엉이, 봉황, 주작, 닭 등 현실에 있는 새도 있고 상상의 새도 있다. 동물 그림으로는 범, 사슴, 멧돼지, 토끼, 여우, 곰, 뱀 등 산짐승과 소, 말, 개 등 집짐승들이 그려져 있다. 특히 장천1

백제 금동대향로[10] 뚜껑에 사자가 있다.

2. 나무인형 사자木偶師子와 이사부

신라의 경우 토착신앙과 독특한 문화체계를 갖추고 있어 고구려 백제와 달리 불교가 어려운 과정을 통해 공인을 받게 된다. 고구려가 불교를 공인한 이후 거의 150년 후에 비로소 신라에서 불교가 공인되었다. 그러나 그 이후 신라의 불교문화는 고구려 백제 못지않게 신라에서 꽃을 피웠다. 이즈음에 사자도 본격적으로 한반도에서 실제 모습이 아니라 도·상圖·像으로 등장하게 된다. 사자는 불교와 함께 유입되어 한국의 역사와 문화 속에 등장한다는 것은 움직일 수 없는 사실이다. 그런데 신라는 불교가 공인되기 이전인 지증왕 13년(512)에 이사부가 우산국을 복속시키는데 나무인형 사자를 이용했다. 신라의 불교 공식인정이 법흥왕 14년(527)이다. 사자의 출현은 불교가 공인되기 15년 이전이다. 삼국시대 한반도에는 신라보다 앞서 150년 이전에

호무덤 예불하는 벽화의 불상대좌에 사자가 확인된다. 사자는 중앙의 향로를 중심으로 대좌의 아랫단에 묘사되어 있다. 모두 바깥쪽으로 향하고, 혀를 길게 내밀고, 꼬리는 위로 올렸다. 두 갈래로 나뉜 꼬리 끝이 고사리 모양으로 말렸다. 오른쪽 사자상은 머리 갈기가 길며, 왼쪽 사자상은 머리 갈기가 없어 각각 수사자와 암사자로 추정된다(국립경주박물관, 앞의 책(2006), 10~11쪽).

9 고구려의 석사자는 두 사례가 있다. 조선중앙역사박물관에 소장된 사자상은 높이가 65cm인데 원래 고구려 평양성 내성의 궁전 안에 세워졌던 것으로 전해진다. 사자는 앞다리를 곧게 일직선으로 세워 몸에 바싹 밀착시킨 자세로 앉아 있다. 영명사터 석사자는 높이가 84.5cm로 현재 개성박물관에 전시되어 있다. 사찰 수호의 기능을 하였던 것으로 추정된다. 암수 한쌍으로 암사자상은 갈기의 표현이 없으며 매우 소박한 반면 갈기가 표현된 수사자상은 암사자상보다 크기가 조금 작다(국립경주박물관, 앞의 책(2006), 14~15쪽).

10 백제금동대향로 뚜껑에는 꼭대기 봉황을 비롯하여 사자, 호랑이, 코끼리, 원숭이 등 모두 42마리의 동물과 17명의 인물이 74 곳의 봉우리와 그 사이사이에 돋을새김되어 있다. 사자상은 향로 뚜껑 제일 아랫부분에 배치되어 있는데, 앞으로 걸어가다가 고개를 뒤로 제쳐 뒤돌아보는 모습이다. 몸체 아랫부분에는 새끼사자가 어미의 배에 머리를 파묻고 있다. 위로 올린 꼬리 끝이 말려 두 갈래로 갈라졌다(국립경주박물관, 앞의 책(2006), 16~17쪽).

고구려를 통해 불교가 유입되었고, 불교문화와 함께 사자도 들어왔다. 신라에서 불교의 공인은 늦었지만 사자의 대한 관념이나 형상을 불교가 공인되기 이전이 신라에서 널리 알려졌을 것이다. 우선 이사부에 대한 행적을 삼국사기와 삼국유사의 기록을 통해 살펴보자.

남산탑곡 마애조상군 북면 신라 7세기

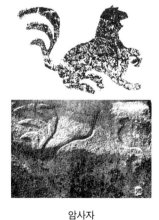

암사자

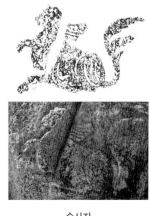

수사자

① **이사부**異斯夫【혹은 태종苔宗이라고도 하였다.】는 성이 김씨요, 내물왕의 4대손이다. 지도로왕智度路王 때 연해 국경지역의 지방관이 되었는데, 거도 居道의 꾀를 답습하여 **마희馬戱로써 가야국加耶國**【가야加耶는 또는 가라加羅 라고도 하였다.】**을 속여 취하였다.**[11]

② 지증왕 6년(505) 봄 2월에 왕이 몸소 나라 안의 주州·군郡·현縣을 정하였 다. 실직주悉直州를 설치하고 이사부異斯夫를 군주軍主로 삼았는데, **군주軍 主의 명칭이 이로부터 시작**되었다.[12]

③ 지증왕 13년(512) 이사부가 **나무 사자로 위 협하여 우산국 복속**시켰다.[13]

④ 진흥왕 6년(545) 가을 7월에 이찬 이사부異斯 夫가 아뢰었다. "나라의 역사는 임금과 신하 의 선악을 기록하여 포폄褒貶을 만대萬代에 보이는 것이니, 이를 **편찬**하지 않으면 후대

에 무엇을 보이겠습니까?" 왕이 진실로 그렇다고 여겨 대아찬 거칠부居柒夫 등에게 명하여 선비들을 널리 모아 [국사를] 편찬케 하였다.[14]

---

11 異斯夫或云苔宗 姓金氏 奈勿王四世孫 智度路王時 爲沿邊官 襲居道權謀 以**馬戱誤加耶或云加羅 國 取之**(『三國史記』卷第四十四 , 列傳 第四, 異斯夫 條)
12 六年春二月 王親定國內州州郡縣 置悉直州 以異斯夫爲軍主 軍主之名始於此 (『三國史記』卷4, 新羅 本紀 第4, 智證麻立干 條)
13 『三國史記』卷4, 新羅本紀 第4, 智證麻立干 條 : 『三國史記』卷第四十四 , 列傳 第四, 異斯夫 條 : 『三 國遺事』卷 第1, 奇異 第1, 智哲老王 條.
14 六年秋七月 伊湌異斯夫奏曰『國史者記君臣之善惡 示褒貶於萬代 不有修撰 後代何觀?』王深然之 命大阿湌居柒夫等 廣集文士 俾之修撰 (『三國史記』卷4, 新羅本紀 第4, 眞興王 條)

⑤ 진흥왕 재위 11년(550), 즉 대보大寶 원년에 백제가 고구려의 도살성道薩城
을 함락하고, 고구려가 백제의 금현성金峴城을 함락하였다. 왕이 두 나라
군사가 피로에 지친 틈을 타서 이사부에게 명하여 군사를 내어 공격하게
하여 두 성을 취하여 증축하고 갑사甲士를 머물게 하여 지켰다. 이때 고구려
에서 군사를 보내 금현성을 공격하다가 이기지 못하고 돌아가니 **이사부가
추격하여 크게 이겼다.**[15]

⑥ 진흥왕 23년 (562) … 9월에 가야가 반란을 일으켰으므로 왕이 이사부에
명하여 토벌케 하였는데, 사다함斯多含이 부장副將이 되었다. 사다함은 5천
명의 기병을 이끌고 앞서 달려가 전단문前檀門에 들어가 흰 기旗를 세우니
성 안의 사람들이 두려워 어찌할 바를 몰랐다. **이사부가 군사를 이끌고 거기
에 다다르자 일시에 모두 항복하였다.** 전공을 논함에 사다함이 으뜸이었으
므로, 왕이 좋은 토지와 포로 200명을 상으로 주었으나 사다함이 세 번이나
사양하였다. 왕이 굳이 주므로 이에 받아 포로는 풀어 양인良人이 되게 하고
토지는 군사들에게 나누어 주니, 나라 사람들이 그것을 아름답게 여겼다.[16]

위의 사료에서 이사부의 진면목을 엿볼 수 있다. 내물왕의 4대 손으로 김
씨 성을 가진 이사부는 혈통적으로도 최상의 계급이다. 이사부는 당대 최고
의 군사전략가였고 정복자였다. 그는 마희로서 가야를 정벌했고, 나무인형
사자로 우산국을 복속시키고, 고구려 군사의 공격을 이기고, 가야의 반란을

---

15 眞興王在位十一年 大寶元年 百濟拔高句麗道薩城 高句麗陷百濟金峴城 王乘兩國兵疲 命異斯夫 出
    兵擊之 取二城增築 留甲士戍之 時高句麗遣兵來攻金峴城 不克而還 異斯夫追擊之大勝(『三國史記』
    卷第四十四 ,列傳 第四, 異斯夫 條)
16 二十三年 九月 加耶叛 王命異斯夫討之 斯多含副之 斯多含領五千騎先馳 入栴檀門 立白旗 城中恐
    懼 不知所爲 異斯夫引兵臨之 一時盡降 論功 斯多含爲最 王償以良田及所虜二百口(『三國史記』卷
    4, 新羅本紀 第4, 眞興王 條).

석사자 분황사 모전석탑 신라(634)

사다함과 일시에 항복시켰다. 또한 그로부터 신라의 주군현의 제도가 시작
되었고, 왕에게 국사國史를 편찬 하도록 건의한 거시안을 가진 역사가였다.
이 글에 주요 논점인 이사부가 나무인형 사자를 이용해서 우산국을 복속시킨
기록을 좀더 상세히 검토해보자, 이 사실은 삼국사기에 2번 삼국유사에 1번
기록되어 있다.

> (지증왕) 13년(512) 여름 6월에 우산국于山國이 항복하여 해마다 토산물을 바
> 쳤다. 우산국은 명주溟州의 정동쪽 바다에 있는 섬으로 혹은 울릉도鬱陵島라고도
> 한다. 땅은 사방 100리인데, 지세가 험한 것을 믿고 항복하지 않았다. 이찬 이사부
> 異斯夫가 하슬라주何瑟羅州 군주가 되어 말하기를 "우산국 사람은 어리석고도 사
> 나워서 힘으로 복속시키기는 어려우나 꾀로는 복속시킬 수 있다." 하고, 이에 **나**
> **무로 된 허수아비 사자를 많이 만들어 전함에 나누어 싣고 그 나라 해안에 이르러**
> **거짓으로 "너희가 만약 항복하지 않으면 이 사나운 짐승을 풀어 밟아 죽이겠다."**
> 고 말하자 그 나라 사람들이 두려워 곧 항복하였다.[17]

제3부 인간 · 동물민속 연구

[지증왕] 13년 임진(512)에 [이사부는] 아슬라주阿瑟羅州[현재의 강원도 강릉시] 군주가 되어 우산국于山國[현재의 경북 울릉도] 의 병합을 계획하고 있었는데, 그 나라 사람들이 어리석고 사나워서 위력으로는 항복받기 어려우니 계략으로써 복속시킬 수밖에 없다 생각하고, 이에 **나무 사자를 많이 만들어 전선戰船에 나누어 싣고, 그 나라 해안에 다다라 거짓으로 말하기를 "너희들이 항복하지 않으면 이 맹수를 풀어놓아 밟아 죽이겠다."고 하였다. 그 사람들이 두려워서 곧 항복하였다.**[18]

아슬라주阿瑟羅州【지금 명주溟州】동해중東海中에 순풍順風 이일정二日程에 우릉도于陵島【지금은 우릉羽陵이라고 쓴다】가 있으니 주위周圍가 26,130보二萬六千百三十步이다. 도이島夷가 그 해수海水의 깊음을 믿고 교만하여 조공朝貢하지 않거늘 왕王이 이찬伊湌 박이종朴伊宗으로 하여금 군사를 거느리고 가서 치게 하였다. **이종伊宗이 나무로 사자獅子를 만들어 큰 배에 싣고 위협威脅해 말하되 항복하지 않으면 이 짐승을 놓으리라 하니, 도이島夷가 두려워서 항복降服하였다.** 이종伊宗을 포상褒賞하여 그 주州의 장관長官을 삼았다.[19]

이사부는 나무인형 사자를 많이 만들어 배에 싣고가 우산국 사람들을 나무인형 사자로 위협해서 복속시켰다는 사실은 틀림없다. 이사부가 그 당시에 일반인들에게는 처음 알려졌거나 거의 알려지지 않은 무섭고 기이한 사자

---

17 十三年夏六月 于山國歸服 歲以土宜爲貢 于山國在溟州正東海島 或名鬱陵島 地方一百里 恃不服伊異斯夫爲何瑟羅州軍主謂 "于山人愚悍 難以威來 可以計服" 乃多造**木偶師子** 分載戰船 抵其國海岸 告曰 "汝若不服 則放**此猛獸踏殺之**" 國人恐懼 則降(『三國史記』卷4, 新羅本紀 第4, 智證麻立干 條).

18 至十三年壬辰 爲阿瑟羅州軍主 謀幷于山國 謂其國人愚悍 難以威降 可以計服 乃多造木偶師子 分載戰舡 抵其國海岸 詐告曰 "汝若不服 則放此猛獸 踏殺之" 其人恐懼則降(『三國史記』卷第四十四, 列傳 第四, 異斯夫 條).

19 又阿瑟羅州(今溟州)東海中, 便風二日程有于陵島(今作羽陵), 周迴二萬六千七百三十步, 島夷恃其水深, 驕傲不臣, 王命伊喰朴伊宗將兵討之, 宗作**木偶師子**, 輪於大艦之上, 威之云不降則**放此獸**, 島夷畏降. 賞伊宗爲州伯(『三國遺事』卷 第1, 奇異 第1, 智哲老王 條).

를 이용했다. 이사부는 이미 한번 마희로서
가야를 정복한 군사전략가이며 지략가였고,
역사가였다. 진정한 싸움에 승자는 싸우지
않고 이기는 것이다. 이사부는 나무인형 사
자를 통해 싸우지 않고 우산국을 복속시킨 것
이다. 고려 성종 때 서희가 담판을 통해 거란
소손녕의 수십만 대군을 싸우지 않고 돌려보
냈을 뿐만 아니라 고구려의 옛 땅 강동6주까
지 되돌려 받았던 사실은 역사에 잘 서술되어
있다. 어쩌면 이사부의 나무인형사 자전략
으로 싸우지 않고 이기는 전략이 서희의 담판
의 전범典範이지 않았을까? 이사부의 식견과
능력으로 그는 이미 그 당시에 사자에 대한

트로이 목마 모형 터키

형상과 성격을 충분히 이해하고 있었다고 추측해 볼 수 있다. 새롭게 등장한
존재로 엄청난 힘과 무서운 외형을 가진 백수의 왕이자 불교의 호법신인 사
자를 전장에서 충분히 활용할 수 있었을 것이고 그것을 우산국 복속 때 군사
전략으로 이용했다. 그렇다면 이사부가 만든 나무인형 사자는 어떤 모습이
었을까?

첫 번째 사자를 만든 재료가 나무였다는 사실은 분명하다. 현존하는 신라
와 통일신라의 동물 유물은 대부분 흙, 돌, 금속 등의 재질로 이루어졌다. 흙
과 돌, 금속 등이 재질로서도 그렇게 사실적이고 예술적으로 만든 신라인들
의 솜씨와 예술을 고려했을 때 나무인형 사자는 아주 정교하게 실감나게 제
작되었을 것이다.

두 번째 나무인형 사자의 크기는 얼마였을까? 트로이 목마처럼 엄청나게
컸을까? **트로이 목마**Trojan Horse그 트로이아 신화에서 나오는 트로이 전쟁 때
나무로 이루어져 있고 사람이 그 안에 숨을 수 있다. 그리스군과 트로이군이

제3부 인간 · 동물민속 연구

10년 동안이나 계속된 이 전쟁은 오디세우스의 계책으로 그리스군의 승리로 끝났다. 그리스군은 거대한 목마를 남기고 철수하는 위장 전술을 폈는데, 여기에 속아 넘어간 트로이군은 목마를 성 안으로 들여 놓고 승리의 기쁨에 취하였다. 새벽이 되어 목마 안에 숨어 있던 오디세우스 등이 빠져 나와 성문을 열어 주었고 그리스군이 쳐들어와 트로이성은 함락되었다. 이 트로이 목마는 엄청 크다.

나무인형 사자를 여러 마리 만들어 배에 나누어 싣고 갔다는 "乃多造木偶師子 分載戰船", "乃多造木偶師子 分載戰舡", "作木偶師子, 輜於大艦之上" 등의 기록이 있다. 사자를 싣고 간 배가 전선戰船, 배航 대함大艦 등으로 싸움을 위한 배여서 당시의 일반 배와 차이는 있겠지만 당시의 배의 제조기술과 운반능력을 고려했을 때 트로이 목마처럼 그렇게 큰 나무인형 사자는 아니었을 것이다. 그런데 신라의 사자유물은 어떤 모습이고 그 크기는 얼마일까?

이사부가 나무인형 사자를 만든 지 122년 후 가장 가까운 시기에 만들어진 분황사 모전석탑 석사자石獅子에 답이 있지 않을까 생각한다. 분황사 모전석탑은 현전하는 신라 석탑 중에서 가장 오래된 선덕여왕善德女王 3년(634)으로 보고 있다. 분황사에서 발견된 사자상은 총 6구로, 4구는 모전석탑의 기단부 네 모서리에 각각 배치되어 있고, 나머지 2구는 국립경주박물관에 옮겨져 전시하고 있다. 분황사 모전석탑 동쪽에 위치한 2구는 마멸이 심하다. 눈과 입의 표현과 목 밑의 갈기흔적, 당당한 앞가슴 등에서 사자의 형상을 찾아볼 수 있다. 사자의 신체는 뒷다리를 구부린 채 상체를 들고 있다. 서쪽에 위치한 2구는 앞다리를 꼿꼿이 세우고 앉은 자세에 갈기를 머리 밑에서 둥글게 말린 층단형으로 표현한 당나라의 영향을 받은 전형적인 통일신라 사자상이다. 현재 국립경주박물관에 전시되고 있는 두 사자상은 『朝鮮古蹟圖譜』의 옛 사진 통해 볼 때, 탑 앞에 있었던 것임을 알 수 있다. 크기는 각각 94.7, 88.4, 117.5, 115, 85, 88cm이다. 신라의 것으로는 모전탑의 동쪽의 사자상으로 그 높이가 85~94.7cm이다.[20] 현재 자연생태계의 사자의 구체적 체형은 몸길이

165~250cm, 꼬리길이 75~100cm, 몸무게 100~250kg 등이다. 나무인형 사자 여러 마리를 배에 나누어 실었다는 기록으로 봐서 그 크기는 현재 분황사 모전석탑 석사장과 비교하여 비슷했거나 위협하기 위해 좀더 과장되게 만들었을 수도 있겠다.

세 번째 나무인형 사자의 외형은 어떤 모습이었을까? 나무인형 사자의 외형적 모습도 석사자들의 외형적 모습과 큰 차이가 없었을 것이다. "본 뱀은 못 그려도 안 본 용을 그린다"는 우리 속담처럼 그 당시 실제 살아있는 사자를 보지 못했지만 오히려 사자는 일정한 틀을 지닌 모습으로 정형화되었다고 볼 수 있다. 이사부의 나무인형 사자는 아마 그 이후에 만들어지는 신라 사자상의 전범典範 또는 전형典型이 되었을 것이다. 신라 7세기경에 제작된 것으로 추정되는 남산 탑곡 마애조상군 북면에 두 마리의 사자가 있다. 남산 탑곡의 북쪽 바위 면은 높이 10m 너비 6m의 크기인데, 여기에 본존불을 중심으로 좌우로 2기의 탑이 웅장하게 솟아있다. 그 탑 아래에 두 마리의 사자가 서로 마주보며 배치되어 있다. 왼쪽에 입을 다물고 있는 사자는 머리 갈기가 있어 수사자로 생각되고, 오른쪽에 입을 벌리고 있는 사자는 갈기가 없어 암사자로 추정된다. 두 마리 모두 뒷다리를 바닥에 짚고 있으며 앞다리는 위로 들어 올려 도약하는 듯한 자세를 취하고 있다. 위로 올린 꼬리의 끝이 세 갈래로 갈라져 있는 것이 특징이다. 삼국시대에는 대체적으로 암수 사자 한 쌍을 대칭으로 배치하여 머리갈기와 입 크기를 다르게 표현했다.[21] 삼국시대의 사자 자세는 앉은 자세에서 상반신을 세운 것이 특징이며, 실제 사자의 형상과는 다소 다르게 표현했다. 분황사의 사자상이 바로 이런 모습이고, 남산 탑곡 마애조상군 북면은 천마도처럼 도약하는 자세이다. 이사부가 이보다 100여 년 이전에 만든 나무인형 사자도 이 사자의 외형과 모습이 크게 벗어나지는

20   국립경주박물관, 앞의 책(2006), 108~111쪽.
21   국립경주박물관, 앞의 책(2006), 32~33쪽.

않았을 것이다. 현존하는 한국 동물상의 대부분은 앞다리를 세우고 뒷다리는 구부린 반좌半座의 형태이다.

삼국시대 사자상[22]

구분	유물명	시대	형태·기능	소재지
고구려	장천1호분 예배상 사자상	고구려 (5세기)	고분벽화	중국 집안시 장천1호분
	금동불대좌 사자상	고구려	불상좌대	원 : 평양 월일리 현 : 조선중앙역사박물관
	석사자상	고구려	궁궐수호	원 : 평양 평양성 현 : 조선중앙역사박물관
	석사자상	고구려	사찰수호	원 : 평양 영명사지 현 : 개성박물관
백제	금동대향로 사자상	백제 (7세기)	불교용품	원 : 부여 능산리사지 현 : 국립부여박물관
신라	탑곡 마애조상군 사자상	신라 (7세기)	불법수호	경주 남산 탑곡
	분황사 모전석탑 동쪽 사자상	신라 (643년경)	불법수호	경주 분황사

3. 사자獅子문화의 전개

우리나라에는 본래 사자가 서식하지 않았으나, 불교의 유입과 함께 삼국시대에 사자상의 이미지가 전해져 불법을 수호하는 상징적 동물로 인식되었다. 삼국시대 이후 호법과 호위의 역할을 하던 사자는 통일신라 이후 석불, 부도, 석탑, 석등, 석비 등 불교미술품에 다양하게 나타난다.[23]

---

22 권강미, 「통일신라시대 사자상의 수용과 전개」, 『新羅의 獅子』, 국립경주박물관, 2006, 215쪽.
23 권강미, 앞의 글(2006), 210쪽.

일찍이 불교에서는 사자가 두려움이 없고 도든 동물을 능히 굴복시키는 '백수의 왕'이라는 관념이 도입되어 부처를 사자에 비유해 '인중사자人中獅子'라고 한다. 불교에서는 사자의 용맹함을 빌어 불법을 수호하는 존재로 삼을 뿐만 아니라, 부처와 불법의 위엄을 사자에 비유하기도 한다. 부처의 설법을 '사자후獅子吼'라 하여, 사자의 울음이 뭇짐승들의 몸을 사리게 하듯이 부처의 설법이 삿된 무리와 사견邪見을 몰아내는 것에 비유하고 있다.

『대지도론大智度論』제4에서는 「상신사자상上身獅子相 : 상반신의 위용 단엄함이 사자와 같다」, 「사자협상獅子頰相 : 두 뺨이 사자와 같다」라고 하여 부처의 형상을 사자에 비유하고 있으며, 부처가 앉은 자리를 '사자좌' 부처의 설법을 '사자후'라고 말한다. 부처가 용맹 정진하여 삼매에 든 것을 사자가 기운 뻗는 용맹한 자세에 비유하여 「사자분신삼매獅子奮汛三昧」라고 한다.

『삼국유사三國遺事』에 보면 자장이 수도하던 중에 삼태기에 죽은 강아지를 가지고 와서 만나자고 했으나 그 거사를 알아보지 못하고 쫓아내니 그 거사가 삼태기의 개를 사자보자獅子寶座로 만들고 거기에 앉아 빛을 발하고 가버렸다고 적고 있다.[24]

불법을 수호하는 신비스런 동물로 인식된 사자상은 불교의 발생국인 인도에서 기원전 3세기경 아쇼카왕의 석주石柱에 표현되기 시작하여 이후 불상의 대좌로도 사자좌가 나타난다. 불교의 동점과 함께 중국을 거쳐 우리나라에도 불법의 수호자로서 사자상이 도입되었다. 석탑의 사방마다 사자상 4마리를 배치는 하는 것은, 사자가 상징하는 것은 부처님의 설법과 목소리를 사방에 널리 퍼지게 한다는 의미가 숨어 있다. 부처의 진리가 온누리에 가득하다는 것을 드러내는 것이라 하겠다.[25]

---

24   狗變爲獅子寶座 陞坐放光而去(『三國遺事』卷四 義解第五 慈藏定律 條).
25   문화재청 · 사단법인성보문화재연구원, 『한국의 사찰벽화, 사찰건축물 벽화조사보고서 경상남도1』, 2008, 164~165쪽.

삼국이후 통일신라에 이르면 불상의 대좌를 비롯하여, 불탑, 석등, 부도 등 불교와 관련된 다양한 석조물에 적극 활용되었다. 불상을 수호하는 사자, 불탑을 수호하는 사자, 불교석조물에 표현되어 불법을 수호하는 존재가 사자이다. 또한 능묘와 왕성의 수호신상으로 사자는 권위의 상징이었다. 그런가 하면 사자는 대부분 불을 수호하는 역할을 하여 사자문양은 향로 등에 표현되고, 사자추, 기와 등 생활 속의 의장품으로도 활용되었다. 그런가 하면 사자춤도 있었다. 백제에서 일본으로 전해진 기악伎樂과 신라의 잡희인 오기五伎 중 산예狻猊도 사자춤의 형태이다.

　　기악이란 말은 불교경전에도 자주 보이는 말로서 부처를 공양하기 위한 가무歌舞를 뜻한다. 백제 기악에 대한 기록은『일본서기日本書紀』에 '612년 백제인 미마지가 귀화하여 오국吳國에서 배운 기악을 일본에 전하였다'고 한다. 그러나 일본서기에는 기악의 내용이 없고 13세기 중엽에 쓰여진『일본악서 教訓抄日本樂書 敎訓抄』속에 그 내용이 대략 전한다. 사자와 관련된 것만 정리하면 다음이다. "집합장소로부터 놀이마당까지 음악에 맞춰 길놀이가 있다. 이것을 행도行道라고 한다. 서는 순서는 먼저 사자, 다음으로 춤추는 사람, 피리부는 사람, 관을 쓴 사람들, 타악기를 치는 사람들이 따른다. 먼저 사자가 춤을 춘다. 사자는 오색 사자이며, 몸 속에 보통 두 사람이 들어가고 사자아獅子兒라고 부르는 미소년이 이끈다. 사자는 세 번 크게 입을 벌리고, 세 번 높이 뛰었다가 낮게 추었다가 한다."[26]이 모습은 요즘의 사자춤과 똑같다.

　　신라의 오기는 최치원(857~?)의「鄕樂雜詠五首」라는 시에 나오는 금환金丸(곡예), 월전月顚(탈춤의 일종), 대면大面(귀신 쫓는 탈춤놀이), 속독束毒(춤의 일종), 산예狻猊(사자춤) 등 다섯 가지의 놀이다.[27]

26　李杜鉉, 1980,『韓國의 假面』, 一志社, 41~46쪽.
27　『三國史記』, 卷第三十二 雜志第一 樂 條.

遠涉流沙萬里來	만리 길 사막을 건너 멀리도 왔으며
毛衣破盡着塵埃	털옷은 헤어지고 먼지가 앉았구나
搖頭掉尾馴仁德	머리는 흔들 꼬리는 슬렁! 어질게도 길들었다
雄氣寧同百獸才	웅장한 그의 기상 여느 짐승과 같을 손가?

산예에 대한 싯구이다. 사자춤과 사자의 기상을 칭송하고 있다. 그런가 하면 우륵이 지은 12곡 가운데 제 8곡이 사자기獅子伎이다.[28] 사자의 탈을 쓰고 악귀를 쫓고 복을 맞아들이는 사자춤은 동양 여러 나라에서 민속화 되었다. 그 기원은 중국의 학자들은 서역西域의 구자국龜玆國(지금의 신강성 광동부근)에서 비롯되어 한대漢代에 중국으로 들어온 것이라 하였으며, 수隋, 당唐시대에는 각지에서 성행하게 되었고, 지금도 중국의 중요한 민속무용으로 되어 있다. 이 놀이는 신라 초기에 당나라에서 전래되어 성행하다 다시 일본으로 건너가 그곳의 중요한 민속무용이 되었다. 이 사자춤의 연원은 삼국시대로 거슬러 올라가며, 근래까지도 중북 이북지방에 널리 전승되었다. 봉산, 황주, 강령, 통영, 북청 등에서 사자탈을 쓰고 행해지는 사자춤은 백수의 왕인 사자의 힘을 빌려 사귀를 몰아내고 경사로운 일이 생겨 마을의 평안을 기원한다.

이처럼 삼국시대 이래 한국의 역사와 문화 속에서 사자는 유·무형의 사자문화를 형성되어 전승되어 왔다. 최근 지역의 입구, 교량, 건축물 앞에 석사자상을 세우는 것이 유행처럼 번지고 있다. 쌍사자를 세우는 사자의 문화문법이 있으나 암수 한 쌍이 아니라 대부분 수사자 두 마리를 마주보게 한다. 후손들이 21세기 사자의 역사와 문화를 읽는다면 아마 문화문법에 맞지 않는 요상한 문화를 만들어낸다고 웃지 않을까!

---

28 于勒所製十二曲 …八曰 獅子伎…(『三國史記』, 卷第三十二 雜志第一 樂 條).

통일신라의 사자들

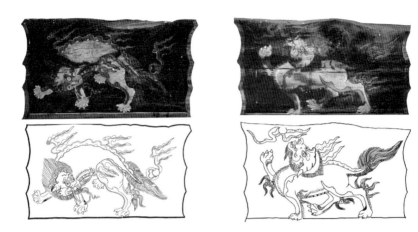

통도사 약사전 사자 벽화 조선
문화재청 · 사단법인성보문화재연구원, 『한국의 사찰벽화, 사찰건축물 벽화조사보고서 경상남도1』, 2008

| 현대의 석사자상 1 | 현대의 석사자상2 | 현대 사자석상3 |

06

지역상징동물 연구

1. 서론

　옛날 우리 조상들의 일상생활에서 동물이 차지하는 부분은 적지 않았다. 고대인에게 있어서 동물들이 차지했던 이른바 '동물과 인간의 문화'는 고고 유물·미술자료·문헌·민속 등을 통해서 그 일면을 상고해 볼 수 있다. 또한 한국인의 의식 속에 자리잡고 있던 동물들의 상징적 의미들은 숱한 시간이 지난 지금까지도 여전히 우리들의 의식 속에 잠복해 흐르고 있다. 어떤 동물은 부정적 의식 때문에 꿈에서라도 나타나면 재수없다고 여겨지고, 또 다른 어떤 동물은 귀엽지도 않고 해로운 존재임에도 불구하고 오히려 숭배의 대상이다. 이러한 의식은 그 동물의 외모나 일상생활에서 해롭거나 이로운 점을 떠나서 그 민족의 문화 속에서 형성된다. 우리의 일상생활에서 충성스러운 동물인 개犬가 꿈에 나타나면 '개꿈'으로 재수가 없다고 생각되었고 외모로 보아 손색이 없는 노루도 불길한 동물로 인식되었던 것이 그 예다.

　동물민속은 동물에게 영력靈力을 인정하고, 이를 통하여 자연과 인간의 관계를 비롯, 인간생활의 여러 가지 측면에 대한 이해와 해석을 표현하고 있다.

06 지역상징동물 연구　　　　　　　　　　　　　　　　　　177

이들 동물상징의 유물은 고대인의 의식세계를 반영한 것이며 생활상의 일부분이다. 동물민속의 연구의 시작은 바로 여기서 시작된다. 한국문화 속에 동물이 어떻게 투영되어 동물민속으로 나타나는가를 규명하는 일은 곧 한국문화체계 속에서 한국인의 의식구조를 동물을 통해서 밝히는 것이다.

동물민속 연구[1]는 다른 분야의 민속연구와는 달리 고고 출토품과 미술자료 등 구체적인 동물 표현물과 그 기본 속성에 대해 주목할 필요가 있다. 언어는 정보를 전달하기 위한 기호체계로 구성되어 있다. 한국문화 속에 등장하는 다양한 동물들은 여러 문화적 관계 속에서 속성屬性, 기호記號의 상징체계로서 전시대全時代와 전영역全領域에 걸친 문화정보를 전달하고 있다. 동물기호와 상징은 문화의 비밀을 푸는 또 하나의 암호이며, 열쇠이다.

문화와 역사는 항상 현재진행형이다. 과거, 현재, 미래는 외따로 떨어진 게 아니라 뫼비우스의 띠처럼 연결되어 있다. 문화는 현재이다. 현재 우리의 생활이 문화이고, 이것이 미래의 전통문화로 전이되는 것이다.[2] 동물기호와 상징도 마찬가지다. 동물민속은 과거, 현재, 미래전설(?)처럼 계속 만들어지고 있다. 재수없는 동물이었던 사슴, 노루는 '목가지가 긴 고고한 동물'로, 원숭이의 단장斷腸의 슬픔이 '님이 넘던 단장의 미아리 고개'로 의미 변환이 이루어졌다. 다음의 신문기사에서 현재에서도 살아 있고 미래전설로 형성되어 가는 동물기호와 상징을 읽을 수 있다.[3]

1   필자는 『운명을 읽는 코드 열두 동물』(서울대학교출판부, 2008.02.01), 『한국말민속론』(한국마사회 마사박물관, 2006.05), 『한국동물민속론』(민속원, 2003.01) 등을 통해서 일련의 작업을 왔다.
2   필자는 '지금 여기'라는 주제로 다음 논문에서 강조한 바 있다. 「박물관의 조사연구(국립민속박물관을 중심으로)」(『博物館學報』 14 · 15집, 한국박물관학보, 2008.12, 203~225쪽), 「민속박물관과 현대생활자료」(『韓國民俗學』 45, 민속학회, 2007.06)
3   최근 동물과 관련된 다른 기사들이 많다. '1억 이상 복권 당첨자 23% '돼지꿈' (2002.02.16., 조선일보), 北학자가 설명한 동물의 지진 예지력(2005년 1월 26일, 연합뉴스), 새들은 지진 미리 알았나(2005년 10월 9일, 조선일보), 쌍춘년에 결혼해서 황금돼지해에 아이 낳자(2007년 황금돼지띠 관련 보도) "두 돼지가 나타나 두 뱀을 잡아 먹는다"(2007년 대선관련 보도) 등.

경남 창녕의 화왕산火旺山 화재 이후 인터넷에서 '해태상의 저주', '청동거북의 저주' 등 괴담이 돌고 있다. 촛불시위, 용산 참사 등 잇단 '불'과 관련된 참사 때마다 되풀이되던 괴담이 숭례문 참사 1주년을 맞아 더욱 불거지고 있는 것이다. 괴담의 골자는 '불을 먹는다'는 상상의 동물인 해태상이 광화문 공사현장에서 먼지와 소음에 시달리면서 전국에 가뭄이 들고 화왕산에도 불이 났다는 것. 더구나 지난해 제 자리로 돌아간 해태상이 원래 위치와는 조금 다르게 자리 잡고 있어 소문을 더욱 부채질 하고 있다. 문화재청은 광화문 공사를 하면서 해태상을 창고에 치웠지만 지난해 여름, 지금의 자리에 놓았다. 그런데 이 위치가 원래 자리보다 도로 뒤쪽에 있다는 것이다. 풍수지리학적으로 관악산은 불의 산火山 또는 화형산火形山으로 불렸다. 이 때문에 광화문의 해태상은 관악산의 화기를 막기 위해 세워졌다는 속설이 있다.

설상가상으로 지난 9일 대보름 억새 태우기 행사 도중 수 십 여명의 사상자를 낸 화왕산도 예부터 '불의 기운'이 강한 산으로 알려져 있다. 과거에는 화산활동이 활발했다고 해서 지역에서는 '큰 불 뫼'로 불리기도 했다. 화왕산 아래에는 '용을 본다'는 뜻의 관룡사觀龍寺라는 오래된 사찰이 있는데, 공교롭게도 이 곳에도 역시 해태상이 있다. 범종각의 큰 북을 나무로 깎아 만든 해태상이 받치고 있는 것. 관룡사에 따르면 이곳 해태는 큰 탈 없이 제자리에 잘 있다고 한다.

또 다른 괴담은 지난 9일 최초 공개된 '청동용두靑銅龍頭의 귀龜'가 화왕산 참사를 몰고 왔다는 것이다. 숭례문 앞 연못인 '남지'의 터에서 발견된 '청동용두의 귀'는 음양오행 상 물을 상징하는 '현무玄武'로 추정되고 있다. 전문가들은 숭례문 현판을 세로로 쓴 것이 관악산의 화기를 막기 위한 것인 만큼 이 유물 역시 화기를 막기 위한 차원에서 만들어 연못 속에 넣은 것으로 보았다. 이 유물은 1926년 발견된 뒤 조선총독부 박물관을 거쳐 국립중앙박물관이 보관했으나 숭례문 참사 1주년을 기념해 전시된 것이다. '청동용두의 귀'는 10일 특별전 시작에 앞서 9일 언론에 먼저 모습을 드러냈다. 결국 연못 속에 있어야 할 물의 신水神이 뭍으로 나와 '구경거리'가 되는 바람에 저주가 시작됐다는 것이다.

호사가들이 풍수지리를 내세워 괴담으로 포장하는 일은 이번이 처음은 아니다. 앞서 지난해 숭례문 화재 때는 광화문 복원공사 현장에 있던 해태상이 다른 곳으로 치워져 숭례문이 혼자 불기운을 감당하지 못해 화마에 휩싸였다는 말이 돌았다. 최근 용산 참사 때도 관악산에서 숭례문을 거쳐 광화문까지 불기운이 지나가는 일직선 상 길목에 용산이 있어 화재가 발생했다는 소문이 돌았다.

(2009.02.11, 동아닷컴 최현정 기자 phoebe@donga.com)

이 글은 2009년 현재 276개 지방자치단체를 대상으로 그 지역 상징동물의 종류, 지정경위와 의미를 파악하고, 특히 지역의 상징동물로 가장 많이 차지하는 새鳥(비둘기, 까치 등)를 중심으로 동물기호와 상징이 어떤 문화적 변화를 겪고 있는지를 밝혀 보고자 한다.

2. 지역 동물기호와 상징 분석

1) 국내 · 외 도시상징물 활용사례 이해

세계적인 도시들은 각기 도시상징물을 만들어 활용하고 있다. 이런 도시들은 도시상징물을 통해서 유 · 무형적 효과를 얻고 있다. 무형적 측면에서는 지역민들로 하여금 장소 정체성을 갖게 하고 자긍심을 고취시키며, 대외적으로 외국인들에게 지역의 이미지를 각인시키는 효과를 갖는다. 유형적 효과로는 각인된 지역 이미지를 통한 관광객 증대와 문화산업의 활성화 등 경제적, 문화적 부가가치 창출을 꾀할 수 있다. 다시 말해 내부적으로는 시민통합에 기여하고 외부적으로는 지역경제를 활성화하는 효과를 동시에 얻을 수 있다. 상징동물은 역사, 규모, 독창성과 함께 이들을 뒷받침할 수 있는 의미와 이야기가 더해지면 인지도가 상징하고 상징성이 더 강력하게 작용하게 된다.

분류	해외 도시					
	뉴욕	베를린	도쿄	싱가폴	스위스	시카고
최근의 상징	빅애플	곰	은행잎	머라이언	소	구름의문
이미지						
상징 효과	매력적인 뉴욕	친근한 베를린	환경적인 동경	관광 수익 창출	즐거운 이벤트	도시 이미지 투영

계 주요 도시상징물

독일 베를린은 도시형성에 관련된 전설 속의 '곰'을 다양하게 활용하여 강력한 도시 이미지를 구축하고 있다. 싱가포르는 전설과 상상의 동물 '머라이언'을 도시 곳곳에 조성하고 문화상품으로 개발하여 도시의 대표 상징물로 만들었다. 코펜하겐은 '인어상'등 문화적 상징물로 이야기가 있는 도시 이미지를 구축했다.

서울특별시를 포함하여 전국 시도, 시군구 등의 지방자치단체에서는 이른바 각 지역을 상징하는 동물, 나무, 꽃 등을 지정하여 지역민들의 화합과 정체성 확립에 활용해 왔다. 최근 서울시는 상징동물을 왕범이에서 해치로 바꾸었다. 서울시는 도시경쟁력 확보를 위한 도시마케팅에 있어 고유의 이미지와 브랜드 형성이 핵심수단이다, 도시상징은 이러한 도시마케팅에 있어 핵심적인 역할을 한다고 인식하고 있다.

서울상징 개발을 위해 서울의 역사, 문화, 관광 등과 관련된 27가지 서울상징물을 선정하고, 이 중 어떤 상징물이 서울상징으로 적합한 지를 전통 역사적 요소, 자연환경적 요소, 도시문화적 요소로 구분해 조사했다. 그 결과 경복궁, 한강, 'N서울타워'가 가장 적합하다고 평가됐다. 서울시는 3가지로 압축된 대표적 상징물을 다시 상징력과 활용력을 기준으로 시민 및 외국인 대상 설문조사를 실시했고, 상징력과 활용력 면에서 모두 가장 뛰어난 점수를

서울 도시상징 '해치' 캘릭터와 문화상품

받은 '경복궁'을 서울상징 개발의 최종 방향으로 설정했다. 그러나 경복궁은 역사·문화적 대표성에도 불구하고 활용의 어려움이 있어 대체 방안으로 경복궁과 연관돼 있는 상징물 중 친밀감과 활용도가 매우 높은 해치, 호랑이, 봉황, 소나무를 추출했고 이를 대상으로 다시 상징력(역사성, 의미성, 관계성, 친밀성)과 활용력(매체 활용화, 문화산업화, 도시차별화)의 틀로 분석한 결과 해치가 최종 선정됐다. 해치는 도시 곳곳에 존재하는 또는 분포하는 대표적인 상징물(핵)로 서울의 문화적 응집력 확보, 도시의 아이덴티티 구축이 가능하다. 해치는 전통을 유지하면서(상징력) 현대적으로 활용이 가능한(활용력) 도시마케팅의 핵심전략요소로 활용하고 있다. 또한 해치는 다양한 방법으로 홍보하고 있다. 먼저 도시상징 브랜드 강화를 위해 서울상징 종합 시각화사업, 홍보영상 제작, 해치 문화거리 조성 등을 실행하고 있다. 컬쳐노믹스의 일환으로 해치 U-Tour System 개발, 해치 e-shop, 해치 상징사업 등을 중장기계획을 수립 추진하고 있다. 해치를 활용한 문화컨텐츠를 시민 공모를 하여 서울시민과 세계인이 함께 하는 '이야기가 있는 서울 상징물'로 만들어 가고 있다. 이미 많은 부분에서 구체적이고 가시적으로 진행되고 있다. 앞으로 서울을 상징하는 아이콘 '해치'를 글로벌마케팅 아이템으로 일관성 있게 활용하여, 싱가포르의 머라이언, 베를린의 곰처럼 '서울'하면 떠오르는 상징으로 전세계인에게 각인시켜 나간다는 계획이다. 서울시에서 해치를 상징동물로 지정하고, 활용하는 과정과 계획을 살핌으로써 다른 지역의 상황을 가늠해 볼 수 있겠다.

2) 지역상징동물 현황과 문화적 의미

각 지방자체단체는 그 지역상징동물로 어떤 동물들은 어떤 이유에서 지정했는가를 다음 6가지 경우로 나누어 분석할 수 있다.

① 일상적으로 친근한 동물 : 까치(63개 지역, 길조), 비둘기(60개 지역, 평화), 꿩(7개 지역), 꾀꼬리(3개 지역), 제비(4개 지역) 등
② 천연기념물로 지정된 동물 : 원앙(경기도 포천 천연기념물 제327호), 하늘다람쥐(강원도 영월군 천연기념물 제328호), 황조롱이(강원도 정선 천연기념물 제323호), 검은머리물떼새(충남 서천, 천연기념물 제326호), 괭이갈매기(전남 영광, 천연기념물 제389호), 백조(전남 진도 천연기념물 제201호), 매(경북 문경 천연기념물 제323호), 참매(서울 성동구 : 조선조 임금 매사냥, 천연기념물), 크낙새(경기도 남양주, 천연기념물 제197호)
③ 지역에 많이 서식하거나 도래하는 하는 동물 : 백로(서울 동대문구 등 20개 지역), 두루미(인천지 등 4개 지역) 왜가리(7개지역), 학(4개 지역), 산양(강원도 양구군), 곰(강원도), 반달곰(경남 함양), 제주큰오색딱다구리(제주도), 천둥오리(서울 마포구, 영등포구, 겨울철새), 갈매기 괭이갈매기(동해, 남해, 서해의 바다 인접 시군 다수), 돌고래(인천 남동구) 등
④ 지역 특산물과 관계된 동물 : 연어(강원도 양양군) 명태(강원도 고성군), 감돌고기(충남 금산), 참돔(전남), 영덕황금은어(경북 영덕), 참조기(전남 영광), 볼락(경남), 대구(경남 거제)

⑤지역의 역사와 전통에 관련된 동물 : 곰(충남 공주시, 웅부), 말(경기도 과천

경마공원), 제비(전북 남원시)

⑥지역 축제와 연관된 동물 : 호랑나비(전남 함평)

전국 256개 지방자체단체에서 지역을 대표하는 동물들은 앞에서 살핀 6가지 유형으로 나누어 지정 이유를 밝혔다. 전통적으로 친근하고 길상의 동물, 특히 텃새를 지정하는 경우가 많았다. 그 지역에 많이 서식하고 있는 동물 또는 천연기념물로 지정된 동물로, 그 지역으로 주기적으로 도래하는 철새 종류가 많았다.

지역 상징동물의 종류는 총 46종으로 날짐승, 뭍짐승, 물짐승이 총망라되어 있다.

①날짐승 : 비둘기(백비둘기, 산비둘기, 흑비둘기), 까치(산까치), 갈매기(괭

이갈매기, 백구), 백로, 꿩, 왜가리, 원앙, 두루미(흑두루미), 제비, 청둥오

리, 학, 꾀꼬리, 독수리, 매(보라매, 참매), 딱따구리(까막딱따구리, 제주큰

오색딱따구리), 종달새, 가창오리장다리물떼새, 검은머리물떼새, 동박새,

백조, 소쩍새, 용, 참새, 크낙새, 파랑새, 팔색조, 황새, 황조롱이, 호랑나비

등 28종

②뭍짐승 : 곰(반달곰, 반달가슴곰), 다람쥐(하늘다람쥐), 말(백마), 사슴, 산

양, 소, 호랑이 등 7종

③물짐승 : 은어(영덕황금은어), 돌고래, 수달, 감돌고기, 대구, 명태, 볼락,

연어, 참돔, 참조기 등 10종

④날 · 물 · 뭍(상상의동물)짐승 : 용 1종

위의 분석에서 주목되는 것은 날짐승, 즉 조류가 지역을 대표하는 상징동물로 지정되어 있다는 것이다. 날짐승은 비둘기, 까치, 갈매기, 백로 등 28종

으로 전체 상징동물의 91% 이상을 차지한다. 다음은 뭍짐승으로 7종 4.6%, 물짐승은 10종 4%, 날·뭍·물 징승은 용 1종 0.4%를 차지한다. 이는 각 대학에서 상징동물로 지정한 사례와는 차이가 난다.[4]

날짐승 가운데에서도 20개 이상의 지자체에서 지정하고 있는 조류는 비둘기, 까치, 갈매기, 백로 등이다. 백비둘기, 산비둘기, 흑비둘기를 포함한 비둘기가 63개 지자체에서, 산까치를 포함한 까치가 60개 지차체에서, 괭이갈매기, 백구 등 갈매기가 27개 지자체에서, 백로가 20개 지자체에서 상징동물로 채택하고 있다. 이들은 주로 텃새이다. 다음은 이들을 상징동물로 지정하면서 부여한 의미를 분석한 것이다.

①비둘기 : 평화, 사랑, 평화통일, 화합단결, 사랑, 화합, 안정, 순박함, 깨끗한 심성, 협동, 화목, 평화롭고 정다운 삶, 화목한 가정, 상부상조

②까치 : 길조, 희망, 새(반가운) 소식, 미래예견, 상서로움, 미래지향적 발전, 희망, 행운, 안녕. 지역민의 화합, 밝고 희망찬 구민, 무궁한 발전, 기쁨, 만민에게 환영, 친절하고 선한 시민상

③갈매기 : 항구인의 희망, 원대한 이상, 끈기 강인함, 백의민족, 번영, 끈질긴 힘, 높은 이상, 단아한 모습희망, 미래, 애향심. 삼덕(지혜 자비 절의), 뱃사람들의 희망, 희망 높은 이상, 원대한 포부, 높은 이상, 정감, 강인한 의지, 임해도시 향토애, 부지런함, 근면함, 단합, 진취적 기상, 강인한 의지, 원대한 이상, 꿈을 향한 쉼없는 비상

④백로 : 우아 정결한 기품, 유구한 역사, 고고한 선비정신, 평화 순결, 고향같은 따스함. 구민의 높은 기품, 친환경적인 생활터전, 친숙함. 화합 청렴 애향심, 군민의 아름다운 마음, 고귀한 기풍, 청아한 지역 번영, 깨끗함, 고고함.

---

4   전국 103개 대학에서 상징동물을 사용하고 있는데 1위는 말, 2위는 독수리이다.

청아한 군민심성, 깨끗한 사회, 환경친화적 전원도시, 학문숭상, 선비고장, 농민의 벗, 화목, 무병장수

⑤ 기타(흰색동물) : 백비둘기(온순, 지혜, 협동, 단결), 백구(협동심, 진취적 기상, 친근함), 왜가리(품위와 풍요, 고고함), 두루미(평화, 청정, 깨끗한 심성), 학(티 없이 맑은 선비, 정직함, 깨끗함. 장수, 예술인의 기질), 백마(힘차게 발전하는 기상), 백조(맑은 품성 순박함), 황새(행복, 축복, 인내)

표 1_ 지역의 상징동물

	종 류	지자체 수	비고
1	비둘기(백비둘기, 산비둘기, 흑비둘기)	63	24.6%
2	까치(산까치)	60	23.4%
3	갈매기(괭이갈매기,백구)	27	10.5%
4	백로	20	7.8%
5	꿩, 왜가리, 원앙	7(21)	3종류 각2.7%
6	곰(반달곰,반달가슴곰), 두루미(흑두루미), 제비, 청둥오리, 학	4(20)	5종류 각1.6%
7	꾀꼬리, 독수리, 매(보라매, 참매)	3(9)	3종류 각1.2%
8	딱따구리(까막딱따구리,제주큰오색딱따구리), 다람쥐(하늘다람쥐), 말(백마), 종달새, 은어(영덕황금은어)	2(10)	5종류 각0.7%
9	가창오리장다리물떼새, 검은머리물떼새, 동박새. 돌고래, 백조, 사슴, 산양, 소, 소쩍새, 수달, 용, 참새, 크낙새, 파랑새, 팔색조, 호랑이, 황새, 황조롱이, 호랑나비, 감돌고기, 대구, 명태, 볼락, 연어, 참돔, 참조기	1(26)	각6종류 각0.4%
	합 계	256	

표 2_ 대학의 상징동물

	종 류	대학 수	비고
1	말(백마, 비마, 용마, 천마, 한마)	14	13.6
2	독수리(황금독수리)	12	11.7%
3	학(단정학, 황학, 백학), 사자, 소(황소)	8(24)	3종류 각8%

제3부 인간·동물민속 연구

4	용(비룡, 청룡)	7	7%
5	호랑이(비호)	5	5%
6	거북이, 곰(백곰), 봉황, 사슴	4(16)	4종류 각4%
7	까치, 매(송골매), 비둘기	3(9)	3종류 각3%
8	갈매기(괭이갈매기), 기린, 고래(백경, 범고래), 표범	2(8)	4종류 각2%
9	꿩, 무소, 백로, 산양, 양, 코끼리, 파랑새, 한새	1(8)	8종류 각1%
	합 계	103	

3) 지역 상징동물로서 새[鳥] 문화기호 읽기

오리, 원앙, 봉황, 기러기, 학, 백로, 공작, 꿩, 까치, 까마귀, 매, 독수리 등은 홀로, 한 쌍으로, 혹은 무리를 지어 꽃과 나무에 날아든다. 그것도 그냥 막 날아든 것이 아니라 나름의 '새의 문화문법'을 가지고 둥지를 틀었다 새의 문화문법 읽기란 어떤 새가 문화 속으로 날아들 때, 그 수가 몇 마리인가? 무슨 꽃과 나무와 짝하며, 어느 공간에서 어떤 상징적 의미를 띠는지를 읽는 작업이다.[5]

고대인들은 동물의 형태론적 측면에서뿐만 아니라, 의미론적 측면에서도 조화를 이루면서 문화적 표상表象을 만들어 냈다. 이들 동물은 세계世界에 대한 표상表象을 표현하기 위한 기호記號이며, 동물의 형태적 특성을 통해 토대로 문화적 상징적 의미를 만들고 있다. 유라시아 스텝의 유목민을 포함하는 고대의 민족들은 우주를 수직으로 위치하는 3개의 세계 - 상계上界[하늘], 중계中界[사람들이 사는 땅], 하계下界[지하] - 로 구성된 것으로 이해하였다. 이 고대인들의 공간적 세계구조는 동물코드를 근간으로 하고 있다. 상계는 새, 중

---

[5]   천진기, 「새[鳥]의 문화기호(文化記號) 읽기」, 『새가 날아든다』, 경기지역대학박물관협의회, 2008, 52~57쪽.

계는 굽동물, 하계는 물고기 및 파충류와 각각 연관시킨다. 새는 하늘을 날아다니는 상계[하늘]을 상징한다.[6]

표 3_ 한국인의 타계관(他界觀)

새는 고대부터 하늘과 땅을 자유롭게 날아오르는 영물로 여겨져 신화에 등장하는 예가 많다. 새 모양의 등장은 구석기시대의 청원 두루봉유적, 신석기시대 농포동유적 등에서 보이기 시작하여 삼한, 삼국시대에 이르면 구체적인 오리의 모습으로 나타난다.

오리는 천상과 지상, 수계와 지하계를 넘나드는 새이다. 오리는 하늘을 날고, 땅을 걸으며 물을 가른다하여 천지수天地水 삼계三界를 내왕하는 영물로 우러름을 받아왔다. 천상의 신명과 통신하는 안테나 - 솟대 위에 얹는 새가 오리인 것도 그 때문이다. 이러한 생태적 특징으로 오리 형태 또는 오리가 시문된 유물들은 일상 생활용구로서의 용도보다는 종교적인 또는 제사적인 용도로 사용한 것으로 생각된다.

대전 괴정동에서 출토된 농경문청동의기農耕文靑銅儀器에는 새(오리) 두 마리가 나뭇가지에 앉아있다. 신라 · 가야지역 무덤에서 오리형토기[鴨形土器]가 여러 사례 출토되었다. 그리고 오늘날 마을 입구의 솟대 위의 오리는 장승과 함께 서서 잡귀잡신으로부터 마을을 지키고 있다. 3천년 전 하늘에 제사

---

6   천진기, 앞의 책(2003), 32쪽.

를 지내는 청동의기에 새겨진 새는 아마 인간의 정성과 바램을 하늘의 신들에게 전하는 역할을 했을 것이다. 3, 4세기 무덤 속의 오리는 타계他界로 가는 부활한 영혼을 실어 나르고 안내자의 역할을 다했을 것이다. 현재도 아니 미래에도 오리는 천상의 신명과 통신하는 안테나인 솟대 위에 앉아 영매靈媒의 역할을 충실히 수행할 것이다.

영혼을 운반할 수 있는 동물, 신의 뜻을 전달할 있는 동물은 각 공간영역을 서로 넘나들 수 있는 능력이 있어야 한다. 새는 땅과 하늘을 자유롭게 날아다닌다. 사람은 오직 한 공간영역, 땅에서만 살 수 있는데 오리는 하늘, 땅, 물

등 모든 공간영역을 자유롭게 드나들 수 있다. 하늘을 날고, 땅에 걸고, 물에서 헤엄치는 오리의 생태적 다중성으로 속계와 영계를 드나드는 영매靈媒 또는 신의 사자使者로, 이승과 저승의 영혼의 안내자로서 3천년의 우리 역사와 문화 속에 오리는 당당히 날고 있다.

앞 절에서 살펴본 바와 같이 비둘기가 63개, 까치는 60개 지방자치단체에서 그 지역 상징동물로 지정하고 있다. 거의 50% 가까이가 비둘기와 까치이다. 그런데 이들 동물기호와 상징들이 최근 들어 급격한 변화양상을 보인다.

장승 · 솟대 현대

농경문청동기(뒷면) 청동기시대

오리형 토기 영남지역, 가야

비둘기[7]는 고대부터 곡모신穀母神의 사자使者로 인식했다. 동명왕이 부여
국 왕자들의 박해를 피해서 남하南下 하였을 때 그의 모신母神 유화柳花는 비
둘기로 하여금 그 목에다 보리의 씨앗을 간직하게 하여 아들 뒤를 쫓게 한다.
동명왕은 자기 뒤를 쫓아 날아오는 비둘기를 화살로 쏘아 잡는다. 비둘기 목
을 따서 보리 씨앗을 꺼낸 뒤 동명왕은 비둘기 목에다 물을 뿜어 되살아나게
하여서는 신모神母에게로 되돌아가게 한다.[8] 기록은 이 비둘기를 분명히 '신
모사神母使'라고 표현하고 있다. 이 신화에서 비둘기는 신의 심부름꾼이 되어
그 성격이 단일하지는 않다. 얘기 속의 유화는 곡종穀種을 맡아 있는 곡모신
穀母神의 성격을 지니고 있어서 비둘기는 단순한 '신의 사자'이기에 앞서 '곡
모신의 사자使者'이다.[9]

　　비둘기는 농사의 풍요와 주술의 새로 인식하고 있다. 샤아먼이 새에 인도
되거나 새의 모습으로 천계天界로 가서 신을 만나듯이 신은 새에다 그 뜻神意
을 붙여 전하고 있다. 동명왕 이야기에서처럼 비둘기는 "신의 사자" 특히 '곡
모신의 사자'이다. 새가 인삼 씨를 삼키고 날아다니다가 똥을 누면 삼씨가 자
라나 산삼이 된다는 말이 있는데, 우리 속설에 "새가 일단 삼켜졌다가 다시
꺼내어진 곡식 종자는 풍년이 든다든지 더 큰 훌륭한 좋은 것이 된다"는 내용
과 상통한다. 보리를 삼켰다가 다시 꺼낸 동명왕 신화의 비둘기는 바로 '곡모
신의 사자'이면서 '농사의 풍요'와 '농사 주술의 새'로 인식된다.

　　비둘기는 길조, 평화의 상징이다. 올림픽 개막식이나 준공식, 배의 진수식
에서 제일 먼저 이루어지는 것이 비둘기를 날리는 것이다. 비둘기는 성질이
온순하고 길들이기 쉽다. 중요한 일의 서두에 희망, 길조, 평화의 상징인 비
둘기를 날려 보냄으로써 일의 안녕과 무사, 성공을 기원하는 것이다. 비둘기

7　　천진기, 「비둘기」, 『한국문화상징사전2』, 동아출판사, 1985, 348~351쪽.
8　　李奎報, 『東國李相國集』〈東明王本紀〉 편.
9　　金烈圭, 『韓國의 神話』, 一潮閣, 1982, 38~40쪽.

는 효와 부부금슬의 표상이다. '비둘기는 콩밭에만 마음이 있다'는 속담이 있는데, 이는 먹을 것에만 정신이 팔리어 온전히 다른 볼 일을 보지 못한다는 말이다. 비둘기의 가장 큰 먹이는 콩류이다. 알에서 깨어난 새끼는 어미 새가 콩 및 기타 식물질을 먹고 비둘기젖pigeon's milk 형태로 토해 내어 키운다. 비둘기 젖은 젤 형태로, 단백질과 지방이 풍부하고 각종 면역성분이 함유된 농축 영양덩어리여서 새끼의 성장에 큰 도움이 된다. 어미새와 새끼와의 지극한 사랑이 있고, 자식으로서의 도리를 가장 잘하는 새로 알려졌다. 이는 비둘기의 육추育雛방법에서 나온 관념이다. 비둘기는 부모 자식간뿐만 아니라 부부지간의 애정도 별난 새이다. 암수 비둘기의 정다움은 "비둘기처럼 다정한 사람들이라면…'이라는 노랫말이나, '구굿-구-, 구굿-구-' 울면서 정답게 어울리는 모습에서도 쉽게 찾을 수 있다. 구애求愛는 지상 또는 공중에서 하여 대개 나무 위에 바위 위에 둥우리를 튼다. 비둘기 집을 가리키는 한자말에 구소鳩巢가 있는데, 초라한 집을 말한다. 이는 비둘기는 둥우리를 만드는데 서툴러 까치가 만든 집에 산다고 하여 이런 말이 생겼다. 일년에 두 번 정도 번식하는데 암수 비둘기가 번갈아 가며 알을 품는다. 수컷 비둘기는 비가 올 것 같으면 암피둘기를 멀리 보내 비를 피하게 하고 날이 맑아지면 둥지로 되돌아오도록 한다. 둥지에서 비둘기 가족간의 서로간의 지켜지는 예의와 다정함은 가정을 어떻게 이루어 나가야 하는가를 가르쳐 주고 있다.

비둘기는 소식(편지)을 전하는 전서구傳書鳩이다. 몸은 그리 크지 않고 날개가 특히 발달하여 최대 1,000km까지 왕래하며 시속은 60km 가량이고 야간에도 멀리까지 빠르게 날 수 있다. 또 귀소성歸巢性을 이용하여 예로부터 통신에 이용했다. 전서구의 사육에는 암·수 한 쌍의 경우 약 1㎡의 상자이면 충분하다. 이러한 비둘기의 특성을 이용하여 예로부터 중요한 서신을 전달했다. 죄수들의 은어에서 비둘기는 편지·서신 연락을 일컫는 말이기도 하다.

이집트 사람들은 비둘기를 순진난만함의 상징으로 여긴다. 중국 사람들은 비둘기는 어리석고 음탕하지만, 충직, 공평, 자식으로서의 도리를 다하는 그 성정을 높이 칭송한다. 또한 비둘기를 알을 먹으면 마마(천연두)를 막을 수 있다고 생각한다.[10] 한대漢代에는 나이가 많은 사람에게 비둘기 모양 장식을 한 지팡이[鳩杖, 王丈]를 선물하는 풍속이 있었다. 이 지팡이는 다리가 길고 끝에 비둘기 형상을 장식했는데, 비둘기가 끊임없이 소화를 시켜 내는 것 같이 이 지팡이를 받는 사람도 역시 소화를 잘 시켜 오래도록 장수하라는 기원을 담고 있다.

구약전서 창세기 제팔장 노아의 방주에 보면 까마귀와 비둘기를 날려보내 지면에 물이 걷혔는지를 알아보았다. "그(노아)가 또 비둘기를 내어놓아 지면에 물이 감한 여부를 알고자 하매, 온 지면에 물이 있으므로 비둘기가 접촉할 곳을 찾지 못하고 방주로 돌아와 그에게 오는지라 그가 손을 내어 밀어 방주 속 자기에게로 받아들이고 또 칠일을 기다려 다시 비둘기를 방주에서 내어놓으매 저녁때 비둘기가 그에게 돌아왔는데 그 잎에 감람새 잎사귀가 있는 지라 이에 노아가 땅에 물이 감한 줄 알았으며…" 비둘기가 잎새를 입에 물고 있는 그림은 바로 기쁜 소식, 희망과 평화의 염원을 담은 것이다.

그런데 이런 비둘기에 대한 관념과 상징이 최근 들어 급격하고 변하고 있고 변화를 요구받고 있다. 환경부가 2009년 6월 "야생 동식물 보호법 시행규칙"을 개정하면서 집비둘기를 지방자치단체장의 허가를 받아 포획할 수 있는 유해 야생동물로 지정했다. '평화의 상징' 비둘기가 유해 야생동물로 지정된 것이다. 배설물이 도시건축물과 문화재를 훼손하고 깃털이 날려 생활에 지장을 초래한다는 이유에서다.

집비둘기는 1981년부터 서울시청 옥상이나 한강 둔치 등지에서 가축처럼 기르기 시작했다. 서울시는 86년 아시안게임과 88년 서울올림픽을 앞두고 비둘기를 늘렸다. 천적이 없고 먹이가 많아 기하급수적으로 늘었다. 현재 수

10   C.A.S. Williams, *OUTLINES OF CHINESE SYMBOLISM AND ART MOTIVE*, Dover Publications, Inc. New York, 1976.

도권에는 집비둘기가 100만 마리(서울 50만 마리)가 살고 있을 것으로 한국조류협회에서는 추정하고 있다. 사랑과 평화의 상징이었던 '비둘기'가 요즘은 '골칫덩이'로 취급은 받고 있다. 쓰레기를 뒤지며 이것저것 주워 먹어 잘 날지 못할 만큼 살이 쪘다는 의미로 '닭둘기', 배설물과 깃털로 각종 세균을 옮길 수 있다는 뜻에서 '쥐둘기'라는 별명까지 생겼을 정도다. 현대인들이 비둘기가 사람에 해롭다고 생각하는 이유는 두 가지다. 먼저 건강에 나쁘다는 생각 때문이다. 비둘기의 배설물은 시간이 지나 자연스럽게 건조된 뒤 가루가 되고, 공기 중에 날리게 되면 호흡기 질환을 일으키는 각종 병균을 사람에게 전파할 수도 있다. 비둘기 우리에서 발견되는 빈대, 진드기, 벼룩 등도 사람에게 옮을 수 있다는 주장과 조류인플루엔자(AI) 등 전염병의 매개체가 될 것이라는 우려도 한 몫하고 있다. 또한 비둘기의 배설물은 도시 미관에도 좋지 않고, 건물이나 유적지 등 기타 시설물 자재를 부식시킨다는 주장도 있다. 실제로 배설물이 석회암 구조물에 손상을 주는 것은 과학적 실험으로 증명돼 있다. 비둘기의 배설물이 물과 닿으면 다양한 종류의 곰팡이 진균류가 성장하고, 대사과정에서 산성물질이 나온다. 이 산성물질이 석회석을 녹여 구조물 곳곳의 색을 바랜다. 삼할 경우는 미세한 틈을 만들기도 하는데 그 틈 속으로 물이 스며들어 얼면 구조물에 금이 갈 수도 있다. 탑골공원에 있는 조선시대 초기의 문화재 원각사지 10층 석탑은 비둘기 배설물 등을 막기 위해 유리를 씌웠다. 서울의 고궁은 단청 보호를 위해 전각마다 비둘기 차단용 그물을 쳐놓았다. 다음의 신문기사는 현재 비둘기에 대한 인식변화의 흐름을 읽을 수 있는 내용이다.

비둘기를 구조區鳥, 시조市鳥, 도조道鳥 등 상징 새로 삼고 있는 지방자치단체들은 최근 고민에 빠졌다. 환경부가 1일부터 비둘기를 유해 동물로 공식 지정해 자치단체장의 허가만 받으면 포획할 수 있게 됐기 때문이다. 이에 따라 해당 지자체는 졸지에 해조害鳥를 상징물로 삼은 꼴이 된 데다, 생사 여부까지 결정해야

하는 묘한 처지에 놓였다. 비둘기는 까치와 더불어 지자체들이 가장 선호하는 상징물이다. 서울만 해도 전체 25개 구 중 도봉 · 은평 · 용산 · 송파 · 서초 · 구로구 등 6곳, 광주 · 전남에서는 29개 광역 · 기초단체의 절반을 넘는 15곳이 비둘기를 상징물로 삼고 있다.

비둘기를 '평화를 상징하는 길조' '희고 깨끗한 구민의 친근한 벗' 등으로 칭송하다 포획 허가권을 쥐게 된 이들 지자체는 몹시 난감해 하고 있다. 구로구청 관계자는 "명색이 구의 상징인데 유해 동물 신세가 돼 착잡하다"면서 "그래도 평화의 상징으로 사랑을 받던 새인데 바로 포획에 나서는 것도 야박하지 않느냐"고 말했다.

용산구청 측은 "그렇지 않아도 비둘기에 피해를 입었다는 주민들의 항의 전화가 많다. 안타깝지만 정부에서 정한 정책을 따를 수밖에 없지 않냐"고 말했다.

상징물을 교체하려는 움직임도 있다. 도조가 비둘기인 경기도는 "최근 비둘기에 대한 인식이 워낙 안 좋은데다 유해 동물로 지정된 만큼 주민들 의견을 모아 상징물 교체 여부를 결정할 것"이라고 말했다. 도봉구청도 "(교체를) 검토해야 할 것 같다"고 했다.

반면 포획은 허가하더라도 상징새 교체에는 고개를 젓는 지자체도 있다. 은평구 관계자는 "예부터 평화의 상징으로 여겨온 비둘기가 아니냐"며 "(포획으로) 개체수가 줄어들면 본래의 평화 이미지를 회복할 수 있을 것"이라고 기대했다.

(장재용기자, 한국일보. 2009. 06. 05)

시대의 흐름에 따라 동물기호와 상징도 많은 변화를 가져왔다. 까치도 비둘기와 같은 신세가 되었다. "까치가 울면 좋은 손님이 오고, 반가운 소식이 온다"는 까치는 희소식과 희망을 전해주는 전령사로 후한 대접을 받았다. 1966년 2월에는 살림청 조수보호위원회가 수렵조류에서 까치를 제외시켜 법적보호를 받게 되었다. 까치는 높고 멀리 날아다니지 않고 언제나 사람들 주위에서 친근하게 지내는 새이다. 예로부터 까치가 울면 반가운 손님이나 소식이 온다고 했다. 실제로 까치는 텃새로 굉장히 영리한 새라고 한다. 자기

영역 안으로 낯선 존재가 있으면 경계를 하느라고 "깍깍깍"울어댄다. 한적한 시골에서 시집간 딸이나 객지 나간 자식들 반가운 손님이 오면, 또는 반가운 소식을 전하는 우체부가 마을 안으로 오면 제일 먼저 인식하고 까치는 깍깍 운다. 그러니 까치가 울면 반가운 사람이나 소식이 온다는 말이다. "♬까치 까치 설날은 어저께고요 우리 우리 설날은 오늘이에요♬"라는 동요가 있다. 섣달 그믐날은 객지에 나간 반가운 사람들이 설맞이를 위해 고향으로 가장 많이 돌아오는 날이다. 까치는 자기 영역 안에 낯선 존재의 출현으로 쉴 새 없이 지저귀는 날이 바로 섣달 그믐날이고 그래서 까치설날은 어저께가 된다. 한편 까치는 서낭신의 심부름꾼으로, 신의 뜻을 전하는 영물로 인식되기도 했다.

까마귀는 긍정 부정이미지가 공존한다. 『본초강목』에 북쪽 나라들에서는 까마귀를 좋아하고 까치를 싫어하는데 남쪽 나라들에서는 까치를 좋아하고 까마귀를 싫어한다 했다. 희랍신화에서 까마귀는 제가 세상에서 가장 아름답다고 오만을 부리다가 제우스신의 노여움을 사 검은 새가 됐다고 한다. 까마귀가 하늘에 계시는 천제 사이를 오가는 신성한 새로 태양조[三足鳥]로 신비의 새였다.. 까마귀는 태어나 60일 동안은 어미가 먹이지만 자란 후 60일 동안은 어미를 먹이는 반포反哺를 한다 하여 「새 중의 증자」로 우러렀다. 동물로 하여금 인간사회를 성토하는 개화기 소설들에 까마귀로 하여금 인간의 불효를 규탄시킨 것도 그 때문이다. 이처럼 까치와 까마귀는 신성시, 영물시하는 측면보다는 일상생활 속의 친근한 새이다.

하지만 요즘은 원망과 지탄의 대상이 돼버렸다. 농작물이나 과수를 가리지 않고 쪼아대고 전봇대 위에 철근 토막을 물어다 집을 짓다가 정전사고를 내는 등 피해가 끊이지 않는다. 개체수가 급격히 늘면서 심한 영역다툼을 벌인다. 까치는 천적을 피하기 좋고 비바람에도 부러지거나 흔들리지 않는 전신주에 집을 짓는다. 2008년 야생동물로부터 농작물, 전력시설, 양식장 등의 피해액은 555억원에 달한다. 이 가운데 까치가 입힌 피해액만 397억 7300만원으로 전체 72%를 차지했다. 성격도 난폭해져 독수리나 매, 심지어 고양이 한테도 덤비는 무서운 조류로 변해 버렸다.

우리와 친근한 동물들도 상황과 여건에 따라 유해한 존재로 전락한다. '평화를 상징하는 친근한 새, 비둘기', '반가운 소식을 전하는 까치소리'가 이제는 천덕꾸러기가 되었다.

3. 결론

지금까지 지방자치단체에서 그 지역을 상징하는 동물을 중심으로 현황을 살피고, 종류와 의미 등을 따져보았다. 상징동물 중 가장 많은 빈도를 차지하는 새를 중심으로 문화읽기를 시도했고, 특히 비둘기, 까치에 대한 최근 상황 변화까지 추적해 보았다.

지방자체단체에서 그 지역을 대표하는 상징동물로 지정된 이유는 ① 일상적으로 친근한 동물, ② 천연기념물로 지정된 동물, ③ 지역에 많이 서식하거나 도래하는 하는 동물, ④ 지역 특산물과 관계된 동물, ⑤ 지역의 역사와 전통에 관련된 동물, ⑥ 지역 축제와 연관된 동물 등으로 나눌 수 있었다.

지역 상징동물의 종류는 총 46종으로 날짐승 28종, 뭍짐승 7종, 물짐승 10종 등 이다. 여기서 주목되는 것은 날짐승, 즉 조류가 지역을 대표하는 상징동물로서 대다수를 차지한다. 날짐승은 비둘기, 까치, 갈매기, 백로 등 28종으로 전체 상징동물의 91% 이상을 차지한다. 오리, 원앙, 봉황, 기러기, 학, 백로, 공작, 꿩, 까치, 까마귀, 매, 독수리 등은 홀로, 한 쌍으로, 혹은 무리를 지어 꽃과 나무에 날아든다. 그것도 그냥 막 날아든 것이 아니라 나름의 '새의 문화문법'을 가지고 둥지를 틀었다. 지역상징동물로서 새의 문화문법 읽기란 어떤 새가 문화 속으로 날아들 때, 그 수가 몇 마리인가? 무슨 꽃과 나무와 짝하며, 어느 공간에서 어떤 상징적 의미를 띠는지를 읽는 작업이다.

비둘기가 63개, 까치는 60개 지방자치단체에서 그 지역 상징동물로 지정하고 있다. 거의 50% 가까이가 비둘기와 까치이다. 그런데 이들 동물기호와 상징들이 최근 들어 급격한 변화양상을 보인다. 우리와 친근한 동물들도 상황과 여건에 따라 유해한 존재로 전락한다. '평화를 상징하는 친근한 새, 비둘기', '반가운 소식을 전하는 까치소리'가 이제는 천덕꾸러기가 되었다.

최근 동물에 대한 관심이 부쩍 늘어났다. 각종 대중매체에서 동물을 주제로 한 프로그램이 증가하고 있고, 동물위령제, 실험동물위령제, 동물실험윤리위원회설치, 로드킬road-kill,[11] 야생동물위령제[12] 등 인간을 위해 희생된 동물의 넋을 위로하는 다양한 행사가 있다. 이 논문에서는 동물기호와 상징에 대해 지방자치단체를 중심으로 부분적 시도했지만 앞으로 대학가의 상징동물, 등록상표 등을 포함한 현재의 동물문화 컨텐츠에 대한 다각도의 검토가 필요하다.

---

[11] 환경부 웹진 초록생활에 따르면, "2008년 주요 고속도로에서 로드킬로 희생된 야생동물은 고라니, 너구리, 노루, 토끼 등 총 84종 5,565마리"라고 한다.

[12] 경남 거제시 신현읍 수월리 대한불교 조계종 금강사에서는 매년 로드킬로 희생된 동물들을 위한 위령제가 열린다. 제사상에는 고라니와 멧돼지, 너구리, 토끼 등 야생동물들이 살아있을 때 좋아한 당근과 고구마, 땅콩, 밤, 호두, 감자, 쌀, 콩 등 13가지 곡식과 채소를 올린다.

07
●

한국 호랑이 석상石像
현장 연구*

1. 서序 : 호랑이의 나라, 한국

세계 대부분의 모든 나라에서 각 동물은 저마다의 상징적인 의미를 지니고 있다. 중국에서 물고기가 재물을 상징하기 때문에 신년 연하장이나 장식용 벽걸이에 많이 등장한다. 일본에서는 고양이가 복을 부르는 역할을 한다고 보고 각 가정에 손을 들어 복을 부르는 고양이 장식품을 하나 정도 가지고 있다. 그렇다면 우리 민족에 있어 가장 좋아하는 동물은 무엇일까?

그것은 아마 호랑이가 아닌가 싶다. 대부분 산으로 이루어진 우리 한반도는 일찍부터 호랑이가 많이 서식한다 하여 '호랑이의 나라'로 일컬어지기도 했다. 우정과 문화 예술이 어우러진 인류의 대제전인 1988년 서울 올림픽에서는 '호돌이'가 당당하게 한국을 대표했다. 호랑이는 재앙을 몰고 오는 포악한 맹수로 이해되기도 하지만, 사악한 잡귀들을 물리칠 수 있는 영물로 인식

*   이 논문은 2012년 정부(교육과학기술부)의 재원으로 한국연구재단의 지원을 받아 수행되었습니다(NRF-2012-S1A5B6034265).

되기도 한다. 또한 은혜를 갚을 줄 아는 예의바른 동물로 대접받기도 하고, 골탕을 먹일 수 있는 어리석은 동물로 전락되기도 했다. 우리 조상은 이런 호랑이를 좋으면서 싫고, 무서워하면서 우러러보았다.

예전에는 호랑이를 곧 산신이라고 생각하여 호랑이에 대한 제를 지내기도 하였다.[1] 즉, 동예東濊에서는 '제호이위신祭虎以爲神'이라 하였으니, 오늘날 산신도에 등장하는 호랑이와 맥을 같이하고 있다. 깊은 산에 사는 호랑이에 대한 숭배와 신앙은 비단 동예지역에 국한된 것이 아니고, 한반도 전체의 보편적인 신앙이었을 것이다.[2] 우리나라 최초의 호랑이 기록은 『삼국유사三國遺事』권1 고조선 조에 보이는 단군신화이다. 즉 곰과 호랑이가 사람이 되고자 환웅에게 빌어 곰은 신의 계율을 지켜 사람이 되었고, 호랑이는 그러지 못했다는 내용이다.

우리 조상들이 수천 년 전부터 호랑이와 함께 살아왔음을 중국 문헌을 통해 찾아 볼 수 있다. 『산해경山海經』 해외동경海外東經에 '군자국 사람들은 의복 · 모자 같은 것을 단정하게 걸치고, 허리에는 보검을 차고 있다. 그들은 아름다운 털을 가진 큰 호랑이를 두 마리 길러서 심부름을 시킨다'라고 적고 있다.[3] 이 기록을 뒷받침하는 것으로 『삼재도회三才都會』13권 인물 편의 군자국에 한 사람이 호랑이 두 마리 사이에 서 있는, 산신도 형태의 그림이다. 출전을 밝히고 있지 않지만 그림 우측의 해설문이 산해경의 기록과 동일한 것으로 미루어 산해경을 도상화한 것으로 보인다. 현실적으로 호랑이를 사람들이 심부름을 시킬 수 없는 일이다. 그러므로 위의 기록은 중국인들이 우리나라의 산신에 대한 이야기를 듣거나 또는 당시에 있었던 산신도를 보고 기록한 것으로 보인다. 이로써 호랑이가 조선 민족에 있어서 산신의 시자侍

---

1   『三國志』魏志東夷傳 濊傳, 『後漢書』東夷列傳 濊條.
2   孫晉泰, 「朝鮮 古代 山神의 性에 就하야」, 『진단학보』1, 진단학회, 1934, 151쪽.
3   최남선, 「조선 역사 및 민속사상의 혼」, 『한국의 호랑이』, 열화당, 1986.

한국의 다양한 호랑이 석상

者로서 존재했던 오랜 내력을 알 수 있다.

그 외『증보문헌비고增補文獻備考』,『오주연문장전산고五洲衍文長箋散稿』,
『조선왕조실록朝鮮王朝實錄』등에서 호환虎患이나 호랑이 사냥 등에 대한 기
록이 많다. 그 중『조선왕조실록』에 나오는 '호랑이'란 단어로 검색할 수 있는
기록은 총 635건이다. 여기에 적힌 내용들을 분석해 보면 우리 민족이 호랑
이에 대해 가지는 관념을 대강을 살필 수 있다.

- 기우제에 호랑이 머리를 사용했다.
- 호환, 호식이 있었다.
- 호랑이가 있다, 없다, 잡았다.
- 임금과 힘을 상징한다.

제3부 인간 · 동물민속 연구

조선 왕릉의 석호

- 호랑이의 성정性情을 엄한 학정, 몹쓸 일, 어려운 일 등에 비유
- 호환을 당한 가족을 끝까지 붙잡아 장사지낸 열부, 효자에 대해 칭찬 하다.

여기서 주목되는 것은 조선 초 태종·세종·문종·단종 대에 호랑이 머리로 기우제를 지냈다는 기록이 열다섯 번이나 나온다. 즉 용이 있는 곳에 호랑이 머리를 넣게 했는데, 주로 한강漢江·양진楊津·박연朴淵이었다. 호랑이에게 부모·자식·남편 등을 잃은 가족이 그 원수를 갚고 시신을 찾아오는 이야기를 많이 기록하고 있는데, 이는『삼강행실도三綱行實圖』에도 같은 내용이 많이 나온다. 무시무시한 호환을 당하면서도 부모, 자식, 남편을 끝까지 지키는 유교 윤리 의식을 반영이라 볼 수 있다.

한국 문화 속에서 호랑이는 다양한 모습과 상징으로 나타난다. 특히 한국의 호랑이 석상은 왕릉, 마을, 사찰, 명당, 풍수지리 비보, 지역(대학)상징물 등 다양한 모습으로 고대에서 현대까지 전국에 걸쳐서 분포하고 있다. 조선 왕릉의 호석虎石[4]을 제외하고 호랑이가 숲을 나와 마을로, 사찰로, 대학으로, 도시로 걸어 나와 석상으로 존재하는 자료를 이 논문에서 다루고자 한다. 이를 통해 호랑이 석상의 분포와 그 형태, 의미 등을 살펴보고자 한다. 이 논문의 자료는 2009년 7월부터 2009년 8월까지 현지조사의 결과이다.

한국문화에 나타난 다양한 호랑이 모습

---

4   조선시대 왕릉에 호석이 배치된 이유를 조선 왕릉 연구자인 목을수 선생님은 다음과 같이 설명하고 있다. "산에는 나무와 돌의 괴물이 기화(蘷和) 또는 망량(罔兩, 罔閬, 方良이라고도 한다.「孔子家語」에는 '魍魎'으로 쓰여 있고「淮南子」氾論訓에는 梟陽이라고 하였음)이라 한다. 장례 때 나무와 돌을 쓰는데 오래되면 망량(罔兩)이 되니 이 괴물의 생김새는 소와 같은 모양에 색깔은 푸른빛이며 머리에 양쪽 귀는 있는데 뿔이 없고 외발로 깡충깡충 뛰어 다니며 소리는 우뢰소리를 낸다(「山海經」海經편 大荒東經)는 도깨비를 가리킨다). 한(漢)나라 응소(應劭, 字 仲遠)가 편찬한「풍속통의(風俗通義)」에 의하면 망량이란 놈은 죽은 사람의 간과 뇌를 먹기 좋아하는데 호랑이와 잣나무를 겁내므로 묘소 가에 잣나무를 심고 드나드는 길머리에 석호(石虎, 虎石이라고도 함)를 세워(墓上樹柏, 路頭立石虎) 들어오지 못하게 막는다고 하였고「산림경제」잡방(雜方)편에서는 묘 앞에 호랑이를 세운다고 하였다(墓前立虎)는 것을 참작하여 은나라 사람은 장례 지낼 때 소나무를 심었고 주나라 사람은 잣나무를 심는다는 고사(故事)는 여기에서 기원한 것으로 보인다."

2. 본本 : 돌이 되어 마을로 내려온 호랑이

1) 한국 호랑이 석상 전승현장

(1) 전북 남원시 광한루원의 호석

남원의 광한루원廣寒樓苑은 광한루를 중심으로 누 앞에 2,000여 평의 호수를 파고 호수 속에 삼신도三神島를 조성한 인공의 공간이다. 이 광한루원에는 두 곳에 호랑이 석상이 있다.

하나는 조선조 1793년(정조 17)과 1820년(순조 20) 두 번에 걸쳐 전라관찰사를 지낸 이서구李書九(1754~1825)의 명에 의해 만들었다는 호랑이 석상이다. 이 호랑이 석상은 조선조 정조·순조 임금 때 전라감사를 두 번 지낸 이서구가 남원의 지세를 보고 세운 것이라 한다. 광한루 뒤쪽 동편에 많은 비석들이 서있는데 여기에 1882년에 세운 것으로 보이는 이서구의 비가 있다. 비석 전면에는 "관찰사이공서구영세불망비觀察使李公書九永世不忘碑", 뒤편에는 "숭정기원후사임오중동립崇禎紀元後四壬午仲冬立"이라는 명문이 새겨져 있다. 이서구는 정조·순조 때의 문신으로, 자는 낙서落瑞, 호는 척재惕齋이며 앞에서 언급한 것처럼 전라관찰사를 두 차례 역임했고, 일설에 의하면 단가 호남가를 지었다고 하며, 풍수에 능했고, 미래를 내다보는 능력을 가졌다는 이야기가 전해오고 있다. 현재 호랑이 석상 앞 돌에 설명문이 새겨져 있다.

> 호석虎石
> 옛날 남원 고을 수지면 견두산에 떼를 지어 살고 있는 들개들이 한바탕 짖어댈 때마다 고을에 괴변이 일어났다. 이에 이서구 전라감사가 견두산을 향하여 호석을 설치하였더니 재난이 없어졌다고 전한다.

수지면 고평리에 있는 견두산犬頭山은 속칭 '개머리산'이라고 한다. 본래 호두산虎頭山이었으나 이 호석이 설치된 후부터 '견두산'이라 했다.[5] 옛날 이 호두산에 들개들이 떼를 지어 살고 있었다. 개는 본능적으로 짖기를 잘하고 더구나 사나운지라 호두산의 개들이 한바탕 짖어대면 그때마다 남원부 중에 호환이 있어 사람들이 호랑이에게 잡혀 먹히거나 큰 화재가 일어나 많은 인명과 재산의 피해를 입는 괴변이 일어났다. 이러한 호환과 화재를 막기 위하여 오랫동안 고심해 오다가 호두산을 견두산으로 개명하고. 남원부 안에 호랑이 석상을 세웠다. 견두산은 개머리 산으로 개는 호랑이어야 진압할 수 있다. 이처럼 호두산을 견두산으로 개명하고 남원부 중에 호랑이를 깎아 만들어 놓으면 들개 짖는 소리와 호환, 화재, 홍수 등의 재난을 막을 수 있다고 생각한 전라관찰사 이서구가 남원부사에 명하여 호석을 설치하도록 했는데, 그 후로는 이런 재난이 씻은 듯이 없어졌다고 한다. 양정재養正齋 이복겸李福謙의 시에서도 그 내용을 엿볼 수 있다.

栗林虎石	율림호석
千年老石化其形	천년이나 묵은 둘 탈을 바꾸어
坐負橋隅攖不敢	오작교 밑에 버티어 앉은 양 무섭게 앉았으니
一出雲林市虎成	깊은 산 떠나 저자의 호랑이 되었네
犬山熾氣自淆精	견두산 요기가 스스로 사라진다.

이 호랑이 석상은 남원시장의 우시장에 있었고, 그 거리를 호석거리라고 불렀다. 이 호랑이 석상은 예전 호석거리 그 자리에 있으나 1986년 광한루원이 확장되면서 현재는 광한루원 완월정 뒤편(서문쪽)에 위치하게 되었다. 김

---

5   남원시에서 동남쪽으로 11㎞쯤 떨어진 수지면과 구례군산동면의 경계선상에 '견두산(犬頭山, 774m)'이 솟아 있다. 금지평야와 곡성 방면에서도 우뚝 솟아 보이는 이산은 일명 '개머리산'이라고도 하는데 원래 이름은 '호두산(虎頭山)' 또는 '범머리산'이었다.

두규는 이 호랑이 석상을 풍수적인 원리로 설명한다.

> 호랑이를 가장 무서워하는 것은 개다. 남원 남동쪽 30리 거리에 견두산이 있
> 다. 견두산을 바라보면 실제 개처럼 생겼다. 사납고 굶주린 형상으로 구례나 곡성
> 쪽이 아닌 남원을 노려보는 모습이다. 이렇듯 험한 산세는 이를 바라보고 사는
> 사람들에게 심리적 불안감을 조성할 수 있는데, 이 경우 그 불안감은 해소할 수
> 있는 대비책이 필요하다. 견두산의 거센 기세를 누를 수 있는 것은 호랑이 밖에
> 없다. 당연히 호랑이 석상을 세워 그 기운을 진압하는 "진압풍수"의 논리가 개입
> 돼 있는 것이다.[6]

호랑이 석상이 위치한 곳 가까이에 광한루 앞에 석오石鰲도 풍수적으로 비
슷한 역할을 한다. 광한루 앞 오작교 입구에 화강암으로 곱게 깎아 만든 큰
자라돌이 삼신상을 바라보고 있다. 자라돌은 길이 2.4m, 폭 1.2m, 높이 1.2m
로 광한루의 삼신산이 조성될 때 만들어진 것으로 보인다. 머리 방향이 호랑
이 석상과 같이 멀리 지리산과 견두산을 향하고 있다. 이곳에 자라돌의 위치
를 정한 까닭은 정확하지는 않지만 『남원지南原志』의 기록에서 의미가 다른
두 가지 전설이 전해온다. 그 하나는 광한루원을 천체우주를 상징하는 정원
으로 꾸민 신선사상과 연유하는 지킴이라는 것이고, 또 다른 하나는 남원의
풍수지리와 연관된 지킴이다. 특히 호랑이 석상이 허약한 곳을 북돋우는 비
보물裨補物인 것처럼 이 석오도 같은 비보물로 이해할 수 있다.

> 지리산은 남원에서 바라보면 동남방에 위치한 셈인데 예로부터 지리산에서
> 동남풍만 불어오면 남원에 천재지면이 잦았다 한다. 그것을 나쁜 유행병이 퍼져

---

6   김두규, 『복을 부르는 풍수기행』, 동아일보사, 2005, 13~14쪽.

인명이 상하거나 화재, 홍수 등이다. 오행설에 의하면 이러한 동남풍을 제어하려면 동해에 사는 거북의 힘 밖에 없다하여 광한루에 이 거북상을 만들었다. 그 후부터는 동남풍으로 인한 천재지변은 없어졌다.

호랑이 석상은 화강암으로 몸 전체 길이가 226㎝, 머리 부분 높이가 99㎝ 꼬리부눈 높이가 89㎝ 몸통부분이 55㎝이다. 머리통이 몸통보다 크며 앞다리를 세우고 뒷다리를 굽힌 자세로 꼬리는 오른쪽으로 길게 돌렸다 얼굴 부분은 오랜 풍상으로 형체가 많이 상했으며 눈 두 구멍, 입 한 구멍만 남아 있다. 코와 귀도 약간 남아있다. 그러나 전체 모습은 호랑이다. 특이한 것은 호랑이의 머리와 등에 닳아서 뚫린 구멍이 있다. 미륵의 코가 효험 있듯이 호랑이 석상의 돌가루가 어떤 효험이 있어 민간에서 갈아서 생긴 구멍이다.

광한루원 정문에 또 다른 한 쌍의 호랑이석상이 있다. 1995년 광한루 확장 때 광한루 정문(청허부라는 현판이 걸려 있는 곳)에 제일은행이 기증한 것이다. 1971년 호랑이 석상을 기증했으나 너무 조잡하다하여 1995년 새롭게 대형 호랑이 석상 한 쌍을 교체 기증 한 것이다. 줄무늬 호랑이로 실제 호랑이를 사실적으로 표현하고 있다. 광한루원 정문은 '청허부淸虛府'라는 현판을 달고 있다. 청허부는 광한루원이 천체우주를 지상에 건설한 작은 우주로서 하늘의 옥황상제가 사는 달나라 옥경인 광한청허부를 상징한다. 1970년 현 정문 위치는 광복이전까지는 전북에서 제일 규모의 큰 시장인 남원시장과 전국적으로 규모가 큰 우시장이 있었고, 주변에 민가가 들어차 있었다. 당시에 시장에 큰 화재가 일어나 폐허가 되었는데 그 자리에 청허부를 세우고 정문으로 사용했다. 여기서 주목되는 것은 큰 화재가 최근까지도 발생했다는 것이다. 최근 돌로 제작하는 동물상은 대형건물, 다리, 도시입구, 기념표식으로 많이 사용된다. 특히 사자상의 경우, 로터리클럽에서 주로 제작하여 기증한 관계로 근·현대에 가장 많이 제작 배치되어 있다. 그런데 광한루원 정문에 호랑이 한 쌍은 견두산과 관련된 풍수비보와 연결해서 설명할 수 있다.

호석(전체)

호석(정면)

호석(측면)

견두산을 향하고 있는 호석(제보자)

호석 몸통 구멍

광한루원 내 이서구(李書九)의 명에 의해 만들었다는 호랑이 석상

광한루원은 동물원이다. 호석 이외 다양한 동물들이 그려져 있고, 조각되어 있다. 특히 광한루에는 많은 동물들이 있다.[7]

- 토끼 : 광한루 현관 (자라에 업힌 토끼 모습) 2곳, 춘향사당 출구 머리 위 (자라에 업힌 모습) 1곳
- 자라 : 광한루앞 호수변 1기, 광한루 현관 2곳, 춘향사당 1곳
- 코끼리 : 현관 2곳
- 현무 : 광한루 동쪽 기둥 위 1곳, 광한루 대들보 양쪽 각1마리씩(그림)
- 봉황 : 광한루 기둥 위 여러 곳. 12곳, 현관 앞 기둥 위 2, 기둥 안쪽 2
- 용 : 광한루 누각 위 동측(조각) 1, 광한루 누각 보 양측 각1마리(그림). 영주 각 보 양쪽 청 · 황 각1마리(그림)
- 학 : 광한루 누각 천정 (그림) 12마리
- 기타 : 새, 토끼, 다람쥐, 꽃, 학, 매 등(그림)

광한루는 조선 전기 · 중기 · 후기의 건물들이 합체된 것이다. 광한루 본체는 조선 전기, 방이 딸린 옆 건물은 광한루에 연결되어 있으나 조선 중기에 건립한 것으로 알려져 있다. 북쪽 현관은 조선 후기에 만들어졌다. 광한루 본루가 북쪽으로 기울어져서 남원 목수들을 모아놓고 회의를 했는데, 추목수가 북쪽에 현관을 붙여 달면 기울어지는 것을 방지할 수 있다고 의견을 내었다. 그리하여 광한루에 현관이 생긴다. 그런데 이 현관 통로 양쪽에 코끼리, 토끼, 자라 등이 새겨져 있는데, 특이한 것은 암수의 표현을 분명하게 구분하고 있다.

---

7   제보자 추○구(1963년生)를 2009년 7월 5일 현지조사에서 면담했다.

제3부 인간 · 동물민속 연구

995년 제일은행이 제작하여 기증한 광한루원 정문 청허부 앞 호랑이

⑵ 전북 남원시 수지면 고평리(고정마을) 호석

고평리 고정考亭마을은 본래 남원군南原郡 수지면水旨面 고정리考亭里 지역으로 고정촌 또는 고정考亭이라 했는데 1914년 행정구역 통폐합 때 진곡리眞谷里, 마륜리馬輪里, 양촌리良村里, 내호곡리內虎谷里 각 일부와 송내면松內面의 생촌리生村里 일부가 병합되어 고평리考坪里라 하고 고평리에 편입되었다.

고려 말, 지금은 폐교된 수지동초등학교 자리에 큰 마을이 있었는데 역적이 태어난 곳이라 하여 나라에서 마을을 없애라는 명을 내리자, 그곳에 살던 정씨丁氏 일족은 역적의 무리를 제거하고 그 마을을 없애 버린 후 지금의 고정마을로 이주하여 마을을 형성하였다. 이곳에 정착한 정씨들은 정자나무 세그루를 심어 큰 서당을 설치하였는데 서당의 명성이 점점 높아지자 다른 성씨들이 글공부를 하기 위하여 많이 모여들고, 마을 앞[한산평]들이 기름지고 넓어 차츰 큰 마을로 발전하였다. 정씨가 터를 잡고 정자나무를 심은 후 큰 서당을 설립하여 그 뜻을 오래 기억하자는 뜻에서 '고정考亭'이라 하여 지금까지 그대로 부르고 있다.

1972년에는 수지동초등학교가 개교되었으나 학생 수가 적어 1992년에 폐교되었으며, 마을안길 확장, 소하천 정비, 교량 가설 등 크고 작은 새마을 사업이 활성화 되었으며 오랜 주민 숙원사업인 마을회관을 1992년에 현대식 건물로 신축하여 주민들의 휴식공간을 마련하였다. 지금도 정월대보름에 굿을 치며 당산제를 지내고, 대나무로 달집을 만든다.

고정리 호석의 다양한 모습과 제보자 오○환, 1930년生

　고정리 호랑이 석상은 광한루원의 호랑이 석상과 같은 시대에, 같은 연유로, 같은 재질로, 같은 석공이 만들었던 것 같다. 다만 크기가 약간 작을 뿐이다. 고정리는 바로 남원지역에서 풍수비보를 위해 호랑이 석상을 세우게 만든 견두산 바로 아래 동네이며, 마을정면이 견두산이다.

　호랑이 석상은 원래 마을회관 앞 삼거리에서 견두산을 바라보고 서있었다. 1992년 마을회관을 새로이 다른 곳에 신축하면서 구 마을회관 터를 오○환吳永煥(조사당시 78세)이 구입했고 호랑이 석상은 원래 자리에서 약간 옮겨

제3부 인간·동물민속 연구

현재는 오○환의 앞 텃밭에 위치하고 있다.

호랑이 석상의 재질은 화강암이다. 전체 길이가 130㎝, 전체 높이가 55㎝, 몸통 폭이 55㎝이다. 얼굴 크기는 36x36㎝, 코 길이 17㎝, 입길이 34㎝, 눈은 6㎝이다. 눈은 동그랗게 원형 홈에 선을 그어 무서운 느낌을 들게 했다. 코는 주먹 삼각형으로 주위보다 볼록하다. 입은 세로로 길게 선각을 하고 양쪽 송곳니가 나와 있어 위엄을 느끼게 한다. 몸통에도 조각한 흔적이 있다. 네 개의 다리가 분명하게 표현되어 있지 않지만 선각으로 앞다리를 세우고 웅크리고 앉은 자세이다. 꼬리를 길게 오른쪽으로 처리한 모습이 광한루원의 기법과 똑같다.

마을 중간에 있는 한산정寒山亭 대들보에 고정8경考亭八景의 한시가 있다. 고정의 여덟 가지 좋은 풍광을 읊고 있는데 그 중에서 견두산의 산바람과 삼거리의 호석을 이야기하고 있다.

考亭八景
犬頭晴嵐 鷹峯秋月
胎峰歸雲 寒山暮雨
眞洞炊煙 桃林落照
三街虎石 石照人淸

고정리는 견두산을 정면으로 바라보고 있는데, 예전에 들개, 늑대들의 피해가 많았다. 남원부에 불이 많이 나고 재앙이 많아 호석을 세운 것과 마찬가지로 고정리 호석도 크기는 작지만 같은 기능과 의미를 지닌 쌍둥이 호석으로 봐도 무방할 것이다.[8]

---

8   제보자 오○환(1930년생)과 이○종(마을이장)을 2009년 7월 6일 현지조사에서 면담했다.

(3) 전북 임실군 신평면 호암리 범바우

호암리는 상천리, 상두류봉, 중두, 하두 등 네 개 자연마을로 이루어져 있었는데, 군부대가 들어오면서 범바위 앞 하두 마을만 남았다. 경주김씨와 밀양박씨가 처음 터를 잡았다. 마을이 형성된 시기는 불확실하나 경주김씨 족보와 가승을 보면 경주김씨 계림군鷄林君 1대로부터 7대 해당되는 상두류봉 중시조乙未十五日生, 甲戌八月十日卒 이후이다. 제보자 김○식(1941년생)이 경주김씨 20대로 13대 이전의 일이다. 1세대를 30년으로 잡으면 약 360여 년 전에 처음 마을이 형성되었다고 생각된다.

큰 부자동네는 아니었지만 나름대로 행세를 하고 살았는데, 어느 날 도사(스님)가 이 마을에 시주를 왔다. 주위 이웃마을보다 살림살이가 풍족했음에도 마을사람들은 시주는커녕 오히려 희롱해서 도사를 쫓아냈다. 그 다음에 또 도사가 와서 하는 말이 "이 마을은 풍족하나 마을입구 범바우 때문에 큰 인물이 못난다."면서 마을 앞에 있는 범바우를 부셔 없애라고 일러주었다. 마을사람들은 도사가 일러준 대로 범바우를 부셔 없앴다. 그런데 그 이후 온 마을에 여러 모로 좋지 않은 일이 자주 발생했다. 특히 집과 우물 등에 뱀이 많이 서렸고 불이 많이 났다. 고심 끝에 그 원인을 알았는데, 바로 마을입구 범바우를 없앴기 때문에 이런저런 재앙이 생긴다는 것이다. 도사가 마을로 들어오는 액을 막는 범바우의 역할을 시주를 거부하며 자신을 희롱한 마을사람들에게 거꾸로 알려준 것이다. 마을사람들은 즉시 유명한 석공을 모셔와 자연석 범바우가 있던 곳에 과거의 모습과 똑같이 범바우를 깎아 세웠다. 그 이후 아무런 불미스런 일들이 발생하지 않고, 자손들로 많이 번성하였다. 그러던 중 1978년부터 군부대(7287부대)가 들어오면서 하두 마을만 남기고 상천 · 상두 · 중두 마을은 군부대 안으로 편입되면서 이들 마을 사람들은 전주 등으로 흩어졌다. 경주김씨 판윤공파 일부는 호암리 '농원'이라는 곳으로 집단 이사했다. 농원에 대종중 제각과 효자 선원님의 비석을 건립하고 매년 음력 10월 중정일中丁日에 제사를 모시고 있다. 현재 하두 마을에만 아홉 집 정도가 살고 있다.

범바우의 위치는 두류봉 아래 외약골 옆에 밭에서 산으로 올라가는 입구에 남서향을 바라보며 서있다. 예전의 중두와 하두 마을 사이이다.

범바우는 얼굴 가로 · 세로 각각 약 50㎝ 신장 약 90㎝ 몸길이 약 130㎝이다. 이빨을 드러내 놓고 웃는 호랑이 얼굴 형상이 너무 독특해서 매우 인상적이다. 맷돌처럼 생긴 동그란 얼굴, 살짝 돋은 도톰한 귀, 무서운 표정 대신 환한 미소를 띠고 있었지만 호랑이가 틀림없었다. 호랑이는 수풀 속에서 익살스런 표정을 한 채 얼굴을 빼꼼 내밀고 있다. 내놓고 웃고 있는 표성은 해학적이다 못해 해맑은 어린이의 표정을 연상케 한다. 호랑이의 몸체는 재질이 단단한 화강암으로 만들어졌다. 이 범바우는 소재가 화강석이고 자연석 화강

호암리 범바우와 제보자

암 위에 앉아 있다. 뺨에 호랑이 얼룩무늬가 음각되어 호피(호랑이 가죽)가 사실적으로 묘사된 것이 특징이다. 코에는 오목하게 콧구멍도 조각돼 있다.

범바우의 제작 연대는 전해지지 않고 있다. 주민들도 그저 '겁나게 오래된 것'이라고 말할 뿐 정확한 시기는 알지 못했다. 호암리 이장 허○식(조사당시 66세)씨는 "어릴 때 호랑이 등에 올라타고 놀았다."라고 말했다.

범바우에 대한 특별한 의례는 없다. 2000년 신평 면장 최○미씨가 주위 경계선을 둘러 보호하고 있다. 범바우는 석조물 수집가들에 의해 여러 차례 도난 될 위기도 있었으나 마을 주민들이 지켜 냈다. 허 이장은 "언젠가 트럭을 옆에 세워 놓고 호랑이 석상 앞에서 제사를 지내는 사람들이 있길래 뭐하느냐 물었더니 석상을 옮겨 놓으려고 한다고 했다."며 "마을 사람들이 몰려갔을 때 도망가고 없었다."라고 말했다. [9]

(4) 충남 금산시 제원면 천내리 용호석[錦山川內里龍虎石]

금산 천내강은 금강 상류를 이루는 강이다. 금산을 적시며 흘러온 강물이 영동으로 빠져나가기 직전 제원면 천내리 주변에 천내강이 있다. 지도에는 금강이라고 표기되어 있지만 금산 사람들은 강 너머 낙안 들판을 끼고 있는 천내리의 이름을 따 천내강이라고 부른다. 천내리 마을 서쪽 강변에 자리 잡고 있는 돌로 만든 용과 호랑이 동물상 2기가 있다. 용석은 금산시에서 제원면으로 들어오는 원대교濟原大橋 북쪽 50m 떨어진 지점에 있고 호석은 용석으로부터 100m 떨어진 지점에 있다. 높이는 각각 1.38m, 1.4m이며 고려시대 말기의 작품으로 추정된다.

용석은 높이가 1.38m이고 70cm×80cm 가량의 부정형 받침 위에 조각되었는데, 여러 개의 괴형 돌기와 그 사이에 꿈틀거리는 용의 몸체가 새겨져 있다.

---

9   제보자 김○식(남, 1941년생), 허○식(1942년생), 최○미(전 신평 면장)을 2009년 7월 5일 현지조사에서 면담했다.

입 양쪽에는 아가미와 수염이 있으며 입에는 여의보주를 물고 있다.

호석은 높이가 140㎝이고 110×65㎝의 네모난 받침 위에 호랑이가 입을 벌린 채 앞발을 세우고 앉아 있는 모습이다. 털 무늬는 두툼하게 솟은 곡선과 동그라미가 교대로 표현되었다. 몸은 서쪽을 향하고 머리는 북쪽을 향하여 입을 크게 벌리고 있으며, 특히 눈을 크게 묘사하여 무서운 느낌이 들지 않는다.

호랑이나 용의 특징이 다른 마을 호랑이 석상에 비해서 사실적이나 고려 공민왕과의 전설을 품고 있는 고려 말기의 작품으로는 생동감 있게 표현되지 못하고 전체적으로 조각기법이 퇴화된 느낌이다. 1973년 12월 24일 '충청남도유형문화재 제4호'로 지정되었다.

전설에 의하면, 1361년 홍건족의 난 때 안동安東에 피난 가 있던 공민왕이 풍수지리설에 의하여 대길지大吉地를 찾을 것을 지사地師에 명하자, 지사가 태백산 지맥에 평사낙안 부사도강平沙樂雁浮莎渡江의 명당이 금주(즉 錦山)에서 동쪽으로 20리 지점에 있으니 왕릉이 될 지대라고 하여 왕이 자신의 능소로 작정하고, 왕릉王陵예정지란 표식으로 용석龍石과 호석虎石을 조성하였다고 한다.[10]

금산군 제원면 천내리에 동방東邦에서 두 번째 손가락에 든다는 대혈大穴인 '선인부사도강형仙人浮莎渡江形'이라고 지사들은 여기고 있다. 즉, 이곳 천내리川內里에 '대지대혈'이 있다고 소문이 나면서 많은 사람들이 찾는 명소이다. 이곳 대혈은 동방에서는 두 군데 밖에 없는 곳으로 '내안'이라 불리는 천내리의 뒤 산을 일컫는다. 이곳은 '선인이 뗏목을 타고 강을 건너는 모습'이다 하여 붙여진 형국명形局名인데, 금강 건너편의 넓은 벌판을 낙안평落雁坪이라 부르고, 금강 좌측 편은 봉황이 하늘을 나는 봉황봉鳳凰峯이 자리 잡고 있다. 충남 금산 일대는 도읍지로 손색이 없을 만큼 드넓은 땅과 이를 병풍처럼

---

10   2009년 7월 6일 현지조사

천내리 용호석(龍虎石)

감싸주는 높은 산들, 그리고 그 사이를 흐르는 맑은 물이 있는 곳이다. '용호석'터는 공민왕 자신의 능 자리가 아니라 여러 천도 후보지 가운데 한 곳이 아니었을까 하는 추측을 해볼 수 있다. '용호석'은 일종의 후보지 표지석인 셈이다. 풍수에서는 대개 '좌청룡·우백호左靑龍右白虎'라 하여 핵심처의 왼쪽에 용이 형세, 오른쪽에 호랑이 형세의 산이 있어야 한다고 말한다. '용호석'을 기준으로 할 때 현재 천내리와 그 뒤로 이어지는 구릉지대를 핵심처로 본 듯하다. 앞으로는 금강이 휘감아돌고, 뒤로는 성주산(623m) 월영산(529m) 양각산(565m) 등이 감싸며, 강 건너 금산읍의 드넓은 들판이 펼쳐지는 그야말로 배산임수의 전형적인 땅이다.[11]

(5) 충남 연기군 전의면 유천리 전의이씨 시조묘 호랑이 명당의 먹이 개바위[狗岩]

유천리 양안이마을에는 전의이씨 시조묘가 있다. 이 전의이씨 시조묘는 엎드린 호랑이 형상의 명당이다. 전의이씨 후손들이 지켜온 개바위는 호랑이 명당의 먹이에 해당된다. 전의이씨 후손들은 시조묘의 명당 발복 덕분에 자손이 번창하고 명문거족으로 성장할 수 있었다고 생각하고 있다. 이 개바위 옆에 세운 구암狗巖 표석에서 그 것을 읽을 수 있다. 전면에는 한자로 '狗巖'이라 쓰고 뒷면에 내력을 적었다.

狗巖事蹟

全義李太師公諱棹의 墓所는 風水學說上伏虎形이다하며 그 寅方 五百米許
에 位置하여 어미개가 새끼를 거느린 形狀인 이 狗巖은 伏虎의 먹이가 되는 明堂
必須의 吉砂로서 우리 子孫이 所重히 여겨 왔다. 一九0二年 京釜線 鐵道敷設
當時와 一九九0年 彈藥廠 引込線 敷設當時 全宗人의 精誠으로 狗巖을 破毁로
부터 救出保存하는 等 우리 李姓永傳의 遺蹟이다. 庚午 六月

全義李氏花樹會本部

이런 사연에 대해 김두규는 다음과 같이 설명하고 있다.[12]

11   김두규,『복을 부르는 풍수기행』, 동아일보사, 2005, 200~203쪽.
12   김두규,『복을 부르는 풍수기행』, 동아출판사, 2005, 56~59쪽.

호랑이 명당이라는 전의이씨 시조묘(左)와 호랑이의 먹이가 되는 개바위(右)

… 풍수지리에서는 호랑이 형상의 명당론이 자주 등장한다. 풍수형국론(물형론)에 의하면 "사나운 호랑이가 숲을 나올 때 그 앞에 개가 누워 있는 형상猛虎出林臥犬形"이 가장 이상적인 명당이다. 사나운 호랑이 형상의 산은 산세가 웅장할 뿐만 아니라 강한 기운이 엿보여야 한다. 그런데 이곳 전의이씨 시조묘는 낮은 산, 언덕 끝에 있을 뿐만 아니라 주변 산세도 부드럽다. 이곳 명당을 사나운 호랑이가 숲을 뛰쳐나오는 형상으로 볼 수는 없다. … 이곳은 호랑이가 느긋한 자세로 엎드려 있는 복호형伏虎形이다. …

묘소가 위치한 양안이마을 앞으로 국도와 철도가 지나간다. 국도는 1번 국도이고, 철도는 경부선 상하행선과 탄약창으로 들어가는 세 개 철길이 있다. 개바위는 경부선 상하행선과 탄약창으로 들어가는 철길 사이에 위치한다. 두 철길 사이에 느티나무와 약간 큰 바위 몇 개가 놓여있다. 이 바위가 개바위로 큰 바위는 어미개가 누워 있는 형상을 하고 있고, 작은 바위는 강아지를 연상시킨다. 엎드린 호랑이의 형상의 명당에 전의이씨 시조묘를 조성하고 호랑이 명당의 먹이에 해당하는 개바위를 지키기 위해 전의이씨 문중 전체가 나섰고, 지금까지 두 번에 걸친 철도공사 와중에도 두 철길 사이에 소중히 보존되어 있다.[13]

제3부 인간·동물민속 연구

⑹ 경남 김해시 임호산 흥부암 호랑이 초석

흥부암은 대한불교 조계종 제14교구 범어사 말사이다. 옛 가야국의 중심지인 금관가야의 중앙에 위치한 사찰로, 인도국 허황후와 함께 왔다는 오라비 허보옥(장유화상)이 서기 48년에 창건한 사찰이다. 장유화상이 조성한 수많은 사찰 중 특히 가야국의 번영과 발전을 위해 건립했다고 하는 이 흥부암은 김해평야를 굽어보는 조그만 야산의 깎아지른 듯한 절벽 아래 산 중턱에 위치하고 있다.

이 산 이름은 유민산, 가조산, 호구산, 안민산, 봉명산, 임어산, 임호산 등 여러 별칭을 가지고 있다. 호랑이 모양으로 생긴 산이라 해서 붙여진 임호산은 산의 형세가 옆에서 보면 호랑이가 누워 있는 형상이다. 흥부암이 위치하고 있는 곳이 바로 호랑이의 아가리 부분에 해당한다. 풍수지리적으로 호랑이가 가야(지금의 김해)지역을 물어뜯는 형상이므로 장유화상이 이를 막기 위해 절을 세우고 편안하게 했다고 전한다. 김해의 산 중 호랑이의 험한 기운을 보여주는 산이 임호산이다. 1820년 곽기형郭基衡이 쓴 흥부암 중수기重修記에도 "김해의 오른 산 안민산(임호산)은 읍의 백호가 된다. 옛날 풍수사가 이 산에 나쁜 바위가 있어 읍에 이롭지 않다고 하였다. 이런 까닭에 절을 세워 그 험함을 가렸다."라고 기술되어 있다. 임호산은 이름 그대로 호랑이의 머리와 같고, 특히 그 벌린 입虎口이 너무 험하다. 사나운 호랑이가 김해를 향해 으르렁거리고 있으니 김해 사람들은 불안을 느낄 만하다. 그러니 호랑이 입을 막아주기 위해 그 장치로 흥부암을 지었다. 더 흥미로운 사실은 현재 흥부암 대웅전 기둥을 떠받치는 주초석의 모양이 모두 호랑이 형상이다. 가장자리의 호랑이 주초석은 양쪽에서 대웅전 정문을 마주 바라보고 있고, 중앙의 호랑이 주초석은 정면을 바라보고 있다. 모두 대웅전 기둥에 눌러 어금니를

---

13   2009년 7월 6일 현지조사

들어내고 우는 모습이다. 흥부암 자체가 호랑이 입막음인데 거기에 더해 호랑이 주초석을 대웅전의 모든 기둥 아래 놓아 아예 호랑이가 꼼짝 못하게 짓누르고 있다. 매우 강력한 호랑이의 진입이다.

언제 누가 어떤 사연으로 호랑이 주초석을 만들었는지를 증언하는 사람은 없다. 다만 호랑이주초석이 형상뿐 만 아니라 재질도 비교적 최근의 것이다. 1985년 5월 화재로 전소한 것을 1989년 11월 복원했다는 흥부암 연혁으로 보아 이 당시에 호랑이 주초석을 조성한 것으로 보인다. 1997년부터 2008년까지 흥부암 주지로 계셨던 혜운스님(현 다솔사 주지)의 전언에 의하면 지금은

김해 임호산 흥부암 전경

제3부 인간·동물민속 연구

호랑이 기운을 제압하기 위해
사방 기둥 밑에 호랑이 형상의
주초석

열반한 바로 이전 주지스님 때 대웅전을 지었는데 어떤 연유로 만들었는지 듣지 못했지만 아마 그 때 만들어졌다고 한다.[14]

(7) 경남 진주시 대곡면 가정리의 호랑이를 이기는 코끼리상

조용하던 마을이 1993년부터 큰 변고가 생기기 시작했다. 이 당시의 변고를 다음과 같이 마을 사람들은 이야기 하고 있다.

- 늙은 사람이 많이 죽어서 이제 살만하니까. 늙은 사람은 안 죽고 젊은 사람이
  많이 죽었어.
- 차 사고 나서 죽고 아파서 죽고.

14   제보자 윤○미(여, 1956년생, 흥무암 종무소 근무), 헤운스님(전 흥부암 주지)을 2009년 8월 5일
     현지조사에서 면담했다.

- 죽은 사람이 약 20~30명 정도 돼.[15]
- 식당하던 사람이 배달 가다가 심장마비로 죽고.
- 아저씨가 죽고 40일도 안돼서 아지매가 죽고.
- 아아 그 당시에는 정신이 막막했지 꼭 젊은 사람만 죽었으니까.
- (당시) 내가 젊다고 자고나니까 죽고 하니까 친척들이 다른 데로 이사 가라고
  했어.
- 자다가 죽고, 더위를 식히다가 심장마비로 죽고.
- 한 2~3미터밖에 안 되는 감나무에 떨어져서, 거기에 떨어져 죽을 것이라고
  생각도 안했는데 갑자기 세상을 떠났다고.
- 날마다 초상 치르느라고 분주했어, 2~3일 만에 한번씩, 4~5일 만에 한 번씩
  초상을 치르다보이 정신 차릴 시간도 없었어.

이런 엄청난 재앙에 마을 사람들은 전전긍긍했다. 이 거대한 불행의 원인
을 규명하기 위해 별 희한한 일까지도 했다. 풍수도 데려와 보고, 용한 무당에
게도 물어보고 동네에 좋다고 하는 일은 가리지 않고 다했다. 그 결과 마을
사람들은 강 건너 '엎드린 호랑이' 모습을 한 달음산(월아산)이 석산으로 개발
되어 레미콘공장이 들어서면서부터 재앙이 시작되었다고 믿었다. 채석장으
로 개발한 부분이 바로 호랑이의 머리 부분에 해당된다. 호랑이가 상처를 입
고 고통으로 포효할 때마다 마을 사람들에게 재앙이 미치게 되었다고 생각했
다. 이 당시 죽은 사람들의 집은 주로 도로가에 있었고, 바로 호랑이 머리를
정면으로 바라보고 있는 위치에 있었다. 호랑이가 성난 것이다. 온갖 방법으
로 호랑이 달래기를 실패한 사람들은 이제 호랑이 기운을 누르는 방안을 모
색했다. 마을사람들이 모여 의논하던 중, 호랑이보다 더 센 놈을 생각해 냈

---

15 대곡면사무소의 자료에 의하면 1993년 10명 1994년 29명, 1995년 7명이 사망했다.

제3부 인간 · 동물민속 연구

엎드린 호랑이 형국의 마을 앞산을 건드려 변고가 나자 코끼리를 내세워 호랑이를 진정시켰다.

다. 바로 코끼리인 것이다. 풍수용어에 "五獸不動格"은 '호랑이는 코끼리를 무서워하고, 코끼리는 쥐를, 쥐는 고양이를, 고양이는 개를, 개는 호랑이를 무서워한다.'는 말이다. 이런 동물들의 천적관계를 땅에 비추어 '다섯 짐승이 서로 견제하는 형세'의 땅은 한마디로 기가 충만한 좋은 땅으로 본다. 자연생 태계에서도 실제 아시아코끼리는 수 톤에 해당되고 무서운 힘을 가지고 있어 호랑이를 이긴다고 한다. 이런 연유로 코끼리 석상을 세우기로 했다. 마을사 람들은 채석장으로 개발한 회사에 가서 사정을 이야기하고 코끼리상을 세우 는 비용 약 1,450만정도 도움을 받았다. 코끼리상을 제작 운반하고 간단히 제를 올리는 비용이었다. 코끼리상 제작은 경남 합천군 삼가면에 있는 삼가

석재에서 이루어졌다. 드디어 1995년 추석날 마을사람들이 마을회관 앞에 코끼리 석상 암수 한 쌍을 세웠다.

- 호랑이 기운을 직일려고 이걸(코끼리상)을 세웠어
- 목마른 사람이 샘 판다고 코끼리를 세웠더니 덕을 많이 보고, 코끼리를 세워 낫더니만 코끼리가 이겼어, 코끼리가 힘이 세서 호랑이한테 이기고 (더 이상) 사람이 안 죽어요
- 코끼리 코가 기가 셌어, 호랑이를 잡아 제켜서 이겨 가지고 동네가 조금 좀 마음적으로 살기가 좋아졌다고
- 부락사람들이 코끼리 보고 동네사람들을 살렸다고 고맙게 생각하지

마을사람들은 코끼리를 내세워 성난 호랑이를 진정시켰다고 믿는다. 코 끼리 석상을 세운 이후 더 이상 불행하게 죽은 사람들이 없었다고 생각한 다.[16]

2) 한국 호랑이 석상의 형태와 의미 분석

이 장에서는 한국 민속 일반에 나타나는 호랑이의 상징적 의미를 살펴본 후, 특히 이 논문의 주제인 호랑이 석상의 형태와 의미를 분석하고자 한다. 일반적으로 호랑이는 용과 함께 우리 문화 속에 가장 많이 등장하는 동물이 다. 민속신앙에서 호랑이는 신성성을 지닌 존재이다. 그런데 이러한 신성성 은 호랑이에 대한 양가적兩價的 인식을 토대로 하여 형성된 것이다. 즉 용맹 함과 날렵함을 그 속성으로 하는 호랑이는 좋으면서도 싫고, 무서우면서도

---

16 제보자 이○용(남, 1945년생), 구○선(남, 1923년생)을 2009년 8월 5일 현지조사에서 면담했다.

　　　　　　　　　　　　　제3부 인간 · 동물민속 연구

우러러보는 두 가지의 다른 감정을 동시에 지니는 동물이다.

호랑이는 산신령, 산신의 사자, 기우제의 희생물, 수호신의 상징이다. 산군, 산령, 산왕, 산지킴, 산주인, 산영감 등으로 물리는 호랑이는 산신의 상징이다. 영적인 동물 호랑이와 산을 신성시하는 사상이 합쳐서 호랑이를 산신, 산신의 사자 또는 종자로서 인식했다. 그래서 백발노인이 호랑이를 탄 모습, 호랑이를 데리고 다니는 모습을 하고 있다.

호랑이는 효와 보은의 수호자이다. 호랑이는 한국문화 속에서 효를 지키는 수호자인 동시에 후원자이다. 효를 실천할 수 있도록 도와주는 사례로, 호랑이는 3년 동안 시묘살이를 무사히 마칠 수 있도록 매일 태워주거나, 한겨울에 효자를 위해 홍시를 구해준다. 그런가 하면 효자가 직접 호랑이로 변신하여 효를 실행하는 〈황팔도이야기〉에서는 직접 효를 실천한다. 어떤 경우든 호랑이는 효를 실천하고 돕는 존재이다.

호랑이는 용맹함과 날렵함으로 벽사辟邪의 상징이다. 인간에게 호랑이의 용맹함과 날렵함은 일차적으로 공포의 대상이다. 호랑이는 세시와 놀이에 등장해서 액을 물리고 복을 부른다. 민화에서 호랑이는 매, 까치, 소나무, 대나무, 신적 인물 등과 결합되어 삼재부적, 길상적 의미의 희보, 장수, 축귀, 산신·산신의 사자 등의 의미가 된다. 호랑이는 생활용품과 공예품에서 장식과 함께 잡귀를 쫓는데 사용되었다.

호랑이는 절대적인 권위와 힘을 상징하여 용맹·명예·권세·관직·군대·승리 등의 문화적 의미를 지닌다. 힘에서 절대적 우위에 있는 호랑이는 인간 자체의 힘만으로는 도저히 물리칠 수 없는 대상이다. 이런 힘은 용맹의 상징이며, 무관의 흉배에서 관직을, 맹호부대에서 군대와 승리라는 문화적 상징성을 지니게 된 것이다.

호랑이는 포악·사나움·어리석음의 대명사이다. 호랑이는 아주 큰 어려움, 위험 등에 비유된다. 호랑이에게 물려가는 것이나 범의 아가리에 떨어지는 것은 곧 죽을 의미한다. 속담에서 호랑이는 탐욕스럽고 인색하며, 또한 교활한 악독한 관리들의 횡포를 비유적으로 암시하고 있다. 그런가 하면 설화에서 호랑이는 어리석으며 우둔한 대상이 된다.

호랑이 동물민속의 맥락 속에서 앞 절에서 살펴본 일곱 개 지역의 호랑이 석상의 전승 현장을 중심으로 그 형태와 의미를 살펴보고자 한다.

호랑이와 관련된 석상의 명칭은 호석虎石 · 범바우 · 용호석 · 호랑이초석 · 개바위 · 코끼리상 등이다. 명칭에서 알 수 있듯이 돌로 만든 호랑이상이 대부분이다. 개바위는 호랑이 명당에서 호랑이의 먹이가 되는 '개'의 형태이

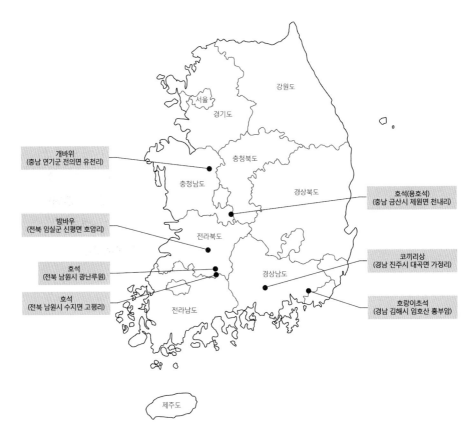

호랑이 석상 현장지도

　　　　　　　　　　　　　　　　　　제3부 인간 · 동물민속 연구

다. 개바위는 호랑이의 먹이가 되는 대상으로 명당의 기운을 돋우는 역할을 한다. 코끼리상은 마을 앞 호랑이 형국의 지형이 인위적 훼손으로 성이 난 호랑이를 제압하기 위해 세운 경우이다. 개바위와 코끼리상은 호랑이의 직접적인 모습은 아니지만 호랑이를 위해서, 혹은 제압하기 위해서 세운 동물 석상이다.

남원 광한루원과 고평리(고정마을)의 호석은 광한루원의 중앙과 마을 중앙에 위치하고 있다. 이 두 호석은 수지면 견두산 쪽을 향해 있으며 들개, 화재, 홍수 등 재난을 막고 있다. 임실의 범바우는 마을 입구에서 수호신 역할을 하면서 마을로 들어오는 재앙을 막고 있다. 금산의 용호석은 좌청룡, 우백호의 풍수지리의 비보 기능을 한다. 김해의 호랑이초석은 풍수지리적으로 호랑이의 기운이 너무 강해, 그 기운을 누르기 위해 기둥 밑에 깔린 형국이다. 진주의 코끼리상도 성난 호랑이의 기운을 제압하기 위해 세운 것이다. 연기의 개바위는 호랑이형국의 풍수 기운을 돋우는 역할을 한다.

호랑이 관련 석상의 형태와 모습을 보면 남원의 호석 두 사례와 금산의 용호석의 호랑이상은 세월이 흘렸지만 호랑이의 형태를 갖추고 위엄이 있다. 특히 금산의 경우는 뛰어난 석수장이의 솜씨로 앞에서 보고한 사례 가운데 조각 솜씨는 가장 뛰어나다. 조선시대 왕릉의 석호는 다소 얼굴이 다소 해학적으로 표현되었다면 남원과 금산의 호랑이는 다소 무서운 모습이다.

표 1_ 한국 호랑이 석상의 형태와 의미 분석

지역	전북 남원시 광한루원	전북 남원시 수지면 고평리	전북 임실군 신평면 호암리	충남 금산시 제원면 천내리	충남 연기군 전의면 유천리	경남 김해시 임호산 흥부암	경남 진주시 대곡면 가정리
명칭	호석	호석	밤바우	호석 (용호석)	개바위	호랑이초석	코끼리상
재질	돌	돌	돌	돌	돌	돌	돌
위치	광한루 중앙	마을 중앙	마을 입구	명당 우측	명당 정면	주초석	마을 중앙

수량	1개	1개	1개	1개	돌무지	10개	1쌍 (2개)
형태	호랑이	호랑이	호랑이	호랑이	개 모양 자연석	호랑이	코끼리
기능 역할	재난을 막는 지역 수호신	재난을 막는 마을 수호신	잡귀를 막는 수호신	명당의 표시	명당 터의 기운 보강	호랑이 기운 제압	호랑이 기운 제압
제작 시기	1793~ 1820년간	1793~ 1820년간	360여 년 전	고려 말	고려 초 조성	1989년	1995년
비고							

임실의 범바우는 마을 수호신으로서 아주 다양한 모습이 읽혀진다. 민화 속의 해학과, 장승의 얼굴, 돌미륵의 위엄이 동시에 표현된 걸작이다. 김해와 진주의 석상은 현대 기계로 만든 것으로 매우 사실적이다. 연기의 석상은 자연석으로 개모양은 아니지만 그렇게 해석하고 있다.

이들 석상의 기능은 마을 또는 지역의 수호신으로 재앙을 막는 역할을 하거나, 풍수비보로 호랑이 기운을 누르고, 돋구기 위한 것들이다. 남원과 임실은 재앙을 막는 수호신으로 마을신 또는 고을신의 역할을 하고 있다. 금산은 좌청룡 우백호의 상징물로, 김해, 진주는 호랑의 기운을 누르기 위해, 연기는 호랑이 기운을 돋우는 풍수비보의 기능과 역할을 수행하고 있다.

민속현장에는 다양하게 전승되는 이른바 '호랑이문화'가 있다. 호랑이와 관련된 석상의 명칭은 호석虎石 · 범바우 · 용호석 · 호랑이초석 · 개바위 · 코끼리상 등이다. 명칭에서 알 수 있듯이 돌로 만든 호랑이 상이 대부분이다. 마을과 고을의 중앙이나 입구에 위치한 호랑이 석상은 액을 막는 수호신 역할을 한다. 풍수지리와 관련한 석상은 호랑이의 기운이 너무 강해 그 기운을 누르거나, 제압하기 위해서, 명당 터를 표시하기 위해서, 명당 터를 발복시키기 위한 문화적 장치로서 석상을 이용했다. 호랑이 석상은 아주 다양한 모습을 읽혀진다. 그림 속의 해학, 장승의 얼굴, 미륵의 위엄이 동시에 표현된 걸작의 조형예술이다.

민속현장의 다양한 동물상, 특히 동물석상은 한번 조성되면 오랜 기간 동안 존속된다. 비록 조성시기가 근·현대라고 해도, 그 연원을 밝혀 정리해하지 않으면 후대 연구자들에게 혼란을 일으킨다. 그런 점에서 역사자료와 함께 민속 현장의 유·무형의 자료를 동시에 조사 정리했다는데 이 논문의 의의를 지닌다.

3. 결結 : 호랑이는 살아있다.

최남선은 "중국의 용, 인도의 코끼리, 이집트의 사자, 로마의 이리처럼 조선에서는 신성한 동물을 첫째 호랑이라고 하면서, 호랑이는 조선 최대의 동물이며 조선인의 생활에 끼친 영향이 크니 그 중 신화, 전설, 동화를 통하여 나타난 호랑이 이야기들은 설화 세계에서 최고이다. 호랑이 및 호랑이 설화에 대한 민족적 숭앙 또는 기호는 어느새 인지 다른 모든 이야기를 밀어내 버린 것이다. 그래서 '조선을 호담국虎談國'이라 할 만큼 범 이야기의 특수한 인연을 가진 곳이 되었고 이 때문에 세계로 향하여 설화의 조선색을 강렬히 나타내 보인 것이 다행이다."라고 기술하고 있다. 한국 이야기 속에는 많은 동물들이 등장하는데 그 중에서 호랑이가 단연 많다.

그 많던 호랑이는 전남 영광 불갑산에서 마지막으로 한반도에서 사라졌다. 한국 야생호랑이는 1915~1942년까지 일제강점기 조선총독부가 시행한 해수구제害獸驅除정책에 의해 남한지역에서 잡힌 야생호랑이가 기록상(조선휘보) 1924년 전남지역에서 여섯 마리 잡힌 것이 마지막이나 박제표본으로 전해 내려오는 것은 1908년 불갑산 덫고개에서 잡힌 호랑이가 유일하다. 불갑산 호랑이는 1908년 2월 한 농부에 의해 잡힌 것을 일본인이 당시 논 50마지기 값에 해당하는 200원에 사들여 표본 박제했다가 당시 일본인 학교였던 목포유달초등학교에 기증되었고, 지금도 그 초등학교에 보관되어 있다.

대학의 호랑이 상징물

자연생태 속의 호랑이는 실제로 보기 힘들다. 그렇지만 역사적으로, 문화적으로 형성된 호랑이에 대한 관념은 현재 우리 생활에 큰 영향을 미치고 있다. 강원도 춘천시는 호랑이를 강인하고 진취적인 시민기상을 의미하는 지역 상징동물로 삼았다. 대학가에도 호랑이는 살아 으르렁 거린다. 고려대학교 호랑이는 용기, 결단, 민활 위엄으로, 한경대학교 호랑이는 자유, 진리, 용맹, 인내심, 개척정신으로, 경주대학교 쌍호는 민족대학으로서 세계로 뻗어나가고하자 하는 의지로, 대구대학교 비호는 큰 뜻, 높은 이상으로, 배제대학교 호랑이는 친근함, 기백, 용감함으로 상징된다. 표범은 전북대학교와 동아대학교의 학교상징이다.[17]

제3부 인간 · 동물민속 연구

현대의 다양한 호랑이 캐릭터

호랑이는 현대 도시와 백화점에서도 어슬렁어슬렁 걸어 다니고 있다.

용맹성·권위성을 상징하는 호랑이는 대중들이 선호하는 동물 가운데 하나로, 상품이나 회사의 등록상표로서 인기를 누리고 있다.

사람의 띠 가운데 상표로 가장 선호되는 동물은 무엇일까? 4일 특허청에 따르면 호랑이·말·용이 가장 인기가 많고, 쥐·뱀·원숭이는 선호도가 비교적 낮은 것으로 조사됐다. 6월 12일 현재 특허청에 등록된 상표를 보면 △1위는 신통력을 지니고 영물을 상징하는 호랑이가 286건 △2위는 생동감을 표현하는 말이 148건 △3위는 권위적인 용이 82건 △4위는 상서로움을 나타내는 닭이 58건 △5위는 부와 다산을 상징하는 돼지 50건 등의 순으로 인기가 많은 것으로 파악됐다.

---

17   천진기, 「지역상징동물연구」, 『우리文學研究』 32, 우리문학회, 2011, 197~220쪽.

그 다음으로는 토끼와 양이 32건, 소 30건, 개 18건으로 뒤를 이었다. 반면 상표로 가장 적게 등장하는 띠의 동물은 쥐로 고작 4건에 그쳤으며 뱀 3건, 원숭이 6건 등으로 선호도가 낮았다.

이는 우리나라 사람들이 신통력 · 용맹성 · 권위 · 상서로움을 나타내는 동물과 부富 · 다산多産을 상징하는 동물을 선호하는 반면 인간에게 혐오감을 주는 동물을 기피하기 때문인 것으로 풀이된다.

한편, 띠를 소재로 한 선호도 상위 5위까지의 상표를 살펴보면 호랑이의 경우 캐릭터거울 판매업인 '꼬마호랑이', 도마 · 소반 등을 판매하는 '봉줄까치호랑이' 등이 있고 말의 경우 음식점인 '마굿간 말굽삼겹', 가공 곡물류를 판매하는 '당근과 말밥', 용의 경우는 주류인 '와룡장생', 복권 판매점인 '용꿈 돼지꿈' 등이 있다.

또한, 닭을 소재로 한 상표는 '암탉이 우는 까닭', '녹차먹인 닭고기'를 비롯 음식점인 '참나무숯불에 닭이 만나는 순간' 등으로 조사됐다. 돼지 역시 음식점인 '홍채 정껵정 멧돼지', '푸레돈 벌침맞은 우리돼지', '조신한 촌돼지', '조선까막돼지와 버섯총각들' 등 다소 코믹한 표현의 상표들이 많은 것으로 나타났다.[18]

실제로 특허청에서 운영하는 특허정보검색서비스[19] 검색 결과 2009년 7월 31일 현재 호랑이 디자인은 134개, 호랑이 상표는 1,386개가 등록되어있다. 호랑이 디자인의 경우 장난감의 완구류, 장식장신구, 의류, 기념품 등이 많았다. 특히, 용맹성과 권위를 상징하는 호랑이 상표는 스포츠, 기업, 주류 등과 관련성이 짙다.

한국의 호랑이 석상은 풍수비보를 목적으로 마을, 사찰, 지역의 수호신적 존재로 조성되었고, 현대에 이르기까지 대학의 상징, 지역의 상징, 단체나 상

---

18   이정은, 『창업경영신문』, 2007년 7월 6일.
19   http://www.kipris.or.kr

표의 캐릭터의 모습으로 전승되고 있다.

이 글은 한국 호랑이 석상에 대한 현지조사 성격이지만 박물관 활동에서도 다양하게 활용될 수 있다. 모든 박물관 활동, 그것이 조사연구이든, 유물의 수집과 보존, 전시, 교육이든 간에 철저한 현장의 조사연구를 바탕으로 문화적 맥락 속에서 이루어져야 한다. 그런 관점에서 호랑이에 대한 자료, 전시, 박물관교육 등에서 이 자료가 이용되기를 기대한다.

나무의 문화문법과 박물관 활용방안 시론 : 지역상징 나무를 중심으로

1. 서론

아이를 낳으면, 밖에서 기다리던 시어머니가 "소나무냐? 오동나무냐?" 하고 묻는다. 아들을 낳으면 아버지는 선산에 가서 그 아들 몫으로 소나무를 심고, 딸이면 텃밭에 두렁에 그 딸 몫으로 오동나무를 심는다. 자라면서 그 아이가 앓거나 하면, 어머니는 그 나무에 관디를 둘러 놓고 백일치성을 했고, 딸이 장성하여 시집갈 때에 그 오동나무를 베어 농을 짜 주었다.

오리, 원앙, 봉황, 기러기, 학, 백로, 공작, 꿩, 까치, 까마귀, 매, 독수리 등은 홀로, 한 쌍으로, 혹은 무리를 지어 꽃과 나무에 날아든다. 그것도 그냥 막 날아든 것이 아니라 나름의 '새의 문화문법'을 가지고 둥지를 틀었다 새의 문화문법 읽기란 어떤 새가 문화 속으로 날아들 때, 그 수가 몇 마리인가? 무슨 꽃과 나무와 짝하며, 어느 공간에서 어떤 상징적 의미를 띠는지를 읽는 작업이다.[1]

꽃과 나무를 중심으로 문화적 맥락과 상징을 읽는 작업은 '나무의 문화문법'이라고 할 수 있을 것이다.

식물민속Ethnobotany은 특정 종의 식물이 한 사회 또는 여러 사회와 맺고 있는지, 식물들의 종이 어떤 문화적 의미와 기능을 부여 받았는지 등을 밝히려는 분야이다. 특히 이 분야는 동물민속과 마찬가지로 인문과학의 문화학과 자연과학의 식물학의 통섭적 연구가 필요하다. 그동안 한국 민속학계에서 식물에 대한 접근은 '음식과 문화', '민간의료와 약초' 등 식재료, 효능과 치료에 관한 분야에서 부분적으로 이루어져 왔다. 최근 식물의 생태, 종種 분류체계와 분류학적 실체를 살피거나,[2] 음식문화를 '언어와 문화'의 시각에서 음식의 명칭과 구분법을 통해 음식문화를 접근하는 연구[3]가 관심을 끌고 있다. 국립민속박물관에서 이루어지는 일련의 연구 성과에서도 식물민속의 가능성을 찾아볼 수 있는 결과물이 나오고 있다.[4] 인간중심적이고 자연지배적인 가치관을 낳은 산업주의 물질문명의 폐단을 보완하는 대안으로서 '문화적으로 지속 가능한 환경에 대한 인식'을 조심스럽게 제기되어 왔고 나무와 숲에 대한 관심도 날로 높아지고 있다.[5]

인간이 식물을 채취하고 이용하는 단계를 지나 식물을 생태 환경의 일원으로서, 자연과 삶의 동반자로서, 상징으로서 인식해 나가는 전 과정에서 이룩한 유형과 무형의 문화적 산물 대한 본격적인 연구가 요구된다.

1 천진기, 「새[鳥]의 문화기호(文化記號) 읽기」, 『새가 날아든다』, 경기지역대학박물관협의회, 2008, 52~57쪽.
2 김두진, 「한국 쑥문화 연구」, 한양대학교대학원 석사학위논문, 2002.
3 조숙정, 「김치와 문화적 지식 : 전라도 김치의 명칭과 구분법에 대한 인지인류학적 접근」, 『한국문화인류학』 40호, 2007a; 조숙정, 『2007년도 민족생활어조사6 : 김치 · 젓갈 · 장아찌』, 국립국어원, 2007b.
4 국립민속박물관, 『목가구의 수종식별과 연륜연대』, 국립민속박물관, 2004; 조숙정, 『콩에서 발견한 전북의 음식문화』, 전라북도 · 국립민속박물관, 2008; 석대권, 「민속문화로 본 경북의 마을숲」, 『경북의 민속문화 02』, 경상북도 · 국립민속박물관, 2009; 박경용, 「나무와 약초의 민속지」, 『경북의 민속문화 02』, 경상북도 · 국립민속박물관, 2009; 정붓샘 · 공다해, 『세종시 · 식물 · 사람』, 국립민속박물관, 2016; 국립민속박물관 · 영인산산림박물관, <목가구, 나무의 이치를 담다>, 2016.
5 전영우, 『나무와 숲이 있었네』, 학고재, 2002; 신원섭, 『숲과 종교』, 수문출판사, 1999.

이 논문은 시론으로 생활공간인 집과 마을의 나무에 대해 개략적으로 살피고, 본격적으로 현재의 지방자치단체에서 지정하여 운영하고 있는 나무들의 종류와 그 의미 등을 중점적으로 파악하고자 한다. 이를 바탕으로 사례연구로서 국립민속박물관이 박물관학적으로 나무에 대해 어떤 관점으로 연구성과를 내었고, 그 결과를 여타 박물관들이 조사, 연구, 수집, 전시, 교육 등의 박물관 분야에서 어떻게 활용될 수 있고, 협업할 수 있을 것인가를 모색하고 제안하겠다.

2. 전통사회 공간별 나무문법 이해

1) 집[가옥]과 나무

일반 민가는 거주공간인 가옥을 포함하여 담장 넘어 집 주위까지 확장된 공간이다. 집 근처의 나무는 바람과 소리, 먼지 등을 막고 그늘을 만들어 집안을 쾌적하게 만드는 기능도 있고, 꽃과 잎, 열매 등으로 심리적 위로를 준다. 정재훈은 『한국전통의 원苑』에서 조선시대 반가에서는 매화, 난초, 국화, 대나무, 연꽃, 소나무 등과 같이 운치있고, 절개가 높은 상징적인 화목을 많이 심었지만 일반 민가에서는 조상의 제상이나 먹을 요량으로 감, 대추, 밤, 모과, 유자, 배, 앵두, 자두 등 과일나무를 많이 심었다고 기록하고 있다.[6]

『산림경제山林經濟』 복거편卜居篇, 방앗간安碓篇에 보면 전통사회에서 사람들은 집 주위에 어떤 나무를, 어떤 위치에, 어떤 의미와 원리로 심었는지를 알 수 있다.[7]

---

6   정재훈, 『한국전통의 원』, 조경사, 1996.

『산림경제山林經濟』 복거편卜居篇[8]

- 뽕나무를 집 제목으로 쓰는 것은 좋지 않으며 죽은 나무로 마룻대[棟]나 들보를 해서는 안된다. 『산거사요』 『거가필용』
- 무릇 새 집을 지음에 있어서 나무로 거꾸로 된 나무로 기둥을 만들면 불길하다.

『산림경제山林經濟』 방앗간安碓篇[9]

- 무릇 주택에 있어서, 왼편에 흐르는 물과 오른편에 긴 길과 앞에 못, 뒤에 언덕이 없으면, 동쪽에는 복숭아나무와 버드나무를 심고, 남쪽에는 매화와 대추나무를 심으며, 서쪽에는 치자와 느릅나무를 심고, 북쪽에는 벚나무와 살구나무를 심으면, 또한 청룡 · 백호 · 주작 · 현무 대신할 수 있다. 『거가필용』
- 주택 동쪽에 버드나무를 심으면 말에게 유익하고, 주택 서쪽에 대추나무를 심으면 소에게 유익하고, 중문中門에 홰나무를 심으면 삼대가 부귀하고, 주택 뒤에 느릅나무가 있으면 백귀百鬼가 감히 접근을 못한다. 『거가필용』
- 주택 동쪽에 살구나무가 있고 주택 서쪽에 버드나무가 있으면 흉하며, 주택 서쪽에 복숭아나무가 있고 주택 북쪽에 오얏나무가 있으면 음사淫邪하다. 『거가필용』
- 주택 서쪽 언덕에 대나무가 푸르면 재물이 불어난다. 『거가필용』
- 무릇 수목이 집으로 향하면 길하고, 집을 등지고 있으면 흉하다. 『거가필용』
- 문정門庭에 대추나무가 두 그루가 있고, 당堂 앞에 석류나무가 있으면 길하다. 『거가필용』
- 큰 나무가 마루 앞에 있으면 질병이 끊이지 않는다.
- 큰 나무가 마루에 가까우면 좋지 않다. 『산거사요』

7　집 주위의 나무에 대한 구비전승과 문헌 자료가 다수가 있으나 이번 논문의 본격적 주제가 아니므로 다른 기회에 현재의 현지조사 자료와 함께 소개하겠다.
8　민족문화추진회편, 『국역 산림경제』, 1982, 32쪽.
9　민족문화추진회편, 위의 책(1982), 39~40쪽.

- 뜰 가운데 나무를 심는 것은 좋지 않다.『거가필용』
- 집 뜰 가운데 나무를 심으면 한 달에 천금의 재물이 흩어진다.『거가필용』
- 뜰 가운데 있는 나무를 한곤閑梱이라 하는데, 뜰 가운데 오래 심어 놓으면 재앙이 생긴다.『거가필용』
- 사람의 집에 파초는 많이 심을 것이 못된다. 오래되면 빌미를 초래한다. 방문 앞에 파초를 많이 심으면 부인이 혈질血疾을 얻는다.
- 집 뒤에 파초를 심는 것은 좋지 않다.『산거사요』
- 우물 두둑에 복숭아나무를 심어서는 안된다.『산거사요』
- 문 밖에 버드나무가 늘어져 있는 것은 좋은 상서가 아니며, 큰 나무가 문 앞을 막고 있으면 집주인이 전염병에 걸린다.『거가필용』

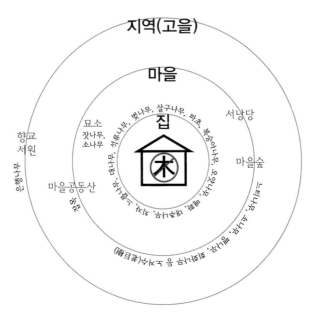

공간영역별 나무의 문화문법

제3부 인간·동물민속 연구

『산림경제山林經濟』방앗간安碓篇을 살펴보면 집 주위에 나무의 종류에 맞게 방위를 배치되어야 하고, 그 방위가 맞지 않은 때는 불길하다는 것이다. 집 주위의 나무의 종류는 복숭아나무, 버드나무, 매화, 대추나무, 치자, 느릅나무, 벚나무, 살구나무, 오얏나무, 대나무, 석류나무, 파초 등이다.

특히 집마당 가운데 나무[한곤閑困]를 심으면 한 달에 천금의 재물이 흩어지며, 마당 가운데 나무를 오래 심어 놓으면 재앙이 생긴다고 기피한다. 입구[ㅁ]자 형태의 집구조가 많은데, 입구자 그 글자 안에, 나무목[木]이 들어가면 빈한한 곤[困]자가 된다는 것이다. 큰 나무가 집 안 또는 가까이 있으면 좋지 않다. 이는 지금도 통용되는 금기이다.

2) 마을과 나무

마을의 중요한 공간인 마을공동체 신당, 마을숲 등에 나무들은 문화적 의미와 상징을 띠고 있다. 마을공동체 신당은 당집, 돌탑, 나무, 장승, 솟대 등이 단독 또는 함께 복합적으로 구성되어 있다. 나무도 단독 또는 신당의 일부 구성요소로서 자리를 잡고 있다. 나무의 종류는 느티나무, 소나무, 은행나무 회화나무, 팽나무 등이다. 마을공동체신앙의 신목으로 마을제가 거행되는 대표적인 은행나무, 소나무, 느티나무 등 몇 사례를 살펴보겠다.[10]

강진康津 성동리城東里 은행나무는 나이가 약 800살 정도로 추정되며, 높이 32m, 가슴높이의 둘레 7.2m로 마을 중앙에 있다. 전설에 따르면 옛날에 이곳에 내려온 관리가 폭풍으로 부러진 은행나무 가지로 베개를 만들어 자다가 병이 들었다. 그러던 중 한 노인이 "은행나무에 제사를 지내고 베개를 나무에 붙여주면 병이 나으리라"고 한 말을 따라 그대로 하였더니 병이 나았다고

10　문화재청　국가문화유산포털　http://www.heritage.go.kr/heri/cul/culSelectDetail.do?VdkVgw Key =16,02940000, 37 & pageNo=5_2_1_0(검색일 : 2017년 12월 5일)

은행나무 전라남도 강진군 병영면 성동리

한다. 이후로 마을에서는 매년 음력 2월 15일 자정 무렵에 은행나무에게 마을의 평안과 풍년을 기원하는 제사를 지냈으며 지금도 이어져 내려오고 있다.

석평마을의 마을회관 앞에서 자라고 있는 예천 천향리의 석송령은 나이가 600년 정도로 추정되며, 높이는 11m, 둘레는 3.67m이다. 마을에서는 석송령의 재산으로 장학금을 조성하여 학생들에게 주고 있으며 매년 정월 대보름에 마을의 평화를 비는 제사를 지내고 있다. 예천 천향리의 석송령은 마치 사람처럼 재산을 가지고 세금과 장학금을 내는 등 세계적으로 그 예를 찾기 어려운 나무로 우리민족의 나무에 대한 생각을 엿볼 수 있는 문화적 자료로서의 가치가 있다.

거제巨濟 명진리明珍里 느티나무는 마을 앞 들 가운데에서 자라고 있으며, 나이가 600년 정도로 추정된다. 높이 14m, 둘레 7.7m의 크기로 높이 1m 부위에서 사방으로 굵은 가지가 뻗어 있어 마치 커다란 녹색 우산을 펼쳐 놓은

제3부 인간·동물민속 연구

소나무 경상북도 예천군 감천면 천향리

것 같은 모습을 하고 있다. 느티나무는 느릅나무과의 낙엽활엽 교목으로서, 예부터 어린잎은 떡을 찔 때 넣기도 했다. 이 나무를 마을의 수호목이라 믿는 명진리 사람들은 이 나무가 그때부터 있었다고 믿는다. 그래서 예부터 이 마을에 시집오는 새색시는 제일 먼저 이 나무 밑에 와서 고신제를 지냈다고 한다.

　마을숲은 마을 사람들의 삶과 관련하여 마을 주변에 조성되어 온 숲을 의미한다. 마을에서는 수籔, 또는 쑤라는 명칭으로 불리기도 하는 이 마을숲은 일반의 산야에 원생의 자연으로 이루어진 산림이나, 단순한 목재 생산을 위해 조림된 숲을 뜻하지 않는다. 마을숲은 오랜 역사를 통해 마을 사람들의 삶이 축적되어 형성된 문화적 상징물이다.[11]

11　金學範 · 張東洙,『마을숲』, 열화당, 1994, 7쪽.

수 천년의 역사를 통해 조성된 마을 숲은 다양한 문화적 의미를 띤다. 단군신화 시대의 신단수神壇樹의 신성스러운 숲, 흉함을 피하고 복을 불러드리는 좋은 땅 기운을 조성하기 위한 풍수림風水林, 은일거사들의 유교적 마을의 원림園林, 허한 땅 기운을 막기 위한 사찰의 비보裨補적 숲 등 다양하다.

이러한 마을숲을 구성하는 나무들도 여러 가지다. 안동지역 마을숲은 27개 존재한다. 마을 숲을 구성하고 있는, 나무의 종류는 소나무 13개 마을, 느티나무 10개 마을, 소나무 · 느티나무 복합이 3개 마을, 기타수종 1개이다. 소나무가 16개, 느티나무가 13개로 주를 이루고 있다. 규모가 큰 지자체 뿐만 아니라 마을단위로 분석했을 때도 소나무, 느티나무에 대한 선호도 같다는 사실을 알 수 있다.[12]

느티나무
경상남도 거제시 거제면(巨濟面) 명진리(明珍里)

3) 지역과 나무

전통사회의 생활영역에서 마을 다음으로 큰 영역 고을에 해당된다. 고을의 상징공간은 서원, 향교, 관아 등인데, 여기에도 노거수들이 많다. 특히 서

---

12   안동민속박물관, 『안동의 마을숲』, 2014.

제3부 인간 · 동물민속 연구

원과 향교 주위에는 은행나무를 심었다. 이 글에서는 전통사회에서 고을에 해당하는 영역이 현재 지방자치단체이다. 다음 장에서 구체적으로 논의하겠다.

3. 지방자치단체의 상징 나무의 현황과 의미

1) 지역상징 나무의 현황

서울특별시를 포함하여 전국 시도, 시군구 등의 지방자치단체에서는 이른바 각 지역을 상징하는 동물, 나무, 꽃 등을 지정하여 지역민들의 화합과 정체성 확립에 활용해 왔다. 이 글은 2009년 현재 276개 지방자치단체를 대상으로 그 지역을 상징하는 식물 즉, 나무를 중심으로 그 종류를 파악하고 지정경위를 파악하여 한국 문화 속에서 어떤 식물들이 어떤 상징적 의미를 가지는 지를 밝히고 한다.

지방자치단체의 상징물은 나무, 꽃, 새 등 여러 가지이다. 이들 상징물을 선정하는 과정은 지역민들에게 상징물의 종류와 추천이유를 광범위하게 여론수렴을 하고, 그 가운데 가장 많이 나온 것으로 정한다. 이 논문에서 현지조사의 방법으로 각 지방자치단체의 홈페이지를 방문하여 각 상징물의 종류와 그 의미를 파악했다.

경기도 ○○시청 현관에 지역의 동물, 나무, 꽃을 다음과 같이 설명하고 있다.

비둘기(상징동물)
- 깨끗하고 아름다운 자태는 쾌적한 도시를 상징한다.
- 번식력이 강하고 온순함은 날로 번창하는 시세확장과 평화를 염원하는 시민
  의 뜻을 상징한다.

은행나무(상징나무)

- 꿋꿋하고 변함없다.
- 수령이 길고 열매를 맺으며 잎이 곱다.
- 웅장한 경치는 번영을 상징한다.

장미(상징꽃)

- 공해에 강하고 사계절 꽃의 아름다움을 자랑한다
- 꽃의 다양한 종류는 무궁한 지혜를 상징한다.
- 그윽한 향기는 우아하고 고위한 기품이 있다.
- 줄기의 가시는 불의에 항거하는 시민의 용기를 상징한다.

전국 235개 지방자치단체에서 지정한 지역상징나무는 소나무(백송·울진 소나무·춘양목·해송·곰솔)·느티나무·잣나무·감나무·동백나무·주목 ·대추나무·단풍나무·대나무·전나무·고로쇠나무·능수버들·오동 나무·이팝나무·팽나무·후박나무 ·녹나무·목백합·박달나무·밤나 무·배롱나무·복숭아나무·비자나무·비파·사과나무·산수유·생강 나무·유자나무·차나무·참식나무·층층나무·편백·향나무·회화나 무 등 34종이다. 지정이유는 여러 가지가 있으나, 각 지방자치단체에서 지역 을 상징하는 나무를 지정할 때 선정하는 기준은 다음의 몇 가지 유형으로 나 눌 수 있다.

(1) 천연기념물로 지정된 나무

① 백송 : 경기도 고양시, 천연기념물 제60호
② 은행나무 : 경기도 양평군, 용문산 은행나무 천연기념물 제30호
③ 곰솔 : 전북 익산시, 신작리곰솔 천연기념물 제188호
　　　　 부산광역시 수영구, 천연기념물 제 270호

④ 느티나무 : 전북 김제시, 동령느티나무 천연기념물 제280호

　전남 무안군, 청계면 청천리 느티나무 천연기념물 제82호

⑤ 참식나무 : 전남 영광군, 불갑사 참식나무 자생 북한지 천연기념물 제
　112호

⑥ 후박나무 : 전남 진도군, 조도면 관매도 후박수림 천연기념물 제212호

⑦ 이팝나무 : 경남 양산시, 천년기념물 제234호

⑧ 비자나무 : 경남 남해군, 남면 당항리 비자나무 천연기념물 200호

(2) 지역 특산물과 관계된 나무

① 복숭아나무 : 경기도 부천시, 대표농산물

② 사과나무 : 충북 충주 대표농산물

③ 대추나무 : 충북 보은 특산물, 서울 은평구 대추나무골

④ 감나무 : 경북 상주, 청도, 충북 영동, 인천 강화(씨없는 감 진상), 경남 함암
　(파수곶감 진상품)

⑤ 고로쇠 : 전남 광양

⑥ 산수유 : 전남 구례

⑦ 유자나무 : 전남 고흥

⑧ 차나무 : 전남 보성

⑨ 단풍나무 : 전북 정읍, 전남 장성

⑩ 대나무 : 전남 담양 죽세공예품 특산물

(3) 자연적 특성(지리적 · 환경적)에 따른 나무

① 동백나무(자생 북방한계선) : 전남 경남 통영, 전남 여수, 전남 완도

② 해송(해안지역) : 부산기장, 인천중구, 경북 포항, 경남 거제

③ 주목(분포밀집지역) : 강원도 태백, 충북 단양, 강원도 인제, 전북 무주

(4) 지역의 역사 · 전통과 관련된 나무

① 능수버들 : 충청남도(천안삼거리설화), 충남 천안(능소아가씨 박현수 설화)
② 목백합 : 인천광역시, 한미수교조약체결, 원산지가 미국
③ 춘양목 : 경북 봉화
④ 울진소나무 : 경북 울진

전국 235개 지방자치단체에서 지역을 대표하는 나무는 앞에서 살핀 4가지 유형으로 나누어 지정 이유를 밝힐 수 있었다. 전통적으로 친근하면서 골고루 분포하는 나무, 그 지역에 많이 서식하고 있는 나무 또는 천연기념물로 지정된 나무, 지역 특산물과 관련된 나무, 상록침엽수 종류가 특히 많았다. 지정 빈도를 살펴보면 은행나무(72개처), 소나무(57개처), 느티나무(37개처), 잣나무(6개처), 감나무(9개처), 동백나무(6개처), 주목(5개처), 대추나무(4개처), 단풍나무 · 대나무 · 전나무(3개처) 등의 순이다.

2) 지역상징나무의 문화적 의미

지방자치단체에서 상징나무가 갖은 의미는 나무의 종류와 상관없는 일반적인 내용과 함께 상징나무와 관련된 특정 의미가 부여된다. 지역상징 나무 가운데 가장 많은 사례 순으로 은행나무, 느티나무, 소나무의 문화적 의미를 살펴보겠다.

은행나무는 72개 지자체에서 지역나무로 선정해서 가장 많은 지역상징나무로 지정되어 있다. 은행나무는 공손수公孫樹 · 행자목杏子木이라 하며 잎의 모양이 오리발을 닮았다 하여 압각수鴨脚樹라고도 한다. 은행나무 열매가 살구 비슷하게 생겼다 하여 살구 행杏자와 중과피가 희다 하여 은빛의 은銀자를 합하여 은행이라는 이름이 생겼다. 이 종자를 백자白子라고 한다. 한국에는 불교와 유교를 따라 들어왔다. 은행나무는 오래 살며 수형이 크고 아름답

제3부 인간 · 동물민속 연구

다. 병충해가 거의 없으며 넓고 짙은 그늘을 제공한다는 점 등으로 정자목亭
子木 · 풍치목 · 가로수 등으로 많이 심었다. [13]

표 1_ 한국지방자치단체의 상징 나무 및 상징 꽃 현황

상징나무 종류	빈도	상징 꽃 종류	빈도
은행나무	72	철쭉(분홍철쭉, 산철쭉)	45
소나무(백송, 울진소나무, 춘양목, 해송, 곰솔)	57	개나리	34
느티나무	37	목련(백목련, 산목련)	23
감나무	9	동백(꽃)	22
잣나무	6	장미(덩굴장미)	20
동백나무	6	진달래	16
주목	5	국화 들국화,	16
대추나무	4	매화	10
단풍나무, 대나무, 전나무	각 3(9)	백일홍	9
고로쇠나무, 능수버들, 오동나무, 이팝나무, 팽나무, 후박나무	각 2(12)	배꽃	6
녹나무, 목백합, 박달나무, 밤나무, 배롱나무, 복숭아나무, 비자나무, 비파, 사과나무, 산수유, 생강나무, 유자나무, 차나무, 참식나무, 층층나무, 편백, 향나무, 회화나무	각 1(18)	해당화	4
		복숭아꽃, 코스모스, 연꽃	3
		벚꽃, 함박꽃	2
		동강할미꽃(강원정선), 모란(충남금산), 목화(경남산청), 백양난(전남장성), 봉숭아(충북괴산), 사과꽃(경북청송), 살구꽃(강원양구), 상사화(전남영광), 석류꽃(경남진주), 은방울꽃(경기하남), 자두꽃	1

13 나무를 심는 용도에 따라 당산목(堂山木), 정자목(亭子木), 풍치목(風致木), 가로수 등으로 구분하
는 용어이다. 풍치목은 주변 경관과 잘 어우러지는 나무를 말하는데 수종은 소나무, 느티나무, 이팝
나무, 은행나무가 많다. 70년대까지는 길가에 미루나무가 풍치목으로 많았으나 도로가 정비되면
서 사라지게 되었다. 대체로 수령이 오래된 나무들이 풍치목으로 지정되어 보호를 받는다. 이중 오
래된 나무는 노거수(老巨樹)라고도 부른다.

		(경북김천), 참꽃(불타는의욕, 응결된의지 제주), 참나리(울산북구), 춘란(전남함평), 치자꽃(경남남해), 포천구절초(경기포천고유식물), 해바라기(서울양천)
합 계	235	합 계	235

또 예로부터 절·사단詞壇·문묘文廟·묘사墓舍 등에 많이 심었으며 오늘날에 전하여 천연기념물로 지정된 노거수老巨樹 중에 은행나무가 가장 많은 것도 위와 같은 습속에 유래한다.

은행나무의 잎이 싹트는 모양에 따라 그 해 농사의 풍흉을 점쳤고, 나무가 밤에 울면 마을에 재앙이 온다거나 도끼질을 하면 피가 나온다는 등의 속설이 있다. 그런가 하면 전염병이 돌면 이 나무에 기도 드려 퇴치하기도 하고, 자식이 없으면 치성 드려 자식을 얻을 수 있다고 믿는 신목神木이기도 하다. 또한 은행잎은 단풍이 아름답다 하여 책갈피에 넣어 두는 풍습이 있다.

유학의 전래와 관계가 깊으며 문묘와 향교鄕校에 은행나무의 노거수가 많이 심어져 있어 유학을 상징하며 성균관 등 유교관계 학교 및 단체의 상징으로 은행잎을 도안화하고 있다.

이러한 문화적 배경에서 은행나무는 무한한 발전·친밀감·은행나무 고을·안정·희망·진취적 기상·생명력·장엄함·강인함·인내·끈기·강인한 군민정신·곧은 기상·깨끗함·화합·발전·풍요·번영·총화단결·무한한 가능성·따뜻함·외침에 굴하지않음·지역의 이상·평화·융합·부귀·열매의 고장·유용한 쓰임·부드럽고 너그러운 기질·협동·전승·고아한 기품·굳센 절개·선비정신 등의 의미로 각 지역에서 상징화되었다.

소나무는 은행나무 다음으로 45개 지방자치단체에서 지역상징나무로 지정하고 있다.[14] 소나무는 한 민족의 품성이나 기상을 나타내는 상징으로 즐겨 사용되어 왔다. 영국의 느릅나무, 러시아의 자작나무, 레바논의 삼나무,

인도의 보리수, 서역의 올리브 나무가 그렇다. 물론 동북아의 문화와 종교를 상징하는 것은 소나무지만 중국하면 한때 유행하던 말처럼 대나무의 장막이 생각나고, 일본이라고 하면 조엽수림照葉樹林의 나무들이 더 강한 이미지로 떠오른다. 소나무를 보면 옛날의 우리 한국인이 보인다. 역시 소나무는 한국인을 상징하는 나무이다.

'남산 위에 저 소나무 철갑을 두른 듯 바람서리 불변함은 우리 기상일세'라는 애국가 가사만 봐도 소나무는 한국인의 상징이며 절의를 높이 아는 유교의 심성이다. 한국인은 태어날 때는 대문에 단 금줄의 소나무 가지에서 시작해, 죽을 때에는 소나무 칠성판 위에서 끝난다. 죽고 난 뒤에도 무덤 주위에 둘러싼 도래솔이 소나무이다. [15]

소나무는 은행나무 다음으로 오래 산다. 거대하게 자란 노송은 장엄한 모습이고, 줄기 가지 잎은 아름다운 조화를 이루며, 눈서리를 이겨낸 푸른 기상은 곧은 절개와 굳은 의지를 표징表徵하기에 적절한 대상이었다. 비바람, 눈보라 같은 자연의 역경 속에서도 늘 푸른 소나무의 기상은 꿋꿋한 절개와 의지를 나타낸다. 다른 나무의 잎들이 모두 시들고 떨어진 추운 겨울이면 소나무는 상록의 푸른빛이 오히려 살아난다. 소나무는 정중하고 엄숙하며, 과묵하고 고결하다. 또한 소나무는 기교가 없고 고요하며 항상 변하지 않는다. 소나무를 일컬어 초목의 군자君子라고 하며, 군자의 절개, 송죽松竹의 절개, 송백松柏의 절개를 지녔다고 한다.

이런 소나무 전통에서 기상 · 절개 · 무궁한 발전 · 청렴 · 인내 · 의지 · 늘푸른 환경 · 건강성 · 무궁무진함 · 젊은 사고의 푸르름 · 충절 · 지조 · 젊

---

14 안동지역 마을 숲은 27개 존재하고 있다. 마을 숲을 구성하고 있는, 나무의 종류는 소나무 13개 마을, 느티나무 10개 마을, 소나무 · 느티나무 복합이 3개 마을. 기타수종 1개이다. 소나무가 16개, 느티나무가 13로 주를 이루고 있다. 규모가 큰 지자체뿐만 아니라 마을단위로 분석했을 때도 소나무, 느티나무에 대한 선호도 같다는 사실을 알 수 있다(안동민속박물관, 『안동의 마을숲』, 2014)
15 이어령, 「소나무 문화권의 텍스트 읽기」, 『소나무』, 종이나라, 2005, 06~25쪽.

08 나무의 문화문법과 박물관 활용방안 시론   249

고 푸른 미래 · 한결같은 의지 · 꿋꿋한 기상 · 어려움을 극복하는 노력 · 미래지향적 정서 · 지조 · 강직 · 사철푸름 · 선비정신 · 노송지대 · 아름다운 전원도시 · 진취적 기상 · 함 없이 씩씩함 · 변치 않는 신의 · 그린 · 정감 · 기강 · 기개 등으로 의미화 되었다.

느티나무는 37개 지방자치단체의 상징나무이다. 시골 어귀, 한 마을의 역사를 간직한 정자나무의 역할을 하는 수종은 주로 은행나무, 팽나무, 회화나무, 그리고 가장 많은 느티나무이다. 느티나무는 수명이 길어 오래 살 뿐만 아니라, 줄기가 곧게 자라면서 가지가 사방으로 뻗어 생김새도 좋고 목재로도 우수하여 모든 면에서 으뜸이라 산림청에서 밀레니엄 나무로 선정하였다. 전적인 양수식물로 가지치기를 별로 좋아하지 않고 주로 종자로 번식한다. 꽃은 5월경에 피는데 아주 주의 깊게 살피지 않으면 만나기 힘들다. 그러나 나무 밑바닥에 가득 떨어진 좁쌀 모양을 이상하게 여겨 나무를 보고, 가지를 살피다 보면 그제서야 느티나무의 꽃을 만나는 행운을 얻는다. 봄에 살피다보면 어린잎을 떡에 넣어 쪄서 먹는다. 목재는 노란빛을 띤 갈색으로 결이 곱고 잘 썩지 않으며 벌레도 없을 뿐 아니라, 마찰과 충격 등에 강하고 단단하여 관재, 기구, 생활도구 등을 만드는 재료로 널리 사용하고 있다. 가로수와 조경수로 흔히 만나게 되는 느티나무는 오래전부터 우리 문화와 매우 밀접한 관련을 맺고 있다. 우리나라에서는 영목, 귀목, 신목으로 받들어 봄에 트는 싹의 모양을 보고 길흉을 점치기도 하였다. 느티, 느릅, 시무나무의 싹을 따다 떡을 해먹기도 하였다. 전라북도 임실군 오수면의 '개나무'란 이름의 느티나무는 주인을 구하고 죽은 개의 전설이 있으며, 강원도 삼척시 도계읍의 천연기념물 45호 느티나무는 천년의 역사를 자랑하기도 한다. 흔히 우리나라를 소나무 문화로 알고 있으나 소나무를 널리 이용하게 된 것은 조선시대 이후이고 그 이전의 유물은 느티나무 문화가 대부분이다. 회화나무 등과 함께 옛 문헌에서 한자이름을 '괴', '거', '규葵', '괴목'이라 하였다. 우리나라 3대 우량목재로 오동나무, 먹감나무, 그리고 느티나무를 꼽는다.

지역상징의 느티나무는 푸른 환경 · 지속성장 · 잡귀를 쫓음 · 무궁한 발전 · 굳건한 의지 · 풍요 · 기상 · 향토애 · 무궁한 번영 · 도약 · 장엄 · 정직 · 안녕 · 대표적 수목 · 온화 순박 · 균형발전 · 자위정신 · 가식이 없음 · 유비무환의 자위정신 · 미래에 대한 희망 · 애국충절 · 역사전통 · 끈기인내 · 건강지조 · 다재다능 · 장수마을 · 마을마다당산나무 · 전통계승 · 적응력 등의 의미이다.

잣나무는 홍송紅松이라고도 한다. 해발고도 1,000m 이상에서 자란다. 높이 20~30m, 지름 1m에 달하는 커다란 나무이다. 목재는 건축 및 가구재로서 매우 중요시 되어왔다. 한국인들의 민속분류체계에서 소나무, 잣나무, 주목, 전나무 등 사시사철 푸고 잎이 뾰쪽한 상록침엽수를 그저 같은 '소나무'라고 통칭하기도 한다. 그런데 소나무, 잣나무, 주목, 전나무 등 상록침엽수 모두를 포함한다면 71곳의 지방자치단체에서 선호하고 있다. 잣나무는 푸른 지역 · 지역발전 · 지역민의 기상 · 장부다운 기개 · 강한 생명력 · 무궁한 발전 · 생명력 · 사철 푸름 · 드높은 기상 · 강인성 · 친근함 · 희망이 가득 찬 지역민의 기상 · 활기찬 시민상 · 절개 등의 의미를 지니고 있다.

감나무는 풍요 · 나눔 · 지역 사랑정신 · 씨 없는 감 진상 · 순후한 인정 · 청도반시 국내 유일생산 · 일상생활과 밀접한 곶감 진상품 · 인내 · 소박함 등으로 감과 곶감의 생산지에서 지정되었다. 그런데 최근 감나무를 비롯하여 유실수와 과수나무가 지역특산물과 연계하여 지역상징나무로 지정되는 경우가 많아졌다. 경기도 부천시의 대표적인 농산물인 복숭아나무, 충북 충주 대표농산물 사과나무, 충북 보은 특산물 대추나무, 전남 광양의 고로쇠나무, 전남 구례의 산수유, 전남 고흥의 유차나무, 전남 보성의 차나무, 전북 정읍과 전남 장성의 단풍나무, 전남 담양 죽세 공예품 특산물인 대나무가 그 예들이다.

한국에서는 일반 대학가에서 상징 동물 나무 꽃을 지정하고 있다. 대학가에서 10개교 이상에서 지정한 상징나무는 소나무(32개교), 은행나무(16개교),

느티나무(11개교) 등으로 지역의 상징나무와 비슷하다. 소나무, 은행나무, 느티나무에 대해 각 대학이 부여한 의미내용을 정리하면 다음과 같다.

소나무 : 학문탐구의 열정, 강인한 도전정신, 굳은 지조, 남아의 기상, 절개,
   강인한 의지, 씩씩한 기상, 절개, 수명, 번성, 의연함, 높은 기상, 푸른
   기상, 기백, 세상을 젊고 정의롭게 만드는 인재, 강직함, 곧고 힘찬
   정신
은행나무 : 행단, 학문의 전정, 한국의 명문사학, 강인한 생명력, 당당함, 장수,
   청아 기상활달, 자조고매, 선비의 품행, 권위 전통, 교육공간에 많이
   식재, 역사와 전통의 연륜을 길이 보존, 영원한 발전, 지역사회이바
   지, 유구한 전통, 화합, 배려, 아름다운 리더상
느티나무 : 만물을 포용하는 너그러움, 조화된 질서, 예의 충효예, 희망 위엄
   풍성한 결실, 순차적 발전, 베풂 사랑 부드러움 선함

표 2_ 한국대학교의 상징나무 및 상징꽃 현황

상징나무 종류	빈도	상징 꽃 종류	빈도
소나무(청송, 설송, 낙우송, 해송, 곰솔)	32	목련(백목련, 자목련)	15
은행나무	16	개나리	8
느티나무	11	철쭉	7
잣나무	3	동백꽃, 매화	각 5(10)
향나무	2	국화, 백일홍, 백합, 장미	각 3(12)
감나무, 귤나무, 왕벚나무, 느릅나무, 멀구슬나무, 박달나무, 비자나무	각1 (8개교)	무궁화, 연꽃(백련)	각 2(4)
		감꽃, 들국화, 라일락, 목튜립, 목화, 민들레, 배꽃, 수수꽃다리, 에델바이스, 영산홍, 해당화	각 1(11)
합 계	71	합 계	69

　　　　　　　　　　　　　　제3부 인간 · 동물민속 연구

우리 민족이 가지고 있는 나무에 대한 관념은 오랜 세월 동안 비교적 일관된 흐름을 보이고 있다. 지역상징나무와 대학 상징나무, 한국 음악의 각 장르에 등장하는 나무의 종류를 살펴 비교하는 것도 의미 있는 일일 것이다.

음악 장르에 등장하는 나무의 종류와 특징은 앞에서 살핀 지방자치단체의 경우와는 자못 다르다. 소나무는 항구불변 1위의 나무이지만 버드나무의 선전이 주목된다. 그런데 소나무와 가장 다른 것이 버들이라고 한다. 소나무는 기암절벽의 높은 곳에 서 있어야 소나무답다. 버드나무는 높은 봉우리가 아니라 물이 흐르는 냇가의 낮은 평지에 서 있다. 소나무는 시화 속에서 검고 무거운 바위와 짝을 이루고 있는데 비해 버들은 언제나 꽃과 대구를 이룬다. 소나무가 금욕적인 이념의 나무라면 버들은 현세적인 쾌락의 나무다.[16] 음악 장르에서만 본다면 고지식하고 융통성이 없는 깐깐한 소나무 문화와는 달리 뿌리가 얕기에 오히려 덕을 보는 버드나무형 문화로 우리 문화가 옮겨가고 있는 중인지도 모르겠다.

지금까지 지역, 대학, 음악장르에 등장하는 나무의 종류를 분석했을 때, 최상위 그룹은 소나무, 은행나무, 느티나무 등의 순이다.

표 3_ 한국 음악의 각 장르에 소재도 등장하는 나무의 종류, 빈도, 상위 10종[17]

내용 \ 장르		민요	시조	판소리	대중가요	가곡
창작시대		삼국 −현재	고려말 −1920	조선영조이후	1896−현재	1920 − 현재
조사대상의 수		9,000여 수	1,420여 수	여섯마당	1.145곡	690여 곡
나무의 종류		157종	20종	37종	24종	25종
자주 등장하는 나무	1위	**소나무**	**소나무**	버드나무	버드나무	버드나무
	2위	대나무	대나무	오동나무	진달내	**소나무**
	3위	버드나무	매화나무	복숭아나무	복숭아나무	진달래
	4위	오동나무	복숭아나무	계수나무	동백나무	복숭아나무

16   이어령, 앞의 글(2005), 9~11쪽.
17   전영우, 『숲과 한국문화』, 수문출판사, 1999, 56쪽.

5위	배나무	배나무	앵두나무	단풍나무	단풍나무
6위	뽕나무	버드나무	**소나무**	**소나무**	개나리
7위	복숭아나무	오동나무	밤나무	오동나무	오동나무
8위	매화나무	단풍나무	대나무	무궁화	동백나무
9위	밤나무	살구나무	매화나무	아까시나무	싸리나무
10위	대추나무	뽕나무	잣나무	개나리	은행나무

4. 박물관에서 나무연구와 활용방안 모색

앞 장에서 집, 마을, 지역의 나무에 대한 인문학적 연구였다면, 이 장은 그 인문학적 연구를 더 발전시켜, 박물관학으로 활용 가능성 점검하고 모색하겠다.

나무와 관계된 박물관은 생활문화사박물관, 수목원, 생태원, 산림박물관 등이다. 생활문화사박물관은 나무로 만든 기물器物 중심이고, 그 외는 나무를 직접 식재하고, 키우는 곳이다. 그런데 나무에 대한 이해는 두 가지 유형의 박물관이 함께 공동으로 나무연구와 활용방안을 모색하는 융복합적이고 협업작업이 필요하다. 이 장에서 생활문화사박물관인 국립민속박물관이 그동안 진행해 온 연구내용과 성과를 다른 박물관의 전시, 교육 등과 어떻게 연계하였는지를 확인할 수 있다.

국립민속박물관에는 다양한 목재 유물을 소장하고 있다. 이들 자료는 공예적 측면에서 접근해왔다. 목가구는 여러 종류의 오래된 나무로 만들어졌다. 유물로써 목가구를 분석하고 정리하고자 하면 목재의 종류나 제작연대 등에 대한 과학적 분석이 필요하다.

2003년에 국립민속박물관은 충북대학교 농업과학기술연구소 부설 연륜연구센터와 협업하여 목가구에 대한 정확한 정보수집을 위한 가장 기초적인 재료인 목재에 대한 과학적 분석을 시도했다. 그 결과 우리나라에 자생하는 37종의 나무 종류 식별 정보를 얻었고, 나무의 연륜연대를 분석하여 목가구의 제작시기를 추정해 보았다.[18] 이를 바탕으로 목가구 유물정리가 한층 더 정확해졌고, 2016년도에 영인산산림박물관과 공동으로 진행한 〈목가구, 나무의 이치 木理를 담다〉 특별전에서 생활사와 과학이 융합되고, 생활사박물관과 산림박물관의 협업으로 구체화되었다. 『목가구의 수종식별과 연륜연대』 자료집을 기반으로, 가구재로 사용된 나무의 판재 표본과 수종 표본 및 현미경으로 나무의 조직을 들여다보는 체험공간을 마련하였다. 관람객들은 유물을 보는 것뿐만 아니라, 나무를 직접 만져보고, 비교 체험함으로써 우리 주변의 나무를 잘 이해하게 되었다. 사람마다 성격이 다르듯 나뭇결에도 저마다 다른 성질이 깊게 베여 있다. 선조들은 일찍이 이러한 나무의 본성을 살펴 적재적소에 알맞은 쓰임새를 가릴 줄 알았다. 단단한 성질의 소나무와 느티나무로 만들어진 뒤주, 가볍고 질긴 성질의 은행나무로 만든 소반 등 전통 목가구는 나무의 이치를 따라 삶의 지혜가 스며 있다. 목가구를 만드는 소목장, 목가구를 쓰는 조상들은 나무에 대한 지식이 입체적이었다. 연하고 가벼운 나무(비중순서 : 오동나무 < 잣나무, 전나무 < 피나무 < 은행나무 < 주목)는 소반이나 그릇, 반닫이, 함, 궤 등 살림살이 도구로 만드는데 쓰였다. 재질이 치밀하고 단단한 나무(비중순서 : 박달나무>감나무>배나무>밤나무>가래나무>느티나무)는 장롱, 찬탁, 뒤주 등과 같은 무게를 많이 받는 가구의 기중이 되는 골재로 쓰였다. 또한 나무는 충해에 강하고 습기를 조절하여 외부 환경에 잘 견디는 성질이 있다. 소나무와 잣나무는 송진이나 기름 성분을 함유하고 있어 충해에 강하고, 오동나무는 습도조절이 탁월하다. 나무의 결과 색의 차이가 있어 켜는 방향과 방법에 따라서 나무의 무늬가 독특하다. 느티나무와 먹감나무의 목리木理가 최상으로 여겨졌다. 나무는 온도와 습도에 따라 휘거나 뒤틀리는 성질이 있다. 그래서 목재의 변형을 최소화하기 위해 소목장은 가구를

18　국립민속박물관, 『목가구의 수종식별과 연륜연대』, 2004.

짤 때 그 짜임과 이음을 가장 과학적으로 만들었다. 목가구를 만드는 소목장은 나무의 이런 성질과 목리를 오늘날 어떤 연구자들보다 꿰뚫고 있었고 그 가구를 사용할 공간과 사람까지 배려해서 만들었다. 자연과 문화를 동시에 이해하는 최고의 나무 전문가였다.[19]

생활문화사박물관인 국립민속박물관과 자연과학박물관인 영인산산림박물관이 만나서 나무라는 공동주제로 융합전인 협업으로 이루어지면서 큰 성과를 거두었다. 이 전시는 앞으로 생활문화사박물관과 수목원, 생태원, 산림박물관 등과의 공동전시의 전범이 될 것이다.

국립민속박물관 어린이박물관에서 2015년『나무를 만나다』전시회를 열었다. 이 전시는 또한 나무에 대해 융복합적으로 접근하고 있다. 나무 자체에 대한 생물학적 접근과 생활문화 속으로 들어온 나무로 만든 유물을 동시 보여주고 있다. 어린이 관람객들이 나무에 대해 종합적으로 이해하도록 했다.[20]

2016년 국립민속박물관은『세종시·식물·사람』현지조사보고서를 냈다. 나무의 주제를 더 확대해서 식물로까지 확장한 것이다. 사람들이 식물을 어떻게 소비하는가 하는 일반적인 시각 이외에 식물을 어떻게 인식하고 있는가를 담아냈다는데 그 의의가 크다. 식물을 통해서 세종시라는 지역사회 내에서의 개인, 마을, 나아가 이 지역의 이야기를 읽어내고자 하는 새로운 시도였다. 2007년부터 본격적인 행정중심복합도시 건설 공사가 진행되면 기존에 많은 마을들이 사라지고, 원주민들도 흩어졌고, 새로운 인구유입이 활발하게 이루어졌다. 이러한 도시화에 주목하고, 풀, 나무, 숲, 사람의 네 가지 주제를 살폈다. 그 가운데 나무와 마을숲의 변화를 살펴보자.

---

19 국립민속박물관,『목가구, 나무의 이치木理를 담다』(국립민속박물관·영인산산림박물관공동기획전), 2016.
20 국립민속박물관,『나무를 만나다』, 2015.

마을과 원주인이 해체되고 사라졌지만 오랫동안 신성시되었던 '둥구나무'는 그 자리를 지키면서 옛 마을을 기억하고 공동체의식을 유지하는 상징적인 존재가 되었다. 현재 세종청사 국무총리실 앞을 지키는 느티나무가 그 대표적이다. 송원리 둥구나무는 여러 사람의 관심으로 죽음의 위기에서 살아나 신도시에 있는 '첫마을 근린공원'으로 이식되었다. 이 둥구나무는 매년 목신제木神祭를 지내면서 동계와 향우회의 중심이 되고 있다.

'숲거리', '숙정이', '수살' 등으로 불리는 마을숲은 12개가 있었다. 이 마을숲은 공동체생활을 유지 하는데 중요한 마을의 필수공간으로 마을 사람들의 모임이나 행사 장소였다. 이 마을숲은 세종시 건설과정에 대부분 파괴되었고, 현재 마을숲의 명백을 유지하는 곳은 소정1리, 대곡4리, 수산리 등 3곳에 불과하다.

나무라는 주제는 아니지만 국립민속박물관과 다른 동물원, 현대미술관, 기상청, 등과 공동 박물관교육을 소개하겠다. 앞으로 나무라는 공동주제로 생활문화사박물관과 수목원, 생태원, 산림박물관과의 협업으로 박물관교육 프로그램을 만들 것인가에 대한 가능성을 찾아보자.

2016년 국립민속박물관은 서울동물원과 공동은 "민속에서 찾은 호랑이, 동물원에서 만난 호랑이"라는 박물관교육을 실시했다. 부제로 '호랑이 관련 유물을 찾고 호랑이 보러 가요!'였다. 국립민속박물관에서 이루어지는 첫 번째 수업은 바로 생활문화 속에, 유물에 나타난 호랑이를 탐색하는 활동이었다. 산신도, 호랑이 무늬 베갯모, 흉배 등 관련 유물 탐색과 호랑이부적 찍기, 호건虎巾쓰기 등 체험활동을 통해 호랑이와 관련된 다양한 민속을 이해했다. 유물 속에서 호랑이를 봤다면 실제 호랑이는 어떤 모습일까? 두 번째 수업은 직접 호랑이를 만나기 위해 서울대공원 동물원을 찾아갔다. 실제 호랑이를 보다 가까이에서 관찰할 수 있을 뿐만 아니라, 먹이주기(관람), 호랑이 두개골 만져보기 등 생생한 체험을 참여하여 호랑이의 생태를 이해할 수 있었다.

생활문화사박물관과 나무관련박물관 협력모형

2017년 하반기 국립민속박물관이 국립국악원, 기상청과 함께 했던 문화융복합 교육프로그램을 시행했다. 국립민속박물관은 소장품을 적극 활용하여 외부기관(국립국악원·기상청)과의 소통 및 협력을 통한 융복합 교육으로 콘텐츠 다양화 및 질적 향상을 도모하고 있다. 이러한 융복합적 박물관교육 방식의 나무연구는 생활문화사박물관과 자연과학적 박물관이 공동으로 융합하는 박물관 교육이 가능하게 할 것이다. 이러한 생활문화사 박물관이 다른 특징의 박물관과 협업하고 융복합하는 것은 수강생으로 하여금 그 주제에 대한 총체적인 이해와 실질적 박물관 교육이 이루어지는 것이다. 앞으로 나무의 전시뿐만 아니라 박물관교육에서도 융복합과 협업을 모색해야 한다.

5. 결론

단군은 신단수 아래에서, 혁거세는 계림 숲에서 나타났다. 한국인과 한국문화는 나무와 숲을 믿고 의지한다. 전통사회에서 사람들은 생활공간 구조와 층위를 집[가옥], 마을, 지역[고을] 등으로 생활공간 구조와 층위를 나누고 각 공간에 맞는 나무의 문화문법으로 나무를 식재하고 의미를 부여했다.

집 안과 집 주위, 마을, 지역 등으로 나누어 나무의 종류와 의미를 살폈다. 현재 전국 시도, 시군구 등의 지방자치단체에서는 이른바 각 지역을 상징하는 동물, 나무, 꽃 등을 지정하여 지역민들의 화합과 정체성 확립에 활용해 왔다. 지역상징, 대학가의 상징, 가요에 등장하는 나무 가운데 한국인이 좋아하는 나무는 은행나무, 소나무, 느티나무 순이었다. 은행나무는 장수하고, 유교전통과 닿아 있고, 소나무는 한 민족의 품성이나 기상을 나타내는 상징으로 즐겨 사용되어 왔다. 느티나무는 시골 어귀, 한 마을의 역사를 간직한 정자나무의 역할을 했다.

이런 인문학적인 결과를 바탕으로 국립민속박물관의 나무연구 사례를 중심으로 전국의 박물관, 생태원, 산림박물관, 수목원 등이 어떻게 공유와 협업하여 박물관학적으로 활용할 것인가에 대한 방안을 모색하였다. 생활문화사박물관인 국립민속박물관이 목가구의 수종식별과 연륜연대 측정을 위해 자연과학적 방법을 동원해 융복합적인 연구를 진행했고 그 결과를 또 자연과학적 성격의 영인산산림박물관과 <목가구, 나무의 이치를 담다> 공동 전시를 통해 서로 다른 성격의 박물관간의 협업 가능성을 찾아 보았다. 또한 국립민속박물관이 서울동물원, 기상청과 국립국악원 등과 함께 어떻게 융복합적인 박물관교육을 시행했는지를 소개하면서 나무를 주제로 한 박물관교육의 방향을 제시하고자 했다.

이 논문은 나무를 중심으로 박물관 활동의 새로운 분야인 융복합과 협업에 대한 시론이다. 그래서 한계도 많이 있다.

서론에서 언급했듯이 전통사회에서 사람들은 나무를 어떻게 인식했고, 어떤 의미를 부여하여 생활 공간별로 식재하였는지를 밝혀 보려고 했지만, 이 작업은 대단히 광범위하고, 생물학 등 여타 학문의 전문지식이 요구되었다. 이 글에서 서론에서 주장한 온전한 융복합연구가 이루어지지 못했다. 1절과 3절은 주로 인문학적 방법으로만 논의를 전개를 되었다. 4절은 2절과 3절의 결과를 바탕으로 박물관학적으로 성격이 다른 박물관 간의 융복합연구, 전시, 박물관 교육을 어떻게 할 것인가를 제안하는 데 그쳤다. 앞으로 과제는 박물관자료에 따른 융복합 연구와 박물관 간의 구체적인 공동협업의 실천방안을 찾는 일이다. 대한민국 전체를 대상으로 진행하다보니 방법론이 거시적인 접근으로 이루어졌다. 특히 3절이 그러하다. 우선 전체 숲을 보고 앞으로 개별 나무에 대한 연구와 식물학, 산림학, 조경학 등과 협업연구를 진행할 예정이다.

09

김교각 스님과 동행한
"흰 개"의 상징 고찰*

1. 김교각 스님과 한 · 중 · 일 동아시아의 국제교류

김교각(696~794) 스님의 삶은 한반도 신라新羅와 발해渤海, 중국 당唐, 일본
천평天平문화의 시기와 궤를 같이하고 있다. 당시의 세계인, 국제인이었던
김교각 스님의 행적과 업적을 거시적으로 이해하기 위해 이 시기 각 나라의
시대상황과 국제교류 양상을 개략적으로 살펴볼 필요가 있다.[1]

김교각 스님이 활동하던 시기의 신라는 효소왕, 성덕왕, 효성왕, 경덕왕,
혜공왕, 선덕왕, 원성왕의 재위 시기이며, 당唐과 일본 등 국제적으로 인적
물적 교류가 활발한 시기였다. 또한 한국 불교사에서 상원사, 쌍계사, 불국사
등 중요한 사찰이 건립되어 불교문화가 성행하였다. 704년에 김사양金思讓
이 당唐에서 최승왕경最勝王經을 가져왔고, 김대문金大問이 한산주 총관이 되

---

* 이글은 김교각 스님이 당으로 갈 때 왜 **삽살개**를 데리고 갔을까?, 스님에 데리고 간 삽살개는 왜 **흰색**일까?, 지장보살 김교각 스님은 왜 삽살개를 타고 있을까? 등의 의문을 풀기 위한 것이다.
1 『東洋年表』(李鉉淙,, 探求堂, 1988), 『韓國史年表』(李萬烈엮음, 역민사, 1996).

고, 『고승전高僧傳』, 『화랑세기花郞世記』을 저술했다. 717년에 김수충金守忠이 당唐에서 「공자십철칠십이제자도孔子十哲七十二弟子圖」을 가져왔다. 2년 후인 719년에 김교각 스님이 24세 나이로 출가하여 당나라로 떠났다. 727년에는 혜초가 서역을 거쳐 당唐의 안서대도호부安西大都護府에서 『왕오천축국전往五天竺國傳』을 쓴 듯하다. 719년 김지성金志誠이 감산사甘山寺 창건했고, 황룡사 9층탑 중수(720), 쌍계사(723), 상원사(724), 법천사(725)가 잇달아 창건되었다. 751년 김대성은 한국불교건축물의 최고인 불국사를 창건했다. 그후 승려 진표眞表 금산사 금당에 미륵장육상彌勒丈六像 주조(766)했고, 발연사鉢淵寺도 창건(770)했다. 770년에는 슬픈 설화가 깃들어 있는 성덕대왕신종聖德大王神鍾도 주조되었다. 794년에는 녹회국사綠繪國師가 견성사見性寺[奉恩寺]를 창건했다. 김교각 스님이 중국에서 큰 족적을 남기는 이 시기에 신라에서는 한국 불교사에서 중요한 사찰 건물과 조각 등이 축조되거나 만들어졌다.

발해의 시조 대조영大祚榮은 699년에 천문령 전투에서 당唐을 격파하고 나라를 세워 진辰이라 하고 연호를 천통天統이라고 했다. 그 후 726년 경에는 흑수말갈과 당을 격파하고 '해동성국海東盛國'으로 동아시아의 강국이 되었다. 발해는 신라와 당으로부터 적대적 긴장 관계를 형성하면서도 당으로부터 문화와 학문을 받아드렸다. 발해는 727년 처음으로 일본에 사신을 보낸 이후 34회에 걸쳐 파견했다. 이듬해부터 일본과 교역을 본격적으로 실시하였고, 758년에는 일본에 국서國書를 보내는 등 일본과는 우호적 관계를 유지했다.

중국은 이 시기에 찬란한 당唐의 문화가 꽃피고 있었다. 712년에 당 현종이 즉위하여 개원치세를 누렸다. 754년경에는 당의 인구가 5천 3백만으로 최고의 전성기를 누렸다. 당시 중국의 수도였던 장안은 세계 각지의 문물이 모여드는 교역의 중심지였다. 수많은 제도와 문물이 이곳에서 만들어지고 또 이곳을 통해 인근지역으로 전파되어 갔다. 한무제漢武帝때 개척한 실크로드를 당태종唐太宗이세민은 실크로드 일대를 장악하고 당나라의 영토를 크게 넓혔다. 태종의 여러 치세를 두고 '정관의 치貞觀-治'라고 부른다. 당나라는 이후 잠시 쇠퇴 하였다가 현종이 즉위하자 당나라는 다시 전성기를 누리는 데이를 '개원의 치開元-治'라고 한다. 현종 당시 당나라의 수도인 장안은 서역과 대식국의 여러 사신들과 상인이 교류하는 곳이었다. 이 시대 당은 매우 국제적이며 개방적이며 귀족적 불교적인 문화였다. 돈황석굴이나 이 시대의 사찰인 소림사의 건축양식을 보더라도 매우 화려했던 당의 문화를 알 수 있다. 종교에서는 특히 불교가 발전하여 수나라 이래의 천태종과 화엄종이 종래의 여러 교의教義를 집대성하고, 현장은 인도에서 가지고 온 방대한 경전經典의 번역사업을 일으켜 법상종法相宗을 확립하였으며, 당과 인도 사이에 승려의 교류도 활발하였다. 당대는 중국 고유의 문화가 개화된 시기로서, 문학, 예술 방면에 뛰어난 인재가 수없이 배출되었고, 도시의 발달과 수공업의 번영으로 새로운 시민계층이 형성되었다. 그리고 이민족과 활발하게 교류함으로써 당의 수도 장안은 국제적인 문화 중심지로 성장했다. 이 시기는 당의 문화 전성기였다.

김교각 스님이 중국에서 활동하던 시기는 당 예종睿宗, 현종玄宗, 숙종肅宗, 대종代宗, 덕종德宗 연간이다. 당 숙종과 덕종은 김교각 스님과 직접적으로 연관되어 있다. 당 숙종이 '지장이성금인地藏利成金印'을 김교각스님에게 직접 하사하였고, 덕종은 김교각의 법력을 기려 "화성사" 편액 하사하였다. 당나라를 대표하는 시인 이백李白도 구화산을 유람하면서 시편을 남겼다.

일본은 7~8세기에 고대국가의 완성기이자 천평문화天平文化라는 찬란한 국제색풍의 문화가 피어났다. 일본 역사에서 평성경平城京 시대와 천평天平문화(710~794)가 김교각 스님이 활동하던 시기와 같다. 7, 8세기 당과 일본 사이의 교류 현황을 살펴보면, 668년에서 752년 사이 두 나라의 교류는 네 차례에 불과하다. 반면 같은 기간 동안 일본에서 신라로 23회, 그리고 신라에서 일본으로 총 39회의 사신을 보냈다. 신라의 사절단은 7세기 후반경부터 일본에 꽤 많이 갔다. 이들은 외교사절로서의 임무뿐 아니라, 무역선의 성격을 띠고 있었다. 신라산은 물론, 동남아산 향료와 약초, 중국산 비단, 각종 페르시아 물품 등 세계 각지에서 생산된 다양한 물품들이 신라를 통해서 일본에 들어갔다. 신라인들이 가지고 오는 물건들은 국제성이 매우 높았다. 신라는 당시 국제교류에서 신라산 물품을 건네주는 대가로, 유리, 양탄자, 장식품등 각종 서역물품들을 들여왔다. 일본의 황실 보물창고, 정창원에 소장된 유물에도 신라를 통한 들어온 문물이 많다. 신라금, 신라먹, 초심지를 자르는 가위, 나전문양의 동경, 즉 거울, 서역계통의 유리잔, 양탄자 등 생활용품에서 사치품에 이르기까지 각종 유물들이 망라되어 있다. 신라산은 물론, 동남아산 향료와 약초, 중국산 비단, 각종 페르시아 물품 등 세계 각지에서 생산된 다양한 물품들이 신라를 통해 들어왔다 이처럼 신라는 동아시아 해상무역의 주도권을 장악하고 있었다. 신라는 잦은 사신 파견을 통해, 당唐문화를 수입했고, 이렇게 받아들여진 당의 문물이 다시 일본으로 전했다.

신라는 단순히 이런 수입품들을 들여오기만 한 것은 아니었다. 유리와 양탄자 등 그 제조 기술도 함께 받아들인 후, 여기에 신라적인 색채를 가미시킨 독창적인 예술품을 만들어 냈다. 신라에서 양탄자가 만들어졌다. 신라는 실크로드를 통해 국제도시였고 국제문화를 받아드렸다. 신라가 외래 문화를 받아들여 어떻게 신라문화로 만들었는지를 양탄자의 사례를 통해 살펴보자. 신라의 양탄자가 일본 정창원에 약 50여장의 모전毛氈이 있다. 모전은, 문양이 있고 없고에 따라 부르는 이름이 다르다. 문양이 없는 단색의 모전을 '색전'이라고 부르는데, 모두 열네 장이 소장돼 있다. 여러 가지 색을 이용해 꽃문양을 넣은 모전, 이것을 '화전'이라고 하는데, 이곳에는 30여장이 있다고 한다. 문양의 유무를 제외하면, 화전과 색전은 제품의 재질이나 두께 등은 거의 비슷하다고 한다. 몇 년전 재질조사를 통해 이것들이 캐시미아계의 양털로 만들어진 것으로 알려졌다.

이들 양탄자가 신라에서 왔음을 알려주는 것은 모서리에 붙은 '첩포기'라

제3부 인간·동물민속 연구

◂ **화전(花氈)** 통일신라 일본정창원 128x25. 정창원에는 문양 꽃모포 31매와 단색모포 14매가 있다. 모두 신라제품이다.
■ **색모포의 라벨** 신라의 것임을 증명한다.
▸ **색모포(자색)** 통일신라 일본정창원 212x109

고 부르는 꼬리표 때문이다. 현재 정창원에는 꼬리표가 붙은 양탄자가 두 장 있다. 이 꼬리표의 첫줄을 통해서는 만든 사람이 누구인지를 확인할 수 있다. "행권한사行券韓舍, 자초랑紫草娘"이 바로 그것이다. 여기서 한사라는 말은, 신라의 17관등 직급중 열두 번째 관등을 가리키는 말이다. 즉 이 모전은 한사의 관등에 있는, 행권이라는 사람의 집에서 만든 것임을 나타낸다. 또 하나 색전의 꼬리표에는 "자초랑댁"이라는 묵서명이 적혀있다. "자초랑"댁이라는 묵서명은 자초랑이라는 사람의 집에서 만든 모전임을 나타내고 있다. 이 꼬리표는 지금의 상표 라벨과 비슷한 용도로 사용되었던 것이다. 꼬리표의 해석을 통해, 우리는 일본 정창원에 소장되어 있는 신라산 양탄자들은 신라에서 만든 것임을 표시한 일종의 수출상품이었던 것이다.

삼국시대와 통일신라시대의 기록 어디에도 양에 대한 언급이 없다. 『삼국사기』 흥덕왕대의 복식관련 규정에 여러 종류의 모직제품을 찾아볼 수 있다.

신라에서는 모전 외에도 여러 종류의 모직물이 사용되고 있었다. 또한 4두품 이하의 백성들은 모직물 사용이 금지되어, 신분에 따라 차별이 있었음을 알 수 있다. 모직물의 이름이 다양하게 나타나는 것은 모직물 제조기술이 그만큼 다양해지고 발전했음을 나타내는 것이다. 그리고 신분의 한계를 규정한 것은 일반적으로 모직물을 많이 사용했다는 의미한다. 신라의 모직물 제조 기술은 중국『두양잡편』의 기록으로도 알 수 있다.

> 때때로 신라에서 모직물을 바쳤다. 교묘하고 아름답기가 일세의 최고였다.
> 춤추고 노래하며, 악기를 연주하는 모습, 벌과 나비가 춤추는 모습이 마치 실제와
> 흡사하여 진위를 구별할 수가 없다.

양탄자에 수놓아진 벌레와 화초가, 실제를 방불케 했다고 기록될 만큼 신라의 모직물은 아시아 최고의 품질을 자랑하고 있었던 것이다. 신라에서 직접 양을 길렀다기 보다는 서역에서 털을 수입하여 신라에서 직조하여 다시 일본과 중국으로 수출한 것으로 볼 수 있다.[2]

김교각 스님이 활동하던 시기의 동아시아 한·중·일은 그 당시 문화의 전성기를 누리고 있었다. 당이 실크로드를 통해 동서양 문화 교류가 활발하게 이루어졌고, 신라와 당은 불교 뿐만 아니라 다양한 인적 물적 교류가 활발하게 이루어지고 있었다. 일본은 신라를 통해 많은 외국 문물을 받아들였다. 이러한 국제정세와 시대배경을 바탕으로 당으로 가서 지장보살이 된 김교각 스님의 삶이 전개되었다.

---

2   KBS, 「신라산 양탄자는 일본 최고의 인기상품이었다」, 『역사스페셜』, 1999. 2. 6.

표 1_ 김교각 스님과 동아시아 시대 연표

김교각 일생	년도	한국사(통일신라, 발해)	중국사(唐)
○ 신라왕자로 탄생	696		
	699	- 발해 건국(대조영)	
	704	- 김사양 당(唐) 最勝王經을 가져옴, - 김대문 『고승전 高僧傳』『화랑세기 花郎世記』 저술	
	712		-예종 양위, **현종 즉위 개원치세**
	717	- 김수충(金守忠) 당(唐) 「孔子十哲七十二弟子圖」을 바침	
○ 24세 출가, 당나라로	719	- 김지성 **감산사(甘山寺)** 창건	
	720	- **황룡사 9층탑 중수**	
	723	- **쌍계사** 창건	
	724	- **상원사** 창건	
	725	- **법천사** 창건	
	727	- 혜초 당 안서대도호부(安西大都護府)에서 **『왕오천축국전 往五天竺國傳』**을 쓴 듯함. - 발해가 처음으로 일본에 사신을 보냄(이후 34회 파견)	
	728	- 발해 일본과 교역 계속	
	735		-양옥환, 수왕(壽王)의 후비책봉, 환관의 득세
○ 무호의 광제사(廣濟寺)에 머뭄	739		
- 구화산에 들어가 수행에 전념 - 민양화가 구화산을 시주 - 오용지가 쌀을 보내줌 '수혜미(酬惠米)'란 한시로 보답	741		
- 시중들던 동자승이 떠나자'송동자하산(送童子下山)'을 지음 - 제자 유탕을 남경에 보내 사부경(四部經)을 필사해 옴 - 이백이 구화산을 유람하다 시편 남김	744~745		
	745		- 양옥환 귀비(貴妃)책봉, **양귀비의 정치관여**
	751	- 김대성 **불국사** 창건	
	753		- 우상(右相) 양국충과 안록산의 불화
	754	- 성덕왕비(聖德王碑) 세움	- **인구 5천3백만으로 당의 최고 번성기**
	755		- 안록산의 난
	756		- 안록산 대연 황제 즉위 - 현종 아들 이형(李亨) 당 황제 **숙종 즉위**
- 청양현의 제갈절 등의 시주로 화성사(化城寺) 걸립 - 당 숙종이 '지장이성금인(地藏利成金印)' 하사	757		

	연도		
	762		‑대종 즉위
	763		‑안록산의 난 종식
	764		‑ 인구 1천7백만명으로 754년에 비해 70%감소
	765	‑ 충담사 「찬기파랑가讚耆婆郞歌」, 「안민가安民歌」 지음	
	766	‑ 진표(眞表) 금산사 금당에 미륵장육상(彌勒丈六像) 주조	
	770	‑ 진표 발연사(鉢淵寺) 창건, ‑ 성덕대왕신종(聖德大王神鐘) 주조	
	780		‑덕종 즉위
○ 당 덕종이 김교각의 법력을 기려 '화성사'에 편액 하사	781		
	788	‑ 독서출신과(讀書出身科)를 설치	
○ 세수 99세로 열반	794	‑ 녹회국사(綠繪國師) 건성사(見性寺 : 奉恩寺) 창건	
○ 육신불로 환생	797		

2. 김교각 스님의 생애와 삶

김교각 스님[3]은 서기 696년, 신라에서 태어나 24세에 출가하여 불법을 찾아 당나라로 들어갔다. 김교각이 신라로부터 당에 들어 온 것이 언제이며, 또 어떤 경로를 거쳐 구화산[4]에 주석하게 되었는지에 관해서도 알 길이 없다. 다만 그가 활동하였던 8세기의 중국은 불교를 비롯한 문화와 예술은 오히려 크게 융성하였으며, 실크로드를 통한 통서교류로 장안은 국제도시로서의 번

---

3   II장의 내용은 국립민속박물관에서 1996년 개최한 『신라왕자 김교각展 등신불의 신비』 도록의 내용(김명윤, 조유전, 남시욱, 조영록의 글)을 참고하여 정리하였다.
4   구화산에는 80여 개의 사찰이 있다. 그 중에서 석가모니가 20년 간 포교했다는 기원사, 무하화상이 원적한 백세궁, 김교각 스님이 머물렀고, 석벽에 운방(雲舫)이라는 글씨가 새겨진 동암정사, 산에 양각된 그림으로 인해 장엄한 분위기를 연출하는 감로사 등 구화산 4대 총림이 있다. 이 밖에도 김교각 스님의 등신불이 안치된 탑 위에 세워진 탑 형식의 육신보전, 역사가 가장 오래된 화성사, 험한 절벽에 자리잡은 천교사, 천태봉 가파른 절벽에 위치한 천태사, 김교각 스님이 경을 외우며 수행했던 고배경대사 등 수많은 고찰들이 있다(국립민속박물관, 앞의 책(1996), 34쪽).

제3부 인간 · 동물민속 연구

영을 자랑하고 있었다. 신라와 당나라의 교류가 왕성한 시기로, 특히 바닷길이 발달하였다. 한반도에서 중국으로 가는 바닷길은 크게 둘로 나눌 수 있는데, 하나는 서해안에서 산동반도를 통하여 내륙으로 이르는 길이고, 다른 하나는 동남향으로 절강의 주산군도를 통하여 상륙하는 길이다. 산동반도를 통하는 길은 일찍부터 이용되어 왔으며 주산군도와 영파을 통하는 길도 8세기 이후에는 상당히 발달한 노선이었다. 어느 길을 택하였던 간에 양자강을 따라 구화봉을 향하여 들어갔을 것임에는 틀림없는 것 같다.

김교각 스님은 신라왕자이다. 구화산의 역사를 기록한 구화산지에서는 최초로 김교각이라는 이름을 직접 언급하며 그의 신분을 밝히고 있다. 지장이라 불리는 김교각 스님은 신라에 바다로 건너온 신라왕자라는 것이다. 온갖 어려움을 겪은 끝에 구화산에 도착한 김교각 스님은 수행 정진에 전념하였다.

중생을 모두 제도 한 후에 깨달음을 이룰 것이며	衆生度盡 方證菩提
지옥이 빌 때까지는 결코 성불하지 않으리라	地獄未空 誓不成佛

라는 서원誓願을 세우고 수행했으며 드디어 깨달음을 얻었다. 신라의 김교각 스님이 중국의 지장법사로, 다시 인류 보편의 지장보살로 이 땅에 나타나게 된 데에는 뼈를 깎는 수행을 통해서 비로소 가능하였음을 알아야 한다. 김교각 스님은 이 서원을 완성하기 위한 지장보살행으로 자신의 깨달은 바를 실천하였다. 당대의 사람들은 모두가 김교각 스님을 지장보살이라 불렀다. 김교각 스님은 세수 99세가 되어 서기 794년 열반에 들었다.

중국에는 4대 불교 성지가 있다. 모두 한명씩의 보살들이 모셔져 있다. 섬서성 오대산은 지혜의 상징인 문수보살, 사천성 아미산에는 실천의 상징인 보현보살, 절강성 보타산에는 자비의 상징인 관음보살이 받들어져 있다. 그리고 김교각 스님이 머물렀던 안휘성 구화산에는 구원의 상징인 지장보살이 모셔져 있다.

구화산의 가장 큰 특징은 등신불의 존재이다. 육신보살은 부모가 낳아 준 육신으로써 보살의 지위에 오른 살아있는 보살을 말하며, 등신불 혹은 즉신불, 육신불이라고도 한다. 사람의 육신은 생명이 끝나는 즉시 썩어 없어지기 마련인데도 철저한 계율수행과 수도정진을 통하여 성불의 경지에 이른 고승들은 영원히 산다. 중국사찰에는 고승이 입적하면 함 또는 항아리에 시신을 넣어 두었다가 3년 뒤에 다비식을 치른다. 이때 안치된 함을 열어 시신이 썩지 않고 그대로 보존된 스님은 몸에 금분을 입혀 등신불 혹은 육신불이라고 여기며 숭배한다.

김교각 스님은 사후에도 생시의 모습을 그대로 유지하는 불가사의한 일이 일어나는 것이다. 하나의 인간으로서 불보살의 위치에 오른다는 것도 그야말로 불가사의한 일이다. 중국의 4대 불교성지 가운데 구화산의 지장 스님이 유일하게 인간으로서 지장보살이 된 것은 실로 엄청난 일이다. 지장보살이란 땅의 보살이며, 들어내지 않은 비밀스런 보살이다. 그 분은 석가모니불이 가고, 미래의 미륵불이 오기까지 부처님이 아니 계시는 시대에 부처 노릇을 하여 주는 특이한 부처님이라 할 수 있다. 영원히 성불하지 않으면서 이 세상의 고통받는 중생들과 함께 고뇌하는 부처 아닌 부처님이다.

중국불교사에서 구화산 김교각 스님의 위치가 특히 유명하다. 그는 구화산을 지장보살의 성지로 만들었을 뿐만 아니라 후세에도 그를 흠모하여 육신보살이 된 이가 허다하여 여기가 육신보살의 성지로서의 위치가 굳어졌다. 그 중에서 김교각 등신불은 현존하는 중국 최고 오래된 육신불로 알려져 있다. 온갖 고뇌를 다 버리고 중국의 4대 성인으로 추앙받은 김교각은 이제 신라인이 아닌 동아시아 불교계의 정신적 지주가 되었고, 그가 수행했던 구화산은 성지가 되어 순례자들에게 큰 교화를 주고 있다.

김교각 스님은 신라에서 중국으로 건너 갈 때 '차종자[金地茶]와 황립도黃粒稻[볍씨], 오차송五叉松 그리고 선청善聽이란 개를 데리고 갔다'고 한다. 신

◀ 봉황고송 : 김교각이 신라에서 가져와 심었다는 전설 국립민속박물관, 앞의 책(1996), 140쪽
▶ 신라벼[黃粒稻]를 재배했다고 전하는 구화산의 계단식 논 국립민속박물관, 앞의 책(1996), 56쪽

라차는 『개옹다사 介翁茶史』(유원장, 1669년경), 『구화산지 九華山志』(중화민국 67년 영인본), 『전당시 全唐詩』(팽정구 1703), 『청양현지』, 『구화지남九華地南』, 『속다경 續茶經』등에 기록이 있다. 그 내용은 김교각 스님이 신라로부터 차 종자 가져왔고, 공경차空梗茶 금지차金地茶라는 것이다.

구화산의 봉황고송鳳凰古松의 그 형상이 날개를 펼친 봉황 같은데, 1,400여 년의 역사를 가진 소나무이다. 김교각 스님이 신라에서 가져와 심었다는 오차송五叉松는 전설로만 전해진다(그림 4 참조) 구화산의 계단식 논에는 김교각 스님이 신라에서 가져왔다고 전해지는 황립도黃粒稻를 재배했다고 한다(그림 5 참조).

화산에는 김교각 스님이 신라에서 올 때 데리고 왔다는 흰 개를 비롯한 황립도와 금지차 그리고 오차송에 관한 여러 가지 역사와 설화가 전해지고 있다.

3. 김교각 스님과 동행한 흰 개의 고찰

1) 개에 대한 한국의 역사문화체계[5]

(1) 한국 고대역사 속에 나타난 개

우리 신석기시대에는 농포리의 개
머리라고 보고된 뼈 조각물이 있다.
이것은 정성 들여 다듬어진 물건이라
는 점과 차고 다닐 수 있게 만든 조각
품이라는 점에서 신석기시대 생활과
밀접한 관계가 있는 동물의 조각이었
던 것은 틀림없고, 수렵이나 호신의
주술적 목적을 위해 만들어졌다고 생
각할 수 있다.

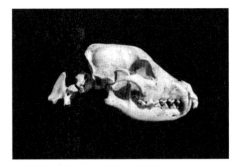

개머리뼈 부산 동삼동패총, 국립중앙박물관

부산 동삼동패총의 출토유물에서 개의 머리뼈가 확인되었다. 개뼈는 통
영 상노대도上老大島 · 연대도煙臺島, 김해 수가리水佳里 등의 남해안 패총 유
적을 비롯해서 웅기 서포항西浦項 · 농포農圃, 무산 호곡동虎谷洞 등의 북한
지역에서도 출토된 예가 있다. 그러나 모두 작은 조각들로서 나이나 그 특징
을 파악하는데 어려움이 많았다. 동삼동의 예는 머리뼈가 완전한 상태로 출
토된 2~3살쯤의 중형의 개로, 앞머리 부분이 직선화되어 있어 야생개가 가축
화되어 가는 초기 과정의 특징을 잘 보여주고 있다. 개는 사람이 길들인 최초
의 가축으로 신석기시대의 정착거주 등 당시 생활상을 복원하는 데 중요한
자료가 되고 있다. 고분에서 개뼈가 출토되는 경우는 드물며, 1982년에 경북

5   이 글에 실린 동물에 관한 내용은 졸저『한국동물민속론』(민속원, 2003. 1), 『운명을 읽는 코드 열두
동물』(서울대학교출판부, 2008. 2), 『열두띠이야기』(리젬, 2013, 1) 등에서 발췌 정리한 것이다.

경산 임당동 제2호분에 두 마리 정도의 개뼈가 출토되었다고 한다.

개는 이승과 저승을 연결하는 매개의 기능을 수행하는 동물로 인식된다. 이러한 사유 형태는 중앙아시아에 광범위하게 분포되어 있다. 그 중에서 알타이 샤먼의 경우, 저승에 갈 때에 지옥문에서 개를 만날 수 있다고 믿고 있다.[6] 개가 인간의 영혼을 저승으로 인도한다고 생각한 것이다. 이러한 생각과 믿음이 개를 무덤 속에 합장한 이유가 아닐까.

고구려 고분 벽화에서 개 그림을 만날 수 있다. 덕흥리 고분(408) 전실 천장 남측에 견우 · 직녀도에서도 개가 등장한다. 이 벽화를 통하여 당시 고구려에는 이 슬픈 전설이 널리 알려졌음을 알 수 있다. 은하를 사이에 두고 앞쪽에는 고삐를 쥐고 소를 끄는 견우상, 그 뒤쪽에는 개를 데리고 서 있는 직녀의 상이 그려져 있다. 견우상과 직녀상 옆에는 견우지상牽牛之象 · 직녀지상織女之象이라는 먹글이 쓰여 있다.

무용총舞踊塚 주실主室 오른쪽 벽화 한가운데에 머리에는 관모를 쓰고 단정하게 차린 주인 남자가 말을 타고 있는데, 그의 뒤쪽에는 무엇인가를 손에 들고 따르는 동자가 있고, 주인 남자의 앞쪽에는 목걸이를 한 개가 두 귀를 쫑긋 세우고 이빨이 드러날 정도로 생생한 모습을 하고 있다. 주인을 따르는 개의 전형적인 모습이라고 할 수 있겠다. 각저총角抵塚의 주실主室에도 부엌 앞 큰 나무 아래서 씨름하는 두 젊은이를 바라보고 있는 노인이 있는데, 나무 둥치에 묶여 있는 개도 함께 이 모습을 바라보고 있다. 또한 각저총 연도 오른쪽 벽에도 개가 그려져 있다. 목에 검은 띠를 한 누런 개가 아가리를 벌리고 이를 드러내며 크게 짖는 모습이다. 무덤을 지키는 존재로 그려졌음을 알 수 있다.

---

6   하데스의 개, 케르베로스는 머리가 셋 달린 지옥문을 지키는 그리스 신화 속의 개다. 이 무서운 케르베로스를 데려오는 것이 헤라클레스의 12가지 과제 중 하나였다. 케르베로스는 하데스의 지하세계를 지키는 거대한 괴물개이다. 케르베로스는 지하세계 즉 저승의 문을 지키며 죽어서 지하세계에 들어온 영혼을 나가지 못하게 감시하는 역할을 한다. "케르베로스는 개의 머리가 세 개 달려있고 용의 꼬리를 갖고 있으며 등에는 온갖 종류의 뱀의 머리들이 있었다."

개
고구려 무용총

또한 벽화의 개와 관련하여 눈길을 끄는 것은 3세기 이래 요하유역에서 고
구려와 접촉이 잦았던 오환烏丸의 경우이다. 여기서 개는 죽은자의 영혼이
가는 곳으로 믿었던 적산赤山이라는 성지聖地로 길을 인도하는 동물로 여겼
다. 각저총보다 늦은 시기로 편년되는 장천 1호분 앞방 오른쪽 벽의 백희기
악도 중에도 묘 주인 발치에 목에 검은 띠를 두른 누런 개 한 마리가 엎드려
있다. 그 크기가 시종 한 사람만 한 것으로 보아 고구려에도 개를 영혼을 인도
하는 동물로 보는 사고가 있었는지도 모르겠다.

안악의 동수묘에도 동쪽방 벽에 부엌에서 일하는 여인의 풍경이 그려져
있고, 그 앞마당에 두 마리의 개가 뛰놀고 있다. 이것은 잘 길들여진 개의 생
태와 개에 대한 사랑과 친밀성을 표현하고 있다. 다른 한편으로 안내자案內者
와 호신護神으로서 무덤을 잘 지키라는 의미의 진묘수鎭墓獸로 추정해 볼 수
있다.

(2) 신라의 개 관련된 역사기록과 유물

개의 이상한 행동은 미래의 일을 예견한다. 최초로 개가 문헌에 등장하는

제3부 인간 · 동물민속 연구

것은 부여 시대로 거슬러 올라간다. 중국의 역사서인 『후한서』 동이열전 부여국 조, 『삼국지』 위서동이전 부여 조에 보면 부여의 관직 명칭의 하나로 "구가狗加"라는 말이 나온다. 마가馬加·우가牛加·저가猪加 등의 가축화된 동물이름과 함께 나오는 것으로 보아, 이미 그 시대에 개의 사육이 일반화된 것으로 보여진다.

『삼국사기』 권제1 고구려 조에 보면 '유화부인이 다섯 되 크기의 알을 낳았는데 금와왕이 개와 돼지에게 주어도 먹지 않았다'는 기록으로 보아 우리나라에서는 일찍부터 개가 사육되었음을 알 수 있다.

고대 우리 민족은 개가 그들의 일상생활에 있어서 충성스런 동물로 인식되었음에도 불구하고, 그 행동이 이상적異常的·변태적變態的일 때는 그것이 불길不吉을 예시豫示하는 것으로 인식되어 왔음은 문헌 기록을 통해 살펴볼 수 있다.

『삼국사기』 권제4 신라본기 진평왕 조에 보면, '53년 춘이월에 흰 개가 궁중의 담장 위에 올라갔다. 5월에 이손과 아손이 모반한 것을 왕이 알았다'라고 적고 있다. 여기서 흰 개가 궁중의 담장에 올라 간 것은 모반을 암시하는 것으로 기록하고 있다.

『삼국사기』 권제8 신라본기 제8 성덕왕 조에 보면, '35년 겨울 11월에…개가 궁성의 고누鼓樓에 올라가 삼일간을 울었다. 36년 춘이월에…왕이 죽었다'란 기록이 있다. 개가 궁성의 북치는 누각에 올라가 삼일간이나 울었던 이상한 행동은 불과 3개월 이내 왕이 죽을 것을 예시하는 행동으로 연관지어 적혀 있다.

『삼국사기』 권제38 백제본기 제6 의자왕 조에도 개가 백제 멸망을 예시하는 이상한 행동을 적고 있다. '이십년…유월에…들사슴 모양을 한 개가 서쪽에서 와서 사비성 강둑에 이르러 왕궁을 보고 짖어대다가 갑자기 사라졌다. 서울에 여러 마리의 개들이 길에 모여 어떤 놈은 짖고 어떤 놈을 울었다.'

이러한 개들의 변태 행동이 있고 나서 불과 1개월 뒤에 백제가 망한 것으로 기록되어 있다. 여기서도 개들의 이상한 행태와 국가의 멸망이 어떤 연관성이 있는 것으로 생각한 것 같다. 이와 똑같은 기록은 『삼국유사』 제1 태종춘추공조에 백제 멸망을 예시하는 여러 징조 가운데 개들의 비일상적 행위를 적고 있다.

개에 관한 고대인의 사고는 현재 우리들의 일상생활 주변에서도 쉽게 찾아볼 수 있다. '개가 지붕 위에 올라가면 흉사가 있거나, 가운이 망한다'는 속언이나, '개가 문 앞의 땅을 파면 불길不吉하고, 문 앞에 굴을 파면 주인이 죽는다'는 말에서 볼 수 있듯이 개의 비일상적인 행위는 가운의 쇠망과 불운·죽음을 예고하는 징조로 생각되어 왔음을 알 수 있다.

이처럼 한국인에게 있어서 개의 변태적 비일상적變態的 非日常的인 행태行態는 불길의 전조前兆, 암시暗示, 혹은 예시나 상징으로 인식되어 왔음을 알 수 있다.

신라 22대 지증왕 혼사婚事 이야기에 개와 관련된 일화가 있다. 『삼국유사』에 의하면 '왕의 음장陰長이 1자 5치나 되어 이에 합당한 배필을 구하기가 어려웠다. 그래서 심부름꾼을 삼도三道에 보내 수소문을 하고 있는데 사자使者가 모량부牟梁部의 동노冬老나무 아래에 이르러 두 마리의 개가 북만큼 큰 똥덩어리糞塊의 양단을 물고 늘어져 있는 것을 보고 그것이 행여 여자의 것이었으면 좋겠다는 희망을 가지고 마을 사람을 찾았다. 그러던 참에 한 소녀가 "그것은 모량부의 상공의 딸이 뒤를 본 것이다."라고 하였다. 그래서 그 집을 찾아가서 키가 7자 5치나 되는 장대한 규수를 발견했다. 왕에게 전하여 이 거녀巨女를 영입하여 왕후로 봉했다.'

이 기록에서 두 마리의 개가 똥을 물고 있었던 것으로 보아 당시 신라 사회에서 집집마다 개를 가축으로 기르고 있었고, 우리나라에서 개가 사람의 똥을 먹는 식성을 이용하여 어린아이의 똥을 먹이는 풍속이 이미 이때부터 시작된 것이 아닌가 한다.

신라의 작은 토우 중에도 적지 않은 양의 개들이 있다. 다리가 약간 결실되

신라토우 대부분 개는 꼬리가 없거나 짧다.
국립중앙박물관

었으나 늘씬하게 뻗은 몸집에 두 눈을 꾹꾹 찍어서 표현하고 있는데, 두 귀는 앞쪽으로 가지런히 뻗고 있다. 벌린 입 사이로 혀를 내민 모습은 지금이라도 주인 곁으로 달려가 혀를 빼물고 꼬리를 흔들며 반길 자세다. 그런가 하면 코를 벌름거리며 두 뒤를 곤두세워 민감한 그리고 다분히 경계적인 개의 특성이 잘 드러나 있으며, 앞발을 크게 내디딘 모양의 개도 있다. 바싹 일으켜 세운 두 귀나 달리는 앞발의 모양으로 보아 먹이를 쫓는 사냥개의 맹렬한 특성을 보이고 있다. 입을 벌리고 더부룩하게 덮은 귀를 가진 아주 작은 개 한 마리는 꼬리를 말아 올리고 있어 볼수록 애교가 넘치는 것도 있다. 몸집이 유난히 뚱뚱하고 군살이 더덕더덕 붙은 개에서는 투견闘犬을 연상케 한다. 이렇듯 하나하나 개를 빚은 솜씨를 볼 때 개들이 얼마나 당시 인간에게 친근한 동물이었는지를 잘 보여준다.[7]

　"동경이"의 역사는 유물, 기록, 실제 생존하는 모습 등에서 완벽하다. 앞에서도 언급했듯이 신라토우에는 상당히 많은 양의 개가 출토 되었다. 이들 개

7　졸고, 「신라토우에 나타난 신라속(新羅俗)연구」, 『민속학연구』 제5호, 국립민속박물관, 1998; 「신라토우의 민속학적 연구」, 『신라토우』, 국립경주박물관, 1997.

를 묘사한 토우 가운데 꼬리가 짧은, 꼬리가 없는 모양이 유난히 많다. 이는 경주지역에서 많이 발견되던 '동경이'를 묘사한 것이다. 살아있는 동경이를 신라토우에서 많이 찾아 볼 수 있다. 동경이에 대한 역사기록도 많다.[8] 이들 기록을 종합하면 동경이에 대한 명칭은 경주의 옛 지명인 동경東京 유래했다. 생김새는 꼬리가 짧다. 사육 지역은 동경(경주)이다.

- 경주지역에서 사육되고 있는 꼬리 짧은 개를 동경구東京狗라 불렀다.
- 동경이가 노루와 사슴꼬리를 닮아 장자구獐子狗 또는 녹미구鹿尾狗라 불렀다.
- 꼬리가 짧거나 없는 개를 동경구東京狗라고 한다.
- 동경의 지형은 머리만 있고 꼬리가 없는 형상인 까닭에 그 곳에서 태어난 개는 꼬리가 없거나 짧은 것이 많았다.

동경이의 기질은 선천적으로 사람을 매우 좋아하는 친화성을 가지고 있다. 꼬리가 없기 때문에 엉덩이를 흔들거나 혓바닥으로 핥는 것으로 즐거움과 반가움을 표현한다. 사람에게 공격적으로 짖거나 위협을 가하거나, 사람을 두렵게 여기고 회피하는 성격이 없다. 특별한 위험을 느끼지 않은 한 공격하지 않는다. 꼬리는 선천적으로 짧거나 없다. 꼬리가 짧은 동경이는 X-ray 상으로 미추골이 5~9마디이며, 꼬리 끝부분은 긴 털과 함께 피부가 뾰쪽하게 돌출되어 있다. 꼬리가 없는 동경이는 미추골이 2~4마디까지만 있다. 털색은 흰색, 황색, 검은색, 얼룩이 등이다.[9]

동경이는 "천연기념물 제540호 경주개 동경이"로 2012년 지정되었다. 지

---

8   『오주연문장전산고(五洲衍文長箋散稿)』『동경잡기(東京雜記)』,『증보문헌비고(增補文獻備考)』,『성호사설(星湖僿設)』,『신라회고(新羅懷古)』,『해동지(海東誌)』,『고금석림(古今釋林)』,『삼국사기(三國史記)』,『성호사설(星湖僿說)』,『대동야승(大東野乘)』,『낙하생집(洛下生集)』,『경주읍지(慶州邑誌)』,『동국어록(東國語錄)』 등.
9   하지홍, 『한국의 개』, 글로벌콘텐츠, 2017, 94~101쪽.

천년기념물 제540호 경주개동경이 국가유산청

정 이유는 "경주지역에서 사육된 것으로 알려진 동경이는 옛 문헌에 자주 등장하였고, 신라고분에서 토우로 발굴되는 등 그 역사적·문화적 가치가 크다. 현재 경주에서 사육 중인 경주개 동경이는 단미短尾(꼬리가 짧다)·무미無尾(꼬리가 없다)를 특징으로 하는 문헌 기록과 외형적으로 일치하고, 유전자 분석결과 한국 토종개에 속하는 고유 견종으로 밝혀졌다."는 것이다.[10]

이러한 완벽한 역사를 가지고 있는 동경이에게도 약점이 있다. 꼬리가 없거나 짧은 것이 생물학적 외형적 특징이면서 단점으로 인식되어왔다.

2) 김교각 스님과 동행한 삽삽개

(1) 신라의 삽살개

김교각 스님과 함께 당으로 수행동반자, 수호자로 역할을 했다는 삽살개도 신라지역에 사육되었다. 삽살개는 "천연기념물 제368호 경산의 삽살개"로 1992년에 지정되었다. 지정 이유는 "삽살개는 한반도의 동남부 지역에 널리 서식하던 우리나라 토종개이다. 키는 수컷이 51㎝, 암컷은 49㎝이며 생김새는 온몸이 긴 털로 덮여 있다. 눈은 털에 가려서 보이지 않는다. 귀는 누웠으며 주둥이는 비교적 뭉툭하여 진돗개처럼 뾰족하지 않다. 꼬리는 들려 올라가며 머리가 커서 그 모습이 꼭 사자를 닮았다. 성격은 대담하고 용맹하며, 주인에게 충성스럽다. '귀신과 액운을 쫓는 개'라는 뜻을 지닌 삽살개는 이름

---

10   http://www.heritage.go.kr/heri/cul/culSelectDetail.do?pageNo=1_1_1_1&ccbaCpno=13637 05400000

자체도 순수한 우리말로서 가사歌
詞, 민담, 그림 속에 자주 등장한다.
신라시대에는 주로 귀족사회에서
길러져 오다가 통일신라가 망하면
서 일반 백성들이 키우게 된 것으로
알려져 있다."는 것이다.[11]

천년기념물 제368호 삽살개 국가유산청

삽살개는 우리나라 고유의 개로
서 고유 혈통 보존을 위해 천연기념
물로 지정되어 보호받고 있다. 삽살개는 우스꽝스러운 외모와는 달리 체질
적으로나 기질이 대담하고 강인하다. "삽살개 있는 곳에 귀신도 얼씬 못한다"
는 속담처럼 삽살개는 악귀를 쫓는 개이다. 삽揷(없앤다 또는 쫓는다, 가래)[12] 살煞
(귀신, 액운) 개라는 말 자체가 바로 귀신 쫓는 개라는 뜻이다. 귀신 쫓는 삽살개
에 관한 여러 가지 재미있는 물증들은 설화나 그림 등에서 많이 찾을 수 있다.
주인을 잘 알아보는 영리한 삽살개는 온몸이 긴 털에 덮여 있으니 산중의 신
선이나 도사가 연상되기도 하고, 저승사자를 막아 주던 개이기도 했다. 왕이
나 지체 높은 양반들의 넓은 집 마당에는 어김없이 삽살개를 길렀다고 한다.
터의 크기에 비해 사는 사람이 적은 집, 땅 기운이 센 곳에서 살아서 그 기운을
누를 필요성을 느꼈던 사람들은 거처 가까이 삽살개를 둠으로써 안정을 찾을
수 있다고 믿었던 것 같다.

삽살개가 신라의 대표적인 개이다. 김교각 스님이 중국에 데리고 갔다는
흰 개는 다음 절 구화산 삽살개의 유물과 기록에서도 삽살개의 생김새와 기
질 등이 서로 상통한다.

---

11 http://www.heritage.go.kr/heri/cul/culSelectDetail.do?pageNo=1_1_1_1&ccbaCpno=1363
    703680000
12 가래는 농기구로서 흙을 파서 퍼내는 도구이다. 보통 '삽가래'라고도 한다. "삽가래로 집안의 나쁜
    기운을 파서 퍼낸다"로 의미 해석이 가능하다.

제3부 인간 · 동물민속 연구

(2) 구화산 삽살개의 기록과 유물

구화산에는 김교각 스님이 신라에서 올 때 데리고 왔다는 흰 개를 비롯한 황립도와 금지차 그리고 오차송에 관한 여러 가지 역사와 설화가 전해지고 있다.

김교각 스님이 신라에서 데리고 갔다는 흰 개는 삽살개, 선청善聽, 체청諦聽(제청, 체청), 지체, 신견, 독각수 등으로 불린다. 김교각 스님이 신라에서 데리고 왔다는 흰 개 모습은 구화산 기록과 유물이 많이 묘사되어 있다.

중국 구화산 육신보전에 모셔진 지장왕보살 김교각 스님상像은 신라에서 데리고 갔다는 흰 개를 타고 있는 모습이다(그림12 참조).

삽살개 신견상神犬像[13]은 김교각 스님을 따라 신라에서 갔는데 평생 그의 수행을 도왔다. 이 삽살개를 선청善聽 혹은 독각수獨角獸라 한다. 이 신견상은 청대 강희 연간에 여러 제자들이 구화산 화성사에 기증하였다. 구화산을 지키는 영물로 여겨진다(그림13 참조).

지장보살동상地藏菩薩銅像[14]은 당唐 광명 원년(880)에 세워진 구화산 동묘선사 유적지에서 출토되었는데, 지장보살상 아래 신라에서 김교각을 따라와 그의 수행을 도왔다는 삽살개 선청상善聽像이 있다(그림14 참조).

구화산 육신보전의 김교각 스님
국립민속박물관, 앞의 책(1996), 26쪽

삽살개 신견상(神犬像)
국립민속박물관, 앞의 책(1996), 82~83쪽

---

13 청(淸), 84.5cm x 72.7cm.
14 송(宋), 높이 21cm.

김교각 스님이 수행 중 그가 겪은 고행과 불력의 전
설들이 글과 그림으로 표현되어있는 지장구화수적
도地藏九華垂迹圖 가 있다.[15] 이 그림 속에서 흰 개는 세
번 묘사되어 있다.

지장보살동상
국립민속박물관,
앞의 책(1996), 84쪽

구화수적도-3 낙발섭해 입당구법落拔涉海 入唐求法 :
김교각은 부귀영화를 포기하고, 재차 중
국으로 수양을 떠났다. 서기 719년 24세
에 신라에서 흰 개를 데리고 머나먼 당나
라로 수행길을 올랐다(그림15 참조).
구화수적도-4 방도강산 간난행정訪道各山 艱難行程 :
김교각은 각 지방의 명산에 들러 중생들에게 불법의 진리를 설
법하였다. 안휘성에서 봉황산, 제운산으로 그 후에 또 경향산,
천봉사와 귀주 등에 까지 찾아가면서 수 많은 승려와 신도들을
만났다. 지금도 이 지방에는 김교각과 관련된 고사와 전설들이
전해져 온다(그림16 참조).
구화 수적도-17 서원굉심 종성정과誓願宏心 終成正果 : 김교각은 신라왕자의
영화를 버리고 바다를 건너가 수행하며 수십차례의 고행을 하
였다. 그가 이런 수행 끝에 큰 깨달음을 얻어 대사가 되어 중국과
동아시아 불교사상에 큰 명성을 날렸다(그림17 참조).

김교각 스님이 거친 바다 폭풍우를 뚫고 신라에서 당唐으로 향하는 배 위
에 흰 개와 함께 폭풍우를 헤치며 나아갔다. 중국 각 지방 명산에 들러 불법의

---

15   국립민속박물관, 앞의 책(1996), 65~74쪽.

제3부 인간 · 동물민속 연구

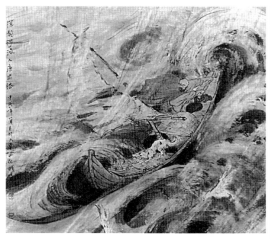

▲ **구화수적도 3** 국립민속박물관, 앞의 책(1996), 67쪽
▸ **구화수적도 4** 국립민속박물관, 앞의 책(1996), 68쪽
▸ **구화수적도 17** 국립민속박물관, 앞의 책(1996), 74쪽

진리를 설법을 다니는 김교각 스님 곁에는 항상 흰 개가 따라 다니며 동행했
다. 김교각 스님이 고행을 통해 큰 깨달음 얻어 지장보살이 된 후에도 흰 개를
타고 있다. 김교각 스님이 당으로 데려간 신라개는 흰색의 삽살개이다. 삽살
개는 스님의 동행 동반자로서 수호의 역할을 했다.

4. 김교각 스님과 흰색 삽살개의 상징성

1) 김교각 스님은 왜 삽살개를 데리고 갔을까?

신라의 개는 동경이, 삽살개가 대표적이다. 그 가운데 김교각 스님은 왜
당으로 삽살개를 데리고 갔을까? 이는 삽살개의 잘 길들여지는 개의 생태와

▲ 삽살개 작자미상
조선, 종이수묵담채, 30.9x29.4
국립중앙박물관
◀ 쌍구도(雙狗圖)
장승업作, 지본수묵, 67.5x68
고려대학교박물관소장

사랑, 친밀성에 기인하고, 다른 한편으로는 안내자案內者와 동행자同行者, 호
신護神으로서 역할 등을 추정해 볼 수 있다. 사람과 개와의 정서적 친밀성과
역사적 배경, 삽살개의 생김새와 특성 등으로 설명할 수 있겠다.

　개는 동서양을 막론하고 인간에게 헌신하는 충복忠僕의 상징이다. 특히 설
화에 나타나는 의견義犬은 충성과 의리를 갖추고 희생도 마다 않는다. 고대
인들은 밤에 우는 동물들에게 불가사의한 영감이 있어 인간의 눈으로 볼 수
없는 악령의 접근을 탐지하는 능력이 있다고 믿어 왔다. 고대 페르시아교의
입법 중에는 '개와 닭은 밤의 악마의 적으로서 영안靈眼을 가지고 악마와 싸
워 그 힘을 없앤다. 그렇지 않으면 악마는 인간과 가축을 괴롭힌다. 그러므로
개와 닭에 의하여 모든 선의 적은 극복당하고 세계는 개의 지능에 따라 성립
되고 있다'라고 하였다. 이를 통해 개가 고대 페르시아에 있어서도 최고의 존
경을 받았던 것을 알 수 있다. 고대 그리스인과 로마인들도 역시 개를 존경하
였으며, 또한 개는 밤을 타서 스며드는 악정惡情을 짖어서 쫓는다는 신앙에서
규방의 방지기로 개가 선택되었다.

　　　　　　　　　　　　　　　　　　제3부 인간·동물민속 연구

개의 늘어진 귀의 청각과 벌름거리는 코의 후각은 특히 예민하여 먼 곳의 소리와 냄새를 듣고, 맡아 직관적인 판단을 내려서 그에 상응하는 행동을 하게 되어 있다. 개의 귀는 영귀靈鬼의 바스락거림도 놓치지 않는다. 개의 후각은 무표정한 태양의 그림자에서도 냄새를 찾아낸다. 개의 시각은 직관으로만 움직이게 되어 있다. 이 지구상에서 개만큼 직관적인 논리를 깨우친 예언자는 없다. 한국인에게 있어서도 개의 변태적 비일상적變態的 非日常的인 행태行態는 불길의 전조前兆, 암시暗示, 혹은 예시나 상징으로 인식되어 왔음을 알 수 있다.

신라에서 삽살개는 귀족사회에서 기르는 동물이었다. 삽살개는 머리에 털이 많고 길어서 그 모습이 꼭 사자를 닮았다. 삽살개는 체질적으로나 기질이 대담하고 용행하며, 주인에게 충성스럽다. "삽살개 있는 곳에 귀신도 얼씬 못한다"는 속담처럼 삽살개는 악귀를 쫓는 개다. 주인을 잘 알아보는 영리한 삽살개는 온몸이 긴 털에 덮여 있으니 산중의 신선이나 도사가 연상되기도 하고, 저승사자를 막아 주던 개이기도 했다.

그 이후에도 이러한 개에 대한 관념들이 이어졌다. 특히 조선 시대로 들어오면서 개 그림은 직업화가인 화원들에 의해 조선 전시대 400년에 걸쳐 수많은 우리 토종개들의 순박한 모습을 묘사해 놓고 있다. 또한 조선 후기 영·정조 시대에 신윤복·김홍도에 의해 크게 발전하게 된 풍속화 속에는 그들이 평소 보아 오던 개들을 주로 무대 배경의 일부로 등장시켰다. 조선 후기에 크게 발흥한 민화民畵의 세계에서도 많은 개 그림이 발견되는데, 주로 벽사용으로 쓰인 문배도門排圖나 평생도平生圖, 호렵도虎獵圖, 신선도神仙圖 등에 개가 많이 등장한다.

개가 그림으로 남아 있는 경우가 호랑이만큼 많지는 않지만 그래도 다양한 장르에서 그려져 온 소재 가운데 하나이다. 동양에서는 그림을 문자의 의미로 바꾸어 그리는 경우가 흔하다. 개가 그려진 그림을 보면 나무 아래에 있는 개 그림이 많다. 나무樹 아래에 그려진 개는 바로 집을 잘 지켜 도둑 막음을 상징한다. 개는 '戌'(개 술)이고, 나무는 '樹'(나무 수)이다. '戌'은 '戍'(지킬 수)와 글자 모양이 비슷하고, '戍'는 '守'(지킬 수)와 음이 같을 뿐만 아니라 '樹'와도 음이 같기 때문에 동일시된다. 즉 "戌戍樹守"로 도둑맞지 않게 잘 지킨다는 뜻이 된다.

오동나무는 상서로움의 상징으로 세상에 안정되고 평안한 시절에 많이 난다고 알려진 나무이다. 대나무는 번식력이

삽살개 김두량, 일본 개인 소장

강하고 항상 푸른빛을 띠기 때문에 영생과 불변을 상징한다. 복숭아나무는 장생을 상징한다. 이러한 뜻을 지닌 나무 아래의 개는 바로 이러한 바람을 오랫동안 누리기를 기원하는 뜻이다.

개는 그 성질이 온순하고 영리하여 사람을 잘 따르며, 후각과 청각이 예민하고 경계심이 강하다. 자기의 세력 범위 안에서는 대단한 용맹성을 보인다. 주인에게는 충성심을 가지며, 그 밖의 낯선 사람에게는 적대심 · 경계심을 갖는다. 한국의 토종개[16]는 충직하고 용맹하고 영리하다. 예로부터 개는 집 지키기 · 사냥 · 맹인 안내 · 수호신 등의 역할 뿐만 아니라 잡귀와 요귀 등 재앙을 물리치고 집안의 행복을 지키는 능력이 있다고 전해진다.

삽살개는 한국인과의 정서적으로 친밀한 문화, 용맹 · 영리 · 충복의 개의 역할, 악을 물리치고, 미래를 예지하는 능력 등을 가졌다. 김교각 스님은 멀고, 거칠고, 힘든 당으로 가는 여정에, 뼈를 깎는 고행의 구도길에 동행 · 동반자로서 삽살개를 데리고 갔을 것이다.

16　토종개 종류와 특징

2) 김교각 스님이 데리고 간 삽살개는 왜 흰색일까?

웅크린 삽살개
안중식 作, 지본담채, 47x63, 하버드대학교

한민족은 흰색을 숭상하는 민족이다. 흰색은 민족의 색이자 태양의 색이요, 하늘의 색이다. 그래서 흰색은 상서로운 서조瑞兆(상서로운 조짐)로 여겼다. 해모스는 오룡거를, 휘하들은 흰 고니를 타고 하늘에서 내려오고, 유화부인을 따라 다니며 고주몽을 잉태시킨 햇빛, 혁거세의 탄생을 알린 말 등은 모두 흰색이거나 흰색의 상징이다. 신화에서 하늘과 태양과 관계있는 흰 기운, 흰 동물이 등장하는 것은 하늘의 뜻을 받드는 왕이라는 우리 민족의 원초적 신화가 숨어 있다. 흰색은 신화적으로 새로움과 상서로움의 예조豫兆이다. 흰 동물을 신성시하고, 서수瑞獸 또는 서조瑞兆로 여기는 풍속은 많다. 흰색 동물은 행운을 가져다 주는 상서로운 동물로 인식하고, 예로부터 백호, 백사, 백마, 백록, 흰까치, 흰 참새 등 흰색 동물의 출현은 좋은 일의 징조로 여겼다.

백호白虎는 서쪽을 지키는 신령으로 민속에서는 상상의 동물이다. "백호는 사람을 해치지 않는 영물이다. 하지만 지도자가 악행을 저지르거나 인류를 거스르는 일이 많아지면 광포해진다", "백호가 나타나면 권력자는 몸을 낮추고 부자는 탐욕을 부리지 않는다"고 한다. "산전수전 겪은 호랑이가 세상 이치를 깨달으면 털이 희게 변한다"고 한다. 전통적인 백호는 사신도에서 상상의 동물로 우 백호로 가장 많이 등장한다. 고구려 벽화고분을 포함하여 서쪽의 방위신으로 다양한 모습으로 등장한다. 상상의 동물이었던 백호는 생물학적으로 희귀한 존재이다. 줄무늬 없는 백호는 전 세계에 약 20마리만 존재할 정도이고, 서울의 놀이공원에도 백호가 살고 있다. 다른 호랑이에 비해 엄청난 인기가 있는 것도 이런 문화적 배경과 생물학적 희귀성 때문일 것이다.

옛날이나 지금이나 희귀한 백사는 죽어가는 사람을 살린다는 이야기가 있다. 백화증에 걸린 백사白蛇는 간혹 나타난다. 백화증은 피부의 색소세포 속에 멜라닌이 함유되어 있지 않아 온몸이 하얗게 되는 증상이다. 이 신진대사 이상증은 열성형질로 유전되기 때문에 출현빈도가 대단히 낮다. 흰색 동물을 만나면 좋은 일이 생긴다고 믿음에서 백사는 죽은 사람도 살린다고 생각한다.

하늘을 나는 천마天馬, 흰 백마白馬! 백마의 흰색은 광명 즉, 태양의 상징이요 남성의 원리이다. 백마는 신성, 서조, 위대함의 특이한 관념을 지니고 있다. 신랑이 백마를 타고 장가를 들고, 백마 타고 오는 초인이 있어 이 시대와 사회를 구원하는 것이다. 혁거세 신화와 천마총의 천마도의 백마는 최고 지위인 조상신이 타는 말이고, 고대 소설 · 시조 · 민요 등에서는 신랑 · 소년 · 애인 · 선구자 · 장수 등이 타고 왔다.

조선 시대에 개 그림은 산수나 인물과 달리 감상화 뿐 아니라 장식을 위한 세화歲畵라는 실용적 의도에서 제작되기도 하였다. 즉 개그림은 부귀, 화복, 장수, 애정, 벽사 등 동양인이 품었던 삶의 희망과 기원을 상징하였던 것이다.

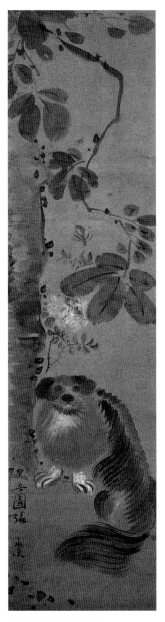

오동나무 아래의 삽살개
장승업 筆, 지본담채, 119.5x27.5,
서울대학교박물관 소장

제3부 인간 · 동물민속 연구

조선시대 다양한 개그림 가운데 흰색 개가 많다. 흰둥이는 전염병, 병도깨
비, 잡귀를 물리치는 벽사의 능력있을 뿐만 아니라, 집안에 좋은 일이 있게 하
고, 재난을 예방 경고해 준다고 믿어져 왔다. 화조구자도花鳥狗子圖에는 흰둥
이 · 누런둥이 · 검둥이 등 세 마리 강아지가 등장한다. 흰둥이는 전염병, 병
도깨비, 잡귀를 물리치는 능력이 있어서 벽사의 능력뿐만 아니라, 집안에 좋
은 일이 있게 하고, 재난을 예방 경고해 준다고 믿어져 왔다. 농가에서 누런둥
이를 많이 기른 까닭도, 노란색이 풍년과 단산을 상징한다고 생각해 왔기 때문
이다. 따라서 그림의 소재로 흰둥이와 누런둥이가 특히 많이 그려져 왔다.

조선 후기인 18세기에는 생활 주변 풍속을 소재로 한 풍속화가 개척되기
시작하여 다양한 당시 서민 생활상들을 묘사하였다. 서민들의 일상생활을
그린 풍속화에서는 개가 주체가 되는 그림이라기보다는 그 그림의 무대 소품
으로 묘사되고 있다. 풍속화에서 개는 늘 함께 인간의 동반자로서 인간의 주
위에 존재해 왔다. 때로는 구박과 멸시와 버림을 받으며, 자신의 몸을 희생하
고 더러는 사랑도 받으며 살아왔다. 개는 풍속화에서 인간의 주위를 구성하
는 풍경風景처럼 존재해 왔다.

최근에도 흰 동물에 대한 관심도 여전하
다. 그러나 "흰 짐승은 행운'이라는 건강부
회牽强附會", "흰 까치, 흰 참새 등 도내 희귀
동물 잇단 출현 길운吉運?"등 흰 동물의 출
현에 대한 생물학적 설명과 함께 신성시하
는 것은 근거없는 낭설이라는 논조로 변하
고 있다. "흰 동물의 알비노 개체란 돌연변
이에 의해 유전적으로 색소 형성이 결여된
동물 개체를 뜻한다. 알비노 개체 동물은
보통 색소 형성이 안 돼 흰색을 띤다. 동물
전반에 걸쳐 모든 종에서 발견되고 있다.

개 민화병풍, 34x120, 가회박물관

생물학적 관점에서 봤을 때는 백호白虎나 백사白蛇 등이 알비노 개체인데 그 희소성 때문에 주목받지만 자연계에서 알비노 개체는 포식자에게 금방 눈에 띄는 등 생존에는 오히려 불리하다." 이런 과학적인 설명과 함께 그래도 마지막에는 "우리나라에서도 예로부터 흰 사슴이나 소, 흰 뱀 등이 발견되어 신성시되기도 했었다" 대목을 꼭 붙인다.

삽살개의 털 색깔은 여러 가지가 있다. 그런데 김교각 스님이 데리고 간 삽살개가 흰색인 것은 우연이 아니다. 흰색을 숭배하고 선호하는 한국의 역사 문화적 배경과 관련이 있다고 생각한다. 물론 불교에서 흰색 코끼리를 부처님의 화신으로 여긴다.

3) 지장보살 김교각 스님은 왜 삽살개를 타고 있을까?

불교의 최고 상징 동물은 사자, 코끼리, 용 등인데 왜 지장보살 김교각 스님은 삽살개를 타고 있을까? 지장보살 김교각은 부처님의 '금모사자金毛獅子(금색 털을 가진 사자)'라는 주장도 있지만 분명 삽살개를 타고 있다.

일찍이 불교에서는 사자가 두려움이 없고 모든 동물을 능히 굴복시키는 '백수의 왕'이라는 관념이 도입되어 부처를 사자에 비유해 '인중사자人中獅子'라고 한다. 불교에서는 사자의 용맹함을 빌어 불법을 수호하는 존재로 삼을 뿐만 아니라, 부처와 불법의 위엄을 사자에 비유하기도 한다. 부처의 설법을 '사자후獅子吼'라 하여, 사자의 울음이 뭇짐승들의 몸을 사리게 하듯이 부처의 설법이 삿된 무리와 사견邪見을 몰아내는 것에 비유하고 있다.

세화[歲畵, 개] 목판
조선중기, 삼성출판박물관

『대지도론大智度論』 제4에서는 「상신사자상上身獅

제3부 인간·동물민속 연구

子相 : 반신의 위용 단엄함이 사자와 같다」, 「사자협상獅子頰相 : 두 뺨이 사자와 같다」라고 하여 부처의 형상을 사자에 비유하고 있으며, 부처가 앉은 자리를 '사자좌' 부처의 설법을 '사자후'라고 말한다. 부처가 용맹 정진하여 삼매에 든 것을 사자가 기운 뻗는 용맹한 자세에 비유하여 「사자분신삼매獅子奮汛三昧」라고 한다.

불법을 수호하는 신비스런 동물로 인식된 사자상은 불교의 발생국인 인도에서 기원전 3세기경 아쇼카왕의 석주石柱에 표현되기 시작하여 이후 불상의 대좌로도 사자좌가 나타난다. 불교의 동점과 함께 중국을 거쳐 우리나라에도 불법의 수호자로서 사자상이 도입되었다. 삼국이후 통일신라에 이르면 불상의 대좌를 비롯하여, 불탑, 석등, 부도 등 불교와 관련된 다양한 석조물에 적극 활용되었다. 불상을 수호하는 사자, 불탑을 수호하는 사자, 불교석조물에 표현되어 불법을 수호하는 존재가 사자이다.[17]

코끼리는 한반도에 실제로 살지 않았다. 코끼리는 실제 모습으로 보다는 불교 전래와 함께 설화說話와 도상圖上에서 불타의 화신, 힘의 상징으로 일찍부터 우리에게 알려졌다. 불경에 가장 많이 등장하는 동물이 코끼리며, 하얀 코끼리는 석존의 화신이다. 코끼리 가운데 유독 흰 코끼리가 추앙을 받는 것은 흰색은 출생과 상서로운 서기瑞氣의 상징으로 석존의 탄생설화와 관련이 있다. 하늘에서 내려오는 석존이 흰 코끼리를 타고 내려왔다. 『팔상록八相錄』에 보면 "정반왕비 마야부인은 이른 가을 보름달밤 난간에 기대어 졸다가 기이한 꿈을 얻는다. 하늘 문이 열리며 오색구름이 찬란한 속에서 상호가 아주 거룩한 보살이 어금니 여섯 개가 달린 흰 코끼리를 타고 좌우에 무수한 보살들의 호위를 받으며 부인 앞에 이르러 합장하고 '소자는 다생의 인연으로 부인께 입태하오니 어여삐 여기소서' 하고 바른편 옆구리로 드는 태몽이었다."

17 졸고, 「신라 나무인형사자 고찰」, 『이사부와 동해(창간호)』, 이사부학회, 2010, 131~160쪽; 「사자」, 『韓國文化상징사전2』, 동아출판사, 1995, 388~392쪽.

◀ 신구도[삼목대왕, 三目大王] 지본채색, 35x51, 조선후기, 가회박물관소장
▶ 신구도[神狗圖 : 唐三目拘吠逐三災 당 눈 세 개 달린 개는 삼재를 쫓는다] 지본담채, 44x30, 가회박물관소장

라고 적고 있다. 부처님이 세상에 올 때 바로 흰 코끼리를 타고 마야부인의
오른쪽 옆구리로 들어와 이 세상에 오신 것이다.

중국에서는 코끼리의 몸체, 눈, 상아, 다리 등을 형상화한 "象"자가 정승과
재상을 의미하는 "相"과 서로 같은 글자로 바꾸어 썼다. 아마 현재 한반도 동물
원 등에서 살아있는 코끼리보다 사찰에서 도상으로 불법을 수호하는 코끼리
가 더 많이 존재할 것이다. 코끼리는 부처님의 화신이자 불법을 수호한다.[18]

지장보살 김교각 스님은 불교의 최고 상징 동물인 사자와 코끼리를 아니
고 삽살개를 타고 있을까? 한국문화 속에서 개의 역할과 상징적 의미와 지장
보살의 성격과 연관되어 있다. 구화산에서는 김교각 스님을 "지장보살"이라
고 부른다. 지장보살은 지옥에서 고통받는 중생들을 구원하는 보살이다. 석
가의 위촉을 받아, 그가 죽은 뒤 미래불인 미륵불彌勒佛이 출현하기까지 일체
의 중생을 구제하도록 의뢰 받은 보살이다. 지장보살은 지옥에서 고통받는

18　졸고, 「코끼리」, 『韓國文化상징사전2』, 동아출판사, 1995, 686~688쪽.

　　　　　　　　　　　　제3부 인간 · 동물민속 연구

중생들을 구원하기 위하여 지옥에 몸소 들어가 죄지은 중생들을 교화, 구제하는 지옥세계의 부처님으로 신앙된다. 이승과 저승, 저승과 이승을 왕래하며 천상·인간·아수라·아귀·축생·지옥의 중생들을 교화하는 보살이다.

개도 이승과 저승을 연결하는 존재이다. 개를 조상으로 생각하는 "견조설화犬祖說話"는 중국의 『산해경』에 정착된 견융犬戎과 반호반의 시조설화始祖說話가 있다. 오늘날에도 만주족을 비롯하여 우리나라와 일본 등지에서 같은 유형의 이야기가 전승되고 있다. 특히 전생에 사람이었던 자가 개로 환생하여 대우를 받으며 산다는 환생설화還生說話나 삼목대왕三目大王의 환생물로 여기는 불교설화佛敎說話 등으로 인해 개고기를 멀리하는 풍속도 있다.

옛날 경주 고을에 아들 딸 두 자식을 키워 시집 장가보내느라고 먹을 것도 못 먹고 세상 구경 한번 못하고 죽은 최씨댁 과부가 개로 환생하여 자식들의 집을 지키며 살았다. 어느 날 스님이 와서 그 개는 바로 당신의 어머니가 환생한 것이나 잘 먹이고 유람을 시켜 주라고 하였다. 팔도 유람을 마치고 경주 집에 돌아오는 도중에 어느 장소에 도달하자 그 개는 발로 땅을 차면서 그 자리에서 죽었다. 최씨는 그 곳에 개를 묻었는데, 그 무덤의 발복發福으로 최씨 집은 거부가 되고 자자손손 부귀와 영화를 누렸다는 이야기가 있다.

꿈 해몽에서도 개는 소와 함께 조상으로 많이 해석된다. 죽은 부모나 웃어른이 개를 데리고 자주 나타나는 경우는 미리 조심하여야 될 것을 경고하는 것이라고 한다. 불교인들에게 개고기는 금기의 식품이다.

『해인사유진팔만대장경개간인유海印寺留鎭八萬大藏經開刊因由』에 보면 "합주에 사는 이거인李居仁이 어느 날 길에서 눈이 셋 달린 강아지를 주워서 길렀는데, 3년이 되자 아무 병도 없이 죽었다. 이어서 그도 죽어 저승길을 가는데 첫째 관문에서 눈이 셋 달린 삼목대왕을 만났다. 삼목대왕은 자신이 죄를 지어 개의 형상으로 이승에 태어났을 때에 보살펴 준 주인을 알아보고, 그 동안의 사정을 이야기하였다. 이거인이 염라대왕에게 가서 삼목대왕이 가르쳐 준 대로 '법보法寶의 고귀함을 판에 새겨 세상에 널리 알리지 못하고 온 것이

후회스럽다'고 하자, 염라대왕이 귀록鬼錄
에서 그의 이름을 지워 다시 살아나게 되었
다"는 기록이 있다.

개는 이승과 저승의 안내자이다. 병을 앓
다가 깨어난 사람, 즉 기절했다가 소생한 사
람들의 저승담에 보면 이승과 저승과 사이
에는 외나무다리가 있다. 이 다리를 강아지
의 안내를 받아 건너가게 된다. 다리를 무사
히 건너게 되면 저승으로 가게 되어 죽는 것
이다. 그런데, 소생한 사람들의 모두의 경
험은 강아지를 따라 외나무다리를 건너다
가 도중에서 실수로 실족을 하여 아래 깊은
계곡으로 떨어지는데 그 순간 놀라서 깨어
나게 되었다는 것이다. 이 저승담에는 이승

지장보살 김교각 스님
국립민속박물관, 앞의 책(1996), 75쪽

에서 저승으로 사람을 인도하는 것은 강아지로 되어 있다.

무속 신화 가운데 제주도 차사본풀이에서도 하얀 강아지가 저승에서 이승
으로 가는 길을 안내한다. 차사본풀이에서 염라대왕은 자신을 만나고 돌아
가는 강님이 이승으로 가는 길을 가르쳐 달라고 하자, 흰 강아지 한 마리를
내주고 돌래떡을 세 덩이를 겨드랑이에 안겨 주면서 "이 떡을 조금씩 떼어
강아지를 달래며 뒤따라가면 알 도리가 있으리라" 하였다. 강님은 강아지를
앞세워 따라 가다가 강아지가 싫증난 듯할 때마다 떡을 조금씩 주었다. 앞장
서 가던 강아지는 행기못에 이르자, 달려들어 강님의 목을 물고 행기못으로
풍덩 빠졌다. 놀라 눈을 떠보니, 강님은 이승에 와 있었다. 왜 강아지가 길을
인도하는지에 대해서는 설명이 없으나 개는 후각이 발달해서 한번 갔던 길을
잃는 일이 없이 잘 찾아간다는 데서 이러한 저승담과 무속 신화에서 저승과
이승을 앞장서서 안내하는지도 모르겠다.

개는 이승과 저승을 연결하는 매개의 기능을 수행하는 동물로 인식된다. 이러한 사유 형태는 중앙아시아에 광범위하게 분포되어 있다. 그 중에서 알타이 샤먼의 경우, 저승에 갈 때에 지옥문에서 개를 만날 수 있다고 믿고 있다. 개가 인간의 영혼을 저승으로 인도한다고 생각한 것이다. 무속 신화인 차사본풀이, 세민황제본풀이, 저승 설화에서 이러한 관념이 빈번히 나타난다. 이승과 저승, 저승과 이승으로 가는 길을 안내하는 동물이 하얀 강아지이다.

신라인 김교각 스님, 이승과 저승을 오가며 중생을 구제하는 지장보살, 이승과 저승의 안내자로서 삽살개의 존재는 자연스러운 연결이다. 지장보살 김교각 스님은 사자나 코끼리, 용이 아닌 신라 삽살개를 타고 있다.

표 2_ 개의 과학 모형과 민속 모형

과학 모형	민속 모형
★ 식성 잡식성 (예리한 치아) ★ 호흡으로 체온조절 ★ 뛰어난 청각 ★ 움직이는 물체에 민감한 시각 ★ 예민한 후각 ★ 고도의 적응성 ★ 귀가 본능 ★ 주인에 대한 충성 ★ 개 짖음 (낮선사람에 대한 적대감과 경계심)	★ 벽사와 상서 ★ 약효 ★ 심부름꾼 ★ 저승에서 이승가는 길을 안내하는 하얀 강아지 − 염라대왕의 전령 ★ 안내자, 수호자(옛그림) ★ 설화 : 주인을 위해 활약한 충성과 의리, 智仁德勇體의 三育動物(충견, 환생, 보은설화) ★ 원기를 회복시키는 황구와 기력을 북돋우는 戊戌酒 ★ 서당개, 사나운, 못된개, 미운개, 저질개, 똥개, 천덕꾸러기 개는 비천함의 상징 ★ 오륜의 동물 ★ 조상의 환생물 ★ 신들의 충실한 친구, 인간의 동반자 ★ 충복(동신용 개) ★ 사랑과 애기 잠의 방해자(민요) ★ 개가죽−장구, 꼬리−비, 털가죽− 방한용 외투, 모자

★ 인용 및 참고문헌은 각주로 대신합니다.

10
●
경북동해권의
미역인문학

1. 미역의 해양과학지식체계

경북동해권은 우리나라에서 제일 긴 해안선을 가지고 있고, 미역이 서식하기에 가장 적합한 환경이다. 이 글은 경북동해권의 역사인문학적 및 자연과학적 접근을 융합한 시각으로 "미역인문학"을 서술하고자 한다. 미역인문학은 미역에 대한 자연·생물학·해양학 영역의 해양과학지식체계을 바탕으로, 생업, 의례, 사회조직, 식생활 등 어떤 전통어업지식체계를 형성하여 전승되어 왔는지를 밝히는 접근이다. 미역의 과학모형과 민속모형이다. 과학모형은 생물학적 특징으로 어느 민족이나 문화 속에 존재하는 불변의 자연과학적 분석체계analytical system라면, 민속모형은 하나의 사실fact(과학모형) 즉, 생물의 특성을 각 사회나 민족마다 그 사회의 문화적 맥락, 문화문법에 따라 다르게 이해하고 해석하는 것이다. 경북동해권에서 미역의 해양과학지식체계, 즉 과학모형을 바탕으로, 어떤 전통어업지식체계, 즉 민속모형을 만들고 전승되어 왔는지를 살펴보는 작업이다. 민속지적 현재는 양식미역이 아닌 자연산 미역[돌미역]의 채취가 이루어진 전통 어업시기이며, 대상지

제3부 인간·동물민속 연구

역은 경북동해권인 울진, 영덕, 포항, 경주, 울릉 등이다.

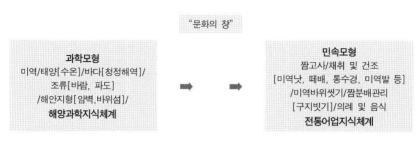

"문화의 창"

과학모형	민속모형
미역/태양[수온]/바다[청정해역]/ 조류[바람, 파도] /해안지형[암벽,바위섬]/ **해양과학지식체계**	짬고사/채취 및 건조 [미역낫, 떼배, 통수경, 미역발 등] /미역바위씻기/짬분배관리 [구지빗기]/의례 및 음식 **전통어업지식체계**

과학모형과 민속모형

학명은 Undaria pinnatifida (Harvey) Suringar. 이다. 뿌리는 나뭇가지모양이
고 줄기는 편원扁圓인데 그 상부는 엽상부葉狀部의 중륵中肋으로 되었으며, 잎은
좌우에 우상열편羽狀裂片을 가진다. 엽상부 전체의 모양은 난원형卵圓形 또는 피
침형披針形이다. 엽면에는 모과毛窠가 있어 육안으로는 소흑점으로 보인다. 줄기
의 양쪽에 주름이 촘촘히 있는데 이것은 포자를 가진 포자엽이다. 외해에 면한,
또는 외해에 가까운 바위나 돌에 착생하고 저조선低潮線(조수가 다 빠졌을 때의
물높이 선) 아래에 산다. 미역은 일년생 해초이며 지방에 따라 차가 있으나 대체
로 가을에서 겨울 동안에 자라고 봄에서 초여름 동안에 유주자游走子(무성포자)
를 내어서 번식한다. 유주자는 곧 발아하여 현미경적인 배우체配偶體(유성세대)
로 되어서 여름을 난다. 배우체의 발아생장은 17~20℃가 가장 좋고 23℃ 이상의
수온에서는 휴면을 한다. 가을이 되어 수온이 다시 내려 20℃ 이하가 되면 배우체
가 성숙하여 유성생식의 결과 아포체芽胞體로 된다. 아포체는 17℃ 이하의 수온에
서 잘 자라고 단엽의 유체로 된다. 이 유체가 자라서 중륵이 생기고 우상열편이
생겨서 포자체인 미역의 본체로 자란다. 본체 줄기에 포자엽이 생겨서 수온 14℃
이상이면 성숙하여 유주자를 방출하기 시작하고 모체는 차차 유실된다.

(「미역」, 『한국민족문화대백과』, 한국정신문화연구원, 1991)

미역은 한해살이이다. 미역은 바다와 면한, 또는 바다 가까운 바위나 돌에 붙어서 생장한다. 조수가 다 빠졌을 때의 물높이 선 아래, 파도가 칠 때 바닷물이 닿은 지점까지 산다. 미역은 잎은 넓고 편평하며, 날개 모양으로 벌어져 있고, 아랫부분은 기둥 모양의 자루로 되어 바위에 붙어 있다. 빛깔은 검은 갈색 또는 누런 갈색이고 길이는 1~2미터, 폭은 60cm 정도이다. 미역은 대체로 가을에서 겨울 동안에 자란다. 미역의 원산지는 중국, 일본, 한국 등 동북아시아 지역이다. 한반도에서 미역은 제주도에서 동해안 끝, 황해도 이남의 서해안과 남해안에 주로 분포한다. 국내 주요 미역 생산지는 경북[영덕, 울진, 울릉], 경남[기장, 울산], 강원[삼척], 전남[완도, 진도, 고흥] 등이다. 이 정도가 일반인들이 미역에 대한 알고 있는 해양과학지식이다. 다음 절에서는 경북동해권에서 미역에 대한 해양과학지식체계를 바탕으로 어떤 전통어업지식체계를 만들고 전승되었는지를 살펴보겠다.

미역의 해양과학지식체계

월별	해양과학지식체계	전통어로지식체계
1~3월	성장기	**짬고사(정월대보름)**
	성장기	**미역 채취 및 건조는 2~3월에 시작하여 늦게는 5월까지 이루짐.**
	성장기	
4~5월	줄기 아랫 부분에 포자엽(미역귀) 생식체 만듦	
5~6월	수온이 14℃이상이 되면 포자엽은 포자를 방출하며 물 밖으로 흩어져 나옴. 동시에 성장한 엽체(미역)는 완전히 소멸	
6~7월	포자는 편모로 바다를 떠다니다가 바위 등에 착생하여 발아함. 발아해서는 새로 분열하여 암수별로 각각의 배우체가 됨. 배우체의 발아생장은 수온 17~20℃가 가장 좋음	
7~8월	수온이 23℃ 이상이면 배우체가 휴면.	
9월	배우체에서 만들어진 정자와 난자가 수정. 20℃ 이하가 되면 배우체가 성숙함.	
10~11월	10~11월에는 수정란이 세포분열. 바위나 돌에 부착한 미역은 뿌리를 펴고 성장하면서 단엽의 어린잎(포자체 : 미역)이 됨. 17℃ 이하의 수온에서 잘 자라고 단엽의 유체로 됨	

		미역바위 딱기 (10월에서 11월 초)
11~12월	성장기	짬 분배(구지빗기)

2. 미역의 전통어로지식체계

경북동해권 연안 해안선이 바위로 이루어졌고, 바다 속 바위와 바위섬에는 미역밭이 있어 많은 미역이 예로부터 자생하였다. 이 지역은 미역의 채취 기술과 관행, 민속신앙, 식생활, 사회조직 등에서 다양한 전통어로지식체계 전승되고 있다.

미역채취의 역사기록 가운데 『삼국유사』의 설화 〈연오랑세오녀〉는 우리가 익히 들었던 것이다.

신라 아달라왕阿達羅王 즉위4년 동해 바닷가에 연오랑과 세오녀가 부부로서 살고 있었다. 하루는 연오가 바다에 가서 미역[해조]을 따고 있던 중, 갑자기 바위가 연오를 싣고 일본으로 가버렸다. 그 나라 사람들이 …왕으로 삼았다. 세오는 그 남편이 돌아오지 않음을 이상하게 여겨 이리저리 찾다가, 남편이 벗어 놓은 신이 있음을 보고 그 바위에 올라가니, 바위는 또한 그 전처럼 세오를 싣고 일본으로 갔다. 일본 사람들이 이를 보고 놀라서 왕께 아뢰니, 부부가 서로 만나게 되어 세오를 왕비로 삼았다. …

미역(해조)을 따며 살던 연오랑세오녀 이야기의 본향은 영일현迎日縣 또는 도기야都祈野라고 했다. 지금도 포항 호미곶 가는 길 해안가의 암벽과 바위섬들이 즐비하고, 연오랑세오녀테마공원과 전시관 귀비고가 위치하고 있어서 미역 채취의 역사와 설화 현장을 볼 수 있다. 울진 고포미역은 고려 때부터 왕실에 미역을 진상한 곳으로 알려져 있다.

> …1680년 경에 난을 피해 아기를 업고 마을에 온 어느 할머니가 배를 구해 떠나
> 려 하였으나 뜻을 이루지 못하고 정착하여 살게 되었다는 것에서 고포姑浦라는
> 지명이 유래되었다. 규모가 적은 어촌이지만 예로부터 청정해역에서 생산된 미
> 역으로 잘 알려진 곳이어서 고포 미역마을이라 한다.… 고포마을의 해안은 인근
> 에 민물의 유입이 적고, 주변이 맑고 깨끗한 청정해역의 얕은 수심의 암석에서
> 자연상태에서 성장한 미역의 품질이 뛰어나다. 고포마을은 고려 때부터 왕실에
> 미역을 진상한 유일한 곳으로 알려져 있다. 이지역의 미역은 이른 봄인 3월에서
> 부터 이른 여름인 6월 사이에 생산된다. 고포미역은 울진군의 특산물이다.…
>
> (한국향토문화전자대전- 고포 미역마을)

『신증동국여지승람』과『조선왕조실록』등에도 기록되어 있는 고포미역
은 임금님의 진상품에도 오를 정도로 울진의 유명한 특산물이다. 미역의 성
장에는 물의 온도, 날씨, 조류가 중요하다. 마을 뒤쪽으로 높은 산이 있지만
정동향에 위치한 마을은 아침 일찍부터 햇살을 충분히 받으며 오후 3시가 되
면 어느덧 그늘을 진다. 바로 이러한 위치가 고포마을의 미역을 만들어낸다.
고포마을 미역의 가장 큰 특징은 양지와 음지의 차이에 있다. 이곳 바다는
수심이 얕고 물이 맑아 햇빛이 물 속 깊숙이 비친다. 게다가 이곳의 조류는
빨라서 양질의 돌미역이 자랄 수 있는 환경을 갖추고 있어 다른 곳의 미역과
는 구분된다.

울진군에서 생산되는 자연산 돌미역은 고포미역과 함께 옛날부터 없어서
못 팔 정도로 인기가 높았다고 한다. 돌미역은 검고 깨끗하면서 표면이 오돌
오돌해야 좋은 미역이다. 미역이 햇빛을 많이 받고 자라면 그 색깔이 검다,
미역이 맑고 깨끗한 물에서 자자면 표면에 잡티가 없다. 또 말린 미역 표면이
오돌토돌해 보인다는 것은 탄력이 있다는 것이다. 울진돌미역은 해류의 이

동이 심하고 파도가 드나드는 바위 기슭이나 바위섬에서 생산되어 국을 끓여도 쫄깃쫄깃하게 씹히는 독특한 맛이 특징이다. 울릉도에서는 설 차례 때 파란색 나물이 없어 미역을 나물로 대신할 정도로 미역이 많이 생산되고 일상생활에서 활용된다.

미역은 어떤 기술과 방법으로 채취했을까? 경북동해권에서 '짬'은 각종 해조류와 어패류가 서식하는 수중의 바위를 말한다. 농촌·산촌의 밭 또는 논, 산과 같다. 짬은 마을 주민 또는 어촌계원들이 공동으로 점유하고 있으며, 짬의 생산물을 공평하게 나누어 가진다. 동해안의 해조류 채취에는 마을의 각 가구는 권리와 의무에 있어서 기본적으로 동등하다. 작업 시기에 똑같이 일하고 채취물을 공평하게 분배한다. 미역채취는 채취집단의 성원을 '짬'이라고 하며 이 짬에 들기 위해서는 그 마을에서 거주해야 한다. 울진 고포마을의 경우 미역을 채취할 수 있는 사람은 일차적으로 어촌계원이어야 한다. 어촌계원은 고포마을에 거주하며 어업에 종사하는 사람이다.

경북동해권에서는 보통 정월 대보름에 미역이 생산되는 바닷가 짬에서 좁쌀을 뿌리며 미역의 풍년을 비는 '짬고사'를 지낸다.

경북 울진 일대에서는 할머니들이 정월 대보름 아침에 서숙을 뿌리고 "서숙 같이 달게(많이) 나라."고 하며 미역의 풍년을 빌었다고 한다. 미역은 너무 드물어도, 너무 촘촘해도 소출이 안 나며, 종횡 3~5센티미터 간격으로 나면 풍년이 든다. 자신의 짬에서 미역이 많이 생산되게 해달라고 짬고사를 지내기도 하는데, 짬고사는 보통 정월 열나흗날 저녁에 지낸다. 이러한 개인적인 고사와 달리 여러 사람들이 짬고사를 지내기도 한다. 짬을 맡고 있는 사람들이 의논해서 열나흗날 밤 11시나 12시에 음식을 장만해 와서 "미역이 많이 나게 해 주십시오." 하고 제사를 지낸다. 제사 지내는 절차는 간단하다. 먼저 음식을 장만해 와서 자기네 구역 바위 앞에 음식을 깔아 놓고 밥을 올리고 제사를 지낸다. 술을 붓고 난 후 제물을 물에다

던지고 내려온다. 제사 음식으로는 메, 나물, 고기 한 접시, 제주祭酒 정도로 준비
한다. 동해안의 별신굿이라 불리는 풍어제에서도 '미역 따기'라는 제차祭次가 있
어 별신굿을 주재하는 무당이 미역씨앗을 뿌리는 신의 모습을 흉내내기도 한다.
이것도 미역의 풍년을 비는 의례의 하나이다.

(「짬고사」, 『한국세시풍속사전』, 국립민속박물관)

  미역따기는 경북동해권에서 중요한 생업으로, 자연과 바다가 만들어 내
는 그 성과는 초미의 관심사였다. 울진 평해에서 연행되는 동해안별신굿 거
리굿의 11번째 거리에, "아이구 시누부야 미역 보래이/아이구 이거 땡겨라/
시누야 받아라 아이구 올케야 이거 쥐라/(『한겨레음악대사전』송방송,
2012)"라는 무가가 있다. 미역을 따는 과정을 잘 묘사하면서 미역의 풍년을
기원하고 있다.
  경북동해권의 미역 채취는 2~3월에 시작하며, 늦게는 5월까지 할 수 있
다. 해안가에서 손으로 뜯거나 거낫으로 바위에 붙은 미역의 밑 부분을 잘라
채취한다. 바위섬이나 깊은 곳은 떼배를 타고 나가 미역을 딸 때에는 보통
떼배를 이용한다. 떼배 또는 떼가래라 하는데, 인근 바다에서 미역을 채취하
거나 해산물을 운반할 때 사용하는 운반 도구이다. 떼배는 특별한 기술이 필
요한 배는 아니며, 통나무 몇 개와 망치질로 만들 수 있는 것으로 뗏목과도
같은 것이다. 울진에서는 나무나 대나무를 뗏목처럼 엮어 만든 떼배로 미역
을 거두었다. 떼배는 뗏목 형태의 자그마한 거룻배 모양이다. 죽변과 울진의
온양리 일대에서는 여전히 전통적인 형태로 전승된다. 떼배는 주로 미역 채
취 작업에 사용되는데 물에 잘 뜨는 오동 통나무를 7~8개 정도 엮어서 만들
며, 수명은 대개 10년 가량이다. 떼배는 뗏목형 배로, 끝에 노가 달려 있다.
떼배를 이용한 작업에서는 노를 젓는 사람, 거리대를 잡는 사람, 낫대를 잡는
사람이 한 조를 이루어 미역을 채취하였다.
  미역을 채취하기 위해서는 미역 줄기를 자를 수 있는 낫대와 이를 건져내

는 거리대가 필수적이다. 낫대는 긴 장대에 끝에는 낫이 달려 있는 것으로 그 길이는 사용하는 사람에 따라서 조절된다. 장대는 대나무로 만들어져 탄력성이 있으며, 수중에 있는 미역의 줄기부분을 자른 후 거리대로 건져낸다. 미역이 한창인 4월에는 해안 주변으로 떠내려 오는 미역을 직접 낚기도 한다. 아이나 노인들이 까꾸리를 이용하여 해변가로 밀려온 미역을 건져 내기도 하는데, 이를 '풍락초 건진다'고 한다.

울릉도에서도 주로 떼배를 이용하여 미역을 채취할 때 통수경을 사용하였다. 통수경은 목재로 사다리꼴 형태의 상자를 만들고 바닥면에는 유리를 붙인다. 바닷물은 수면이 잠잠하지 않아 물 속을 잘 볼 수 없는데, 통수경을 수면에 대고 보면 물 속이 잘 보여 작업하는 데 많은 도움이 된다. 울릉도에서 낫 모양으로 생겼다고 하여 미역낫으로 부른다. 수중 깊은 곳에서 자라는 미역을 채취하기 때문에 낫대의 길이는 긴 편이며, 경우에 따라 나무를 덧이어서 길이를 늘이기도 한다.

아무리 좋은 미역이라 하여도 건조를 잘못하면 상품 가치가 없다. 비가 오거나 날씨가 좋지 않으면 미역의 색은 변하고, 건조한 하늬바람이 불어야만 미역이 제 색깔을 띠게 되어 검고 윤기가 난다. 미역발[채반]에서 3~4일 동안 건조한 바람과 햇볕에 말리게 되는데 울진 고포미역은 다른 지역 미역에 비해 두꺼워 하루 정도를 말린다. 이 과정에서 비가 오면 품질이 저하되는데, 맛보다는 미역의 색깔이 바뀌기 때문에 상품 가치가 떨어진다. 마을 사람들은 이를 '골 말랐다'라고 한다.

5월에서 10월까지는 미역이 휴면을 하는 시기이다. 이 기간동안은 특별한 일이나 행사는 없다.

자연산 돌미역을 채취하는 어촌은 매년 10월 말에서 11월초 무렵에 미역바위를 씻는다. 이를 '돌씻기 · 짬매기 · 미역바위닦기'라고 한다. 미역바위닦기는 바위에 붙은 잡초와 오물을 제거함으로써 미역포자가 잘 붙게 해 많은 미역을 생산하기 위한 것이다. 포항에서 갯바위딱기, 일명 미역짬 말매기는 갯바위에 붙은 잡패류를 뜯어내는 작업이다. 미역포자가 좋은 바위에 붙어 생식하는데 도움을 준다. 미역은 바위에 착상한 포자는 100여 일 뒤에 채취한다.

울진 고포마을에서는 12월에 "구지빗기"를 한다. 구지빗기는 짬을 추첨으로 나누는 어업관행이다. 짬은 한 개인의 소유가 아닌 어촌계원 공동이다. 몇 가구가 하나의 소집단을 이루어 한 해 동안 구지빗기를 통해 배당 받은 짬에서 미역을 공동 채취와 분배를 하게 된다. 현재 고포마을의 짬은 북쪽에서 짚아바우 · 향무암 · 큰풀 · 잔주 · 불바우 · 하바우까지 나누어진다. 이 가운데 미역이 많이 나는 하구암을 마을사람들은 배당 받으려고 내심 생각하나 그것은 오로지 운이 따라 추첨으로 정해진다. 짬의 분배는 한 해 생산량에 따라서도 조절된다. 한 해 생산이 많이 되었던 짬에는 가구를 조금 더 배정하고 생산량이 적었던 곳은 덜 배정한다. 짬을 배정하는 '구지빗기'를 하는 동안에 어촌계원들 상호간에 불만이 생기기도 하지만 특별히 문제가 되지 않는다. 문제를 일으킬 경우 다음 구지빗기에 불리할 수도 있기 때문에 모든 어촌계원들은 추첨을 통한 짬 배분을 수용한다.

한국인은 평생음식, 미역국을 먹는다. 8세기 초 당나라 서견徐堅의 『초학기初學記』에는 "고래가 새끼를 낳은 뒤 미역을 뜯어먹어 산후의 상처를 낫게 하는 것을 보고 고려[기록에는 신라도 고려로 표기한다]인들이 산모에게 미역을 먹인다[鯨魚産崽后, 食海帶, 以康复, 高麗人以此为鉴, 使产妇食海带]"라고 적혀있다. 조선에는 여러 문헌에도 고래와 산후 미역 먹는 풍속을 기록하고 있다. 성대중成大中(1732~1809)의 『청성잡기靑城雜記』, 이규경李圭景(1788~1856)의 『오주연문장전산고五洲衍文長箋散稿』속 「산부계곽변증설産婦鷄藿辨證說」, 정약전丁若銓(1758~1816)도 『자산어보茲山魚譜』 등에도 산후에 미역을 먹는 유래가 나와 있다. 허준許浚(1539~1615)의 『동의보감東醫寶鑑』에도 '열이 나면서 답답한 것을 없애고 기氣가 뭉친 것을 치료하며 소변을 잘 나가게 한다'라고 적고 있다.

이능화李能和(1869~1943)의 『조선여속고朝鮮女俗考』에는 '산모가 첫국밥을 먹기 전에 산모 방의 남서쪽을 깨끗이 치운 뒤 쌀밥과 미역국을 세 그릇씩 장만해 삼신三神상을 차려 바쳤는데 여기에 놓았던 밥과 국을 산모가 모두 먹었다'고 기록돼 있기도 하다.

이처럼 산전·산후産前·産後의 의례와 음식에서 미역은 빠질 수 없는 필수품이었다. 전통 가정신앙 중에 아기를 점지하고, 순조롭게 태어나서 잘 자라도록 두루 보살피는 '삼신'이 있다. 산모의 해산과 아이의 출산을 전후하여 이 삼신을 위해 삼신상을 차린다. 이 미역은 아이를 낳는 산달에 구입한다. 미리 사다 놓았다가 달을 넘기면 해산도 늦어진다고 생각한다. 이 미역은 아무리 길어도 접거나 꺾지 않고 그대로 사 와서, 아이들 손이 타지 않도록 잘 보관하여 함부로 먹지 못하도록 한다. 아이들이 미역을 떼어먹으면, 나중에 태어날 아이가 미역 먹은 아이를 물어뜯는다고 한다. 이 미역을 산각, 해산미역, 해복미역 등으로 불린다. '해산미역'은 넓고 긴 것을 고르며 값을 깎지 않고 사온다. 울진 지역에서는 예부터 돌미역이라도 햇볕과 산소를 충분히 공급받고 자란 수심 1m 이내의 미역을 '못미역'이라 하여 가장 좋은 해산미역으로 쳤다.

산모가 해산한 후에 바로 미역국을 먹이는데 이를 '첫국밥'이라 한다. 아이는 탯줄을 자르고 목욕을 시킨다. 흰 쌀밥과 미역국을 끓여 밥 세 그릇과 국 세 그릇을 상에 받쳐 삼신상을 준비한다. 이 삼신상은 산모 머리맡 구석진 자리에 놓고 삼신에게 감사하며 태어난 아이의 복과 산모의 건강 회복을 기원한다. 그 후에 산모에게 흰 쌀밥과 미역국으로 첫 국밥을 대접한다. 첫 국밥에 쓸 미역은 장수를 기원하는 뜻에서 꺾지 않아야 한다. 보통 산모들은 아이를 낳고 스무 하루 동안 삼칠일까지 미역국을 먹는다.

삼칠일 기간이 지나면 고기를 넣은 미역국을 끓여 먹을 수 있다. 삼칠일 음식은 집 안에서만 나누는 것이 원칙이다. 백일은 아이가 출생한 날로부터

100일째 되는 날로 갓난아이만을 중심으로 하는 첫 축하 행사이다. 백일에는 미역국과 함께 백 살까지 오래 살라고 백설기, 키 크라고 수수팥떡, 속이 넓으라고 송편 등의 여러 음식을 마련한다.

아이가 태어나는 날 삼신상, 첫 칠, 둘째칠, 삼칠, 오칠, 100일, 첫돌, 생일 등에는 꼭 미역국을 올리거나 먹는다. 그 이후 매년 생일에 태어난 생일날에도 꼭 미역국을 챙겨먹는다.

미역국은 원래 임산부가 아이를 출산한 후 젖의 분비를 돕기 위해 먹는 대표적인 음식이었고, 매년 생일에 미역국을 먹는 것은 우리나라의 오랜 식문화로 전 지역에 내려오는 풍습이다. 전통적으로 미역은 아이를 낳는 해산解産과 태어나는 출생出産(생일) 때 먹는 음식이다. 그래서 생일날 축하와 함께 "미역국 먹었냐?"하는 질문을 한다. 한국인들은 생일날 항상 미역국을 먹는다. 미역국은 해산과 출산에 관여하는 삼신에게 바치는 최상의 제물이며, 생일날의 상징적인 의례음식이다.

그러나 시험을 볼 때에는 절대로 미역국을 먹지 않는다. 시험에 떨어지거나, 직위에서 떨려 나가거나, 퇴짜를 맞으면 "미역국 먹었다"고 한다. 『큰사전』(1947)에서는 '미역국을 먹다'를 지금의 사전과는 달리 '무슨 단체가 해산이 되거나 또는 어디에서 떨려남을 이르는 변말'로 기술하고 있다. 구한말舊韓末에 일제日帝가 조선 군대를 강제로 해산시켰다. 이 사건은 대단히 놀랍고 두려운 일이었기에 '해산解散'이라는 말을 직접 쓰지 못했다. 이 '해산解散'과 동음이의어同音異議語인 아이를 낳은 '해산解産'과 연결되고, 아이의 해산 때 먹는 미역국과 연관시켰다. '미역국을 먹다'로써 군대 해산의 의미를 대신했다. '미역국을 먹다'가 '해산당하다'는 뜻의 은어隱語였다. 요사이는 '시험에서 떨어지다'는 의미로 '미역국 먹었다'고 한다. 미역 표면이 점액질로 미끌미끌하다. 미역국을 먹으면 미역에 미끄러져 넘어지거나 자리에 밀려난다는 뜻이 된다.

3. 미역인문학의 미래

　미역의 미끈한 점전물인 알긴산 성분은 체내 쌓인 중금속 및 발암물질을 흡착해 몸 밖으로 배출한다. 해조류 활성 성분인 후코이단은 체내 면역기능을 향상하고 암 예방에 효과적이다. 철분과 엽산, 요오드, 칼슘, 마그네슘 등이 풍부하며 알긴산 성분이 혈중 콜레스테롤 수치를 낮추고 체내 쌓인 노폐물을 배출해 혈액순환을 개선한다. 미역의 철분은 조혈작용을 해 혈액을 생성하고 빈혈을 예방한다. 산모의 늘어난 자궁 수축과 지혈효과가 있는 것으로 알려졌다. 미역국은 허전한 배에 만복감을 느끼게 하며, 산후에 늘어난 자궁과 지혈과 청혈제로서의 역할을 한다. 또한 미역국은 산후에 오기 쉬운 변비와 비만을 예방하고 신진대사를 활발하게 하며, 수유를 많게 하는 효과가 있다.

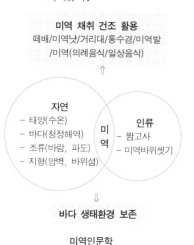

미역 채취 건조 활용
떼배/미역낫/거리대/통수경/미역발
/미역(의례음식/일상음식)

↑

자연
− 태양(수온)
− 바다(청정해역)
− 조류(바람, 파도)
− 지형(암벽, 바위섬)

미역

인류
− 짬고사
− 미역바위씻기

⇓

바다 생태환경 보존

미역인문학

　미역을 이용한 일상음식도 참으로 많다. 미역쌈밥, 들깨미역죽, 미역국, 오이미역냉국, 미역달걀국, 오징어미역냉채, 미역줄기볶음, 미역자반, 미역튀각, 미역지짐, 미역김치 등 밥으로 국으로 밑반찬으로 한국인들은 미역을 의례음식 뿐만 아니라 일상음식으로 평생 먹는다.

　그런데 이 미역의 미래는 어떨까? 동해바다는 수심이 얕고, 청정하여 햇볕이 깊숙이 비친다. 동해의 조류가 빠르다. 해변가 바위와 바위섬이 많다. 미역은 동해바다가 햇빛[수온]과 조류, 바람[파도], 바위지형을 이용하여 자생한다. 해양생태환경이 자연적으로 미역을 키운다. 여기에 마을사람들은 미역바위닦기라는 약간의 수고만을 더했을 뿐이다. 다 차린 밥상에 숟가락만 얹은 격이다. 경북동해권 청정한 자연환경 속에서 자생한 그 미역의 미래는 그리 밝지만 않다. 청정한 바다는 오염되고, 기후변화로 수온이 변화되고, 해안의 자연생태는 개발로 사라지고 있다. 미역의 생태환경을 보존하고 지키며 미역인문학의 미래를 구할 존재는 이제 인류 사람뿐이다.

11
•

견훤설화의
색色 · 동물動物 화소話素 연구

1. 역사적 인물 견훤과 역사의식을 반영한 견훤설화

본 주제와 좀다른 이야기로 논의를 시작해 본다. 2012년 천연기념물로 지정된 '동경이'의 역사적 복원과 생물학적 복원 과정이 동물민속을 공부하는 발표자에게는 진정한 학제간 통섭의 한 사례로 굉장히 흥미로웠다. 고고자료, 문헌자료, 민속자료(생물학적 존재 포함)가 일치할 때 그 역사 복원은 완전해진다. 신라토우에 여러 동물 중에서 가장 많은 개체로 등장하는 존재는 꼬리가 없거나 짧은 개다. 동경이는 고고자료인 신라토우 통해 확인된다. 신라토우와 함께 문헌에도 꼬리 짧은 개 동경이의 기록이 많다. 『동경잡기東京雜記』, 『증보문헌비고增補文獻備考』 등에 "경주지역에서 사육되고 있는 꼬리 짧은 개를 동경구 東京狗라 불렀다." 『오주연문장전산고五洲衍文長箋散稿』 "동경이가 노루와 사슴꼬리를 닮아 장자구獐子狗 또는 녹미구鹿尾狗라 불렀다."라고 싣고 있다. 그 외 『삼국사기三國史記』· 『성호사설星湖僿說』· 『대동야승大東野乘』· 『고금석림古今釋林』· 『낙하생집洛下生集』· 『신라회고新羅懷古』· 『해동지海東志』· 『경주읍지慶州邑誌』등도 기록되어 있다. 여기에 더해 유전공학 등의 도움으로 실존하는 생물학적 존재인 동경이가 등장하면서 동경이의 역사복원은 완료된다.[1] 천연기념물이 되려면 지역성과 역사적 의의, 혈통 고정 개체 수 확보, 학술적 증명 등 10여 가지 요건을 충족해야 한다. 이 관문을 넘어서 동경이는 2012년에 천연기념물 540호로 지정되었다. 이전까지 국내에서는 잘 알려진 진돗개와 풍산개, 삽살개와 함께 동경이는 토종견으로 공인되었다. 동경이는 고고자료, 문헌자료, 생물학적 존재로 확인된 완벽한 역사 복원의 사례이다.

이왕 이야기가 나온 김에 민속학[인문학]과 생물학[자연과학]의 통섭에 대한 또다른 사례로 '구렁이 업' 이야기해 보겠다. 민속 가신신앙 중 집안의 재물을 관장하는 신격인 업신이 있다. 곳간, 뒤주, 창고 등 곡물을 쌓은 곡간에 업신이 깃드는데, 구렁이가 대표적인 업신이다. 구렁이가 눈에 띄면 집안이 망할 징조로 여기고 정한수를 떠 놓고 속히 사람 눈에 띄지 말라고 빌며, 구렁이 업이 집안을 나가면 좋지 않은 일이 생긴다고 걱정을 한다. 사람의 입장에서 쥐는 곡간 근처에 살면서 곡식을 훔쳐 먹어서 골치 덩어리로 퇴치의 대상이다. 그런데 어느 날 구렁이 업이 들어오고 나서는 쥐들이 자취를 감췄다. 그래서 구렁이가 곡식을 지켜주는 재물 지킴이로 업신으로 받들게 된 것이다. 구렁이 입장에서는 자신의 먹거리를 찾아 곡간으로 온 것이다. 구렁이는 농사의 해를 주거나 귀한 곡물을 먹어 치우는 설치류(쥐 등)를 보통 1년에 100마리 이상을 잡아 먹는 포식자로 생태계 균형을 유지하는 이로운 동물이다. 구렁이 업이 집을 나간다는 것은 그 집에 먹거리인 쥐가 없다는 것이고, 쥐가 없다는 것은 집안에 곡간이 비어서 가난해진 것이다. 사람과 쥐는 먹거리의 대상이 같기 때문에 퇴치의 대상이지만 구렁이는 먹거리의 대상이 다르기 때문에 서로 이로운 존재이다. 그래서 구렁이는 집안 재물을 지키는 업신으로 받들

1   졸고, 「신라토우의 민속학적 연구」, 『신라토우』, 국립경주박물관, 1997.

어지는 존재가 된 것이다. 민속학과 생물학에서 구렁이에 대한 설명은 어느 한 분과학문이 잘못되거나 틀린 것이 아니다. 통섭은 한 분과학문 안에서만 연구했을 때보다 연구방법, 내용, 해석과 의미 등을 더 확장하게 하고 다양하게 한다. 분과 학문 간의 통섭이 필요한 이유이기도 하다. 인문학과 자연과학이 이럴진대, 인문학 내에서의 연구자료, 연구대상, 연구방법 등 갈래 나눔은 이제 무의미해졌다.

그동안 역사연구는 문헌자료와 유적이나 유물을 교차 검증하는 과정을 통해 역사적 사실의 신빙성을 높이는 작업에만 치중하는 경향이 있었다. 구비전승에 의한 구술사료는 이야기가 가지고 있는 문학적 상상력이나 융통성 등으로 인해 사료로서의 역할을 인정받지 못하고 있었다.[2] 구전으로 전승되는 설화보다 객관성을 인정받는 문헌과 유물, 유적 등에 남겨진 것만을 역사로 보는 견해가 많았다. 구전설화 전승력의 토대는 바로 살아 있는 역사에 있다. 과거에 있었던 역사적 사실이 사람들의 입에서 입으로 전해지고 당시의 일을 재조명하며, 한편에서는 상상력이 더해져 흥미진진한 이야기로 전해지는 것이 바로 설화이다. 설화는 단순히 꾸며낸 이야기가 아니라 역사적 사실을 검증하는 구술사료로서의 가치를 갖는다.

파란만장한 불세출의 영웅 견훤은 한 나라를 건국한 업적을 남긴 인물로 적지 않은 기록이 문헌에 남아 있다. 『삼국사기』권 제11 신라본기11 진성왕 6년부터 견훤이 등장하기 시작하며, 권 제50 열전 10 마지막 부분에는 견훤의 출생에서부터 사망에 이르기까지를 상세히 다루고 있다. 『삼국유사三國遺事』후백제 견훤조에는 삼국사기의 내용을 인용하고 있어 그 내용이 유사하다. 『제왕운기』의 기록도 유사하다. 『고려사』권 제1 세가 제1 태조부분에서 왕건과 견훤과 관련된 여러 가지 내용이 등장한다. 고려시대와 조선시대

---

2   임재해, 「전설과 역사」, 『한국문학연구입문』, 지식산업사, 1982, 124쪽.

에 만들어진 이들 역사서에는 견훤의 출생에서부터 죽음에 이르기까지 생애가 비교적 자세히 나타나 있다. 뿐만 아니라 신라와 고려 등 견훤과 대적했던 나라의 역사 속에서도 그 모습을 드러내고 있다.

문헌과 유물, 유적에 못지않게 견훤설화들이 많이 전승되고 있다. 대표적으로 나타나는 야래자형 설화와 호래유지 설화는 특정 지역을 가리지 않는 전국적인 분포를 보인다. 뿐만 아니라 견훤의 출생지, 견훤의 도읍지 등 견훤과 관련된 지역에서는 그 지역과 관련된 다양한 설화들이 전승되고 있다. 이러한 설화들은 문헌기록에 남아 있는 내용과 부합하기도 하고, 설화를 전승하는 지역의 자연환경과 주민들의 상상력이 더해져 변형되거나 새롭게 창작되어 마을 문화를 형성하기도 한다. 쓰여진 역사에서 미처 다루지 못한 이야기들을 들려주고 있는 것이다. 현장에서 전승되는 설화들은 역사를 전승해주는 역할을 하면서 역사를 더욱 풍부하게 하는 역할도 함께 한다. 역사적 인물 견훤의 삶은 문헌기록과 유물과 유적, 구전설화 등을 통해 재구성되는 것이다.

표 1_ 역사적 사실과 견훤설화의 상보관계

견훤 일생사	관련 지역	문헌 기록	유적 유물	구비 전승	중요 문헌• 유물 유적•구비전승
태어나서 성장하다	상주	●	●	◉	– 상주 문경 : 금하굴, 견훤산성, 견훤사당(동제), 숭위전
군인으로서 복무하다 (서남해 방수처)	경주 서남해 (순천, 여수 등)	●	●	◉	– 광양 : 마로산성, 옥룡사지 – 순천 : 해룡산성, 봉화산성, 금둔사 삼층석탑, 순천김씨시 조묘(김총), 순천박씨시조묘(박영규), 3성황신(순천 해룡 산사 박영규, 여수 진례산 성황사 김총, 순천 박난봉) – 장흥 : 용화사 석조여래좌상
거병하여 왕으로 칭하다 892년	광주 (무진주)	●	●	◉	– 광주 무진고성 – '광주 북촌'의 지렁이 설화 – 생용동 전설
전주로 천도하다 900년	전주	●	●	◉	– 전주 : 동고산성, 후백제견훤대왕숭모대제 – 완주봉림사지(삼존불상 석등 5층석탑), 익산미륵사지, 남 원 실상사

제3부 인간 · 동물민속 연구

					– 장수 침령산성, 합미산성 – 진안 도통리초기 청자가마유적 – 정읍 고사부리성
후삼국 통일 전쟁하다	경주 합천 대야성 나주 공산 고창	●	●	◉	– 나주 금성산성, 자미산성 – 공산 : 반야월, 안심, 파군치, 살내, 해안 등 지명유래 – 고창 안동 삼태사, 차전놀이 – 지렁이, 소금, 패배(전국적인 전승)
말년의 아픔 후백제멸망 죽음	금산사 논산	●	●	◉	– 금산사 유폐 – 황산의 절(개태사로 추정), 전 견훤왕릉 – 논산영산대제

표 2_ 역사적 사실과 민속현장

구전설화는 쓰여진 역사에서 미처 다루지 못한 이야기들을 들려주고 있는 것이다. 현장에서 전승되는 설화들은 역사를 전승해 주는 역할을 하면서 역사를 더욱 풍부하게 하는 역할도 함께 하고 있다. 역사를 검증하는 일에는 기록으로 남겨진 문헌 뿐만 아니라 유물, 유적과 사람들이 말로 전하는 구술사료를 통해 검증하는 작업이 필요하다. 하나의 사료에 맹목적으로 따르기 보다는 다양한 시각에서 서로가 서로를 검증했을 때 사실에 가까운 결과를 도출할 수 있기 때문이다. 견훤설화는 구비전승되는 민속자료의 영역이다. 구비전승 자료로서 견훤 설화는 견훤과 후백제의 역사를 훨씬 더 풍부하고 다양한 역사 해석과 복원을 가능하게 하는 중요한 분야이다. 구비전승되는 견훤설화는 견훤과 후백제의 문헌, 유적유물 자료 등과는 서로 상보적 관계이다.

견훤과 후백제의 역사적 사실을 기반으로 하여 설화, 신앙 등의 민간전승으로 내려오다가 현대에 이르러 새로운 민속현장이 생겨나고 있다. 사후 추모의 역사 현장은 견훤 후백제와 많은 관련이 있는 상주, 문경, 전주, 논산 등이다. 상주 견훤사당 동제, 문경 숭위전, 전주의 후백제견훤대왕숭모대제,

논산의 논산영산대제 등이 그 사례이다.[3]

2. 견훤설화 색 · 동물 화소의 의미와 상징

지금까지 견훤설화가 전승되는 지역을 중심으로 역사적 사실에 접근하는 연구[4]와 견훤설화를 대표하는 야래자형 설화와 호래유지 설화, 간수네 설화 등을 중심으로 견훤설화의 성격과 구조, 변이 등 이야기 각편에 중점을 둔 연구[5] 등이 있었다. 문헌자료, 유물자료 외에 구전자료, 신앙자료를 구술사와 생활사로 인식하고 견훤전설 및 산성전설을 주목하여 문헌기록과 유적 중심의 역사해석의 한계를 극복하고, 생활사를 생활의 역사가 아니라 역사의 생활화로 재규정하여 구술사의 의의와 생활사의 의의를 함께 밝힌 최근 연구도 주목된다.[6]

지금까지의 연구와 달리 이 글에서는 견훤설화에 나타나는 색깔과 동물

---

[3]   역사문화권 정비 등에 관한 특별법 일부개정 법률안 국회 문화체육관광위원회 2022년 검토 보고서에 후백제역사문화권 유산 현황을 보면 전국적으로 123개소이며 국가지정 20개소, 시도지정 22개소, 비지정 81개소 등이다. 이들 유물 현황은 대부분 유적지와 유물 중심이고 일부 무형유산이 포함되어 있다. <표 1>의 내용은 국립전주박물관이 2020년 개최한『견훤, 새로운 시대를 열다』 도록과 전북일보가 2023년 4월 11일 이후 시리즈로 다루고 있는 [후백제 역사, 다시 일으키다] 기사 내용 등을 참고하여 정리했다.

[4]   최래옥(「현지조사를 통한 백제설화의 연구」, 『한국학논집』 2, 한양대학교 한국학연구소, 1982, 136~139쪽), 변동명(「견훤의 출시지 재론」, 『진단학보』 90, 진단학회, 2000), 임재해(「불세출의 영웅 견훤의 후백제 건국과 신화적 흡입력」, 『민족신화와 건국영웅들』, 민속원, 2006) 등의 연구가 대표적이다.

[5]   박현국(「견훤설화고」, 『한국민속문화 총서』, 중앙대학교 한국민속학연구소, 1997), 라인정(「견훤설화의 구비전승상의 변이와 특성」, 『한국언어문학』, 한국언어문학회, 2000), 황인덕(「연무읍 지역의 견훤전설 연구」, 『한국언어문학』, 한국언어문학회, 2001), 신해진(「고전문학과 지역성」, 『어문논총』 41, 한국문학언어학회, 2004), 정상진(「견훤설화 재고」, 『도남학보』, 도남학회, 1996) 등이다.

[6]   황진현, 『역사적 사실의 민속문화형성과 민속의 사료기능-상주시 청계마을의 견훤설화와 신앙을 중심으로』, 안동대학교 석사학위논문, 2009.

등의 화소를 중심으로 분석하고자 한다. 자주색 인물, 동물화소인 지렁이, 용, 호랑이, 새 등을 중심으로 견훤설화의 성격과 의의를 밝히고자 한다.

1) 견훤설화의 색色 화소話素 : 일자의남 －紫衣男

사람들은 어떤 특정한 색을 보았을 때 제각기 그 색과 관련하여 여러 가지 이미지를 연상하게 된다. 연상이란 그 색을 보았을 때 기본적으로 떠올리게 되는 색채가 가지고 있는 감성적 특징이다. 색채를 대할 때 불러일으키는 연상은 개인적인 요소에 의해서 많이 좌우되나 이러한 개개인들의 연상이 점차 사회적으로 정착함에 따라 일종의 상징적 의미를 갖게 된다. 색의 상징이란 사물의 전달하는 매개적 작용을 하는 것으로 하나의 기호이고 상징이다. 색의 상징성에는 언어로는 표현하기 어려운 공간 감각이나, 사회적 종교적 규범과 같은 추상적인 개념을 색으로 투영시키는 특성이 있다. 언어에 의한 커뮤니케이션이 발달되지 않았던 시대에는 색의 상징이 언어를 대신하는 역할을 했다. 색은 상징의 기능과 기호 구실을 한다.

표 3_ 오방색의 의미체계

색채	방위	계절	오행	동물	오방신五方神	오정五情	오상五常	오미五味	신명神名
청색	동쪽	봄	수水	청룡	청제장군	기쁨	인仁	신맛	아명(阿明)
백색	서쪽	가을	금金	백호	백제장군	분노	의義	매운맛	거승(巨乘)
빨강색	남쪽	여름	화火	주작	적제장군	즐거움	예禮	쓴맛	축융(祝融)
검정색	북쪽	겨울	목木	현무	흑제장군	슬픔	지智	짠맛	우강(愚康)
황색	중앙		토土		황제장군	욕심	신信	단맛	

우리 민족을 백의민족白衣民族이라고 하지만 실상을 그렇지 않다. 고구려 고분 벽화에서 나타난 홍색 · 청색 · 황색 · 녹색 등 각 색상의 옷을 입은 생활

풍속도, 백제에서 16품위의 관위를 색
대로 표시한 제도, 신라에서도 품계에
따라 자색·비색·청색·황색의 옷을
입게 했던 제도로 보아 염색 기술의 발달
과 색문화色文化의 다양함을 입증하고
도 남는다.

표 4_ 오방 정색과 간색

  우리 민족의 색채관념은 음향오행의
우주관과 방위관념에서 나왔다. 오방색
五方正色은 좌청룡의 청색·우백호인 백
색·남주작인 붉은색·북현무인 검은
색·중간의 황색이다. 이 오방 정색을
기본으로 사이 색인 홍紅·벽碧·녹綠·주황朱黃·자색紫色을 기본으로 발
달하였다. 이 오방색의 의미와 상징성을 토대로 전통적 색감色感이 형성되었
다. 오방정색이라고도 하며, 황黃, 청靑, 백白, 적赤, 흑黑의 5가지 색을 말한
다. 오간색五間色 또는 오방잡색五方雜色은 청과 황의 간색에는 녹綠, 청과 백
의 간색에는 벽碧, 적과 백의 간색에는 홍紅, 흑과 적의 간색에는 자紫, 흑과
황의 간색에는 유황硫黃색이다.

  견훤설화에는 "자주색 옷을 입은" 자주색이 등장한다. 자주색은 오방정색
의 흑과 적의 간색인 자색이다. 야래자 설화는 '정체불명의 야래자가 밤에 여
성(처녀)의 방에 들어가 관계하여 임신을 시키고 가족(부모 혹은 그녀 자신)들의
추궁과 교시를 통해 그녀가 야래자의 정체를 확인하며, 그녀가 낳은 2세가
훗날 뛰어난 인물이 된다'는 것이다. 이러한 내용을 가진 이야기는 전 세계적
으로 분포되어 있다. 후백제 시조인 견훤의 건국시조 탄생담, 성씨시조 신화,
도선국사, 최치원(최충), 김통정 등의 역사 인물 탄생담에도 이야기 구조가 같
다. 야래자 설화는 건국시조 성씨시조 탄생담은 신화적 성격을, 역사인물담
지명유래담과 같은 전설적 성격뿐만 아니라 민담적 성격까지 보여 준다. 이

설화는 오랜 기간 동안 전승되어 오면서 전승자들의 시대와 지역, 계층에 따라 신화, 전설. 민담 등의 다양한 모습을 보여주고 있다.[7] 야래자 설화는『삼국유사』권제2 기이奇異 제2 후백제後百濟 견훤甄萱에 실린 〈견훤탄생담〉이 가장 오래된 문헌 자료이다.

> ≪고기古記≫에는 이렇게 말했다. "옛날에 부자 한 사람이 광주光州 북촌北村에 살았다. 딸 하나가 있었는데 자태와 용모가 단정했다. 딸이 아버지께 말하기를, '매번 자줏빛 옷을 입은 남자가 침실에 와서 관계하고 갑니다'라고 하자, 아버지가 말하기를, '너는 긴 실을 바늘에 꿰어 그 남자의 옷에 꽂아 두어라' 라고 하니 그대로 따랐다. 날이 밝자 실을 찾아 북쪽 담 밑에 이르니 바늘이 큰 지렁이의 허리에 꽂혀 있었다. 이로 말미암아 아기를 배어 한 사내아이를 낳았는데 나이 15세가 되자 스스로 견훤이라 일컬었다."
>
> 又古記云. "昔一富人居光州北村. 有一女子姿容端正. 謂父曰, '每有一紫衣男到寢交媾.' 父謂曰, '汝以長絲貫針刺其衣.' 從之. 至明尋絲扲北墻下, 針刺扲大蚯蚓之腰. 後因姙生一男, 年十五自稱甄萱"(三國遺事 卷第二 紀異第二 後百濟 甄萱)

필자는 야래자의 정체에 관한 견훤탄생담에서 두 가지 화소 '자줏빛 옷을 입은 남자一紫衣男'와 '큰 지렁이大蚯蚓'의 의미와 상징을 살펴보겠다. 자줏빛 옷을 입은 남자와 큰지렁이는 동일한 존재이다. 왜 하필이면 자주색과 지렁이일까?

우리나라 건국신화에 등장하는 색은 흰색과 자주색 등이다. 한민족은 흰색을 숭상하는 민족이다. 흰색은 민족의 색이자 태양의 색이요, 하늘의 색이

---

7   이지영, 「야래자설화」, 『한국민속대백과사전(한국민속문학사전)』, 국립민속박물관; https://folkency.nfm.go.kr/main

다. 그래서 흰색은 상서로운 서조瑞兆[상서로운 조짐]로 여겼다. 해모스는 오룡 거를, 휘하들은 흰 고니를 타고 하늘에서 내려오고, 유화부인을 따라 다니며 고주몽을 잉태시킨 햇빛, 혁거세의 탄생을 알린 말 등은 모두 흰색이거나 흰 색의 상징이다. 신화에서 하늘과 태양과 관계 있는 흰 기운, 흰 동물이 등장하 는 것은 하늘의 뜻을 받드는 왕이라는 우리 민족의 원초적 신화가 숨어 있다. 흰색은 신화적으로 새로움과 상서로움의 예조豫兆이다. 흰 동물을 신성시하 고, 서수瑞獸 또는 서조瑞鳥로 여기는 풍속은 많다. 흰색 동물은 행운을 가져 다 주는 상서로운 동물로 인식하고, 예로부터 백호, 백사, 백마, 백록 등 흰색 동물의 출현은 좋은 일의 징조로 여겼다. 건국신화에 흰색의 등장은 당연한 일이다.

한국의 건국신화에서 자주색은 가야 김수로왕 신화의 보랏빛 노끈 자승紫 繩, 신라 김알지 신화의 자줏빛 구름 자운紫雲, 신라 박혁거세 신화의 자주빛 알 일자란一紫卵, 후백제 견훤신화의 자줏빛 옷을 입은 남자 일자의남一紫衣 男 등의 자료가 있다.

- 보랏빛 노끈紫繩이 하늘로부터 드리워 땅에 닿아 있었고 노끈 끝을 찾아보니 붉은 보자기로 싼 금합이 있었다(김수로왕 신화).
- 자줏빛 구름紫雲이 하늘로부터 뻗쳐 있고 나뭇가지에는 황금궤가 걸려 있었 다(김알지 신화).
- 번개 빛처럼 이상한 기운이 하늘에서 땅으로 비치고 있었다. 또 흰 말 한 마리 가 꿇어 앉아 절하는 형상을 하고 있었다. 그곳을 찾아가 보니 자줏빛 알 한 개一紫卵,가 있었다(박혁거세 신화).
- 매번 자줏빛 옷을 입은 남자一紫衣男가 침실에 와서 관계하고 갑니다(견훤신화).

흰색이 태양의 색이고 하늘의 색이라면 자주색은 하늘과 땅을 이어주는 색이다. 김수로왕, 김알지 박혁거세 신화에서 자줏빛은 하늘과 땅을 연결해

제3부 인간 · 동물민속 연구

주는 연결통로인 동시 새로운 건국왕의 탄생을 알리는 시그널이다.

그런데 견훤신화에서 자줏빛 옷을 입은 남자는 지렁이의 변신이다. 완전한 사람도 완전한 동물도 아닌 반인반수의 존재이다. 왜 자줏빛 옷을 입었을까? 예로부터 왕족들은 자신의 최고권위를 상징하는 색으로 황금색이나 자주색의 옷을 입었다. 고대 서양에선 천연 자주색 염료 자체가 엄청나게 비싼 관계로 고대 이집트부터 최고 권력자를 상징하는 색이었다.

표 5_ 건국신화에 나타난 동물화소와 색채화소

건국신화		동물화소	색채화소	역사문화사적 의의
고조선 단군신화		곰 호랑이	흰색 (백두산 신시)	- 천신계 아버지와 지신계 어머니 - 죽어서 산신이 되다. - 동굴 쑥과 마늘 100일 21일
가야 김수로왕 신화		거북	보랏빛 노끈 붉은보자기, 금합, 황금알	- 수로의 신성성과 왕위의 당위성을 제공. - 현재 구비전승 중에는 김수로왕의 후손이냐 아니냐를 가리는 징표에 관한 <김수로왕설화>는 후손들이 그들의 시조인 김수로와 동일시하고자 하는 집단 의식이 작용
북부여 동명왕신화				- 동명왕신화>는 고구려 건국신화인 <주몽신화>와 구조 면에서는 유사 - 부여가 고구려보다 앞선 나라이듯 염연히 앞서 나온 신화
동부여 해부루 신화		용 개구리 말	금와 (황금빛)	- 북부여를 이은 동부여는 국력이 미미했고 해부루-금와-대소 3대 만에 고구려에 패망 - 국가가 채 정착되기도 전에 소멸 - 미력한 국력은 미흡한 건국신화를 낳고, 국가의 패망은 건국신화의 소멸을 가져옴 - 건국신화의 구성과 전승이 국가성패에 달려 있음을 증명
고구려 주몽신화		용 비둘기 우마 준마	금비녀 까마귀 관 용왕검 햇빛	- 건국신화들의 재구성 : 부여계 동명왕신화, 해부루 등 해씨계신화, 하백의 수신계신화, 송양 등의 고조선신화등이 종합 - 수신계 집단(하백, 유화) - 하늘 중심의 북방계 유목민에서 농업생산의 정착민이 되는 과정을 상징적으로 보여주는 신화
신라	김알지 신화	닭 말 새와 짐승	자줏빛구름 황금궤 흰닭, 흰말	- 천강, 신수, 금궤 등 신화소 - 왕종 시조신화/성씨시조신화
	박혁거세 신화	말 새 짐승 계룡(닭) 뱀	번개 빛, 흰말 붉은알 (자주빛 난생)	- 혁거세 알영부인 - '하강한 운반체를 통한 난생과 부부 신성혼'을 내용의 특징으로 한다는 점에서 '부모의 신성혼에 의한 시조의 탄생' 북방 지역 건국신화와 다른 면을 보여줌.

석탈해 신화	까치 용	붉은 용	– 신라의 건국신화가 아니라 석씨왕가의 시조신화
백제 온조비류 신화			– 건국신화와 같이 신이성과 환상성을 가진 신화적 서사구조라기 보다는 역사적 기록의 성격 – 온조와 비류가 신화의 주인공이기보다 건국주로서 역할
후백제 견훤신화	지렁이 호랑이 용 새	보랏빛 옷을 입은 야래자	– 건국신화나 왕권신화 속 주비정상적인 탄생 과정을 부각시켜서 비범성을 나타내고, 이를 통해 왕권의 정통성과 절대성을 확립 – <견훤설화>에서도 동일하게 나타나는데, 견훤이 후백제의 건국주라는 점에서 우리나라 건국신화의 특성을 공유함 – 견훤은 옛 백제 땅에 후백제를 건국하면서 자신의 탄생담에도 역시 야래자설화를 삽입함으로써 자신의 비범성과 건국의 정당성을 확보하고자 한 것으로 이해 – 짧은 역사와 국가의 패망 등으로 신화, 전설, 민담의 복합적인 설화 성격 공존
고려 왕건신화	호랑이 용		– 고려 건국신화는 왕건이 탄생하기까지의 기나긴 과정에 발현된 신이한 사적과 선대의 노고를 기술 – 천지신명의 권위와 혈통만으로도 건국의 신성함을 드높일 수 있었던 고대와 달리 중세에는 상대적으로 합리성에 대한 요구가 높아지고 권위에 대한 기대가 달라짐 – <왕건신화>는 고려의 창건자인 왕건을 비신화적으로 기술하고 선대에 대해서는 신화적으로 기술하는 새로운 전략을 선택 – 풍수지리설이라는 중세의 과학을 통해 새로운 방법으로 왕권을 신성화
조선 이성계 신화	용 호랑이	청용 적용 황용 흑용 백용	– 이성계의 조선 창업 정당성을 이성계 조상의 공덕, 금척과 같은 하늘이 내려 준 천명, 왜적 아지발도를 퇴치하는 영웅성, 민중의 수호신인 호랑이의 도움 등의 이야기 – 이성계의 조상인 목조 이안사가 백룡으로 상징되는 친이 여진 세력을 규합하여 악룡으로 상징되는 반이 여진 세력의 저항을 진압하고, 한반도 동북방 지역에서 조선 창업의 기반을 구축하여 나간 과정이 이성계 대 악룡의 대결담으로 형상화 – 청룡과 적룡의 대결, 이성계가 적룡을 퇴치하고 조선의 왕이 되었다는 이야기 – 친이적(親李的)인 선룡과 반이적(反李的)인 악룡의 색채 이미지 대비 구조가 백과 흑, 청과 적 혹은 황과 흑으로 바뀌는 차이

우리나라 삼국 시대에는 관등官等의 고하에 따라 옷의 색깔이 구별되었다. 백제의 경우 1관등인 좌평佐平에서 6관등인 내솔奈率까지는 자색紫色, 7관등인 장덕將德에서 11관등인 대덕大德까지는 비색緋色, 12관등인 문독文督에서 16관등인 극우剋虞까지는 청색靑色의 관복을 입었다. 신라의 경우는 제 1관등인 이벌찬伊伐湌에서 5관등인 대아찬大阿湌까지는 자색, 6관등인 아찬阿湌

에서 9관등인 급벌찬級伐湌까지는 비색, 10관등인 대나마大奈麻와 11관등인 나마奈麻는 청색, 12관등인 대사大舍에서 17관등인 조위造位까지는 황색의 관복을 입었다. 고려 때의 관복은 초기 자주색, 붉은색, 비색, 녹색의 4단계로 구분하여 차등 배급하였으며 직급 구분을 명확히 했다. 조선시대 왕족은 금색을 사용했으며, 1품에서 정3품은 홍색을 종3품에서 6품은 파랑을, 7품에서 9품은 초록색을 사용했다.

색은 신분과 계급의 상징이다. 삼국, 후삼국 시대에 자색이 가지는 상징적 의미는 최고 계급, 최고 계층의 사람인 것이다. 견훤설화에 보이는 자줏색의 옷을 입은 존재는 신적 존재보다는 최고 계층의 신성한 인물로 보아야 한다. 건국신화나 왕권신화는 주인공의 비정상적인 탄생 과정을 부각시켜서 비범성을 나타내고, 이를 통해 왕권의 정통성과 절대성을 확립한다.[8] 견훤설화에서도 동일하게 나타나는데, 견훤이 후백제의 건국주라는 점에서 우리나라 건국신화의 특성을 공유하고 있다. 천지신명의 권위와 혈통만으로도 건국의 신성함을 드높일 수 있었던 고대와 달리 중

표 6_ 신라의 관복색

관등		골품				옷색깔
등급	관등명	진골	6두품	5두품	4두품	
1	이벌찬	■				자색
2	이찬(이척찬)	■				
3	잡찬	■				
4	파진찬	■				
5	대아찬	■				
6	아찬					비색
7	일길찬(길찬)					
8	사찬					
9	급벌찬					
10	대나마		■	■	■	청색
11	나마(내마)					
12	대사					황색
13	사지(소사)					
14	길사					
15	대오					
16	소오					
17	조위					

8 <표 2>의 내용은 국립민속박물관이 발간한 『한국민속대백과사전(한국민속문학사전), https:// folkency.nfm.go.kr/main』에서 건국신화(조현설), 고조선 단군신화(서대석), 가야 김수로왕신화 (김화경), 북부여 동명왕신화(이복규), 동부여 해부루신화(조현설), 고구려 주몽신화(조현설), 신라 김알지신화(천혜숙), 신라 박혁거세신화(이지영), 신라 석탈해신화(이지영), 백제 온조비류신화(강현모), 고려 왕건신화(조현설) 등 표제어 자료를 이용하여 정리하였다. ( )은 집필자이다.

세에는 상대적으로 합리성에 대한 요구가 높아지고 권위에 대한 기대가 달라졌다. 비슷한 시기의 〈왕건신화〉는 고려의 창건자인 왕건을 비신화적으로 기술하고 선대에 대해서는 신화적으로 기술하는 새로운 전략을 선택했다. 견훤설화도 옛 백제 땅에 후백제를 건국하면서 견훤의 탄생담에 야래자설화를 삽입하여 자신의 비범성과 신성성, 건국의 정당성을 확보하고자 한 것으로 이해된다.

2) 견훤설화의 동물 화소

선사 시대부터 사람들은 그 당시의 여러 가지 생활문화나 종교, 관념 등을 표현하기 위해 어떠한 의미를 띠고 있는 동물상징動物象徵을 많이 사용했다. 바위그림이나 동굴 벽화를 비롯하여 토우와 토기, 고분 벽화 등에서 수많은 동물들이 각기 다양한 모습으로 등장한다. 이들 동물상징은 그 당시 사람들의 의식[의미와 관념]세계를 반영하고 있으며, 생활상의 일부분을 표현하고 있다.

우리는 같은 동물이라도 보는 시간과 장소에 따라 그 동물을 바라보는 길흉의 관점이 완전히 다르다. 예컨대 거미는 보는 시간에 따라 복과 근심으로 이해된다. "아침 거미는 복 거미이고, 저녁 거미는 근심거미이다." 아침에 거미를 보면 복이라고 해서 살려 보내지만, 저녁에는 거미를 보는 족족 죽인다. "목가지가 길어서 슬픈 짐승이여"라고 칭송되는 사슴(노루)도 장사하는 사람들에게는 재수 없는 동물이라고 해서 꿈에서도 꺼린다. 이처럼 동물은 같은 문화권 내에서도 보는 역사적 상대성, 장소와 시간, 보는 이의 관점 등에 따라 다양하다. 우리 조상들은 동물의 외형이나 행태行態 등에서 상징성, 암시성을 부여하였다. 이들 고대 유물과 유적에서 나타나는 많은 동물의 모습은 현재적 사고만으로는 그 온전한 의미를 파악할 수 없는 것들이 대부분이다. 한국문화에 등장하는 동물들의 상징을 올바르게 이해하기 위해서는 그 당시의 문화적, 사상적 배경을 이해하고 그 맥락에서 연구되어야 할 것이다.

보통 동물과 관련된 문화 현상을 접근할 때는 생물학적 연구의 개념을 배제하고 그 동물과 관련된 역사적 · 문화적 측면만을 연구대상으로 삼았다. 그러나 동물문화연구는 생물학적 연구뿐만 아니라 일련의 역사적, 문화적 차원의 문화체계를 포함하는 개념이다. 동물 자체에 대한 생물학적 연구와 함께 동물의 어떤 생물학적 특징이 일련의 역사 문화 민속체계를 만들어 내는가에 대한 해명을 해야 한다. 동물 대한 인문학적 연구 고고 출토품과 미술 자료 등 구체적인 동물 표현물表現物과 그 기본 속성에 대해 주목할 필요가 있다. 고고학적 발굴과 성과물, 동물이 묘사된 미술사적 유적과 유물, 민속학 자료, 동물 자체에 대한 동물학動物學 등을 아우르는 접근과 그 방법론을 찾아야 한다.

(1) 지렁이[大蚯蚓]

우리나라 건국신화에 등장하는 다소 특이한 동물이 개구리, 뱀, 지렁이다. 금와왕 신화는 한국의 건국신화 가운데 유일하게 개구리가 등장한다. 개구리는 알을 낳는 다산의 동물이다. 개구리의 등장은 다산을 통한 왕권의 흥성을 기원한 것으로 이해할 수 있다. 알에서 태어난 박혁거세赫居世는 죽고 7일 후에 유해가 흩어져 땅에 떨어졌다. 그것을 합장하고자 했지만 큰 뱀이 나타나 방해를 해서 각기 장사를 지냈다. 이 능을 오릉五陵 또한 사릉蛇陵이라고도 한다. 뱀이 개구리를 물고 있는 신라토우가 많이 출토되었다. 개구리를 물고 있는 뱀은 다산의 개구리와 재생 불사의 뱀의 상징의 합체이다. 이런 형태의 토우는 다산, 불사, 재생의 동물상징으로 이해할 수 있다.

견훤의 아버지는 지렁이다. 지렁이는 한자로 구인蚯蚓, 지룡地龍, 토룡土龍 등으로 나타나며, 우리말 지렁이는 한자어 '디룡[地龍]'에 명사 형성 접사 '-이'가 결합하여 만들어진 것이다. '디룡이'는 구개음화로 '지룡이'가 되었다. 우리 역사에 등장하는 동물들은 외형이나 행태行態 등에서 상징성, 암시성을 부여하였다. 견훤설화와 연관된 지렁이의 생태학적 특징이 어떻게 견훤설화에 나타나는 지를 알아보자.

지렁이[9]의 서식처는 호수, 하천, 동굴 등에 분포하며, 바다에서 사는 것도 있다. 흙 속이나 부식토에서 산다. 물 속에서도 2주간은 생존할 수 있다. 견훤 설화에서는 야래자 라고 상정되는 큰 지렁이가 북쪽 담장 밑이나 연못에서 발견되었다든가, 견훤의 성씨인 '甄'자가 서쪽 돌담에 사는 아비(西+土+瓦) 설화 등으로 구전되고 있다.

지렁이는 피부가 점액질 반투과성으로 피부로 호흡을 한다. 폐나 아가미가 없으며, 흙 알갱이 사이에 있는 공기를 얇은 피부를 통하여 모세혈관으로 받아들여 호흡을 한다. 비가 올 때 지렁이들이 지상으로 올라오는 현상은 이동 목적이나 짝짓기를 위하여 나오는 것으로 몸을 덮고 있는 체액을 아끼기 위한 현상이다. 지상으로 나와 햇볕에 쬐면 피부의 수분 상실로 죽는다. 더구나 지렁이에 소금을 뿌리면 삼투압에 의해 바짝 말라 죽는다. 지렁이는 암수한 몸이고, 수명은 3~4년이나 재생력이 뛰어나 강한 생명력을 가지고 있다. 신체 일부가 금방 재생된다. 지렁이는 특유의 강한 재생력이 있다. 견훤은 전투 후에 강물에 들어갔다 나오면 힘을 완전히 회복해 다시 쌩쌩하게 전투를 치렀다. 후삼국 통일기의 전장에서 강력했던 후백제 군사가 전투 승리에서 이겼을 때의 상황을 설명하는 장치로 작동한다. 지렁이는 앞에서 언급한 것처럼 피부호흡의 몸을 덮고 있는 체액이 마르면 안된다. 항상 몸이 촉촉이 젖어 있어야 한다. 견훤의 죽음으로 표현되는 전쟁의 패배 설화에서는 어김없이 소금이 등장한다. 견훤은 지렁이의 후손이다. 소금은 지렁이에게는 치명적인 물질이다.

- 야래자 정체를 알기 위해 실을 꽂게 하고 찾아보았더니 실이 연못으로 들어가

---

9 김훈수, [지렁이] 『한국민족문화대백과사전』, 한국학중앙연구원; https://encykorea.aks.ac.kr/Article/E0054139

제3부 인간 · 동물민속 연구

자 소금을 풀었더니 지렁이가 나타나 죽었다(충북 충주).

- 지리왕이 염바다에 들어가면 힘이 세지자 소금을 풀었더니 죽었다(충북 충주)
- 고려군이 기수내에 소금을 푸니 견훤이 죽었다(경북 안동)
- 삼태사가 물에 소금물을 푸니 견훤이 죽었다(경북 문경)
- 견훤이 들어간 샘에 소금을 부어 견훤이 죽었다(전북 전주)[10]

견훤은 지렁이의 자손이기 때문에 소금을 풀어 패퇴시키거나 죽였다는 설화가 전국적으로 전해지고 있다. 이런 류의 설화는 견훤이 전장에서 패배한 지역에서 전승된다. 고창전투에서 패한 견훤 역사는 안동차전놀이, 안동삼태사 전설로 전승되고 있다.

지렁이의 형태는 남성성 상징하고, 지렁이는 빛을 싫어하는 음성 주광성이라 빛이 오는 쪽의 반대 방향으로 움직이며, 그 때문에 어두운 곳에서 산다. 그리고 변온동물이다. 이런 속성은 항상 밤에만 찾아오는 남성으로 몸이 찬 짐승으로 묘사된다. 야래자는 밤에만 찾아오는 자주빛 옷을 입은 남자, 초립동, 남진일색, 사나이 등으로 남성이고, 몸이 찬 짐승이다.

지렁이 몸길이는 2~5㎜ 정도인 것에서부터 2~3m에 달하는 것도 있다. 견훤설화는 큰 지렁이의 허리에 꽂혀 있었다고 한다. 이 큰 지렁이은 얼마나 컸을까? ≪지봉유설≫ 진도珍島 벽파진에서 큰 구렁이가 마루 밑의 큰 지렁이가 내보낸 기운 때문에 죽었다. ≪오주연문장전산고≫ 고려의 궁성에서 길이 70척이 되는 지렁이가 나왔다 등의 기록이 있다. 견훤설화의 큰지렁이는 사람 크기 정도였을 것 같다.

지렁이는 몸의 앞부분을 늘리면서 흙을 밀어낸 다음 뒷부분을 끌어당기면서 움직인다. 지렁이 글씨라는 말처럼 꾸불꾸불하게 움직인다. 지렁이의 움

---

10 이옥희, 「견훤설화의 구비전승과 로컬리티」, 『견훤의 후백제 건국과 광주』(후백제의 광주도읍 1,130주년기념학술대회발표문), 지역사연구소 등, 2003, 167~170쪽.

직임은 뱀과 비슷하다. 지렁이와 뱀은 땅 속을 돌아다니는 이동 방식과 긴 몸이 비슷하다. 산지렁이들은 토양이 매우 좋기 때문에 엄청난 굵기와 크기이다. 새끼 뱀 수준의 지렁이가 나타나는 경우가 있다. 승천하여 용이 되지 못한 존재로는 지렁이, 구렁이, 이무기 등이다. 용의 변화와 조화는 몸이 커졌다 작아졌다 하는 양적인 것에만 그치는 것이 아니라 다른 물건으로의 화작化作까지 미친다. 삼라만상이 용의 현현顯現이다. 용의 변신은 물고기·파충류·포유류·식물·사람·산천 등 극히 다양하게 나타난다. 지렁이는 성공하지 못한 견훤과 후백제의 모습이지만 언제나 때를 만나면 용으로 화작化作하여 승천할 수 있는 존재이다. 지렁이라는 이름이 '지룡地龍', 즉 땅 속의 용이다.

한국인이 꾸는 동물꿈 가운데서 용꿈은 돼지꿈과 더불어 최고의 길조吉兆라는 것을 누구나 다 알고 있다. 용꿈은 돼지꿈과 함께 길몽의 쌍벽이다. 용은 누구나 알다시피 상상의 동물, 왕권의 상징이다. 용꿈은 태몽 중의 으뜸이다. 장차 크게 이름을 떨칠 사내애를 낳게 될 꿈이 바로 용꿈이다. 다음에 소개하는 설화는 용꿈을 꾸고 꿈풀이로 지렁이를 먹고 출세한 아들을 낳는 이야기다. 민간에서 지렁이도 용으로 화작할 수 있는 존재이다.

> 전라북도 정읍군 칠보면에 사는 함풍 이씨 문중의 이승지 아버지가 어느 여름, 돌확에서 청룡 세 마리가 나와 두 마리는 하늘에 오르고, 한 마리는 올라가다 떨어지고 올라가다 떨어지고 하는 꿈을 꾸었다. 꿈에서 깨어나 돌확(돌로 만든 조그만 절구)에 가보니 큰 지렁이 세 마리가 있어 그것을 집어 삼켜버렸다. 그러고 나서 아들 셋을 차례로 낳았는데, 그 3형제들은 모두가 인물이 좋고 재주가 좋아 그 중 형제는 승지가 되고 하나는 대동군수가 되었다[11]

11 「용꿈과 세 아들(김장수 제보, 1979 서울 도봉구 수요3동)」, 『韓國口碑文學大系 1-1』; https://gubi.aks.ac.kr/web/VolView1_html5.asp?ur10no=tsu_0025&ur20no=Q_0025_1_F_052&db

지렁이는 먹이사슬의 최약체로서 방어수단은 일절 없다. 빠르게 움직일 수도 없고, 덩치도 작고, 피부도 약하고, 독도 없다. '지렁이도 밟으면 꿈틀한다'라는 속담이 있다. 아무리 약자라고 해도 부당한 일에 처하면 가만히 있지 않고 저항할 수 있다는 뜻이다. 실제로 지렁이를 살짝만 건드려도 마구 몸을 비트는 것을 볼 수 있다. 그러나 꿈틀은 꿈틀일 뿐, 대부분의 천적들에게 저항마저도 못한다. 지렁이로 묘사되는 견훤은 어쩌면 약자가 아무리 저항해봤자 강자에게 결국 제압당하는 역사를 말하는 것일 지도 모르겠다.

- 사람들이 닭에게 지리왕 지렁이를 먹이니 지렁이가 다시 나오지 않아 계족산이라 했다(충북충주)
- 닭틀이 형국에 지네인 견훤이 들어오니 닭이 쪼아 먹어서 견훤이 죽었다(충남논산)[12]

≪동의보감東醫寶鑑≫에서는 지렁이가 성질이 차갑고, 맛이 짜며 독이 없어 여러 병에 효능 있다고 한다. '지렁이 삶아 봉양한 효자 이야기'가 있다.[13] "기근 때문에 눈먼 시어머니를 도저히 봉양할 수가 없는 상황이었는데, 그렇다고 시어머니를 굶길 수도 없어 며느리는 궁여지책으로 지렁이라도 내놓을 수밖에 없었고, 나중에 돌아온 남편이 시어머니가 숨겨둔 지렁이 고기를 보고 "아니 어머니! 이건 지렁이잖습니까?"라고 말하는 바람에 놀란 시어머니가 번쩍 눈을 떴다"는 효설화의 전형이다. 가난한 형편에 며느리가 끓여 준 지렁이 국을 먹고 시어머니가 눈을 뜨게 된다는 내용의 설화. 지렁이 혈액

kind=1&hilight= 이승지 청룡&navi=상세검색;이승지 청룡(전체)
12 이옥희, 앞의 논문(2023), 167~170쪽.
13 김대숙, 「지렁이 삶아 봉양한 효자이야기」, 『한국민속대백과사전(한국민속문학사전)』; https://folkency.nfm.go.kr/main

등이 이용한 약품으로도 개발되었다. 약용으로, 또는 식용으로도 사용된다.

지렁이가 배설한 흙은 인류가 얻을 수 있는 가장 깨끗하고 안전한 비료라고 일컫는 분변토이다. 지렁이가 많이 사는 땅은 오염되지 않은 건강한 땅이다. 토양 정화를 위해, 음식 쓰레기 처리를 위해 지렁이를 이용한다. 한국 축산법에 지렁이는 가축으로 분류된다.[14]

표 7_ 지렁이의 과학모형과 민속모형

	과학모형	민속모형	
	생태적 특징	견훤설화	역사문헌자료
서식	– 호수, 하천, 동굴, 바다 등 – 흙 속, 부식토, 물 속	– 북쪽 담장 밑 – 견甄 성씨 파자 서쪽 돌담에 사는 아비(西+土+瓦) – 연못	– 지룡地龍, 토룡土龍, 토선土蟺
피부 호흡	– 점액질 반투과성 피부호흡 – 지상으로 나오면 수분 상실로 죽음 – 소금을 뿌리면 삼투압에 의해 바짝 말라 죽음	– 견훤은 전투 후에 강물에 들어갔다 나오면 힘을 완전히 회복해 다시 쌩쌩하게 전투를 치렀는데, 이는 몸이 촉촉히 젖어 있어야 하는 지렁이의 후손이라는 이유(전투 승리) – 소금을 풀어 죽었다(전투패배)	
형태 속성	– 형태 : 남성성 상징 – 빛을 싫어하는 음성 주광성 – 변온동물	– 남성 – 밤 – 몸이 찬 짐승 – 한인寒蚓	– 아래자 설화 – 동물유래담 : 지렁이 눈과 가재의 띠
생식	– 암수 한 몸. – 지렁이의 수명은 3~4년이나 재생력이 뛰어나 강한 생명력의 상징	– 전투 중 물 속에서 회복함. – 통일신라, 궁예, 왕건의 전투 승리	
크기	– 몸길이 2~5mm 정도 2~3m에 달함	– 큰 지렁이의 허리에 꽂혀 있었다	– 《지봉유설》 진도珍島 벽파진에서 큰 구렁이가 마루 밑의 큰 지렁이가 내보낸 기운 때문에 죽었다 – 《오주연문장전산고》 고려의 궁성에서 길이 70척이 되는 지렁이가 나왔다.

---

14 2004년 축산법 시행규칙이 개정되어 "**지렁이**"를 가축으로 **지정 · 고시하였다.** 지렁이 사육용도는 ①폐기물 처리 : 축산분뇨 및 산업폐기물을 분해하여 토양개량제(육묘상토) 생산,② 의약품 및 화장품 등 원료로 활용 ③낚시용 미끼 등으로 활용 등이다.

제3부 인간 · 동물민속 연구

움직임	- 지렁이는 몸의 앞부분을 늘리면서 흙을 밀어낸 다음 뒷부분을 끌어 당기면서 움직인다.	- 용이 태어난 동네'라는 광주 생용 동 지명	- 움직임이 뱀과 비슷하여 구렁이 등과 혼용 - 승천하지 못한 존재에 지렁이, 구렁이, 이무기 등 혼용
역할	- 먹이사슬의 최약체(방어수단은 일절 없다. 빠르게 움직일 수도 없고, 덩치도 작고, 피부도 약하고, 독도 없다) - 분변토 - 식용 - 약용	- 사람들이 닭에게 지리왕 지렁이를 먹이니 지렁이가 다시 나오지 않아 계족산이라 했다(충북충주) - 닭틀이 형국에 지네인 견훤이 들어오니 닭이 쪼아 먹어서 견훤이 죽었다(충남논산)	- 지렁이 삶아 봉양한 효자 이야기 - 《동의보감》지렁이가 성질이 차갑고, 맛이 짜며 독이 없어 여러 병에 효능 - 약품, 음식쓰레기 처리, - 한국 축산법에 가축으로 분류

(2) 용

용龍은 봉황, 기린, 거북이과 함께 「4령四靈」의 하나로, 상상의 동물이다. 실존하는 어떤 동물보다도 용은 최고의 권위를 지닌 최상의 동물이다. 변화와 조화의 신, 용은 바람을 부르고 구름을 일으키며 비・천둥・번개와 함께하는 장엄한 비상과 승천을 한다. 용은 옛부터 임금을 상징하며, 나라를 보호하고 불법을 수호하는 호국신護國神이자, 호법신護法神이었다. 민속에서 용은 물의 신이자, 풍농의 신으로 신앙되어 왔다. 천후天候를 다스림이 절대적으로 요청되는 농경 문화권에서 군왕과 용은 자연스럽게 결합된다. 용이 가진 장엄하고 화려한 성격 때문에 용은 왕권이나 왕위가 용으로 상징된다.[15]

견훤과 생룡마을에 관한 설화가 『한국구비문학대계』에 수록되어 있다. "견훤이 태어난 곳이 생룡동이고, 견훤이 훈련받은 곳은 성안의 성지골이며, 견훤이 공부했던 곳은 서당골이라 한다. 그리고 견훤이 훈련한 성안은 흙으로 성을 쌓았다고 하는데, 지금은 그 흔적을 찾을 수 없다"는 이야기다.

---

15   졸저,『한국동물민속론』, 민속원, 2003, 217~254쪽.

광주 읍지에는 광주서 20리 가믄은 우리 부락이 생룡동인디, 용이 났단 말은 임금이 났단 말 아니요?… 견훤이 태어난 디를[곳을] 생룡동이라고 허고, 견훤이 훈련 받은 디가 저그 여~ 성지골이라고 또 있어. 성안, 성안. …긍게 지금 찾아보믄은 찾들 못해, 없어. 유적이 없어. 글고 입으로만 전해 내려왔지. 현재 있는 남아있는 유적이 아무것도 없어요.[16]

최근 조성진이 쓴 전북일보 2023년 06월 06일 기사는 '견훤과 생룡동'에 대한 앞의 자료를 재확인하고 있다.

…광주시 북구 생용동으로 향했다. 이곳은 순천만과 광양일대에서 거병하여 여수, 고흥. 곡성, 구례 등 전남 동부지역을 장악한 후 오늘의 광주인 무진주로 호응을 받으며 입성한 곳이다. 892년 처음 자리를 잡아 세력을 키우다가 나중에 무진고성 옆 시가지로 치소를 옮긴 것으로 추정된다. 〈삼국유사〉에 실린 '광주 북촌'의 지렁이 설화를 근거로 이곳이 견훤왕의 탄생지라는 주장도 있으나 다수 학자들은 혼인설화가 탄생설화로 바뀐 것으로 보고 있다. 견훤왕이 이곳에서 건국의 기초를 다지며 토착 호족세력과 혼인관계를 맺었다는 해석이다. 이와 관련해 동행한 송화섭 교수는 "지렁이 설화는 동서고금을 통해 찾아보기 힘들다"면서 "당초 용자龍子설화를 패배자인 견훤왕을 비하하기 위해 변이시킨 것"이라고 주장한다.

'용이 태어난 동네'라는 생용동에는 용龍자가 들어간 지명이 10개가 넘는다. 구룡九龍 생룡生龍 복룡伏龍 오룡五龍 신용辛龍 청룡靑龍 용강龍江 용두龍頭 용산龍山 용전龍田 등이 그러하다. 생용마을 뒤, 죽취봉竹翠峰 쪽으로 가파른 구릉을 따

16   한국학중앙연구원, 「견훤과 생용마을」, 『한국구비문학대계』; https://gubi.aks.ac.kr/web/VolView2_html5.asp?datacode=06_22_FOT_20180130_LKY_BHI_0002&dbkind=2&hilight=생룡마을&navi=상세검색;생룡마을(전체)

라가면 토축으로 쌓은 성터 흔적이 나온다. 예부터 견훤대 또는 후백제성이라 불렸다고 한다. 이곳은 광주 시가지에서 보면 산들로 가려 있어 은거하기에 좋은 곳이다. 금성 범씨范氏 25대 손으로 대대로 이곳에서 살아온 범희인(87)씨는 "성 안에는 견훤왕이 군사를 훈련시킨 조련대, 공부를 가르친 서당골, 잘못하면 감옥에 가둔 옥도골 등 당시 명칭이 지금도 전해 온다"고 들려준다. 만일 견훤왕이 성공한 군주였다면 이곳은 역사적 명소로 가꾸어졌으리라….[17]

기록자의 입장과 위치에 따라 지렁이로 문헌에 기록되었지만 그 역사적 기록과 사실에서 구비전승하여 온 지역민들은 왕으로 칭하고, 한 나라를 건국한 건국주를 용으로 승격시키고 싶었을 것이다.

견훤설화에서 용과 관련된 기록이나 구비전승은 다른 건국신화에 비해 빈도가 적다. 삼국유사에서는 광주에서 견훤이 태어난 것으로 기록되어 있다. 〈삼국유사〉에 실린 '광주 북촌'의 지렁이 설화를 근거로 이곳이 견훤왕의 탄생지라는 주장도 있으나 다수 학자들은 혼인설화가 탄생설화로 바뀐 것으로 보고 있다. 견훤왕이 이곳에서 건국의 기초를 다지며 토착 호족세력과 혼인관계를 맺었다는 해석이다.[18]

역사에서는 견훤는 광주에서부터 왕으로 자칭했다. 역사적 기록과 사실이 이 정도이면 광주에서 다양한 용 관련 문헌설화와 구전설화가 전승되어야 한다. 그러나 광주에서 용과 관련된 견훤설화는 찾아보기가 어렵다. 다만 용

---

17 조상진, [후백제 역사, 다시 일으키다-문헌사료로 본 후백제] ⑧덕진포 해전과 나주, 광주 생용동], 전북일보, 2023.06.06.
18 신호철은 ≪고기(古記)≫에서 전하는 내용을 견훤의 탄생설화가 아닌 혼인설화라고 인식하여, 견훤의 처가를 광주 지역의 토착 호족 세력으로 바라본다(『후백제 견훤정권연구』, 일조각, 1996). 김상기는 이를 혼인설화가 아닌 탄생설화로 보고 견훤의 출생지 및 아자개와의 관계에 대해 이견을 제시하는 견해도 있다(「견훤의 가향에 관하여」, 『가람이병기박사송수논문집』, 1966). 이희관은 견훤이 광주 출신의 여자와 결혼했을 개연성 자체를 부정할 수는 없지만 견훤의 혼인설화로 이해한 점에 대해서는 동의하고 있지 않기도 한다(「견훤의 후백제 건국과정상의 몇 가지 문제」, 『후백제와 견훤』, 서경문화사, 2000).

과 관련된 일반적 지명유래[19]는 전남지역이 310곳으로 가장 많다. 전남지역의 지명유래는 용이 물의 신, 농사의 신 등으로 농경문화와 관련된 곳이 많다.

(3) 호랑이[虎來乳之]

잘 발달되고 균형 잡힌 신체 구조, 느리게 움직이다가도 목표물을 향할 때의 빠른 몸놀림, 빼어난 지혜와 늠름한 기품의 호랑이는 산군자山君子, 산령山靈, 산신령山神靈, 산중영웅山中英雄으로 불리는 최고의 존재이다. 호랑이는 재앙을 몰고 오는 포악한 맹수로 이해되기도 하지만, 사악한 잡귀들을 물리칠 수 있는 영물로 인식되기도 한다.[20]

단군신화, 견훤신화, 왕건신화, 이성계신화 등에서 호랑이가 등장한다. 단군신화에서는 곰과 호랑이의 대결에서 패배자로 기록되었지만 견훤, 왕건, 이성계 신화에서는 호랑이의 도움이 절대적이다. 고대 건국신화는 천상과 같은 초월적 공간과 천상과 지상을 연결하는 상상의 동물로 신성성을 찾았다. 고대 건국신화와는 달리 견훤신화에서 실존 동물이 등장하고 그 동물의 도움으로 신성성과 정통성을 확보한다.

호랑이는 통일신라에서는 서남해를 장악한 성공적인 군인으로, 후백제의 건국과 후삼국 중 한 때 제일 강성하던 군대를 호령했던 견훤의 뛰어난 능력을 대변하고 있다. 바로 호랑이가 도와주는 견훤은 호랑이의 성정性情을 타고 났다. 견훤의 용맹성은 호랑이 화소로 강조되고 강화된다. 견훤설화의 호랑이는 삼국사기, 삼국유사, 제왕운기 등 문헌에 공통적이고 기록하고 있다.

… 처음에 권훤이 갓 태어나서 강보에 있을 때에 아버지가 들에서 밭갈이를

---

19 우리나라 지명 150만여 곳 가운데 전국 1261곳의 지명이 용과 연관된 것으로 나타난다. 용 지명은 전남 지역에 310곳으로 가장 많았고, 전북(229곳), 경북(174곳), 경남(148곳), 충남(111곳) 순으로 나타난다(국토정보플랫폼; map.ngii.go.kr).
20 졸저, 『운명을 읽는 코드 열두 동물』, 서울대학교출판문화원, 2008, 75~86쪽.

하고, 어머니가 점심을 대접하면서 아이를 숲 속에 두었더니 범이 와서 아이에게 젖을 먹였다. 이 말을 들은 사람들이 이상하게 여겼다. 견훤이 자라매 체격과 용모가 웅장하고 기이하며 지향과 기풍이 쾌활하여 속되지 않았다. 견훤이 군대를 따라 서울에 들어 갔다가 서남쪽 해변으로 가서 방위를 하게 되었는데, 잠을 잘 때에도 창을 베고 대기하였으며 그의 용감한 기풍이 항상 군사들의 선봉으로 되었던 바 이런 공로로서 비장이 되었다.

　…初 萱生孺褓時 父耕于野 母餉之 以兒置于林下 虎來乳之. 鄕黨聞者異焉. 及壯 體貌雄奇 志氣倜儻不凡. 從軍入王京 赴西南海防戍. 枕戈待敵 其勇氣恒 爲士卒先. 以勞爲裨将…(三國史記 卷第五十 列傳 第十 甄萱)

　…처음에 견훤이 나서 포대기에 싸였을 때, 아버지는 들에서 밭을 갈고 있었다. 어머니가 아버지에게 밥을 가져다 주려고 아이를 수풀 아래 놓아 두었더니 호랑이가 와서 젖을 먹이니 마을 사람들은 이 말을 듣고 이상하게 여겼다. 아이가 장성하자 몸과 모양이 웅장하고 기이했으며 지기가 크고 기개가 있어 범상치 않았다. 군인이 되어 서울로 들어갔다가 서남 해변에 가서 변경을 지키는데 창을 베개 삼아 적을 대비하였으니 그의 기상은 항상 사졸 앞섰으며 그 공로로 비장이 되었다.

　… 初萱生孺褓時, 父耕于野. 母餉之以兒置于林下, 虎來乳之, 鄕黨聞者異焉, 及壯體兒雄奇, 志倜儻不凡, 從軍入王京, 赴西南海防戍, 枕戈待敵其氣恒 為士卒先, 以勞為裨将…(三國遺事 卷 第二 紀異第二 後百濟 · 甄萱)

　…아이 하나를 얻어 농사를 짓고 살고 있을 때, 〈아이를〉 밭머리에 두고 부부가 김을 매고 있었는데, 〈아이를〉 밭머리에 두고 부부가 김을 매고 있었는데, 새가 내려와 감싸주고 호랑이가 와서 젖을 먹였도다. 장성하여 신라新羅의 군사로 벼슬을 하였는데, 재능과 힘이 남달랐으며 성질은 호랑이와 같았다.

　… 生得一兒業農圃, 置向田頭夫婦耘, 鳥來舒覆虎來乳. 旣壯仕羅詣行間,

才力離倫性雄虎(帝王韻紀 卷下)

견훤설화에서 호랑이는 견훤의 용맹성과 대범함을 더 강화시키는 화소이다. 견훤신화와 거의 같은 시기인 〈왕건신화〉에도 호랑이가 등장한다. 왕건의 6대조 호경虎景은 호랑이의 도움으로 살아나고, 산신인 호랑이와 부부연을 맺고 사라지지만, 그 후 옛 처를 잊지 못한 호경이 밤에 꿈처럼 찾아와 동침을 하였고, 이렇게 해서 태어난 아들이 강충康忠이다. 산신인 호랑이의 도움을 받고, 부부연을 맺지만 후손은 사람과 사람 사이에서 태어난다. 〈이성계설화〉에서도 수호신인 호랑이의 도움으로 이성계의 조선 창업 정당성을 이어나간다.

(4) 새[鳥來舒覆]

우리나라 건국신화에서 새가 건국주의 탄생을 알아보고 보호한다. 고구려 주몽신화에서는 유화가 알을 낳았는데, 그 알을 들판에 버리니 새가 깃으로 덮어주었다. 견훤설화는 "어릴 때 밭머리에 두고 부모가 김을 매고 있었는데, 새가 내려와 감싸주었다"라는 제왕운기의 기록을 찾아볼 수 있다.

> …왕이 그 알을 버릴려고 개와 돼지에게 주니 먹지 않고, 또 길에 버리니 소와
> 말이 피해가고, 들판에 버리니 새와 짐승이 덮어주었다
> …王棄之與犬猪 皆不食 又棄之路 牛馬避之 棄之野 鳥獸覆之…(三國遺事
> 卷 第一 紀異第一 高句麗)

> …〈아이를〉밭머리에 두고 부부가 김을 매고 있었는데, 새가 내려와 감싸주고
> … 生得一兒業農圃, 置向田頭夫婦耘, 鳥來舒覆…(帝王韻紀 卷下)

새는 고대부터 하늘과 땅을 자유롭게 날아오르는 영물로 여겨져 신화에

제3부 인간·동물민속 연구

등장하는 예가 많다. 신의 뜻을 전달할 있는 동물은 각 공간영역을 서로 넘나들 수 있는 능력이 있어야 한다. 새는 땅과 하늘을 자유롭게 날아다닌다. 새는 하늘을 날아다니는 상계[하늘]을 상징한다.

표 8_ 한국인의 타계관(他界觀)

하늘(저승)

↑↓   영매(靈媒) : 새

영매 : 오리   땅(이승)

바다(저승)   ↰   ↑↓   영매

지하(저승)

유라시아 스텝의 유목민을 포함하는 고대의 민족들은 우주를 수직으로 위치하는 3개의 세계 - 상계上界[하늘], 중계中界[사람들이 사는 땅], 하계下界[지하] - 로 구성된 것으로 이해하였다. 이 고대인들의 공간적 세계구조는 동물코드를 근간으로 하고 있다. 상계는 새, 중계는 굽동물, 하계는 물고기 및 파충류와 각각 연관시킨다.

새 모양의 등장은 구석기시대의 청원 두루봉유적, 신석기시대 농포동유적 등에서 보이기 시작하여 삼한, 삼국시대에 이르면 구체적인 오리의 모습으로 나타난다.

오리는 천상과 지상, 수계와 지하계를 넘나드는 새이다. 오리는 하늘을 날고, 땅을 걸으며 물을 가른다하여 천지수天地水 삼계三界를 내왕하는 영물로 우러름을 받아왔다. 사람은 오직 한 공간영역, 땅에서만 살 수 있는데 오리는 하늘, 땅, 물 등 모든 공간영역을 자유롭게 드나들 수 있다. 하늘을 날고, 땅에 걸고, 물에서 헤엄치는 오리의 생태적 다중성으로 속계와 영계를 드나드는 영매靈媒 또는 신의 사자使者로, 이승과 저승의 영혼의 안내자로서 우리 역사와 문화 속에서 오리는 당당히 날고 있다. 원앙, 봉황, 기러기, 학, 백로, 공작, 꿩, 매, 독수리 등은 홀로, 한 쌍으로, 혹은 무리를 지어 꽃과 나무에 날아든다.

그것도 그냥 막 날아든 것이 아니라 나름의 '새의 문화문법'을 가지고 둥지를 틀었다 새의 문화문법 읽기이란 어떤 새가 문화 속으로 날아들 때, 그 수가 몇 마리인가? 무슨 꽃과 나무와 짝하며, 어느 공간에서 어떤 상징적 의미를 띠는 지를 읽는 작업이기도 하다.[21]

3) 색·동물 화소를 통해서 본 견훤설화의 역사적 의미와 상징

이 논문은 왜 흰색이 아니고 자주빛 옷을 입은 남자일까? 왜 하필 지렁이 자손일까? 라는 의문에서 시작했다.

고대와 중세 건국신화의 신성한 혈통과 신성성을 확보하는 시대적 흐름이 다르다. 고대 건국신화는 천계와 수계의 결합 즉 신神과 신神, 신과 인간人間의 신성한 결합을 통해 건국주의 신성성을 확보했고, 견훤신화는 인간와 동물動物의 결합 즉 반인반수이고, 왕건 이성계신화는 선대는 고대 건국신화의 서사를 따랐고, 건국주 자신은 인간과 인간의 결합이다. 이러한 상황에 따라 등장하는 동물들의 종류와 의미는 다르다. 고대는 주로 하늘, 하늘과 땅, 땅과 물을 연결하는 상상의 신성한 동물, 흰색 빛깔들이 등장한다. 견훤을 포함한 중세신화에서는 상상의 동물보다 자연에 실존하는 동물, 인간계에서 최고로 여기는 색깔 상징들이 나타난다. 이런 맥락에서 견훤신화에서 자줏빛 지렁이, 호랑이, 새 등의 화소가 등장한다. 견훤신화는 고대와 중세 사이의 과도기적 성격을 띠고 있다.

---

21   졸고, 「새[鳥]의 문화기호(文化記號) 읽기」, 『새가 날아든다(경지지역대학박물관연합전)』, 경기지역대학박물관협의회, 2008, 52~57쪽.

표 9_ 한국 건국신화 구조

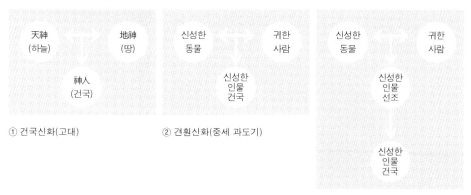

① 건국신화(고대)   ② 견훤신화(중세 과도기)   ③ 왕건, 이성계신화(중세)

　　물론 건국신화의 구성과 전승이 국가의 성패에 달려 있다는 사실도 간과할 수 없다. 해부루신화는 동부여의 건국주이지만 동부여가 오래가지 않았기 때문에 스스로 건국사를 구성하지 못했고, 건국신화를 전승하지도 못했다. 따라서 패자가 된 고구려 건국신화의 일부로 재편되어 단편적으로 전승되는 불운을 겪는다. 〈해부루신화〉는 건국신화의 구성과 전승이 국가의 성패에 달려 있음을 증명한다.

　　견훤설화와 비슷한 시기의 왕건의 고려 건국신화와 비교해보자. 왕건이 탄생하기까지의 기나긴 과정에 발현된 신이한 사적과 선대의 노고를 기술하고 있다. 이는 건국신화 제작의 문화적 환경이 달라졌기 때문이다. 천지신명의 권위와 혈통만으로도 건국의 신성함을 드높일 수 있었던 고대와 달리 중세에는 상대적으로 합리성에 대한 요구가 높아지고 권위에 대한 기대가 달라졌다. 이를 위해 〈왕건신화〉는 고려의 창건자인 왕건을 비신화적으로 기술하고 선대에 대해서는 신화적으로 기술하는 새로운 전략을 선택한다. 고대 건국신화와 달리 〈왕건신화〉는 신성성의 근거를 천상과 같은 초월적 공간에서 찾지 않고 신라의 성골, 당나라 천자와 같은 지상의 혈통과 중세 문명의 중심에서 찾는다. 건국주인 왕건 자신을 신성화하지 않고 풍수지리설 등을 활용하여 선대를 신성화하는 방식의 새로운 건국신화 제작 방법 또한 보여준다. 이 방법은 조선의 건국자인 이성계의 선대 신화 제작에도 계승된다.[22]

견훤설화는 〈해부루신화〉처럼 건국신화의 구성과 전승이 국가의 성패와 관련이 있으면서, 고대 건국신화처럼 하늘과 땅, 신과 신, 신이한 동물 등으로 건국주를 신성화하는 방법을 취하지 않았다. 견훤설화는 동물(반인반수)과 사람의 결합에서 태어난 인물이 건국주다. 선대를 신성화하고 건국하는 왕건, 이성계 신화 형태와는 과도기적 중간지대이다. 견훤설화의 삼국사기, 삼국유사의 기록에 대해 "당초 용자龍子설화를 패배자인 견훤왕을 비하하기 위해 변이시킨 것"이라는 일부 불편한 주장이 있는 것도 사실이다. 짧은 역사를 가진 후백제와 과도기적 중세 시대 상황에서 용이 아닌 지렁이 자손을 건국주로 내세운 견훤설화의 서사구조는 오히려 더 다양하고 풍부한 구비전승을 만들어 냈다.

3. 지역 역사문화 교류의 가교로서 견훤과 후백제

필자는 국립전주박물관에서 2018년부터 2020년까지 2년을 근무했다. 국립전주박물관 2년은 영남에서 자라고 배운 필자에게 직접 체험적으로 호남의 역사와 문화를 접할 기회가 되었다. 두 지역의 역사문화의 공통점과 차이점을 맥락적인 이해를 하게 되었다.

2018년 『전북에서 만나는 가야 이야기』 특별전 연계 활동으로 전주지역의 초등학교 학생들의 견훤과 후백제 관련 연극 공연이 있었다. 통일신라 중앙정부의 압제와 착취, 거기에 편승한 불교 승려들의 부패와 타락 등을 견훤

---

22   조현설, 「왕건신화」, 『한국민속대백과사전(한국민속문학사전)』; https://folkency.nfm.go.kr/main

과 후백제 군사들이 일제히 제압하고 나라를 세웠다는 줄거리의 연극이었다. 경주에서 만난 신라의 대표적인 효자 〈경주 손순 유허〉 설명문에 "진성여왕 때에 후백제의 **포악한** 도둑이 그 마을에 쳐들어와 종은 없어지고 절만 남아 있었다"라고 쓰여져 있다. 전주와 경주에 후백제에 대한 현재의 역사 이해가 참으로 상반되어 있었다. 물론 후백제의 건국의 필연성과 효자 손순을 강조하기 위한 연극과 설명문이라고 하지만 그것을 보고 읽는 필자는 과거의 역사와 문화를 현재에서 어떻게 다룰 것인가에 대해 많은 생각을 하게 되었다.

경북 상주에서 태어나 전주에서 후백제를 건국한 견훤과 후백제, 안동 퇴계와 광주 고봉의 영호남의 대학자와 선비 만남, 경주의 동학이 전라도에서 꽃을 피운 동학농민혁명 등 이 세 가지 주제는 영호남, 충청의 역사문화를 관통하고, 현재 교류의 가교로서 굉장히 중요하고 의미있는 역사문화의 주제였다.

후삼국시대 강력한 국가를 건국했던 견훤은 경북 상주에서 태어나서 신라 장수가 되어 경북 경주, 전남 순천 광양에서 군인으로 복무하면서 순천만 일대에서 전남지역의 호족세력을 기반으로 성장한다. 광주에서 자신의 세력을 크게 규합하여 봉기하고, 900년 전북 전주로 옮겨와 후백제를 건국하고 백제 부흥운동을 전개한다. 그 후 자신이 세운 나라를 스스로 멸망시키고 충남 논산에서 생을 마감한다. 구시대를 타파고 새로운 시대를 개척하고자 견훤은 일개 군대의 비장이었지만 후백제를 건국한다. 전장에서 누구보다 뛰어난 장수이고, 삼국의 모든 책들은 전주로 모은 문예군주이다. 후백제와 견훤 자신의 지위를 인정받기 위해 오월과 일본 등이 사신을 파견하는 탁월한 외교능력까지 갖췄다. 그리고 나라를 세우면서 "바르게 연다"는 뜻의 "正開"연호를 사용한다.

상주의 경우 견훤이 상주 가은현에서 태어났고, 견훤산성 · 견훤사당 · 병풍산성 등 견훤과 관련된 유적이 곳곳에 있는 등 후삼국시대 역사 문화가 펼쳐졌던 곳인데도 불구하고 그동안 견훤과 후백제 역사문화가 제대로 규명되지 않았다. 전주는 후백제의 왕도이다. 백제 재건의 기치를 든 견훤은 900년 (통일신라 효공왕 4)에 완산주를 점령하고, 이곳에 도읍을 정해 37년간 존속하였다. 전주의 동고산성東固山城은 후백제 견훤의 왕성으로 전하고 있다. 김제에는 아들에게 유폐 당했던 금산사, 논산에는 견훤왕릉이 있다.

필자는 2019년 국립전주박물관, 전주시, 상주시가 견훤과 후백제에 관한 조사연구, 전시 교육을 위한 양해각서를 체결했고, 후백제학회가 정식으로 출범에 함께했다. 그 후 〈견훤, 새로운 시대를 열다, 국립전주박물관, 2021〉, 〈역사에서 신화가 된 견훤, 상주박물관, 2021〉 두 전시회가 공동으로 기획 개최되었다. 견훤과 후백제의 역사를 공유한 전국의 7개 시군 전북 전주 · 완주 · 장수 · 진안과 경북 상주 · 문경, 충남 논산시가 2021년 11월 '후백제지방정부협의회'를 출범시켰다. 2022년 12월 '후백제 역사문화권'을 역사문화권 정비법에 포함되었다. 2020년 제정된 역사문화권 정비법 대상 역시 '고구려 역사문화권, 백제역사문화권, 신라역사문화권, 가야역사문화권, 마한역사문화권, 탐라역사문화권, 중원역사문화권, 예맥역사문화권' 등이 지정되었으나, '후백제 역사문화권'은 포함되지 않았다. 〈표 10〉에서 보듯이 후백제 역사 관련 지자체는 30여 개소로 한반도 남부 전체를 망라하고 있고 **국가지정 유적 20개소, 시도지정 유적 22개소, 비지정 유적 81개소로 모두 123개소이다**. 이제 어느 지역이 역사자료가 많고, 근원인가에 대한 논쟁보다는 견훤과 후백제는 지역 화합과 교류의 아이콘이 되어야 한다.

표 10_ 후백제역사문화권 유산 현황

전주(34)	남고산성(국가사적), 동고산성(전라북도기념물), 후백제 궁성지, 오목대 도성벽지, 후백제 고토성지(도성벽지), 서고산성, 우아동 와요지, 무릉고분군, 낙수정 유물산포지, 전주 반용리 유적, 傳 봉림사지 삼존불상
완주(16)	경복사지(전라북도기념물), 용계산성(전라북도문화재자료) 용계리산성, 봉림사지, 안심사지
진안(8)	도통리 청자요지(국가사적), 대량리 제동유적(전라북도 기념물), 합미산성, 월계리산성
장수(6)	침령산성(국가사적), 삼봉리산성, 삼종리사지, 탑동석찹, 대적골 제철유적

제3부 인간 · 동물민속 연구

익산(3)	익산토성(오금산성, 국가사적), 미륵산성(전라북도기념물), 익산(금마)저토성(전라북도기념물)
군산(3)	발산리 5층석탑(보물), 발산리 석등(보물), 안흥Ⅱ유적
정읍(2)	천곡사지 7층석탑(보물), 천곡사지
김제(1)	금산사
임실(2)	월계리산성, 진구사지
순창(2)	홀어머니산성(전라북도기념물), 신흥리 합미성(전라북도문화재자료)
고창(2)	반암리 청자와요지, 부곡리유적(기와가마)
남원(6)	만복사지(국가사적), 실상사 편운화상부도(보물), 신계리 석불좌상(보물), 호기리 마애불상
광주(2)	무진고성(광주광역시기념물), 누운동유적
담양(1)	개선사지
구례(1)	화엄사 서5층석탑(보물)
나주(2)	철천리 석물입상(보물), 자미산성(전라남도 기념물
순천(4)	금둔사 삼층석탑(보물), 금둔사 서불비상(보물), 해룡산성, 봉화산성
여수(1)	호랑산성
광양(2)	마로산성(국가사적), 옥룡사지(국가사적)
보성(1)	유신리 마애불상(보물)
문경(9)	천마산성(견훤산성), 봉암사, 금하굴, 갈전리 견훤생가터, 말바위, 가절, 회양산성, 근맘산성, 숭위전
상주(4)	견훤산성(경상북도기념물), 견훤사당(경상북도민속문화재), 병풍산성, 성산산성
안동(2)	옥산사마애약사여래좌상(경상북도유형문화재), 차전놀이(국가중요무형문화재)
구미(1)	송곡리 숭신산성
논산(2)	전 견훤묘(충청남도기념물), 개태사지(충청남도기념물)
금산(1)	백령산성(충청남도기념물)
홍성(1)	홍주성(국가사적)
당진(1)	합덕제(충청남도기념물)
청주(2)	상당산성(국가사적), 정북동토성(국가사적)
보은(1)	삼년산성(국가사적)

* 위 현황은 역사문화권정비 등에 관한 특별법 일부개정법률안 국회 문화체육관광위원회 검토 보고서 인용
* [후백제 역사, 다시 일으키다-미래 지향으로 본 후백제] (26)후백제 문화유산의 미래전략- 노기환(전북일보, 2023. 10. 25) 재인용

참고
문헌

『北譯 高麗史』, 신서원, 1991.
『三國史記』, 조선민주주의 인민공화국 과학원, 1958.
『三國遺事』(李丙燾 譯註), 廣曺出版社, 1979.
『帝王韻紀』

경상북도, 『경상북도마을숲조사보고서』, 2008.
구미래, 『한국인의 상징체계』, 교보문고, 1992.
국립경주박물관, 『新羅의 獅子』(도록), 2006.
국립김해박물관, 『영혼의 전달자 -새 · 풍요 · 숭배-』, 2004.
국립민속박물관, 『여성의 손끝으로 표현된 우리의 멋(혼례자수품과 장신구)』, 1999.
_____, 『조선양반생활의 멋과 美』, 2003.
_____, 『목가구의 수종식별과 연륜연대』, 국립민속박물관, 2004.
_____, 『한국민속대백과사전(세시풍속, 일생의례, 민속신앙편)』, 2004~.
_____, 『나무를 만나다』, 2015.
_____, 『목가구, 나무의 이치木理를 담다』, 국립민속박물관 · 영인산산림박물관 공
    동기획전, 2016.
국립전주박물관, 『견훤, 새로운 시대을 열다』특별전, 2020.
국토지리정보원, 『한국지명유래집 경상편』, 2011.

인간 · 동물 민속지

권삼문, 『동해안 어촌의 민속학적 이해』, 民俗苑, 2001.

김 준, 『갯벌을 가다』, 한얼미디어, 2004.

김두규, 『복을 부르는 풍수기행』, 동아일보사, 2005.

金學範 · 張東洙, 『마을숲』, 열화당, 1994.

문화재청 · 사단법인성보문화재연구원, 『한국의 사찰벽화, 사찰건축물 벽화조사보고서 경상
　　　　남도1』, 2008.

민족문화추진위원회, 『國譯 東國李相國集』, 1978.

민족문화추진회편, 『국역 산림경제』, 1982.

朴光淳, 『韓國漁業經濟史研究 -漁業共同體論』, 裕豊出版社, 1981.

백남극 · 심재한, 『뱀』(지성자연사박물관 1), 지성사, 1999.

부산광역시립박물관 복천분관, 『삼국시대의 동물원』, 1997.

송방송, 『한겨레음악대사전』, 2012.

신원섭 편, 『숲과 종교』, 수문출판사, 1999.

신호철, 『후백제 견훤정권연구』, 일조각, 1996.

안동민속박물관, 『안동의 마을숲』, 2014.

영남대학교 민족문화연구소, 『울릉도 · 독도의 종합적 연구』, 1998.

온양민속박물관, 『아름다운 우리 옛살림, 여인의 향기』, 2007.

울릉군지편찬위원회, 『울릉군지』, 2007.

울진군 북면 · 대구경북향토사연구협의회, 『북면 사람들의 삶과 민속』, 2005.

울진군지편찬위원회, 『울진군지』, 2001.

이도학, 『후백제 진훤대왕』, 주류성, 2015.

李杜鉉, 『韓國의 假面』, 一志社, 1980.

이찬욱, 『韓國의 띠文化』, 황금시대, 2000.

이혜화, 『龍사상과 한국고전문학』, 깊은물, 1993.

인간동물문화연구회, 『인간동물문화』, 이담Books, 2012.

임동권 외, 『한국의 馬민속』, 집문당, 1999.

전순표, 『쥐의 生態와 防除』, 서민사, 1989.

전영우, 『숲과 한국문화』, 수문출판사, 1999.

_____, 『나무와 숲이 있었네』, 학고재, 2002.

정 민, 『한시 속의 새, 그림 속의 새 1. 2권』, 효형출판, 2003.

정붓샘 · 공다해, 『세종시 · 식물 · 사람』, 국립민속박물관, 2016.

정재훈, 『한국전통의 원』, 조경사, 1996.

조숙정, 『2007년도 민족생활어조사6 : 김치 · 젓갈 · 장아찌』, 국립국어원, 2007b.

_____, 『콩에서 발견한 전북의 음식문화』, 전라북도 · 국립민속박물관, 2008.

조태섭, 『화석환경학과 한국 구석기시대의 동물화석』, 혜안, 2005.

조항범, 『정말 궁금한 우리말 100가지』 1, 2, 위즈덤하우스, 2004.

중앙일보사, 『韓國의 美 18 花鳥四君子』, 1985.

천진기, 『韓國 띠動物의 象徵體系 研究』, 중앙대대학원 박사학위논문, 2001.

_____, 『동물민속론』, 민속원, 2003.

_____, 『한국동물민속론』, 민속원, 2003.

_____, 『운명을 읽는 코드 열두 동물』, 서울대학교출판부, 2008.

최재천, 『최재천의 인간과 동물』, 궁리, 2007.

한국국학진흥원, 『선비, 그멋과 삶의세계』, 2002.

한국정신문화연구원, 『한국민족문화대백과』, 1991.

한국해양학회, 『해양과학용어사전』, 2005.

한미옥, 『백제 건국신화의 계통과 전승연구』, 전남대학교 박사학위논문, 2003.

해양수산부, 『한국의 해양문화-동해해역』, 2002.

황진현, 『역사적 사실의 민속문화형성과 민속의 사료기능-상주시 청계마을의 견훤설화와 신앙
　　　을 중심으로』, 안동대학교 석사학위논문, 2009.

『큰사전』, 을유문화사, 1947.

권강미, 「통일신라시대 사자상의 수용과 전개」, 『新羅의 獅子』, 국립경주박물관, 2006.

김두진, 「한국 쑥문화 연구」, 한양대학교대학원 석사학위논문, 2002.

김상기, 「견훤의 가향에 관하여」, 『가람이병기박사송수논문집』, 1966.

김창일, 「동해안 돌미역 작업방식의 다양성 연구」, 『민속학과 국가』, 2017년 한국민속학자대
　　　회, 한국민속학술단체연합회, 국립민속박물관, 2017.

라인정, 「견훤설화의 구비전승상의 변이와 특성」, 『한국언어문학』, 한국언어문학회, 2000.

박경용, 「나물과 약초의 민속지」, 『경북의 민속문화』 02, 경상북도 · 국립민속박물관, 2009.

박현국, 「견훤설화고」, 『한국민속문화 총서』, 중앙대학교 한국민속학연구소, 1997.

박희현, 「動物相과 植物相」, 『韓國史論』 12(韓國의 考古學 Ⅰ), 1983.

변동명, 「견훤의 출시지 재론」, 『진단학보』 90, 진단학회, 2000

서해숙, 「견훤설화의 전승양상과 역사인식」, 『후백제 견훤정권과 전주』, 주류성, 2001.

석대권, 「민속문화로 본 경북의 마을숲」, 『경북의 민속문화』 02, 경상북도 · 국립민속박물관,
　　　2009.

신해진, 「고전문학과 지역성」, 『어문논총』 41, 한국문학언어학회, 2004.

이어령, 「소나무 문화권의 텍스트 읽기」, 『소나무』, 종이나라, 2005.

이옥희, 「견훤설화의 구비전승과 로컬리티」, 『견훤의 후백제 건국과 광주』(후백제의 광주도읍 1,

130주년기념학술대회발표문), 지역사연구소 외, 2003.

이희관, 「견훤의 후백제 건국과정상의 몇 가지 문제」, 『후백제와 견훤』, 서경문화사, 2000.

임재해, 「전설과 역사」, 『한국문학연구입문』, 지식산업사, 1982.

_____, 「불세출의 영웅 견훤의 후백제 건국과 신화적 흡입력」, 『민족신화와 건국영웅들』, 민속원, 2006.

장경준, 「장경준의 新어부사시사〈19〉 해초의 대표 : 미역이야기」, 『국제신문』, 2016. 11. 17.

전북일보, [후백제 역사, 다시 일으키다] 시리즈, 2023.

정상진, 「견훤설화 재고」, 『도남학보』, 도남학회, 1996.

조상진, [후백제 역사, 다시 일으키다-문헌사료로 본 후백제] ⑧덕진포 해전과 나주, 광주 생용동], 전북일보, 2023. 06. 06.

조숙정, 「김치와 문화적 지식 : 전라도 김치의 명칭과 구분법에 대한 인지인류학적 접근」, 『한국문화인류학』 40호, 2007a.

천진기, 「신라토우에 나타난 신라속(新羅俗) 연구」, 『민속학연구』 제5호, 국립민속박물관, 1997.

_____, 「신라토우의 민속학적 연구」, 『신라토우』, 국립경주박물관, 1997.

_____, 「열두띠와 동물상징」, 『전통문화와 상징 1』(홍순석 외), 강남대학교출판부, 2000.

_____, 「울산암각화를 통해서 본 동물숭배, 생식신앙, 민속의례와 세계관」, 『울산암각발견30주년 기념 국제학술대회눈문집』, 예술의 전당, 울산광역시, 2000.

_____, 「축제와 동물」, 『韓國祝祭의 理論과 現場(松泉金善豊博士華甲紀念論叢)』, 月印, 2000.

_____, 「새[鳥]의 문화기호(文化記號) 읽기」, 『새가 날아든다(경지지역대학박물관연합전)』, 경기지역대학박물관협의회, 2008.

_____(Cheon Jingi), "Code of the Twelve Animals, which Reads Fate; Oriental Zodiac Signs('tti') and Destiny", *Current Issues on Korean Folklore*, The National Museum of Korea, 2009, pp. 212~253.

_____, 「動物民俗の硏究について」, 『韓國の民俗學・日本の民俗學』 V, 日本 國立歷史民俗博物館, 2009, 39~59쪽.

_____, 「지역상징나무연구」, 『한국민속학 일본민속학VI』, 국립민속박물관, 2010.

_____, 「지역상징동물연구」, 『우리文學硏究』 32, 우리문학회, 2011.

천혜숙, 「견훤 출생담의 신화적 검토-출생지 또는 출계 문제를 중심으로」, 『구비문학연구』 제52집, 한국구비문학회, 2019.

최남선, 「조선 역사 및 민속사상의 혼」, 『한국의 호랑이』, 열화당, 1986.

최래옥, 「현지조사를 통한 백제설화의 연구」, 『한국학논집』 2, 한양대학교 한국학연구소, 1982.

황인덕, 「연무읍 지역의 견훤전설 연구」, 『한국언어문학』, 한국언어문학회, 2001.

國立歷史民俗博物館, 『動物とのつきあい』(食用から愛玩まで), 日本, 1996.

吉野裕子, 『蛇, 日本の蛇信仰』, 講談社 學術文庫, 1999.

南方熊楠, 『十二支考』 1·2·3, 平凡社, 1973.

大場磐雄, 『十二支と十二獸』, 北隆館, 1996.

小島瓔禮 編著, 『蛇の宇宙誌』, 東京美術, 1991.

小島瓔禮, 『人·他界·馬』, 東京美術, 1991.

佐藤健一郎 田村善次朗, 『十二支の民俗誌』, 八坂書房, 2000.

C.A.S. Williams, *OUTLINES OF CHINESE SYMBOLISM AND ART MOTIVES*, Dover Publication, Ins, New York, 1976.

E.V. 뻬레보드치꼬바, 정석배 역, 『스키다이동물양식』, 학연문화사, 1999.

John M. Roberts and Chong Pil Choe, "KOREAN ANIMAL ENTITIES WITH SUPERNATURAL ATTRIBUTES : A STUDY IN EXPRESSIVE BELIFE", *ARCTIC ANTHROPOLOGY, Vol. 21, No. 2,* 1984.

강현모, 「온류비류신화」, 『한국민속대백과사전(한국민속문학사전)』, 국립민속박물관; https://folkency.nfm.go.kr/main

국토정보플랫폼 https://map.ngii.go.kr

김대숙, 「지렁이 삶아 봉양한 효자이야기」, 『한국민속대백과사전(한국민속문학사전)』; https://folkency.nfm.go.kr/main

김화경, 「김수로왕신화」, 『한국민속대백과사전(한국민속문학사전)』, 국립민속박물관; https://folkency.nfm.go.kr/main

김훈수, [지렁이], 『[한국민족문화대백과사전』, 한국학중앙연구원; https://encykorea.aks.ac.kr/Article/E0054139

문화재청 국가문화유산포털 http://www.heritage.go.kr/heri/cul/culSelectDetail.do?VdkVgwKey=16,02940 000, 37&pageNo=5_2_1_0#

서대석, 「단군신화」, 『한국민속대백과사전(한국민속문학사전)』, 국립민속박물관; https://folkency.nfm.go.kr/main

이복규, 「동명왕신화」, 『한국민속대백과사전(한국민속문학사전)』, 국립민속박물관; https://folkency.nfm.go.kr/main

이지영, 「박혁거세신화」, 『한국민속대백과사전(한국민속문학사전)』, 국립민속박물관; https://folkency.nfm.go.kr/main

이지영, 「석탈해신화」, 『한국민속대백과사전(한국민속문학사전)』, 국립민속박물관; https://folkency.nfm.go.kr/main

이지영, 「야래자설화」, 『한국민속대백과사전(한국민속문학사전)』, 국립민속박물관; https://folkency.nfm.go.kr/main

조현설, 「건국신화」, 『한국민속대백과사전(한국민속문학사전)』, 국립민속박물관; https://folkency.nfm.go.kr/main

조현설, 「왕건신화」, 『한국민속대백과사전(한국민속문학사전)』; https://folkency.nfm.go.kr/main

조현설, 「주몽신화」, 『한국민속대백과사전(한국민속문학사전)』, 국립민속박물관; https://folkency.nfm.go.kr/main

조현설, 「해부루신화」, 『한국민속대백과사전(한국민속문학사전)』, 국립민속박물관; https://folkency.nfm.go.kr/main

천혜숙, 「김알지신화」, 『한국민속대백과사전(한국민속문학사전)』, 국립민속박물관; https://folkency.nfm.go.kr/main

한국학중앙연구원, 「견훤과 생용마을」, 『한국구비문학대계』; https://gubi.aks.ac.kr/web/VolView2_html5.asp?datacode=06_22_FOT_20180 130_LKY_BHI_0002&dbkind=2&hilight=생룡마을 &navi=상세검색;생룡마을(전체)

한국학중앙연구원, 「용꿈과 세 아들(김장수 제보, 1979 서울 도봉구 수요3동)」, 『韓國口碑文學大系 1-1』; https://gubi.aks.ac.kr/web/VolView1_html5.asp?ur10no=tsu_0025 &ur20no=Q_0025_1_F_052&dbkind=1&hilight=이승지 청룡&navi=상세검색; 이 승지 청룡(전체)

한국학중앙연구원, 『한국향토문화전자대전(울진, 울릉)』, 2003~. http://www.grandculture.net/

찾아
보기

인간 · 동물 민속지

문화와
역사를
담 다
ㅇ 6 8

인간 · 동물 민속지

초판1쇄 발행 2024년 12월 10일

지은이 천진기
펴낸이 홍종화

편집 · 디자인 오경희 · 조정화 · 오성현
　　　　　　　신나래 · 박선주 · 정성희
관리 박정대

펴낸곳 민속원
창업 홍기원
출판등록 제1990-000045호
주소 서울 마포구 토정로25길 41(대흥동 337-25)
전화 02) 804-3320, 805-3320, 806-3320(代)
팩스 02) 802-3346
이메일 minsokwon@naver.com
홈페이지 www.minsokwon.com

ISBN 978-89-285-2046-6
S E T 978-89-285-1272-0 94380